中国奇迹
是如何发生的？
——论中国道路与中国话语

中央党校专家工作室 编写

广西人民出版社

图书在版编目（CIP）数据

中国奇迹是如何发生的？：论中国道路与中国话语 / 中央党校专家工作室编写 . — 南宁：广西人民出版社，2020.3
ISBN 978-7-219-10978-6

Ⅰ. ①中…　Ⅱ. ①中…　Ⅲ. ①中国特色社会主义—社会主义建设模式—研究　Ⅳ. ① D616

中国版本图书馆 CIP 数据核字（2020）第 028659 号

策　　划　温六零
责任编辑　刘　艳　张莉聆　吴小龙
责任校对　周月华　梁小琪
书籍设计　唐　峰　张　普（广大迅风艺术）
责任排版　梁敏芳

出版发行　广西人民出版社
社　　址　广西南宁市桂春路 6 号
邮　　编　530021
印　　刷　广西民族印刷包装集团有限公司
开　　本　787mm × 1092mm　1 / 16
印　　张　22.75
字　　数　360 千字
版　　次　2020 年 3 月　第 1 版
印　　次　2020 年 3 月　第 1 次印刷
书　　号　ISBN 978-7-219-10978-6
定　　价　56. 80 元

前言

全面深入总结改革开放40多年来中国的发展，可以提炼概括出四个核心概念，即“中国奇迹—中国道路—中国理论—中国话语”。这四个核心概念具有严密的内在逻辑，且构成新时代中国一切理论和实践问题的核心：中国共产党领导人民创造的世所罕见的经济快速发展奇迹和社会长期稳定奇迹，这种中国奇迹已经成为世界性现象，我们要用中国道路解释中国奇迹，用中国理论阐释中国道路，用中国话语表达中国理论。尤其是具有本源意义的中国道路，可以成为阐释新时代中国一切根本性问题的总体框架和哲学方法。用中国道路不仅可以解释中国奇迹发生的密码，还可以揭示新中国成立70余年来历史性变革的内在逻辑，还有助于解读马克思主义、马克思主义中国化与当代中国马克思主义、21世纪马克思主义，中国道路甚至能为解决世界问题或人类问题贡献中国智慧、中国方案、中国理论。正因如此，中国道路，已经引起世界的关注，理解和把握中国道路，已经成为世界上一些专家学者关注的一个重大课题。

然而，关于中国道路，人们往往“熟知”而非“真知”，知其然而不知其所以然。其原因之一，就是人们多把中国道路仅仅当作政治话语（这是十分必要的）而非学术话语，很少从学术、学理上对中国道路进行深入探究。要真正厘清中国道路的核心要义及其政治意义、学理价值和实践意义，就必须深入到学理层次上进行深入研究，深入揭示中国道路所具有的本源意义。实际上，近代以降，中国的根本问题，是针对“中国向何处去”而要选择一条正确的道路问题；马克思主义中国化历史发展的逻辑，核心是围绕中国道路这一主线展开的；中国共产党历史发展的逻辑、新中国历史发展的逻辑，其底色和本质是追寻正确的中国道路；改革开放历史发展的逻辑，从根本上就是探究实现社会主义现代化发展之正确道路的逻辑。中国道路具有世界历史意义，它具有历史性贡献、引导性贡献、发展性贡献、文明性贡献和理论性贡献。

2020年是决胜全面建成小康社会收官之年，而坚持走自己的道路是中国实现全面建成小康社会的保障，在这种情况下，研究“中国道路与中国话语”更具现实意义。中央党校专家工作室把“中国奇迹—中国道路—中国理论—中国话语”，作为学术研究的主攻方向。正是基于上述思考，我们认为有责任把我国学术界知名专家关于中国道路的具有代表性权威性的研究成果奉献给大家，所以，我们从众多研究“中国道路与中国话语”的学术成果中，依据“政治—学理—大众”有机统一的标准，精选了国内研究中国道路与中国话语的知名专家的代表作，作为一本专门研究“中国道路与中国话语”的书，奉献给理论界。

感谢相关专家学者的支持，感谢广西人民出版社的帮助！

2019年12月3日

中央党校专家工作室

目 录

第一篇 中国道路与中国奇迹

第二篇 中国道路的哲学基础

第三篇　中国道路的精髓要义

第四篇　中国道路的成功逻辑

第五篇 中国道路与中国话语

附 录 问道中国道路

第一篇

「中国道路与中国奇迹」

关于中国道路的几个认识

陈　晋
（中共中央党史和文献研究院原院务委员，原中共中央文献研究室副主任）

中国道路是围绕什么是社会主义、怎样建设社会主义这个根本问题，在理论和实践中形成和发展起来的中国特色社会主义道路。在当今中国，中国共产党突出强调走中国道路，是从目标、国情和世情等方面对现实需求和疑问的明确回应。可以从形态构成、宏观规定、基本要求、实践领域四个方面理解中国道路的内涵。中国道路的形成和发展，其来有自，需要正确把握它的“前世今生”、历史逻辑和发展规律。走好中国道路，既要在认识和实践中树立自信，知道哪些路不能走，也要在改革开放中直面现实，处理好渐进和突破、顶层设计和摸着石头过河的关系。中国道路承载着中国梦前进，中国梦的形态是现代化，灵魂是社会主义，主体是民族复兴。

《党的文献》2013年第2期

一、中国道路在今天

道路是旗帜，是形象，是方向。人类社会总是沿着一定的路子向前发展，任何一项伟业目标的实现，都离不开对道路的探索和选择、坚持和发展。

中国道路，就是围绕什么是社会主义、怎样建设社会主义这个根本问题，形成和发展起来的中国特色社会主义道路。自从邓小平在党的十二大开幕词里提出“走自己的道路，建设有中国特色的社会主义”这个重大命题以来，从党的十三大到十八大，全国党代会报告标题，都把“中国特色社会主义”作为主题词突出出来，对中国道路的论述都有标志性的拓展。

党的十八大报告的标题“坚定不移沿着中国特色社会主义道路前进，为全面建成小康社会而奋斗”，鲜明展示了当代中国的旗帜、形象和方向。报告还强调，“道路关乎党的命脉，关乎国家前途、民族命运、人民幸福”。党的十八大后，习近平总书记在多次讲话中都突出道路问题的重要性。他在十八届中共中央政治局第一次集体学习时指出，“坚持和发展中国特色社会主义是贯穿十八大报告的一条主线”，只有抓住这条主线，“才能把党的十八大精神学得更加深入，领会得更加透彻，贯彻得更加自觉”；他在国家博物馆参观“复兴之路”基本陈列时，要求全党必须牢记，“道路决定命运，找到一条正确的道路多么不容易，我们必须坚定不移走下去”；他在中央党校对新进中央委员会的委员、候补委员的讲话中又说，“党的十八大精神，说一千道一万，归结为一点，就是坚持和发展中国特色社会主义”，“道路问题是关系党的事业兴衰成败第一位的问题，道路就是党的生命”；他在十八届二中全会的讲话中提出，把坚持和发展中国特色社会主义，作为学习贯彻党的十八大精神的聚焦点、着力点和落脚点。

在当今中国，我们党如此强调中国道路，与清醒认识世情、国情、党情的变与不变，重要战略机遇期内涵和条件的变与不变有关。如何理解变与不变，是一篇内容丰富的“大文章”。这里只拎出下面三点来说明，我们党突出强调中国道路，事实上是对现实需要的明确回应。

第一，从中国道路的阶段性目标来看。

到2020年，要全面建成小康社会。这是中国共产党对历史、对人民、对民族的郑重承诺。党的十八大报告把过去常用的“建设”改为“建成”，在标题和主题中，都把“全面建成小康社会”作为关键词，并对实现这个目标提出了新的要求，就是为了突出全面建成小康社会的紧迫性和压力。“建成”的标准，也远不只是经济数字上的“两个翻番”。越接近目标，人民群众对经济收入、文化生活、政治权益、社会公平和生态安全各方面的需求不断增长，对小康社会的要求越来越具体和丰富。对领导人民全面建成小康社会的执政党来说，就像跑马拉松一样，最考验意志和毅力的，是最后一段路程。“行百里者半九十”，越接近小康目标，压力越沉重，步子越艰难，尤其需要凝聚力量，走稳路子，防止折腾。现在人们在热议法国历史学家托克维尔的名著《旧制度与大革命》，书中讲的一个道理是，社会翻船常常发生在人们生活处境开始变好，而执政者在改革中对新的社会需求处置不当的时候。这样，走什么路，如何坚持和发展业已证明有效的中国道路，才不辜负人民对未来的新期待，稳妥迈向全面小康社会，这个紧要的问题，便引出来了。

第二，从中国道路攻坚克难的现实需要来看。

从没有一个人口如此众多的国家，在如此短的时间里，发展如此之快。多年的持续发展已经把中国带到了一个没有先例可循的位置。中国道路的主要开创者邓小平，在晚年就预见到，“发展起来以后的问题不比不发展时少”[①]。在经济全球化快速推进的今天，我们不再拥有其他国家在现代化过程中从容处理社会需求和矛盾的时间，改革发展的复杂性也非往日可比，特

① 中共中央文献研究室编《邓小平年谱（1975—1997）》（下），中央文献出版社，2004，第1364页。

别是利益格局的多样化和分化趋势明显，甚至出现“利益固化”现象；人们对改革发展的诉求和预期日渐多样，影响社会稳定的矛盾日渐增多；凝聚改革共识，统筹兼顾各方利益，比过去更难了。好比越剧《西厢记》里的一段唱词：“做天难做二月天，蚕要暖和麦要寒。种菜哥哥要落雨，采桑娘子要晴干。”目前，我们的改革进入攻坚期、深水期，发展中又面临急需解决不平衡、不协调、难持续的问题，凡此种种问题，怎么办？解决现实中的新问题，继续前进，必须要有共识，而且要花大力气，才能凝聚共识。凝聚共识，当然不是像1978年那样“在路口”的争论和选择，不是为了重新选择道路方向，而是为了更好地“在路上”逢山开路、遇水架桥。所谓共识，就是思想认识上的“最大公约数”。在当今中国，坚持和发展中国特色社会主义这个“共同理想”，就是思想认识上的“最大公约数”，更是当代中国攻坚克难最为需要的旗帜、形象和方向。方向决定成败，只有凝聚中国道路这个共识，坚持这个方向，才能够稳妥解决不同利益群体的诉求，代表最广大人民群众根本利益，才能够有定力排除各方干扰，形成合力，扎实地前进。

第三，从中国道路和当今世情的关系来看。

中国道路在形成发展过程中，经受了各种风险和考验。在苏联解体、东欧剧变，社会主义运动遭受重大挫折，被西方宣布“不战而胜”“历史终结”的压力中，在亚洲金融风暴、国际金融危机、欧洲债务危机以及西亚和北非的乱局中，一些国家被难倒、被翻倒了，中国虽然付出了一些代价，但最终都化险为夷，并且发展得更好。中国道路的生命力由此可见。目前，世界经济发展的不确定性很明显，有的国家政治和社会走向也出现了不确定性。在一些国家反思、总结自己走的路子时，中国道路的影响力也显现出来，以至美国前国务卿亨利·基辛格于2011年6月在接受中国《参考消息》记者采访时表示：“中国的发展模式，无论对中国自己还是对世界其他国家都具有重要的意义。”这便是西方世界喜欢讨论“北京共识”“中国模式”的原因。西方一向期望按他们的模式来塑造发展中国家，现在多少觉得，可能确实存在中国道路这种不同于西方资本主义模式的发展道路。但在讨论中，不少人对中国道路有误解，有怀疑。有的发出中国现在搞的究竟还是不是社会主义的疑问，有的“捧杀”中国道路而导致“威胁论”，有的“棒杀”中国道路而喊出“崩溃论”。在这种情况下，我们不仅需要表明坚定不移走中国道路的态度，还有必要自信地把中国道路的特点和内涵清楚地宣示出来。

在风险和机遇中前进的中国，清楚地知道，走什么路，为什么要走这条路，以什么样的精神状态走这条路，至关重要。这就需要我们保持定力，认认真真地去解决原有的问题和势必会继续出现的新问题，遇到再大的难题也不动摇意志、改弦易辙。要说大局，这就是当代中国最根本的大局。

二、中国道路是什么?

中国道路，是具有实践特色、理论特色、民族特色、时代特色的社会主义道路。

社会主义在各国的实践千差万别。苏联、东欧的社会主义，在世界上曾是很有影响的模式。越南、朝鲜、老挝、古巴这样一些社会主义国家，其道路也各有不同。在欧洲政坛，至今还有势头不减的社会民主主义（有时叫民主社会主义）思潮。第二次世界大战后，在90多个民族独立国家中，约有半数先后宣布实行社会主义或以社会主义为目标，由此出现各种民族社会主义道路。非洲相继出现“阿拉伯社会主义”“马克思科学社会主义”“村社社会主义”“民主社会主义”；在拉丁美洲，委内瑞拉的“21世纪社会主义”、玻利维亚的“印第安社会主义”至今还有影响。在理论上，国外还有许多没有执政的共产党和“新马克思主义”各种流派，也都各有其社会主义观。中国搞社会主义，曾照搬过本本，也模仿过别人，吃过苦头，才走出同其他国家的社会主义拥有鲜明区别的道路。它既不是“传统的”，也不是“外来的”，更不是“西化的”。中国道路根植于中国的国情和传统，适应中华民族的发展和进步，反映中国人民的意愿和选择，体现中国共产党的使命和理想，既坚持了科学社会主义基本原则，又回答了在人口这么多、底子这么薄、资源这么贫乏，发展这么不平衡的中国，建设什么样的社会主义、怎样建设社会主义这个根本问题。

关于中国道路的具体内容和特点，从1981年通过的《关于建国以来党的若干历史问题的决议》开始，党的重要文献，便根据改革开放实践提供的新经验，不断进行总结和概括。和以前的文献比较起来，党的十八大的总结和概括，更集中、更系统、更完整了，在不少方面作出了理论创新。据此，我们大体可从以下四个角度，来概括和理解中国道路是什么。

第一，从形态构成讲，中国道路是途径、理论和制度三种形态，在实践中有机统一。

中国道路，是中国特色社会主义道路、中国特色社会主义理论体系和中国特色社会主义制度的总称。作为中国道路构成形态之一的具体道路，是中国特色社会主义的实现途径，主要包括“一个中心、两个基本点”的基本路线，以及在基本路线上延伸出来的社会主义市场经济、民主政治、先进文化、和谐社会和生态文明这五大建设途径等。中国道路的理论形态，包括邓小平理论、“三个代表”重要思想和科学发展观等。它们是30多年来改革开放实践的思想结晶，党的十五大、十六大、十八大，先后把它们确立为党的指导思想，是中国道路的行动指南。中国道路的制度形态，包括中国的根本政治制度、基本政治制度、法律体系、基本经济制度，以及各方面的体制，它们是坚持和发展中国道路的根本保证。

科学的和有生命力的道路，总会在途径、理论、制度三种形态上落实和显现，并呈现出自己的特色。否则，它可能只是一种解释世界而不能改造世界的学说，或者是一种灵机构想但却未必成功的实验。党的十八大报告提出，中国道路的途径、理论和制度“统一于实践”，这是一个很重要的论断，表明三种形态不会单独形成，而是互为表里、互为印证、相互促进的。同时也说明，中国道路不是在屋子里琢磨出来的，也不是“论战”中“憋”出来的，而是在实践探索中干出来和逐步完善起来的。中国道路能够不断发展、走向成熟的原因，就在于中国共产党人总是自觉地把成功的实践上升为理论，用正确的理论指导新的实践，把成功的和成熟的实践确定为制度。中国道路的特色和品格就在这里，中国道路的科学性和深刻性在这里，中国道路在中国之所以管用，特别有效率，之所以对全党有凝聚力，对全社会有吸引力，原因也在这里。

第二，从宏观规定讲，中国道路的形成和发展，有其总依据、总布局和总任务。

党的十八大报告中提出的三个“总”，着墨不多，但有助于我们理解中国道路的真谛和要义。所谓总依据，即社会主义初级阶段这个当代中国最大的国情，它是中国道路的出发点。没有出发点，就没有依据去探索、开创和发展中国道路。毛泽东当年如果不弄清、不牢记半殖民地半封建社会的国情，也不会鲜明确立新民主主义道路。今天，我们也必须牢记国情，牢记出发点，才不会动摇走中国道路的决心。党的十八大报告再次重申，我国仍处于并将长期处于社会主义初级阶段的基本国情没有变，就是因为这个。所谓总布局，即社会主义市场经济、民主政治、先进文化、和谐社会和生态文明，“五位一体”，整体推进。提出这个总布局，反映了社会主义现代化建设的内在要求，意在强调，中国特色社会主义是全面发展的社会主义，必须全面、协调和可持续地推进各方面、各领域的工作。所谓总任务，就是中国道路的目标方向，即实现社会主义现代化和中华民族的伟大复兴。总依据、总布局和总任务，是中国道路的应有之义，简明扼要地指明，为什么要走这条道路，在这条道路上主要做什么，朝着什么样的目标去做。

第三，从基本要求讲，中国道路有八个方面必须坚持的内容。

坚持人民主体地位，坚持解放和发展社会生产力，坚持推进改革开放，坚持维护社会公平正义，坚持走共同富裕道路，坚持促进社会和谐，坚持和平发展道路，坚持党的领导，这“八个坚持”，是党的十八大报告第一次提出来的，被确定为走中国道路夺取新胜利的基本要求。所谓基本要求，事实上是对中国道路内容的又一种概括方式。改革开放以来，我们党不断深化对中国道路的思考和概括，先后形成了党的基本理论、基本路线、基本纲领、基本经验。党的基本要求，从理论和实践相结合的角度，总结了中国道路的新鲜经验，涉及生产力和生产关系、经济基础和上层建筑、国内社会关系和国际政治关系各个方面，体现了中国道路最本质的内容和最鲜明的特点，既是对党内外、国内外关注中国道路时提出的一些重大问题的积极回应，也是对中国道路前进规律、途径和方向的具体揭示。正是在这个意义上，我们说基本要求和基本理论、基本路线、基本纲领、基本经验一起，是中国道路中管全局、管方向、管长远的内容。

第四，从实践领域讲，中国道路是一个体系，由不同方面、不同层面的若干具体道路组成。

中国特色社会主义道路是由诸多具体道路构成的我国发展的总道路。全面建设和发展中国特色社会主义，反映在实践工作领域，必然延伸出不同方面、不同层面的具体道路。党的十七大报告就曾概括出中国特色自主创新道路、中国特色新型工业化道路、中国特色农业现代化道路、中国特色城镇化道路、中国特色社会主义政治发展道路、中国特色军民融合式发展路子等。根据党的十八大报告，我们可以进一步概括为：以加快完善社会主义市场经济体制和加快转变经济发展方式为主要内容的经济建设道路；坚持党的领导、人民当家作主、依法治国三者有机统一，以实现更广泛、更充分、更健全的人民民主为目标的政治发展道路；增强文化软实力，以建设社会主义文化强国为目标的文化发展道路；以改善民生和创新社会管理为主要内容的社会建设道路；以建设美丽中国，实现中华民族永续发展的生态文明建设道路。此外，在国防和军队现代化方面，在推进祖国统一方面，在处理国际关系方面，在党的建设方面，所走的路子，党的十八大报告都有具体论述和新的要求，特别是从中国特色社会主义的根本原则上讲，突出强调要走共同富裕的道路。以上诸多方面的道路下面，还有一些具体层面的道路内容。例如，在经济方面，走新型工业化、信息化、城镇化和农业现代化“四化”同步发展的道路，以及在科学技术上走中国特色自主创新道路；在国防和军队现代化方面，走中国特色军民融合式发展道路；在国际关系方面，走和平发展道路；在党的建设方面，走中国特色的反腐倡廉道路；等等。

不同方面、不同层面的具体道路，是对中国道路实现途径的细化、丰富和发展。

三、中国道路从哪来?

人们对道路的探索和选择，不会是随意而为，道路更不会凭空而来，它总是和一个国家长期形成的文化传统、发展水平、政治演进和人民诉求紧密相连。归根到底，被多数社会成员认可的道路，都是为解决其国家面临的根本历史课题，它一头连接着国情，一头连接着理想。

中国道路的形成和发展，其来有自。

第一，中国道路的开创和发展，直接源于改革开放新时期的实践和理论创新。

如果不准确把握社会主义初级阶段这个最大国情，如果不推进改革开放这个伟大实践，如果不奔向社会主义现代化这个根本目标，就不可能有中国道路。中国道路，由以邓小平为核心的党的第二代中央领导集体艰辛开创，经以江泽民为核心的党的第三代中央领导集体的奋力推进，到以胡锦涛为总书记的党中央的坚持和发展，才走出今天的壮景。这个论断，是党的十七大报告以来重要文献的一贯表述。其意义在于，确认了中国道路有其开创性的标志，即我们常说的“党的十一届三中全会以来”；有其现实的实践依据，即我们常说的“改革开放”；有其明确的主题内涵，即我们常说的“什么是社会主义、怎样建设社会主义”；有其阶段性的前进过程，即在20世纪70年代末开始的“成功开创”、两个世纪之交的“成功推进”和新世纪新阶段的“成功坚持和发展”。这个论断，是对30多年来中国道路开创和发展过程情形及其特点的简洁概括。

第二，中国道路是近代以来拯救和发展中国的先进道路逐步演进的根本成果。

开创中国道路之前，历史不会是一片空白，道路总会有“源头”征兆。党的十八大报告说，中国道路是“党和人民九十多年来奋斗、创造、积累的根本成就”，即已鲜明回答了中国道路其来有自的问题。习近平总书记在国家博物馆参观“复兴之路”基本陈列时的讲话中，进一步从近代以来中华民族跌宕起伏的命运变化的角度，讲了“三个牢记”：落后就要挨打，发展才能自强；道路决定命运，找到一条正确的道路多么不容易，必须坚持走下去；把蓝图变为现实还有很长的路要走，需要我们付出长期艰苦的努力。这“三个牢记”，既体现了170多年以来中华民族命运变化的历史真谛，又揭示了中国道路何以出现，为什么要坚持和发展的内在逻辑。把中国道路放到近代以来特别是党成立以来的历史大背景中去看它的由来，体现了我们党浓郁而敏锐的历史感。所谓历史感，就是科学掌握历史继承和发展的内在规律，正确地走向未来。

中国道路其来有自，还指它有着历史的承续和承载，是在前人探索的路子基础上开创出来的。

在中国道路形成以前，为拯救和发展中国，中国先进分子在民主革命时期，为道路的问题，先后作了两次选择，使民主革命从旧民主主义革命发展为新民主主义革命。在新民主主义革命胜利后，经过一段时间的前进，我们党创造性地进行了社会主义改造，建立了社会主义制度，这才有了探索社会主义建设道路的前提和基础。为了找到一条建设社会主义的正确道路，我们党又经历了改革开放前和改革开放后两次探索，最终才形成了中国道路。

党的十五大把孙中山、毛泽东、邓小平并列为20世纪中国的三位伟人，他们的特殊贡献，恰恰在于分别在各自不同的历史条件下，卓有成效地实践和探索了先进道路。从三民主义道路到新民主主义道路，从新民主主义道路到社会主义道路，从实践探索适合中国国情的社会主义建设道路到开创中国特色社会主义道路，三位伟人都是从前一代人那里汲取了经验智慧，并且看到了前一条道路的不足，而后创新发展，实现历史性飞跃。说中国道路是几代人“奋斗、创造和积累的根本成就”，真实含义即在于此。

第三，中国道路奠基于改革开放前30年对社会主义建设道路的探索。

离开创中国道路时间最近、关系最密、影响最大的，是从新中国成立到改革开放前这段时间，我们党对社会主义建设道路的实践探索。

改革开放前后两个30年左右的历史时期，当然不能混为一谈。在对国情和世情的判断上，在探索道路的方式和具体政策上，在工作中心和实际工作内容上，改革开放前和改革开放后，有很大差别。改革开放前对社会主义的实践和探索，开始是照搬苏联模式，带来很多问题，邓小平说，“我们很早就发现了，但没有解决好”[①]。“没有解决好”是指在探索中经历了从正确到正确中有失误，从正确与失误交叉前行，到发生全局性和长时间的严重错误的挫折，因而没有形成一条正确的道路。

但是，不管经历了怎样的挫折，从新中国成立到改革开放前的探索实践，对中国道路来说，不是一种可有可无的承续和承载。对此，党的十八大

① 邓小平：《邓小平文选》第3卷，人民出版社，1993，第261页。

报告在十七大报告提出的毛泽东那一代人为中国道路“奠定了根本政治前提和制度基础”这个论断的基础上，又进了一步，增加“提供了宝贵经验、理论准备、物质基础”，这些表述，很有分量，很具体。

什么是“根本政治前提和制度基础”？主要指新民主主义革命的胜利，中华人民共和国的创建，社会主义制度的确立。“理论准备”有哪些？不仅包括实事求是、群众路线和独立自主这些毛泽东思想活的灵魂，还有：对一穷二白的中国，社会主义还处于不发达阶段，把国家建设好大概要一百年这个最大国情和历史方位的认识；对社会主义社会的基本矛盾和主要矛盾的判断；把党和国家的工作重点转移到技术革命和社会主义建设上来，“是一个伟大的革命”的论述；“四个现代化”发展战略目标的提出；遵循价值规律，发展商品经济和做好综合平衡的要求；以农业为基础、工业为主导，正确处理农业、轻工业和重工业之间关系的主张；正确区分和处理敌我矛盾和人民内部矛盾的学说；提倡“百花齐放，百家争鸣”的文化方针；等等。关于“物质基础”，则包括建立了独立的比较完整的工业体系和国民经济体系和“两弹一星”等各方面的建设成就。以上，都属于党的十八大报告说的“党在社会主义建设中取得的独创性理论成果和巨大成就”。至于“宝贵经验”，既包括社会主义建设实践中积累的许多正确有效的做法，也包括“文化大革命”那样严重的错误经验。这些，都从不同方面为中国道路的开创，积累了必不可少的直接有用的资源。如果没有此前奠定的政治前提，没有从干部到制度、从实践到理论、从物质到精神的基础准备，改革开放就很难推进，就不会有中国道路的出现；出现了，也不一定坚持得住，发展得好。

关于从改革开放前到改革开放后的历史演进特点，邓小平在1980年主持起草党的第二个历史决议时，说得很清楚：“从许多方面来说，现在我们还是把毛泽东同志已经提出、但是没有做的事情做起来，把他反对错了的改正过来，把他没有做好的事情做好。今后相当长的时期，还是做这件事。当然，我们也有发展，而且还要继续发展。”① 概括起来实际就是四层意思：在开创中国道路的过程中，我们党做的事情，一是把毛泽东那一代人提出来、

① 邓小平：《邓小平文选》第2卷，人民出版社，1994，第300页。

设想过但没有去做的事情做起来；二是把毛泽东那一代人做错的事情改正过来；三是把毛泽东那一代人做得不够好，但总体上还可以去做的事情进一步完善起来；四是做毛泽东那一代人没有遇到过的新事情。这四层意思，具体地回答了中国道路是怎样起步的，同时也说明，20世纪70年代末的中国共产党人，并不是随心所欲地在他们选定的历史条件下进行创新，而是在他们直接碰到的、由毛泽东那一代人奠定的基础上开始改革开放的。

第四，中国道路的本质灵魂是对科学社会主义基本原则的继承和发展。

没有主义，如果这个主义不科学，道路就没有灵魂。中国道路，是社会主义道路，是马克思主义的科学理论同中国实际和时代特征相结合的产物，支撑它的是科学社会主义的基本原则。邓小平关于社会主义本质下的重要定义，是“解放生产力，发展生产力，消灭剥削，消除两极分化，最终达到共同富裕”[①]，这个论断，鲜明体现了科学社会主义的基本原则。

说中国道路其来有自，很重要的一点，是因为它的本质属性和基本原则有其思想来源，有其传承的“道统”。社会主义思潮诞生以来，人们对它的实践探索，经历了好几个时间段。其中的“道”，就是内容逻辑，主要指科学社会主义的基本原则；所谓“统”，就是历史发展过程，主要指科学社会主义基本原则在马克思主义、列宁主义和毛泽东思想这几个阶段的形成发展。正是从“道统”的角度，我们一直强调，中国道路的理论体系，即邓小平理论、“三个代表”重要思想、科学发展观等和马克思主义、列宁主义、毛泽东思想，既一脉相承，又与时俱进地发展。

毛泽东曾经说过，中国共产党的成立，意味着中国“改变了方向”。改变了方向，是因为树立了社会主义这个新方向。中国共产党成立的时候，中国政坛上有300多个政党，却单单是中国共产党成功了，说明这个新方向符合中国社会的要求，是对头的。中国道路，就是沿着社会主义这个新方向不断前进的结果。

从实践探索符合中国国情的社会主义道路，到形成中国特色社会主义道路的历史飞跃中，坚持科学社会主义基本原则没有变，理论基础没有变。改

---

① 邓小平：《邓小平文选》第3卷，人民出版社，1993，第373页。

革开放不是对改革开放前的历史推倒重来，而是一个辩证发展、螺旋式上升的过程，是在回答“什么是社会主义、怎样建设社会主义”这个根本问题上，认识更清楚了，而且越来越清楚；实践上更有成效了，而且成效越来越明显。不论中国道路怎么发展，都是社会主义不断在更高形式上走向成熟和完善，都是更好地做到科学社会主义理论逻辑和中国社会发展历史逻辑的辩证统一。

历史是一条通道，现实由此而来。

弄清楚中国道路从哪里来，正确理解中国道路的“前世今生”和历史逻辑，正确把握中国道路的形成和发展规律，结论就是：新民主主义道路的成果绝不能丢失，实践探索中国特色社会主义建设道路的成就绝不能否定，中国道路的前进方向绝不能动摇。

四、中国道路怎样走？

走好中国道路，其实就是一句话：牢牢坚持和发展中国特色社会主义。核心问题无非两个：怎样坚持，怎样发展。

第一，关于怎样坚持。

党的十八大报告标题突显了“坚定不移”四个字，正文中“不动摇，不懈怠，不折腾”，也是针对坚持说的。中国道路事实上成为最高意义上的党和国家意志，怎样才能做到对党和国家意志的牢固坚持呢？有两点很明确。

一是在认识和实践中树立自信。

党的十八大报告提出增强“道路自信、理论自信、制度自信”。树立自信，既要根据邓小平提出的“三个有利于”判断标准来认识和承认中国道路给中国带来实实在在的发展进步这个基本事实，也要清楚中国道路总是在发展中不断完善的。在“三个自信”中，树立制度自信最为关键。走中国道路，在任何方面的进步和完善，最终都应该落实到制度建设上面；任何方面的动摇，最终都可能反映在制度上的动摇。现在西方一些人谈论中国道路，往往把社会制度和经济成就分割开来，承认中国的经济发展得好，但不认可中国的制度。一个简单的事实是，如果没有制度保证，要让中国经济在长达

40多年的时间里快速发展，是不可想象的。中国特色社会主义制度是走中国道路的根本保证，如果对制度没有自信或信念不坚定，如果对制度不持敬畏之心甚至任意践踏，其保证作用很难发挥，对人们走中国道路的信心会带来根本性的伤害。

懂得远比知道重要。所谓自信，来自道路的科学性及其魅力，来自人们对道路科学性的真正了解和懂得。在懂不懂的问题上，来不得半点含糊。还是反复讲的那个道理：真学才会真懂，真懂才会真信，真信才会真实行，真实行才会真有效。真有效了，道路的魅力韵味就出来了，自信就有了，牢固了。要坚持好中国道路，内在逻辑大体如此。

自信还是不自信，也不光是关起门来的自我判断，也不只是跟自己以前的道路相比如何。我们沿中国道路前行，已经过了这个阶段。要敢于和国外比，敢于和现在比，也要敢于比未来。中国当然还存在不少问题，每个国家都存在问题，不同的阶段存在不同的问题，解决问题的同时会带来新的问题。因此，有问题并不可怕，关键是能不能在这条道路上不断解决问题。中国道路解决问题的能力让世界瞩目，中国道路为世界发展注入越来越多的正能量，也让世界瞩目。只要我们沿中国道路走下去，让中国的改革、发展和稳定的大势再巩固一些年，让对中国总体有利的世界经济政治局势再持续一些年，有关中国道路的种种误解、曲解乃至恶解，势必将逐渐淡去或是不攻自破。那时，中国道路将会在世界范围内得到更多的尊重和正确评价。

二是知道哪些路子不能走。

坚持走好中国道路，不仅对中国道路“是什么”要有认识上的自觉和自信，还要清楚哪些路是不能走的。党的十八大再次重申，“既不走封闭僵化的老路，也不走改旗易帜的邪路”，就是为了突出坚持走中国道路这个要求。

“老路”和“邪路”，是过去经常讲的意思明确的一个比喻。不走“老路”，不是说对过去的探索都不尊重，而是说，实践已经证明，过去以苏联模式为代表的以及像“文化大革命”那样的建设社会主义的道路已经走不通了，所以才通过改革开创出新路。不走“邪路”，不是说，对外国各种道路中好的东西不尊重，不需要汲取人类文明的优秀成果和其他国家的先进经验了，我们的改革不前进了；而是说，各个国家可以有各种不同的发展道路，但符合中国国情的道路只有一条，换句话说，中国道路是有原则、有方向的，在改革开放中，科学社会主义基本原则不能丢，丢了就不是社会主义，不能用其他什么方向来动摇社会主义制度自我完善这个方向。比如，关于收入分配制度改革，在社会主义初级阶段，既不能实行社会主义高级阶段才能实行的完全按劳分配制度，也不能实行资本主义国家以私有制为基础的按资分配制度，而只能实行以按劳分配为主体，多种分配方式并存的制度。实行这种制度，不搞平均主义，不同社会成员的收入不可能没有差距，但不能差距过大，更不能两极分化。党的十八大关于中国道路的概括中，强化了"逐步实现全体人民共同富裕"和"坚持走共同富裕道路"，说明我们党越来越重视收入分配领域里出现的新情况，同时也说明，要不要解决收入分配差距过大的问题，要不要走共同富裕的道路，绝不仅仅是收入分配领域的问题，而是关系到我们的改革是不是体现了社会主义本质的问题。总之，不走"邪路""老路"的具体含义，就是坚决抵制抛弃社会主义的各种错误主张，绝不照搬西方政治制度模式；同时，要自觉纠正超越社会主义初级阶段的错误观念和政策措施。不走"老路"和"邪路"，都突出了对中国道路的牢牢坚持，并要求与时俱进地创新发展。二者互为依托，是统一的。

第二，关于怎样发展。

中国道路不是僵化的模式，对中国道路最好的坚持，就是与时俱进地发展。发展中国道路的最大动力，是在实践中深入推进改革开放。

改革开放是决定当代中国命运的关键一招，当然也是发展中国道路的关键一招。尽管现在推进改革矛盾多、难度大，但正如习近平总书记2012年12月在广东考察时所说，"不改不行。我们要拿出勇气，坚持改革开放正确方向，敢于啃硬骨头，敢于涉险滩，既勇于冲破思想观念的障碍，又勇于突破利益固化的藩篱"。

推动中国道路往前发展，人们从不同角度，都会认为有当务之急，诸如民生、法治、公平、生态、收入差距、政治体制改革、经济体制改革、反腐倡廉、周边事态等。站的角度不同，从事的职业不同，关注的重点不同，答案自然不同。这就需要进一步调查研究，作出战略判断，确立主攻方向，推出顶层设计。

所谓顶层设计，很重要的一点，是重视各领域体制改革的统筹设计。党的十八大报告提出“要把制度建设摆在突出位置”，意也在此。“五位一体”的总体布局怎样推进和发展，各实践领域的具体道路怎么走，各有着力点、突破点。比如，在经济领域，改革的关键是处理好政府与市场的关系，发展的关键是提高质量和效益。在文化领域，关键是培育和践行富强民主文明和谐、自由平等公正法治、爱国敬业诚信友善的社会主义核心价值观，提升中国道路的文化软实力。但从总体上说，要走好中国道路，从制度、体制机制的改革和建设入手，无疑最为关键。一是因为，经过多年的实践探索和积累，中国道路在前进中积累了不少经验，不少方面已有规律可循，为一些制度的改革和完善提供了条件；二是因为，如果各种制度、体制、机制仍然不协调配套，势必出现相互牵扯甚至内耗，进而影响总体改革和发展成果；三是因为，我们既面临提高制度建设的质量和水平的问题，也面临如何切实遵循和敬畏制度的问题，在把权力关进制度的笼子，做到用制度管权，靠制度办事的问题上，还有许多事情要做。走中国道路，我们曾经拥有人口红利，长期拥有改革红利，再进一步，如果在社会主义制度自我完善的路子上取得更多更好的收获，势必带来更大的制度红利。

邓小平在1992年指出，“恐怕再有三十年的时间，我们才会在各方面形成一整套更加成熟、更加定型的制度”[①]。邓小平说的30年，已经过去了20多年。党的十八大报告提出，“构建系统完备、科学规范、运行有效的制度体系，使各方面制度更加成熟更加定型”，这是对中国道路在制度形态上的发展提出了新的要求。在政治发展道路方面，党的十八大还就如何完善人民代表大会制度、健全协商民主制度等作了安排。在我们的制度体系中，原本有政治协商的传统，从20世纪90年代开始，我们党就把协商和选举并列为社会主义民主的两种重要形式；近年来，又明确了协商民主这个概念，党的十八大报告进一步将其作为一种制度，并要求落实到专题协商、对口协商、界别协商、提案办理协商、基层民主协商各个方面。这些部署，广泛、多层地扩展了社会主义民主的内涵，无疑将成为在政治体制改革方面发展中国道

① 邓小平:《邓小平文选》第3卷，人民出版社，1993，第372页。

路的着力点。还有各方面体制机制的协调改革，更是一篇大文章。

推动中国道路往前发展，不仅要有轰轰烈烈的突破和转折，更需要渐进式的改进、完善和积累。对看准了的改革，要下决心干，争取有所突破，早有成效。对看得还不那么准，又必须有所突破的改革，则需要在实践中探索，摸着石头过河。

所谓摸着石头过河，是一种渐进式的改革。中国道路的创新发展，有自己的风格，这就是，从“先易后难”的务实主义，再到“攻坚克难”的现实主义，要避免陷入脱离实际、急于求成的浪漫主义。抬头看远方，需要理想情怀，才不会失去目标方向；埋头走路，需要现实主义，才不会栽跟头。务实和现实的改革，既直面改革的难点和焦点，又强调改革的渐进过程，而不是期望短期内就能够把想解决的难题都解决完，也不是渲染还没有条件去做的事情以画饼，更不幻想拿花样翻新的口号来说明中国道路的发展如何风光。

突破性改革总是以渐进式改革为基础的。比如，如果没有粉碎“四人帮”后在两年徘徊中前进的渐进变化，就不可能在党的十一届三中全会上果断停止“以阶级斗争为纲”的口号，宣布以经济建设为中心；如果没有20世纪80年代市场经济取向的渐进式改革，如果不经历建立社会主义商品经济阶段，就不会在1992年来一个大突破，明确把建立社会主义市场经济体制作为经济改革的目标；过去我们只强调公有制经济，1997年把以公有制为主体、多种所有制经济共同发展作为社会主义的基本经济制度，也是经过近20年的实践探索，特别是在提出建立社会主义市场经济体制之后，才取得的突破性成就。这就叫积小成为大成。

当然，摸着石头过河，绝不是狗熊掰棒子，瞎抓一气，不知所得，而主要是摸规律、摸重点、摸突破口。这就需要善于总结经验，在条件成熟的时候推出顶层设计。顶层设计和摸着石头过河，在中国道路的前进方式中，不是分离的，而是互相促进的。

总之，坚持和发展，在走好中国道路的实践中，是统一的。统一的途径，在于实践，在于实践提出的问题。统一的效果，要接受实践的检验，看解决问题的效果。统一的方式，还是邓小平说的那四句话：对的要坚持，不足的加把劲，不对的赶快改，新问题出来抓紧解决[①]。这就是中国道路的前进方式，也是怎样才能走好中国道路的历史辩证法。

五、中国道路与中国梦

中国道路承载着中国梦前进，是全面建成小康社会、加快推进社会主义现代化、实现中华民族伟大复兴的必由之路。

中国道路到哪里去？拥抱中国梦！

中国梦就是现代化之梦，社会主义之梦，民族复兴之梦。这三个含义，在党的十八大报告中表述得很清楚。中国道路的总任务是："实现社会主义现代化和中华民族的伟大复兴"；中国道路的现状是：已经"不可逆转地开启了中华民族不断发展壮大、走向伟大复兴的历史进军"；中国道路的前景是："促进人的全面发展、逐步实现全体人民的共同富裕，建设富强民主文明和谐的社会主义现代化国家。"

在中国梦的三种含义里，现代化是形态，社会主义是灵魂，民族复兴是主体。

为了寻梦，就必须寻路。

中国道路从来连接着中国梦，中国梦本就是中国道路的应有之义。中国梦是近代中国积贫积弱的处境刺激出来的。没有衰落的低谷，就没有在沉沦中崛起的梦想。负责任地构想未来，必然解决走什么路，才可能接近和实现梦想的问题。在更多的情况下，梦想未来、提出目标比较容易，选择走什么路反倒艰难万分，往往要经过曲曲折折的实践探索，才可能找到一条正确的道路。反过来说，道路总是承载着信仰，没有崇高信仰的道路，很容易滑向机会主义，终难走出一片明朗的天地。一个简单的逻辑是："梦"不同，"路"必不同；"路"不同，"梦"亦将不同。只有"路"和"梦"的紧密结合，才会使"梦"深刻地承载历史，让"路"正确地对接未来。说中国道路寄托着近代以来无数仁人志士的夙愿和期盼，承载着几代中国共产党人的理想和探索，就是这个意思。

---

① 邓小平：《邓小平文选》第3卷，人民出版社，1993，第308、372页。

在探索积累和开创发展中国道路的过程中，始终贯穿着对现代化之梦、社会主义之梦、民族复兴之梦的追求。

中国革命的先行者孙中山第一个提出了“振兴中华”的目标，为了实现这个梦想，他找到的是民族主义、民主主义和民生主义道路。其中，民族独立是民族复兴的前提，民主主义则是现代化的基本诉求，节制资本、平均地权、以求“均富”的民生主义，很接近社会主义理想。

毛泽东确立的新民主主义道路，目标之一，是民族独立、人民解放，“为了使国家复兴”①，“中国人从此站立起来”②，这是民族复兴的根本政治前提；目标之二，就是他说的，“我们搞政治、军事仅仅是为着解放生产力”③，进而使中国由落后的农业国变成先进的工业国，这是民族复兴在现代化方面的体现；目标之三，是大家都熟悉的，走新民主主义道路，是替社会主义创造前提，前途是走向社会主义，这是民族复兴的灵魂。

确立社会主义制度后，毛泽东再次探索道路问题，提出，对马克思主义与中国实际，“我们要进行第二次结合，找出在中国进行社会主义革命和建设的正确道路”④。对这条道路的目标，毛泽东设想的精要是，让社会主义中国“变成一个大强国而又使人可亲”⑤；实现工业、农业、科学文化和国防的现代化，从不发达的社会主义过渡到比较发达的社会主义；民族复兴也不光是自己站起来，强起来，到21世纪后，“中国应当对于人类有较大的贡献”⑥。

进入新时期，邓小平开创中国道路，一开始就自觉地提出要“走出一条中国式的现代化道路”⑦。1984年，他确切地讲，“总的来说，这条道路叫作建设有中国特色的社会主义的道路”⑧。1987年，针对“中国现在干的究竟是什么事情，有些人还没有搞清楚”这个现象，邓小平明确把现代化和社会

① 毛泽东：《毛泽东选集》第4卷，人民出版社，1991，第1469页。
② 中共中央文献研究室编《毛泽东文集》第5卷，人民出版社，1996，第342页。
③ 中共中央文献研究室编《毛泽东文集》第3卷，人民出版社，1996，第109页。
④ 吴冷西：《十年论战：1956—1966中苏关系回忆录》（上），中央文献出版社，1999，第23—24页。
⑤ 毛泽东：《建国以来毛泽东文稿》第6册，中央文献出版社，1992，第405页。
⑥ 中共中央文献研究室编《毛泽东文集》第7卷，人民出版社，1999，第157页。
⑦ 邓小平：《邓小平文选》第2卷，人民出版社，1994，第163页。
⑧ 邓小平：《邓小平文选》第3卷，人民出版社，1993，第65页。

主义联系起来:“我们干四个现代化,人们都说好,但有些人脑子里的四化同我们脑子里的四化不同。我们脑子里的四化是社会主义的四化。他们只讲四化,不讲社会主义。这就忘记了事物的本质,也就离开了中国的发展道路。”[①]可见,“中国梦”里现代化和社会主义这两个含义,在中国道路的开创过程中,一开始就是不能割裂的。到党的十五大,我们党正式把中国道路同“实现中华民族的伟大复兴”这个概念对接起来。党的十六大以后,我们党进一步把中国道路的社会主义之“梦”,从此前的“富强民主文明”扩展描述为“富强民主文明和谐”等。

中国梦诱人,但绝不虚幻。

在中国道路的探索积累和开创发展过程中,现代化、社会主义和民族复兴,不仅始终作为目标存在,而且始终是具体的,是由一个又一个阶段性目标连接起来的。比如,关于中国道路的现代化之“梦”,围绕“小康”这个阶段性目标,我们先后经历了从解决温饱到小康水平,从小康生活到小康社会,从总体小康到全面小康,从全面建设小康社会到全面建成小康社会,这样一个阶段到又一个阶段的实践行程。以后,我们还要经历从建党一百年时全面建成小康社会,到建国一百年时建成社会主义现代化国家,这“两个一百年”目标的衔接和实践。以上不同的目标概念,语境不同,内含也不一样,但都反映了中国梦所经历的阶段性特征。到实现第二个一百年目标的时候,大体就可以称得上中华民族的伟大复兴了。到那时,已经发展到新的境界的中国,不仅会为维护世界和平、促进世界繁荣作出更大的贡献,中国道路也会为人类的共同价值添加更多的资源和标记。

中国道路是着眼于现实,面向未来,催人奋进的复兴大道,需要一代又一代人的共同努力和永续奋斗。走中国路,圆中国梦,无疑是当代中国最耀眼的时代主题!

---

① 邓小平:《邓小平文选》第3卷,人民出版社,1993,第204页。

中国道路创造中国奇迹

韩庆祥
[中央党校（国家行政学院）校务委员会原委员、一级教授，中央党校专家工作室领衔专家]

坚定道路自信，既是政治上的要求，也需要从学理上加以阐释，要对坚定道路自信进行理论上的论证。只有这样，人们才能把这一熟知的命题变成真知，才能由知其然走向知其所以然。自信，是一个多维度、多层次概念。党的十八大以来，习近平总书记三番五次强调，党员干部要坚定道路自信、理论自信、制度自信、文化自信，他之所以强调坚定“四个自信”包括道路自信，是为了坚守政治防线以及思想防线、精神防线、心理防线，巩固我们的精神长城；是为实现中华民族伟大复兴凝聚共识和力量；是对我国发展起来以后使大国成为强国即实现强起来需要具备的一种政治素养和心理素质的强调；是对客观存在、客观事实的一种认知和认同；是为了确立中国共产党人在精神上的主动性和主体性。我们坚定道路自信的底气，从根本上来自中国特色社会主义道路具有的独特优势，这种优势就在于它立足中国国情、解决中国问题、促进中国成功、创造中国奇迹。由于中国道路能创造中国奇迹，这就从深层次、根本上找到了彻底回答“马克思主义为什么行、中国特色社会主义为什么好、中国共产党为什么能”的真实答案。这就是我们坚定道路自信的最大底气，也是我们坚定道路自信的根本原因。

新中国成立70周年，最值得从学理上加以整理总结的，是中国道路问题。基于中国道路总结新中国70年的历史经验、发展规律，才能抓住根本，才能做到彻底。新中国70年历史性变革的内在逻辑及其深层底色，新中国70年的历史发展逻辑及其历史经验、发展规律，归根到底，都要聚焦于中国道路。通过整理总结新中国70年来的发展逻辑、历史成就、历史经验、历史规律，我们一定会更加坚定道路自信。坚定道路自信，既是政治上的要求，也需要从学理上加以阐释。就是说，要对坚定道路自信进行理论上的论证。只有这样，人们才能把这一熟知的命题变成真知，才能由知其然走向知其所以然。迄今为止，我们还未看到对坚定道路自信，真正从学理上加以全面准确、系统深入论证的学术成果。

一、关于自信的学理阐释

自信，是一个多维度、多层次概念，既有应然意义上的自信，也有实然意义上的自信；既有客观意义上的自信，也有主观意义上的自信；既有感性上的自信，也有理性上的自信；既有心理上的自信，也有政治上的自信；既有“趋势”意义上要求的自信，也有“差距”意义上要求的自信。

所谓应然意义上的自信，是指作为具有一定社会身份的人，按照一定社会身份的要求，必须坚定自信。这是一种社会身份要求，也是一种社会身份的需要。比如，我是一名中国共产党员，我就应当对中国特色社会主义道路坚定自信，如果缺乏这种自信，就不是真正意义上的中国共产党员。在实然意义上的自信，是说由于客观存在、客观事实上具有值得我们自信的理由，主观反映客观存在，就需要我们具有自信，且坚定自信。改革开放以来，中国特色社会主义道路立足中国国情、解决中国问题、促进中国成功、创造中国奇迹，这会“使得”我们对此坚定自信。

所谓客观意义上的自信，与实然意义上的自信类似，但也有一定区别。实然意义上的自信，是相对于应然意义上的自信而言的，而客观意义上的自信，是相对于主观意义上的自信而言的。实然意义上的自信，是说我们已经具有自信的理由和底气，而客观意义上的自信，则是说由于在客观事实上解决了问题、取得了成功，创造了奇迹，它“值得”我们坚定自信。“使得”和“值得”具有微小差别。主观意义上的自信，是指由于在客观事实上解决了问题、取得了成功、创造了奇迹，人们应当从主观上具有自信。这里，主观与客观还是存在不一致的地方。比如，从客观存在、客观事实上来讲，确确实实具有值得我们自信的根据和理由，但由于一些人的立场、认知、思维方式、偏见等原因，使得他们对客观存在、客观事实还缺乏真正的理解和认知；或者他们理解和认知了，但就是不愿意承认，于是在主观上不愿坚定自信。比如，一些人受“西方标准”“西方范式”的影响，用“西方标准”和“西方范式”裁定中国，认为中国不符合“西方标准”“西方范式”，所以对中国道路就不会自信；另一些人对中国道路及其成就缺乏充分认知，往往也缺乏自信。所以，这里有一个从客观意义上的自信如何转化为主观意义上的自信的问题。解决这一问题的重要办法，就是从客观上使中国道路的优势和成就进一步得以彰显，从主观上进一步讲好中国故事、构建中国理论、传播中国话语。

感性上的自信，是讲我们处在特定的感性的环境、氛围和场景中，且都在讲自信，我在其中也要讲自信，不然，我就与这种感性的环境、氛围、场景不契合、不适合、不协调，就无法融入这一感性的环境、氛围、场景，就会被别人视为另类，于是，在感性上、感知上要坚定自信。但这种自信并非发自内心或心灵的，也不具有高度的理性自觉。于是，就有一个与感性上的自信相对应的理性上的自信。所谓理性上的自信，是指人们对自己所自信的对象具有全面充分深入地理解和把握，具有理性上的认知和认同，于是便自觉地产生了发自内心上的敬仰。真正的自信，应是这种意义上的自信，这种自信能持久且能产生动力。

心理上的自信，是一种心理活动。一是指给具有主体活动的人鼓劲、打气，使其具有勇气。就是说，本来从事活动的主体具有某种能力，但由于种种原因，尤其是缺乏良好的心理素质，结果使自己缺乏自信，或者这种自信不够坚定，从而影响你的活动效果，于是，你或他人要为你坚定自信注入心理动力。二是你的能力与其所要达到的目标本来不匹配、有距离，但你却具有较好的心理素质，反而自己给自己鼓劲和打气，具有自信的底气。这种自信难能可贵，反而能推动取得意想不到的效果。政治上的自信，主要是指具有政治身份的人为了达到预期的宏大目标和坚守稳定的政治立场所要求具有的集体意识，这种意识能使人们画出最大同心圆，能坚定不移地去追求和实现共同的宏大目标。今天，我们强调要坚定道路自信、理论自信、制度自信、文化自信，一定意义上就是这种政治上的自信。当然，并非仅仅如此，它还有其他的含义。

“趋势”意义上要求的自信，是说历史、时代、实践发展的大趋势是向好的，即蒸蒸日上、朝气蓬勃的，我们所追求的宏大理想目标离我们越来越近，而且我们完全有信心、有能力实现这一宏大目标，于是，我们要更加坚定自信，也会更加坚定自信。如对实现中华民族伟大复兴中国梦坚定自信，就属于这种意义上的自信。而“差距”意义上要求的自信，是指人们所在的现实处境与所达到的理想目标还有一定差距，我们与他人相比，差距也不小，在这种情境下，一些人就容易产生自卑的心理和认知，进而产生消极悲观情绪。针对这种心理、认知和情绪，强调坚定自信，就意味着为了达到预期目标，从事主体活动的人不要为这种差距而“妄自菲薄”，而要正确认识这种差距，鼓舞自己的信心，迎头赶上。中国共产党人在革命、建设和改革年代，是具有这种自信的。这种自信，能使人们取得积极效果，值得大大提倡。

二、习近平强调坚定道路自信的深层原因

党的十八大以来，习近平总书记三番五次强调，党员干部要坚定道路自信、理论自信、制度自信、文化自信。如今，坚定“四个自信”已经成为对

党员干部的一种重要政治要求，也是需要党员干部具备的一种政治素质，还成为衡量党员干部政治是否过硬的一个根本标准。为什么他特别强调要坚定“四个自信”包括坚定道路自信?

第一，为了坚守政治防线以及思想防线、精神防线、心理防线，巩固我们的精神长城。在改革开放初期，我国在追赶现代化。在追赶现代化的过程中，我们学习西方现代化建设的经验、技术、管理方式，也利用一定的外资。这其中，确实呈现出“西强我弱”的“势差”，西方一些发达国家对我国也确实“居高临下”。这在一定程度上导致我国一些人出现“崇洋媚外”的心理，总认为“西方的月亮比中国圆”，甚至在一些领域出现了“洋教条”（凡事言必“西方”），出现“耕了西方地荒了中国田”的现象。在此种情境下，西方也借势而为，对我国实行“文化攻心”“意识形态渗透”，用邓小平的话来讲，就是在打一场没有硝烟的战争。长久下去，就会攻破我们的思想长城、精神长城、心理长城，出现思想解体的危险。习近平指出，苏联解体，首先是从思想解体开始的。[①]思想解体，就会动摇我们党执政的思想基础、精神基础和群众基础。为巩固我们的思想长城、精神长城、心理长城，坚守我们党的政治防线，他特别强调要坚定“四个自信”，包括道路自信。

第二，为实现中华民族伟大复兴凝聚共识、凝聚力量。道路自信，是对中国发展方向、发展道路及其未来命运的自信。中国特色社会主义道路是实现中华民族伟大复兴的根本保证，实现中华民族伟大复兴必须走中国道路。[②]党的十八大以后，习近平三番五次强调：今天，我们比历史上任何时候都更加接近于实现中华民族伟大复兴中国梦这一目标，我们完全有信心、有能力实现这一目标[③]。这实际上表达的是，要对实现中华民族伟大复兴具有一种紧迫感、责任感与使命意识、担当意识。由此，就必须最大限度地凝聚共识、凝聚力量，而凝聚共识、凝聚力量之最重要的方法，就是通过采取各种有效的方式和路径，使我们的党员干部坚定“四个自信”，包括道路自

① 习近平:《习近平总书记系列重要讲话读本》，学习出版社、人民出版社，2014，第161页。

② 习近平:《在第十二届全国人民代表大会第一次会议上的讲话》（2013年3月17日），《人民日报》2013年3月18日。

③ 参见习近平在参观“复兴之路”展览时的讲话，2012年11月29日。

信，以增强对中国特色社会主义道路、理论、制度、文化的高度认同。只有这样，才能画出最大同心圆，才能为实现中华民族伟大复兴注入强大的精神动力。

再次，这是对我国发展起来以后使大国成为强国即实现强起来需要具备的一种政治素养和心理素质的强调。党的十八大以后，中国特色社会主义进入了新时代，我国发展步入新的历史方位，这是我国发展起来以后使大国成为强国即实现强起来的新时代或新的历史方位。基于我国发展起来使大国成为强国的历史性成就和历史大趋势，本应坚定“四个自信”，包括道路自信。然而，一些党员干部却在主观上以及心理上对其依然缺乏自信，一些党员干部在政治上对“四个自信”不坚定，有摇摆，一些党员干部在感性层面具有自信，但还达不到理性自觉的高度。这些，都与我国发展起来以后使大国成为强国所需要的政治素养、社会心理不相适应。这种不适应，有可能成为实现中华民族伟大复兴即实现强起来的障碍。由此，伴随着我国发展起来以后使大国成为强国的大趋势，需要党员干部坚定“四个自信”，包括道路自信。

第四，这是对客观存在、客观事实的一种认知、认同。应当承认，改革开放40多年以来，由于中国共产党人找到了一条实现社会主义现代化的正确道路——中国特色社会主义道路，从而解决了中国问题，促进中国走向成功，也创造出了“中国奇迹”。[①]就是说，中国特色社会主义道路是实现社会主义现代化的必由之路。[②]由此，我们完全有理由强调并坚定“四个自信”，包括道路自信。基于这一基本事实，习近平强调坚定“四个自信”，包括道路自信，就是要使党员干部从理性自觉上达到对中国共产党、对中国特色社会主义的高度认知和认同，对坚持和发展中国特色社会主义要“坚定不移”。

第五，这是掌握话语权的需要。中国道路是中国话语的基础，话语权是建立在中国道路不断走向成功基础上的，中国道路越成功，中国就越拥有国

① 参见习近平在十八届中央政治局第二次集体学习时的讲话，2012年12月31日。

② 习近平：《紧紧围绕坚持和发展中国特色社会主义学习宣传贯彻党的十八大精神》（2012年11月17日），《人民日报》2012年11月19日。

际话语权。道路不正确，没有取得巨大成就，是难以持久自信的。同时，我们还要用中国话语表达好中国道路，不能把对中国道路的解释权及其话语权交给西方。习近平强调坚定道路自信，其实质之一，就是坚定不移地坚持和发展好中国特色社会主义道路，使中国越来越具有话语权。

最后，为了确立中国共产党人在精神上的主动性和主体性。在新民主主义革命时期，究竟要选择什么样的革命道路？在这一问题上，我们党内一些同志往往受本本主义、教条主义影响，即注重从书本中找答案。由此，毛泽东撰写《实践论》《矛盾论》，来批判本本主义和教条主义。在社会主义改造完成以后，在中国如何建设社会主义？1956年前后一段时期，我们党曾受苏联模式的影响。改革开放以后，在中国如何建设并实现社会主义现代化？当时本本主义、教条主义仍然束缚我们一些人的手脚，以致于我们要建立社会主义市场经济体制并合理利用外资时，一些人说这是“姓资”，认为这是走资本主义道路。我们党坚持解放思想、实事求是的思想路线，经过探索，终于找到了实现社会主义现代化的道路——中国特色社会主义道路，创立了中国特色社会主义理论体系，开创了中国特色社会主义制度，建设着中国特色社会主义文化。这就是说，我们终于有了自己的道路、理论、制度和文化，而且这种道路、理论、制度、文化具有独特优势，既能解决中国问题，又有助于实现民族复兴，也能促进中国走向成功，还能为解决人类问题贡献中国智慧和中国方案。这是近代以来被历史反复证明的客观真理。这充分表明：中国特色社会主义道路具有内生性、独立性、自主性和主体性，中国共产党人具有了自己精神上的主动性和主体性。我们强调要坚定“四个自信”，包括道路自信，就是进一步坚定不移地确立中国共产党人这种精神上的主动性和主体性。

三、坚定道路自信的理由和底气

坚定道路自信的理由、底气到底从何而来？这需要理论论证。

这里讲的“道路”，主要指中国特色社会主义道路。这条道路，本质上是人类历史发展一般规律、现代化建设普遍规律在中国国情条件下的一种具体实现方式，是世界现代化发展趋势和潮流在中国的具体实现形式，它既体现人类历史发展一般规律与世界现代化发展潮流，具有历史必然性，也是中国共产党人根据本国国情的一种具有自主性或主体性的选择。它是在总结概括提炼“中国经验”的基础上形成发展起来的。

坚定道路自信，具有诸多理由。比如，中国特色社会主义具有独特优势；中国特色社会主义破解了中国社会主义现代化建设进程中的一系列难题；中国道路较为成功地融合了不同时段的各种发展要素；中国道路为世界作出了生存性贡献、发展性贡献、制度性贡献、文化性贡献、和平性贡献；中国道路创造了中国奇迹，促进中国走向成功；坚定“四个自信”有助于实现中华民族伟大复兴（实现中国梦必须坚持中国道路）；中国特色社会主义为解决人类问题贡献了中国智慧和中国方案；等等。然而，其中最为根本的理由，是中国特色社会主义道路具有独特优势，这种优势就在于它立足中国国情、解决中国问题、促进中国成功、创造中国奇迹，它既具有历史必然性，也具有道义性。这是我们坚定道路自信的最大底气。

马克思主义发展史，从根本上就是对道路问题探寻的历史。从科学社会主义对空想社会主义的超越，到马克思晚年对东方社会发展道路的探索；从列宁晚年对小农经济占优势的俄国如何向社会主义过渡的道路问题的探究，到苏共二十大对斯大林个人崇拜的批判；从新民主主义时期中国共产党人对革命道路的寻求，到1956年对在中国建设社会主义道路的探究；从改革开放新时期对实现社会主义现代化道路的探索，到习近平多次强调道路问题是关系党的事业兴衰成败第一位的最根本的问题[①]。这些，都表明对道路的探寻，是贯穿马克思主义发展史的一条根本主线。

近代以来，中国面临诸多的问题，然而其中所面临的最根本的问题，是“中国向何处去”的问题，这实际上就是中国走何种道路的问题。因为旧的制度被推翻以后，“中国向何处去”的问题就成为第一位的问题。不仅如此，在新民主主义时期、社会主义改造以后的社会主义建设时期、改革开放新时期，都存在着一个根本问题：中国向何处去？这里，也是把探寻中国革

① 参见习近平在十八届中央政治局第七次集体学习时的讲话，2013年6月25日。

命的道路、中国建设社会主义的道路，在中国实现社会主义现代化的道路，作为第一位的根本性问题。近代以来中国的根本问题，首要就是道路问题①。

马克思主义中国化，其实质就是把马克思主义基本原理与中国具体实际相结合，而每一次结合的核心问题，都是道路问题。马克思主义中国化进程中的“第一次”结合，是在新民主主义革命时期，这是马克思主义基本原理与中国革命实际相结合，此次结合的核心问题，是关于中国革命的道路问题；1956年社会主义改造完成以后，在中国要建设社会主义。在这一时段，毛泽东讲，要实现马克思主义基本原理与中国建设具体实际相结合，这是马克思主义基本原理与中国社会主义建设实际相结合，他称之为“第二次结合”，此次结合的核心问题，毛泽东明确讲就是在中国建设社会主义的道路问题；② 1978年改革开放新时期，要把马克思主义基本原理与中国改革开放实际相结合，这次结合的核心问题，是探索实现社会主义现代化的道路问题；党的十八大以来，中国特色社会主义进入了新时代，我国发展进入新的历史方位。从学术上讲，这在实质上就是要把马克思主义基本原理与新时代中国特色社会主义发展逻辑相结合，其结合的核心问题，是实现强起来的道路问题。这就是说，马克思主义中国化的历史发展逻辑，其背后的底色、实质、核心、主题，就是对中国道路的持续探寻。

纵观中国共产党历史发展的逻辑，纵观新中国70年历史变革的内在逻辑，纵观改革开放和社会主义现代化历史发展的逻辑，其背后贯彻始终的一条根本主线，就是对实现站起来、富起来、强起来之道路坚持不懈的探寻。对实现站起来、富起来、强起来之道路坚持不懈的探寻，是中国道路的“三部曲”，或者说是中国道路的上中下三篇。中国革命道路，就是关于实现中华民族、中国人民站起来的道路，它使中华民族、中国人民“站起来”了。中国特色社会主义道路，就是实现中华民族、中国人民富起来进而强起来的道路，它使中国民族、中国人民“富起来”进而“强起来”。实现“强起来”，是中国特色社会主义进入新时代、中国发展进入新的历史方位的根本

① 参见习近平在新近中央委员会的委员、候补委员学习贯彻党的十八大精神研讨班上的讲话，2013年1月5日。

② 中共中央文献研究室编《毛泽东年谱》（1949—1976）第2卷，中央文献出版社，2002，第557页。

逻辑，是谱写中国特色社会主义新篇章的根本主线。正因为中国共产党人找到了一条正确的道路，才逐步使新民主主义革命取得了胜利，使中国社会主义现代化建设取得了成功，并创造了举世瞩目的“中国奇迹”。关于中国特色社会主义道路，我们曾经在哲学上把它凝练地概括为：坚持中国共产党领导，立足历史方位，把解放和发展生产力、逐步实现全体人民共同富裕和促进人的全面发展，作为实现社会主义现代化、实现中华民族伟大复兴的三大根本支柱，自觉贯彻落实新发展理念，实施“两大布局”，整合党政主导力量、市场配置力量和人民主体力量并形成合力。这种概括，蕴含着要处理好中国道路之中的普遍性和特殊性、客观和主观、民族性和世界性、守正和创新、权力和资本、成就和问题、政治话语和学术话语、中国研究和世界研究等一系列辩证关系，要把这一系列矛盾双方结合得好，这是中国特色社会主义道路的基本特征，即具有浓浓的辩证性。中国共产党能领导创造“中国奇迹”，因为其指导思想具有引领力，奋斗目标具有感召力，组织资源具有动员力，实现蓝图具有恒定力，化解风险具有应变力，自我革命具有净化力。立足历史方位也能创造“中国奇迹”，因为它能与时俱进地抓住社会主要矛盾、解决中国根本问题、确定治国理政的重点，能做到实事求是、解放思想、与时俱进、求真务实。把解放和发展生产力、逐步实现全体人民共同富裕和促进人的全面发展，作为实现社会主义现代化、实现中华民族伟大复兴的三大根本支柱，这是对实现社会主义现代化作出的科学的战略谋划和战略安排，而中国共产党注重“一份部署、九份行动”“钉钉子”“踏石有印、抓铁有痕”“逢山开路、遇河架桥”的刚性执行力，注重一张蓝图绘到底，从而努力使这种战略谋划和战略安排落细落小落实，这必然促进中国走向成功并创造“中国奇迹”。自觉贯彻落实新发展理念，实施“两大布局”，注重的是全方位实现社会主义现代化的总框架、路线图和“牛鼻子”，按照这种总框架、路线图和“牛鼻子”推进社会主义现代化，就会创造“中国奇迹”。无农不稳，无工不富，无创不强。这里的“创”，就是“创造”“创新”，五大新发展理念的首要理念，就是创新发展。中国道路，尤其中国特色社会主义道路的本质特征之一，就是创新。“北京共识”的提出者布雷默曾经认为，中国模式的关键在于创新。实际上，解决一系列中国问题，必须注重创新。创新发展，既是中国发展的第一动力，也是解决中国问题的根本路径。整合党政主导力量、市场配置力量和人民主体力量并形成合力，也必然为创造“中国奇迹”注入强大的动力，因为党政主导力量，在决策正确的前提下，能合理运用“举国体制”解难题、办大事、快发展，市场配置力量能解决效率问题和物质财富积累问题，人民主体力量也是促进中国成功、创造中国奇迹绝对不可忽视的一个根本因素。不仅如此，如果我们进一步从总体性上来讲就可以发现，中国道路坚持中国共产党领导，这蕴含着它坚持实事求是和人民中心相统一，坚持注重“举国体制”和勇于自我革命相统一；立足历史方位，蕴含着它坚持与时俱进和开拓创新相统一，坚持抓住社会主要矛盾和解决根本问题相统一；把解放和发展生产力、逐步实现全体人民共同富裕和促进人的全面发展，作为实现社会主义现代化、实现中华民族伟大复兴的三大根本支柱，蕴含着坚持物的发展和人的发展相统一，坚持动力机制和平衡机制相统一；自觉贯彻落实新发展理念，实施“两大布局”，蕴含着它坚持战略谋划和刚性执行相统一，坚持发挥比较优势和补齐发展短板相统一；整合党政主导力量、市场配置力量和人民主体力量并形成合力，蕴含着它坚持注重市场力量和人民力量相统一，坚持原则性和灵活性相统一。这十个“统一”，蕴含着强大的动力机制、平衡机制、治理机制，也蕴含着强大的动能和力源，因而有助于解决难题、办成大事、加快发展，并共同构成创造“中国奇迹”的总体性原因。

中国道路由于上述具有规律性的内在逻辑，所以，它既证明照搬“西方道路”和苏联模式都不能解决实现社会主义现代化、实现中华民族伟大复兴过程中所遇到的问题，完成不了实现社会主义现代化、实现中华民族伟大复兴这一总任务；又表明中国道路能破解发展中国家实现社会主义现代化的难题和在中国实现社会主义现代化的一系列“两难”问题，能够有效克服发展中国家实现社会主义现代化的“后发劣势”，创造了“中国奇迹”，因而是实现国家富强、民族振兴、人民幸福的必由之路，是中国日益走近世界舞台中央的必由之路；还说明中国道路终结了“西方模式”是世界发展唯一道路的“普世模式”神话以及对“西方模式”的路径依赖，开启了实现现代化的道路之多样化的“范式”，这就从深层次、根本上找到了彻底回答“马克思主义为什么行、中国特色社会主义为什么好、中国共产党为什么能”的真实答案。就是说，要回答“马克思主义为什么行、中国特色社会主义为什么好、中国共产党为什么能”这三个根本问题，答案种种，但最根本、最彻底、最真实的答案，应到中国道路创造“中国奇迹”当中来寻找。到中国道路创造“中国奇迹”之中来寻求答案，最彻底、最根本，也最能说服人。换句话说，归根结底，是由于中国共产党人把马克思主义基本原理与中国具体实际相结合，找到了一条正确的道路，解决了中国问题，促进中国走向成功，创造了“中国奇迹”，所以，马克思主义、中国特色社会主义、中国共产党在解决中国问题、促进中国走向成功、创造“中国奇迹”上既行，又好，也能！这就是我们坚定中国特色社会主义道路自信的最大底气，就是我们坚定中国特色社会主义道路自信的充分理由，就是我们坚定中国特色社会主义道路自信的根本原因。有些相关成果未基于中国道路及其成功来解释与说明“马克思主义为什么行、中国特色社会主义为什么好、中国共产党为什么能”，从学理和实践层面来看，应当说还不够彻底。

坚定“四个自信”，道路自信是基础和前提，也最为根本。时代是思想之母，实践是理论之源。作为实践范畴的中国特色社会主义道路正确且成功了，中国特色社会主义理论才正确且科学，中国特色社会主义制度才正确且有效，中国特色社会主义文化才正确且有价值。中国特色社会主义理论、中国特色社会主义制度、中国特色社会主义文化，都是建立在中国特色社会主义道路基础上的，只有坚定道路自信，才能进一步坚定理论自信、制度自信和文化自信，如果缺乏道路自信，理论自信、制度自信、文化自信是建立不起来的。一种观点认为，我国改革开放以来之所以取得举世瞩目的巨大成就，从根本上是由于我们开创并不断发展和完善了中国特色社会主义制度，具有制度优势。这种观点有一定的合理性，因为中国特色社会主义制度确确实实具有优越于西方某些制度，比如坚持中国共产党领导，在科学决策的前提下运用“举国体制”，整合党政主导力量、市场配置力量、人民主体力量，等等。然而，这种所谓的制度优势是包含在中国特色社会主义道路之中的，中国特色社会主义道路具有制度的维度，比如上述所讲的坚持中国共产党领导，在科学决策的前提下运用“举国体制”，整合党政主导力量、市场配置力量、人民主体力量。虽然有些制度不完全包含在中国特色社会主义道路之中，但都是建立在中国特色社会主义道路基础之上的。所以，当我们讲中国特色社会主义道路的时候，实际上也在一定程度上就包含了中国特色社会主义制度。习近平反复强调：道路问题是关系我们党的事业兴衰成败的“第一位”问题，是贯穿我国整个革命、建设、改革时期的“根本”问题，道路是党的“生命”，道路决定“命运”！我们反复强调这些浓墨重彩的表述，觉得还是具有重大意义的，更是值得我们特别关注并进行深入思考研究的。

本文写作于2019年

中国道路的历史坐标、社会根基与世界价值

任　平（江苏师范大学原校长、教授、博士生导师）

只有马克思主义历史观才能真正深刻阐明中国道路的本质性维度、出场必然性及其在人类史图景中关联性的历史地位。考察中国道路的创新，不能简单套用西方启蒙现代性、经典现代性、后现代和新现代性的各种模式，必须深度分析中国特色社会主义重写现代性的必然性，在复杂现代性语境中根据“中国新现代性”的独特坐标加以阐释；探讨中国道路的社会根源，不能简单“平移”黑格尔和马克思的“市民社会”理论，而要深度反思我国已经进入的差异性社会本身。中国道路是历史道路的继续，始终在与“半现代”陷阱作殊死博弈；中国道路绝不是世界道路的“另类”歧途，而是人类史道路的创新继续，它丰富和创新了人类现代化历史图景。

《江苏行政学院学报》2015年第3期

改革开放以来，中国道路伴随着“中国奇迹”同时也伴随着“中国问题”，备受全球关注。关于中国道路的真正内涵和社会根基，中国道路的重要价值和未来走向，从来没有像今天这样引起全社会各个阶层和广大民众的激烈争论。争论的聚焦点：人们对中国未来走向、国家未来形态和民族未来梦想的所有争论，最终都归结为中国道路之争；国内外评价每一个“中国奇迹”，都源于中国道路；对于“中国问题”原因分析和治理选择的每一个深度考察，最终都与中国道路这一“总开关”密切相关。因此，习近平总书记指出，“实现中国梦必须走中国道路”[①]。尽管人们对中国道路的理解有很大差异甚至相互对立，但是，一个不争的共识是：道路就是旗帜，道路就是方向，选择中国道路就是选择中国的未来前途和命运。

民粹主义、新自由主义、新保守主义、新老“左”派等，几乎所有思潮都在聚焦中国道路，都在按照自己的价值观和期望值来诉说、理解和阐释中国道路。意识形态话语多元化迷雾笼罩下的中国道路，全球关注和对话中的中国道路，历史激变中的中国道路，人类历史图景中的中国道路，究竟何以谓之，又何以可能谓之，需要我们追问以下几个问题：第一，关于中国道路的现代性进路。究竟中国道路作为中国式现代化，应当在何种现代性坐标中加以理解？第二，关于中国道路的社会根基。为何关于中国道路有如此多元的意识形态想象？中国道路反映和表达的社会基础是什么？第三，关于中国道路的现代化判定。为何中国以往现代化事业统统在“半现代”陷阱中夭折？如何跨越这一陷阱？第四，关于中国道路的世界价值。究竟中国道路是世界道路的“另类”还是创新？这些问题涉及到观察中国道路出场的历史坐

① 习近平：《在参观“复兴之路”展览时的讲话》，《人民日报》2012年11月29日。

标、结构坐标和空间坐标。

一、中国道路：中国特色社会主义的现代性进路

中国道路有自己的历史坐标。今天的中国道路是历史的继续，因而具有历史的连续性和统一性；又是渐进过程的中断，所以有新的阶段性质变。就前者而言，所谓中国道路就是自1840年鸦片战争起百余年来，落后的中国通过各种现代性进路试验而必然选择中国特色社会主义现代化来实现中华民族伟大复兴之路，近代、现代、当代的轴心统属于一个现代化历史；就后者而言，所谓阶段性质变，指中国特色社会主义现代化之路，是通过改革开放创新发展重写现代性之路。就历史坐标而言，关于中国道路与现代性的关系，有两个问题必须阐述清楚：第一，近代、现代、当代的轴心以现代化进路一以贯之，中国的现代性进路（现代化道路）为何最终会选择中国特色社会主义现代化。第二，中国的社会主义为何要通过改革开放创新发展重写新现代性。

第一个问题。虽然用近代、现代、当代来区分历史阶段有重要意义，但是不能因此否定各个概念之间存在着一以贯之的轴心，说近代追求近代化、现代追求现代化、当代追求当代化等，是一个误判。"近代"一词最早由日本传入，与西欧传入的"modern"一样，都是指现代，"近代化"就是现代化（modernization）。鸦片战争以来，中国命运的主题从来没有变过，就是通过现代化来实现中华民族伟大复兴，差别只在于通过何种方式（进路）来实现、谁来领导实现、选择何种路径来实现。在这一意义上，中国道路就是对中国现代化问题所做的新解答和新探索，就是中国现代化历史道路的新阶段、新形态。总问题具有贯通性、统一性，解答具有特殊性。正因为前者，我们才能有统一尺度科学比较各个现代化解答进路的高下优劣；正因为后者，我们才能更清晰地理解中国道路的创新特色和独特魅力。无论西方后现代思潮如何虚无历史、否定现代性，中国却依然走在现代化道路上，人民依然在追求现代化，现代化依然是中华民族的未竟事业，这是不争的事实。当代中国道路绝不是脱离百余年中国现代化进路的抽象存在，中国现代化的任

何历史经验教训都深深地融入了中国道路，并使之成为“效果史”。割裂历史，就变成历史虚无主义，就看不清当代中国道路与百余年中国现代化进路的关系，我们就缺少一个可以纵比历史、衡量进步的统一尺度，其结果要么狂妄自大、故步自封，要么自我放逐、随波逐流，最终都会严重阻碍中华民族伟大复兴事业自觉前行的脚步。

中国的现代性进路即现代化之所以最终选择新民主主义革命方式，进而选择社会主义道路，首先是因为其他进路不能解决中国现代化问题，只有社会主义是中国实现现代化、中华民族伟大复兴的最终选择。这是由中国进入现代性的历史境遇和民族现代化起点条件决定的。历史不同，则每一个民族国家进入现代化的起点结构、历史基础都不相同，它将内在地支配着民族现代化的历史进程。历史形成的大一统中央专制集权，占绝对统治地位、无孔不入、统一缜密的儒学精神传统，千年不变的家族本位文化和正在迅速破产的汪洋大海般的小农经济，庞大无比的地主势力，工业、市场和市民社会的严重缺失，构成了中国走向现代化独特的起点结构。特别是由于民族资本和市民社会的严重缺失，中国很难产生西方所谓“内缘型”“市民革命”的现代化道路。其实，这一基因缺失并不是先天的。按照经典现代性标准，如果说现代性是超越传统封建社会之上、以“人”的主体性和社会公共理性为支撑，以工业化、市场化、城市化、民主化和世俗化为形态的社会存在，那么中国南宋以降，历经元末明初、明中叶（万历年间）、清中叶，以苏州为中心的江南一带，就已经在工场手工业、发达的商业经济和市井（市民）文化的支持下，多次发起向资本现代化社会的转型。元末年间，昆山周庄的沈万山借助于“海上丝绸之路”实现大规模工场制造和大规模海外贸易，开辟了农工商一体化的产业形态和大工商地主经济，集聚了巨额财富。明万历年间，苏州城区有从事工场手工纺织的工人逾万人，完全可以媲美工业革命前的英国。然而，发达地区“盆景”式现代化进程在大一统皇权统治下显得格外脆弱，像广袤沙漠中的小块绿洲，屡屡被广大落后地区沙暴所吞灭。五千年中国社会成为黑格尔和马克思笔下的“活化石”，或者马克斯·韦伯原理中的“文化反例”，出现了“李约瑟难题”：为什么曾经是世界中心的科技发达、精神文明的东方古国，近代却衰败不堪？这一起点结构决定了三个相关结果：一是资本现代性内生力量不足，只能被外力所推动。资本主义现代化自西方迅速崛起，“市民革命+工业资本+扩张主义”转换为全球结构的核心造型力，用商品、资本和大炮轰开古老的东方大门，使世界形成以西方对东方、中心对边缘、工业资本民族对封建古老民族为差序特征的旧全球化时代。1840年是世界新格局的交汇点，它标志着东方急剧衰落和西方统治的世界版图的初步完成。从此，中国现代化只能从长达百余年的“被动输入（外源）型现代化”起步。二是民族资本和市民阶级的软弱缺场，农民革命成为历史的出场主体。虽然农民与地主围绕土地和人身依附展开的矛盾是封建社会的主要矛盾，农民受害最深，革命性颇强，在“挑战—应战”中农民革命成为第一个反封建统治的叛逆模式。但是，如果没有新的阶级和新的现代性启蒙思想，革命即便成功，依然是封建社会改朝换代的工具。三是外国资本和官僚资本占据经济政治主导地位，造成了对外依附、对内专制的格局，使现代化走入买办—官僚—资本“三座大山”高度控制的歧途。在“三座大山”压迫下，民族资本和市民社会“寸草”难生。“三座大山”必然是中国实现民族独立、社会民主革命的主要敌人。推翻“三座大山”任务之所以不是由旧民主革命完成而是由新民主革命完成，不仅因为本土民族资产阶级的晚生（外国资本企业中先催生了中国工人阶级）和力量的弱小，还因为革命对象的特殊性。新民主主义革命不仅针对封建势力，而且针对外国强权和西方现代性，针对本国的官僚资本。“三座大山”构成的“半现代”的存在是本土民族资本所难以面对的，因此，新民主主义革命的任务只能由更加革命和组织先进的工人阶级政党来领导，外争独立，内争土权，农民革命依然是革命的主体形式。历史决定也需要转化为人民的自觉选择，中国人民选择这一道路，从而为新民主主义革命的胜利奠定了最深厚的基础。革命胜利宣告了“被动输入型现代化”阶段的结束和“自主输入型现代化”阶段的开始，因而直接与社会主义前途相联结。

新民主主义革命在多方面开辟了中国走向现代性的前途。摧毁地主经济，实现土地革命，从根本上摧毁了封建社会的经济基础；颠覆了独裁专制的蒋家王朝，实现由工人阶级、农民阶级、小资产阶级、民族资产阶级构成的“人民”当家作主的共和制国家，为新中国完成现代化奠定了最重要的制度基础。因此，我们决不能人为贬低革命实践而抽象崇尚思想启蒙，因为革命本身就是现代化运动的最重要成果，也为全面实现中国现代化廓清了道路。当然，我们也不能认为新民主主义革命就解决了现代化问题，没有强大的大工业生产和超越封建的市场经济，摧毁地主经济的民主革命成果是不牢固的。新民主主义革命采用共产党领导、多党参政的“协商民主”形式建立民主政治，还很不完善，需要大力建设。新民主主义革命没有解决的中国现代化问题必然要留给社会主义来解决。中国选择社会主义，就是为了彻底实现现代化，进而实现中华民族伟大复兴。

第二个问题，中国道路为什么是中国特色社会主义经历改革开放创新发展重写现代性之路？一个没有经历市民社会的现代性进路是否可能完成？前者可以从社会主义史、后者可以从中国现代化史去思考。从社会主义史来看，由农民革命取得胜利的社会主义国家必须要重写现代性，这是几代人得出的结论。社会主义制度应是现代性的，但是社会主义并不能靠照搬资本主义现代性来实现现代化。马克思在探索“东方社会道路”时曾经设想可以借助于西欧发达国家引领的“世界革命”并与之相互支持而“跨越资本主义卡夫丁峡谷”，由前资本社会直接跨进后资本社会。列宁在发动“十月革命”期间与考茨基有一场著名的争论：究竟俄国这一相对于西欧各国而言经济文化落后的国家，能否先夺取政权而后开展现代化建设？考茨基搬出恩格斯一系列的晚年话语作为论据，批判列宁主张的暴力革命没有发达的资本主义经济基础，因而冒险发动革命是“布朗基主义”，只会夭折。列宁回答说：我们不能机械地理解历史革命逻辑。当革命高潮到来时，为什么我们不能先夺取政权、建立工农苏维埃，然后再运用国家政权力量吸纳当代资本主义现代化的一切先进成果而建设合格的社会主义呢？于是，就诞生了列宁著名的社会主义公式：“苏维埃政权+普鲁士的铁路秩序+美国的技术和托拉斯组织+美国的国民教育……=社会主义。”这一公式的创新之处就在于肯定了落后国家在革命成功后需要吸纳资本现代化优秀成果来完成社会主义现代化，从而第一次提出了走出一条社会主义现代化道路问题。苏联用十年完成了工业化，成为工业强国，因此在二战中才能打败希特勒，并在战后与美国对峙多年。中国革命是在更加落后的环境下发生的，新民主主义革命没有完成的现代化必须要交给社会主义来彻底实现。因而，毛泽东同志指出，新中国成立后，中国人民要真正站起来，必须尽快改变“一穷二白”面貌，超英赶美，实现现代化。周恩来总理在第一届全国人大第四次代表大会报告中也提出要实现“工业、农业、科技、国防”四个现代化目标。邓小平在改革开放之初就明确指出：“贫穷不是社会主义”，我们的社会主义是“不合格的社会主义”，因此，必须尽快完成现代化，不仅不能绕过这一主题，而且社会主义首先就是为了现代化，社会主义的优越性应当体现在搞现代化更快、更好、更高。这是坚持社会主义的需要，更是人民追求幸福生活的需要，是历史发展的规律使然。

从中国现代化历史来看，新民主主义革命是中国完成现代化事业的清道夫，没有前者就没有中国现代化完成的可能；而新民主主义革命没有完成的现代化必须交给社会主义完成。中国道路，就是在社会主义制度条件下，为全面完成中国现代化事业而走出的改革开放的社会主义道路。于是，中国现代化探索的艰辛历史与社会主义事业在中国的探索就在“中国特色社会主义现代化道路”这一新的使命中高度交织合一了。当然，中国道路选择的现代性不是简单照搬西方模式，也不是百年来经典现代性模式的简单延续，而是对现代性类型和进路的重写，即“中国新现代性”。关于这一点，我们稍后再论。

二、差异性社会：中国道路的社会根基

从社会结构坐标上看，中国道路是最广大的中国人民根本利益和共同愿望的集中体现，但是这一体现又是在复杂的差异性利益结构的博弈和对话中实现的。关于中国道路理解的思想之争，是社会主义初级阶段文化矛盾的集中表现，根源于中国通过社会主义市场经济和渐进改革路径逐步进入了一个差异性社会。差异性社会是当代中国道路所依托的独特的市民社会。研究中国特色社会主义的独特社会类型特别重要，因为思想的上层建筑都源于社会经济基础，所有对道路诉求的思想差异都源于我们的社会类型。究竟我们目前是一个什么样的社会类型呢？马克思和黑格尔所说的西欧17、18世纪的

“市民社会”，是与市场经济关联的资产阶级社会，或者说一般的经济基础。在中国现代化起点结构中，市民社会当然是缺失的。从洋务运动起，中国现代化一直沿着国家资本主义或者官僚垄断资本主义的道路前行，因此，市民社会发展一直被打压。以往的农民革命模式、皇权新贵模式、孙中山模式和蒋介石模式等四种现代性进路之所以都没有能力实现中国现代化，与这一问题紧密相关。农民革命模式虽然有资本主义现代化思想萌芽（如太平天国洪仁玕的《资政新篇》），但主要是农民式平均主义，与未来资本主义现代化治国理政纲领相去甚远；皇权新贵模式从洋务运动到戊戌变法再到晚清改革，从一开始就走了官僚资本主义（红顶商人）道路，先天地遏制了民族资本和市民社会发展，又无力解决传统皇权下遗老与新法之间的根本冲突，使立宪化为虚幻。“权钱合一”的高度垄断的官僚资本主义道路，一直穿越孙中山模式到蒋介石模式，终于成为“三座大山”的核心。官僚资本主义“官”“商”一体，权倾朝野，与地主经济、买办经济相互勾结，压迫农民和民族资本，形成专制独裁，阻碍现代化的发展。中国现代化历史中，一个问题始终被反复追问：农民革命胜利后，没有强大的市场经济、民族资本和市民社会能否实现现代化？中国共产党领导的新民主主义革命打倒了“三座大山”，清除了中国现代化的五大障碍：打倒帝国主义以实现民族独立，打倒封建地主阶级以实现农民解放，推翻“三座大山”以资发展民族工商业和市民社会，推翻蒋家王朝建立人民民主的新中国，扫荡封建和帝国主义文化以发展新文化。但是，革命胜利后，新中国接收帝国主义在华资产和官僚资本主义产业，掌握了国民经济的80%；新民主主义社会建立到社会主义改造完成，仅仅用短短七年时间，就使仅占10%的民族资本（550万民族资本和个体工商户资本）和市民社会未经充分扩展就草草收场。这说明，对“农民革命”国家在实现现代化进程中是否必需重建市场经济和市民社会，新中国起初的思考是否定的。究其原因，一是借鉴苏联社会主义工业化模式，选择了国家权力统制下的计划经济；二是要早日消灭资本主义，进入社会主义。但是，历史证明，企图用完全的国家计划来完成现代化，提前消灭市场经济，必定流于空想。正因为如此，改革开放以来，邓小平一再强调：商品经济、市场经济是一个不可逾越的历史过程。经济改革构建市场经济体制，重新催生民间资本繁荣，建立了以公有制为主体、多种经济成分共同发展的基本经济制度。随着民间资本的日益扩大，中国特色社会主义制度下的市民社会应运而生。但是，中国的市民社会远不是西方模式，也不再是旧中国模式。中国改革所针对的，不仅是建国后28年的高度集权的经济政治模式，而且是从洋务运动开始就走错了的中国百余年国家垄断资本主义或官僚资本主义现代化道路。在中国共产党领导下建立社会主义市场经济和法治政府，重新走以市场为中心、以市民社会为基础的现代化道路，这才回到正确的现代化轨道。

在社会主义市场经济催生下，收入分配差异在拉大，各个阶级、阶层、利益集团的利益结构明显发生了分解分化。那么，这是否可以说，改革开放以来正在构建的中国社会等同于黑格尔和马克思所指认的西欧17—18世纪的“市民社会”？显然，我们不能将中国特色社会主义条件下的社会类型简单与西方的“市民社会”画等号。

在中国共产党领导下，支撑中国道路的社会类型是独特的。为了分析的方便，我们可以将人类历史上的社会按照利益关系大致分为三种类型：第一种是社会成员利益相同的同质性社会，如原始共产主义和未来共产主义社会，由于没有利益差别，更没有利益冲突，可以称之为“大同社会”；第二种是阶级对抗社会，利益对抗的阶级成为社会主轴，历史上大多数社会类型都属此类；第三种是介乎于上述两种之间并与之接壤的社会类型，即差异性社会。这一社会的基本特征是：由于公有制为主体的基本经济制度，人民在根本利益、整体利益、长远利益上趋向于一致；由于其他经济成分的长期共存，必然出现人们在产权持有、收入分配、劳动就业、社会生活方式、思想观念的多元、多样、多变，在局部利益、眼前利益以及相应的阶级、阶层利益上存在着明显的分化和差异。由于前者，因而与阶级对抗社会相区别；由于后者，也与同质性社会相区别，因此，差异性社会具有自己独特鲜明的社会特征。

差异性社会就是在中国特色社会主义建设中的“新市民社会”。其存在的经济基础，在于我国以公有制为主体、多种经济成分并存共同发展的基本经济制度。这是建立和完善社会主义市场经济的必然产物，也是随着人们的产权、就业、生活、组织、社会等因素多元差异综合作用的结果。在差异性社会中，由于人民局部利益、眼前利益和阶级、阶层利益的多元性、差异性，必然会相适应地形成多元差异的经济表达、政治表达、社会表达、文化表达和生态表达，从而形成对影响和决定人们各自命运的中国道路的差异性、多元性的理解、诉求和期望，出现所谓民粹主义、新自由主义、新保守主义、新“左”派等思潮，并不断引发道路之争。民粹主义在现阶段就主张绝对平等，他们的代表总是哗众取宠地提出超越现阶段生产力水平与社会承受能力的要求，以博取下层民众的掌声。经济的新自由主义主张完全按照市场规则来实现起点公平和过程公平，反对任何超越市场的国家干预和分配正义。这一主张根基于市场取向背后的资本，表现为资本的意识形态。尽管市场起决定性资源配置作用，但是并不因此就可以否认政府再分配、社会第三次分配的意义。政治的新自由主义强调在个人的自由权利基础上无条件地不断扩大民主，通过国家实现罗尔斯式的差异的分配正义原则，进而实现所谓基础的权利政治和自由民主。但是，没有生产正义就没有分配正义，没有统一秩序就没有权利的实现，没有党和国家代表人民的统一意志和共同愿景，就没有中国现代化的基础条件。新保守主义则是既得利益的代表。中国道路的改革和现代化是渐进式的，在其过程中，由于权力渗透市场，扭曲市场，形成了各种部门利益、垄断利益。每一个时期形成的既得利益格局都要求绝对稳定，政治上的“稳定压倒一切”变成他们维护现成利益格局、反对深化改革、反对继续推进现代化进程的挡箭牌。新保守主义视野中的中国道路，就是维护既得利益、反对深化改革和继续推进现代化变革事业的僵化道路。

可见，差异性社会的各个阶级、阶层、利益集团都在自觉或不自觉、理性或感性地表达自己关于中国道路的见解，并使争论本身成为当代中国社会的文化矛盾。这一文化矛盾的存在是必然的、长期的和普遍的。我们不能幻想用同质性社会的政治原则来抹杀这一差异和矛盾，用完全同质性的话语、同质性的政策和策略来对待存在着多元诉求、差异性思想的人们，更不能完全用阶级对抗社会的专政方式对待合法地表达自己利益见解的人们，因为这些思想差异和矛盾，完全是人民内部矛盾。我们也不能听之任之，用后现代碎片化、差异化的态度来对待，因为人民的利益和思想价值尽管有差异，多元和多样，但是“实现中华民族伟大复兴中国梦必须要凝聚中国力量”[①]，弘扬中国精神。重要问题在于构筑人民的共同思想基础。人民如果一盘散沙就无法建设现代化，不能实现中华民族伟大复兴。

构筑人民的共同思想基础是坚持共同的中国道路的思想前提。差异性社会中构筑共同思想基础的条件依然深厚。其一，与阶级对抗社会不同，人民在根本利益、长远利益、整体利益和全局利益上趋向于一致，在国家宪法制度层面上规定了的中国共产党的领导，能够成为超越人民利益之间的差异、多元，追求人民的共同利益的根本代表，在合理支持人民争取眼前利益的同时代表未来，在尊重局部利益的同时代表整体和全局利益，在帮助各阶级、阶层、民族、地区和利益群体实现自己合理表达利益的同时引导和团结人民为根本利益而奋斗。其二，差异、多元的利益表达相互争论，又各有局部的合理性和合法性。中国道路就是科学提取各种差异多元表达中的合理成分，将之综合为一个根本目标的统一的道路。其三，在中国共产党领导下展开协商民主，可以将思想差异、多元矛盾协调一致，达成共识。其四，坚持用正确的善治原则来规治差异性社会。这一善治原则是根据中国道路的经验，将“差异”与“公平”相结合的“差异的正义”原则。这一原则应当包括以下含义：差异的必然性，整个中国特色社会主义全过程、全社会都将存在着一定的生产、分配差异；收入差异来源的正当性，要坚决反腐败，杜绝和纠正因腐败而富、因违法而富、因权力垄断而富的现象；收入分配差异的限高，将基尼系数限定在合理范围；结构性公平，即广覆盖的基本公平（教育、医疗等公共服务均等化、底线社会保障）+比例公平（根据市场交易来获得的补充产品）；差异的历史性和可变性，根据经济社会发展水平的提高，扩大基本公平，限制比例公平，逐步消灭差异，最终走向“大同”。其五，坚持在社会主义法治条件下，将资本与劳动的对抗关系转化为非对抗性的，在合法化范围内加以解决。市民社会虽然由若干阶级和阶层组成，但是资本存在肯定是其中的主要因素之一。资本本性是追求利益最大化，资本与劳动的矛盾本质上依然是对抗性的，它在建设中依然有各种消极作用。所以，我们需

① 参见习近平在十二届全国人大一次会议闭幕会上的讲话。

要用马克思《资本论》中对资本的历史二重性分析的辩证法来重新审视资本、审视资本与劳动的关系，既要积极发挥好、利用好资本，又要用法治限制其消极作用。正如毛泽东同志在《关于正确处理人民内部矛盾》一文中曾指出的，在社会主义条件下，对抗性矛盾可以不激化，可以用非对抗性方式来处理。

三、跨越“半现代”陷阱：中国道路面临的历史挑战

中国道路是百余年中国现代化艰难道路的历史继续，也必然要面对中国现代化历史教训和时代挑战，“前事不忘，后事之师”。

中国现代化历史中的一个重大教训，就是如何跨越“半现代”陷阱。所谓“半现代”，广义地说，从空间结构上看，指仅仅实现片层的现代性而未实现全面的现代性；从时间上看，是仅仅希望停留在现代化的某一个阶段，而未想彻底实现现代化。然而，现代性制度趋向稳定，现代化过程则导致不稳定。“半现代”是一种过程中的僵化停顿状态，必将成为全面、彻底实现中国现代化的重大障碍。一个十分值得注意的历史事实是，清朝和中华民国的相继崩溃，不是作为前现代或正统封建王朝，而是作为正在走向现代化半途中的结构体而崩溃的。换言之，他们都是在“半现代”陷阱中垮台的。

众所周知，1840年后的清朝，尽管面对外强压迫，一些仁人志士也曾经梦想实现现代化以拯救中华。张之洞、李鸿章等人推动洋务运动，主张“师夷长技以制夷”。但是他们对现代性的理解是片面的，以为西方列强先进的现代化仅仅表现在坚船利炮等器物技术层面，而中华传统道统则是至上的，所以提出所谓“中学为体、西学为用”，企图用先进的现代化技术来加强维护一个腐朽没落的清朝。美国社会心理学家英格尔斯曾经在《传统人与现代人》一书中指出：再先进的物的现代化，如果在一批传统人手中，也将变成废铜烂铁。甲午之败惊醒国人：不改变制度，仅仅靠物的现代化是不可能奏效的。于是，有了戊戌变法，百日维新触动了皇权根本，结果惨遭失败。于是，又有了在皇权封建制度框架内最后的改良努力：以立宪为中心的“晚清

改革”或“清末新政”，由于依然触动了皇家贵族的根本利益，结果半途而废。其后，在辛亥革命的炮火中，清朝轰然倒塌。

孙中山领导的辛亥革命虽然推翻了帝制，出台了《中华民国临时约法》，按照西方现代化模式主张“民主宪政”，“保护公民自由”，提出以“三民主义”为思想指导的“建国大纲”，但是却没有能力完成。究其根本原因，是没有解决土地问题，没有根本去除封建地主经济，没有发展市场经济制度，反而沿着官僚资本主义道路和政治集权道路前进，最终，成果相继被袁世凯和蒋介石窃取。在蒋介石时期，中华民国在国家重建过程中没有走民主建国的现代化道路，虽然有《六法全书》，但在经济上用官僚资本压迫民族资本和农民，勾结封建地主经济和外国资本，形成了“三座大山”，在政治上鼓吹独裁统治，军事上企图用反革命的武力消灭共产党。于是，中华民国终于退场，成为在清朝之后又一个倒在“半现代”陷阱中的国家形态。中华人民共和国建国初期，人民当家作主的共和国制度为全面现代化奠定了最为重要的基础。政治协商会议的召开和《共同纲领》的产生，标志着人民（工人阶级、农民阶级、小资产阶级和民族资产阶级等）构成新中国的市民社会基础，在中国共产党领导下的人民当家作主构成共和国的国体。第一届政协与第一届全国人民代表大会拉开了中国协商民主与选举民主结合的先河，1954年制定的新中国第一部宪法标志着社会主义宪法和法治国家建设历史的开端，建国初期就确定的“把一个落后的农业国转变为一个强大的工业国”的现代化目标使新中国重新步入全面现代化轨道。按照延安时期“三三制”民主政治经验，一大批优秀民主党派和无党派人士担任了国家副主席、中央人民政府及地方政府各部委正职，中国共产党领导、多党参政的新型民主政体初步形成。

改革开放以来，邓小平同志带领全党全国人民对于如何搞“中国式现代化”做了新设计、新探索，逐步走出了一条全面实现现代化的中国道路。他深刻总结中国现代化历史经验，果断结束“以阶级斗争为纲”的“左”的错误，将“中国式现代化”作为百年奋斗目标和党的工作重心，提出了著名的实现现代化“三步走”战略方针。他以政治家的胆魄发表《关于党和国家领导制度的改革》著名讲话，重新思考国家治理结构，开中国政治体制改革的先河，宪法和法律权威重新恢复，法学、政治学、社会学、民族学重新出场。其后，“村民自治”和基层直接民主的试验又拉开了中国治理现代化的序幕。他的“南方谈话”是建立社会主义市场经济体制的奠基石。引进外资、发展民资、壮大国资，建构与市场经济相适应的中国基本经济制度，这就为当代中国的市民社会提供了必要的经济条件。可以说，邓小平理论是在社会主义制度条件下如何全面实现中国式现代化（新现代化）的理论。

改革开放以来的发展成就世界瞩目，理论和道路日渐成熟。全面现代化集中反映和体现在习近平总书记最近所提出的“四个全面”战略构想上。以“经济富裕、政治民主、文化繁荣、社会和谐、生态良好”为内容的“全面建成小康社会”战略已经标出一个新现代性的全面目标。这一目标关涉的人群是全面的，包含着所有阶层、地区和职业等十几亿人的小康；领域也是全面的，指涉的领域包括了生产、生活、政治、教育、文化、社会、生态等。“全面深化改革”关键既在于“深化”，在于坚决打破渐进改革所积累起来的一系列“半现代”利益格局；又在于“全面”，要全面地深度改革经济体制、政治体制、教育体制、文化体制、社会体制等，理顺政府与市场、社会的关系，破除权钱结合的行政性、权力型垄断带来的弊端和障碍。如前所说，后发现代化国家，特别是东业模式一个基本特点，就是国家权力主导现代化，国家利用权力支配、主导、推动和管办制经济、社会事务，形成所谓权资合一的“A（政府）+B（商资）”模式。中国现代化的原初起点是官办（官僚）资本主义，因而是东亚模式中的最典型的存在。这一模式起初有积极作用，然而弊端是明显的：在到达一定阶段后，必然限制市场的进一步自由发展，产生垄断，排斥市场，造成低效率，产生大量腐败。中央提出全面深化改革，就是要解决这些遗留的问题，推进全面现代化。“全面依法治国”，就是要建立法治国家，摒弃人治传统，将权力关在制度的笼子里，实现权力相互制衡。“全面从严治党”就是要在法治国家的框架内，推进党建现代化，用党规党法来管党治党，保证党的纯洁性和先进性。“四个全面”之所以重要，就在于它是中国道路的科学表述，是推进全面现代化、跨越“半现代”陷阱的战略纲领。

四、中国新现代性：中国道路现代性进路的世界价值

阐释中国道路的现代性进路，目前存在着三种明显的偏向：第一，否认中国道路的存在，认为中国奇迹仅仅是对“已成熟的工业技术和有利于自由贸易的世界秩序”实施“拿来主义”的结果[①]，甚至认为“所谓‘中国模式’的成功就是‘华盛顿共识’的成功”[②]。第二，认为中国道路，中国特色，是一个特殊的个案，甚至是“另类”，不具有世界的普遍价值[③]。第三，否认中国道路对现代性进路的创新和重写，认为它是中国现代化历史的某种再版[④]。

究竟如何来评价中国道路对现代性的重写价值？我们不同意把中国道路看成是对外国，特别是西方现代性进路“洋教条”的跨界平移或照搬照抄，中国道路是在新全球化时代中国语境中发生的创新之路，是对现代性的自己民族的重写。我们也不赞同把“中国特色”解释成为脱离人类文明大道的“另类”，否定中国创造有世界价值，因为在生物学世界中，任何“另类”都意味着在基因上无可复制、遗传，最终将走向灭亡。我们更不赞同把今天的中国道路与传统的中国道路不加区别地等同。虽然中国道路是历史的继续，但是它在新的历史条件下重新出场，对现代性选择和创新具有质的变化，是对现代性问题的重新解答。概括地说，当代中国道路的新现代性至少有三大特征：第一，它是在中国共产党领导下通过社会主义制度来推行的现代化，是社会主义市场经济和市民社会的重构。这是自马克思“东方社会”理论设想、经过苏联社会主义现代化探索之后的新实践、新道路。中国新现代性是有方向、有立场、有前提的，是中国特色社会主义现代化进路。这一现代化是全体中国人民共同理想和根本利益的体现，因而是作为人民和民族先锋队——中国共产党领导下的现代化事业，是用社会主义改革开放方式开拓创新的结果。

---

① 陈志武：《没有中国模式这回事》，台湾八旗文化出版社，2010年。

② ［美］乔纳森·安德森：《“中国模式”“华盛顿共识”和“亚洲模式”》，何迪、鲁利玲：《反思“中国模式”》，社会科学文献出版社，2012年。

③ 陈家刚：《危机与未来：福山中国演讲录》，中央编译出版社，2012年。

④ 袁伟时：《文化与中国转型》，浙江大学出版社，2013年。

第二，与西方内源自生现代化道路不同，中国现代化呈现为“三个百年”史：“被动输入型现代化”“自主输入型现代化”“自主辐射型现代化”。“被动输入型现代化”是“第一个百年”，1840—1949年，时长109年，中国为半殖民地社会，没有完整主权，现代化是被动输入、外源贯入而不是自主发生的。“自主输入型现代化”是“第二个百年”，1949—2050年，即新中国成立一百年。在中国共产党领导下，社会主义制度保障人民当家作主，民族独立，自力更生，这是这一时期现代化的基本前提。但是，要改变“一穷二白”的现实，不仅需要大力解放和发展生产力，需要不断改革创新，更要通过开放，自主输入境外的一切优秀现代化成果——从技术、体制、思想到管理。但这一输入绝不是被动、被迫的，而是立足于人民当家作主、独立自主的前提。我们自主招商引资而不是列强侵入；我们用本国法律自主建设各种开发区、高新区、关税保护区和自贸区而不是开设有“治外法权”的租界。自主输入的目的是为了在学习借鉴基础上培育提升自主创新能力，尽快推动“中国制造”走向“中国智造”，进而向创新型国家、“自主辐射型现代化”模式转变。当然，作为人口和经济发展水平极不平衡的大国，完成向“自主辐射型现代化”转变需要有“第三个百年”：2050—2150年。中国三百年现代化史，将为后发国家和地区（非洲、东南亚、拉美）如何走向现代化提供新经验。

第三，中国是在全球复杂现代性语境中实现自己的新现代性的。西方依次经历启蒙现代、经典现代、后现代和新现代性，这在中国却是一种“共时出场”甚至“倒错出场”。中国五四运动时期主张的第一次现代性（所谓科学民主）还没有彻底完成，第二次现代性（所谓信息化、生态化、社会治理）就深入开展了。所以，中国道路面临的任务是用第二次现代性带动、促进第一次现代性的完成，并提升改造第一次现代性。中国道路绝不能根据西方的坐标跨界平移西方某个时期、某个模式的现代性，而要根据自己的国情，建立自己新现代性的历史坐标。所谓中国新现代性，就是指在中国共产党领导下，运用社会主义制度的协调优势，综合两次现代性，用第二次带动、改造和实现第一次。例如，在产业发展上，既不是完全机械遵循先实现传统工业化、后发展信息化道路，也不是像西方某些国家注重发展信息化而放弃工业化，以至形成“产业空洞”，而是要坚持“新型工业化”，用发展信息化带动、改造工业化。在资源配置方式上，既要强调市场在资源配置上起决定性作用，又要强调政府底线调控权威。在城镇化道路上，既不走传统经典现代化片面发展中心城市、消亡乡村的老路，也不照搬西方后现代“逆城市化”和新现代“再城市化”之路，而是走中国自己的“新型城镇化”之路，把发展中心城市与城镇化结合，走城乡一体化、生态化道路，实现“以人为本”“产城结合”，为人民打造幸福家园。在国家治理与政治民主方面，用中国共产党领导、多党参政来取代西方的多党制或两党制；用法治国家和服务型政府建设来推动法制（科层制）的完善；用协商民主建设推动选举民主；用网络民主、社会民主推动反腐败和国家民主建设，将国家、市场、市民社会治理都纳入一个国家治理现代化体系之中；等等。中国新现代融第一次现代性于第二次现代性之中，用一系列中国特色现代化方式创新地走出自己的道路，从而创造和选择了自己的现代化类型，在新时代的高起点上解答了中国现代化百余年的课题。

中国道路的远期前景

陈学明（复旦大学哲学系暨同济大学马克思主义学院教授、博士生导师）
姜国敏（上海财经大学马克思主义学院讲师）

在我们面对“2050之后怎么办”的问题时，马克思主义哲学无疑为我们提供了丰厚的理论资源和方向指导。从马克思主义哲学的高度展望中国道路的发展趋向，一方面我们必须真懂、真信、真用马克思主义哲学“真精神”的成果；另一方面，我们必须深入马克思主义哲学世界观、方法论中探寻答案。马克思主义哲学话语体系下，中国道路有两种拓展性路向：空间性的国际主义拓展和内涵性的非物质需求拓展，在中国特色社会主义新时代发展背景下，为我们理解中国道路拓展了马克思主义哲学理论与实践视角。

节选自中国人民大学出版社2019年版《马克思主义哲学与中国道路》

在40多年的丰富成就和经验积累之后，在改革进入深水区以及全面建成小康社会的实现背景下，在朝着2050年完成社会主义现代化建设和中华民族伟大复兴的中国梦的中期目标迈进的时候，当今中国对理论需求的迫切性越来越鲜明地呈现在人们面前。无疑，在我们所能够利用的一系列理论资源中，马克思主义仍然是最重要的。

“让马克思主义哲学在当今中国真正展现自己的现实意义、履行自己的历史使命，需要属于马克思主义哲学‘真精神’的成果。”

但是，环顾改革开放以来中国学界对马克思主义，特别是对马克思主义哲学的各种研究以及通过这些研究所积累的各种理论成果，我们不无遗憾地意识到要让马克思主义哲学在当今中国真正展现自己的现实意义、履行自己的历史使命还是有待努力的。显然，问题不是出在马克思主义哲学本身，不是马克思主义哲学本身已被历史所超越从而根本已不具备这样的功能，而在于有一些研究在一定程度上、在某种意义上走入了一条歧途。一些在当今中国所流传的研究马克思主义哲学的成果并不属于马克思主义哲学的“真精神”，而这些所谓的成果是无法对当今中国社会发挥正效应的。

“当我们面对这个‘2050之后怎么办’的问题的时候，只能是从马克思主义哲学的高度尝试加以展望，沿着科学社会主义的方向进行设想。”

同时，中国共产党人实际上还需要以战略的和世界历史的眼光来考虑拓展的问题。也就是说，到2050年左右，我国建成社会主义现代化强国之后，无论邓小平的“三步走”战略，还是中共十九大提出的“两个阶段”安排都宣告成功之后，我们将走向一个什么样的阶段？我们将设立怎样的下一步目标？

当然我们可以从细节上考虑在综合国力的总体提升之后仍然需要具体部

门方面的平衡提升，在经济总量的全面领先之后仍然需要在人均数量和实际分配的公平正义上继续发展，但这本身已经只是某种余波和收尾的工作，不构成如“三步走”战略和“两个一百年”奋斗目标、中华民族伟大复兴的中国梦这样的具有宏观历史尺度和意义的目标。

当我们面对这个“2050之后怎么办”的问题的时候，只能是从马克思主义哲学的高度尝试加以展望，沿着科学社会主义的方向进行设想，而例如对马克思主义做启蒙主义和后现代主义式理解的路向，则不仅不能回答这个问题，而且将自动失去其自身理论地位和意义。因为启蒙主义式的理解既然生发于对中国的落后与挫折的反思，乃至导向对西方现代性、对西方发达资本主义国家发展水平和道路的憧憬，那么，当中国具有决定意义地超越西方之后它也就失去了历史根据；而后现代主义式的理解既然是对历史发展和进步的进程本身和西方现代性的进路的消极否定，那么，当中国以其自身独特的道路，既坚持发展和进步的历史线索和价值观念，又实现和西方资本主义现代性确实不同的现实路径和现实成果，则它的那种否定也就不攻自破了。

“我们必须从马克思主义自己的哲学世界观中探索答案。”

这当然不能要求马克思、恩格斯成为“算命先生”，要求从故纸堆中寻章摘句来框定现实。马克思主义的科学社会主义对资本主义的扬弃，首先是从历史的宏观尺度上，看到资本主义是一定条件下人们进行现实生活的必要形式，是经济社会形态的一个必然阶段，从而断定社会主义必然是在更高的时代条件下，继承资本主义时代积极文明成果而形成的。

其次，马克思、恩格斯通过参与和领导一系列革命组织的活动，密切关注无产阶级在现实运动中的经验教训，还积极观察分析资本主义的微观运行方式，从中构想出了新社会的若干基本组织原则，例如劳动者的自由全面发展是基本目的，而劳动者的联合特别是联合控制生产力是基本手段，从中可以再得出相应的分配制度、民主制度等。对于后一方面，我们就需要注意辨别马克思、恩格斯具体提法当中的基本原则和他们依据当时形势不可避免地作为样本来加以叙述的某些实践具体形式。

尽管可以想见届时中国特色社会主义的高度发达水平，但是，例如由于社会主义市场经济本身在历史中确证了其自身的合理性和有效性，例如由于资本主义全球体系的仍然存在等，使得我们仍然不适于直接照搬马克思、恩格斯所设想的第一阶段过渡时期的具体建制，比如直接采用产品经济形式的按劳分配、采用巴黎公社形式的无产阶级专政政体等。在这个意义上，社会主义初级阶段仍然存在——尽管其历史任务已经不是实施落后赶超式的经济发展了——也就仍然需要由中国共产党人根据马克思主义的一般原理，设计出其新的历史任务，从而相应地设定其基本的政治制度和经济制度。对此，或许需要又一场理论上的大讨论。由其困难程度和问题的性质决定了这将是一场关系民族命运和人类未来的大讨论。这场讨论的规模和意义不会小于真理标准问题大讨论。党要透过与各种思想的交锋，集中全国人民的智慧，协调全国人民的利益，在马克思主义哲学的世界观和方法论指引下指明中国的前途。

“中国道路的另外两种拓展的路向：空间性的国际主义拓展和内涵性的非物质需求拓展。”

除了这样的历史性的外延式拓展需要之外，我们能够更加具体和清晰地把握的，则是另外两种拓展的路向：空间性的国际主义拓展和内涵性的非物质需求拓展。

第一，根据马克思的唯物史观和政治经济学批判的基本理论，科学共产主义可以包括两个维度：一个是历史上的、时间上的共产主义维度；一个是空间上的国际主义维度。就共产主义维度来说，中国共产党人和世界上其他许许多多共产党人一样是有着明确理论认知的，并且总是把远大理想与自身的具体实践相结合的。但在国际主义的维度上，尽管从《共产党宣言》发表起算的国际共产主义运动具有一百多年的实际历程，一开始就做出了他们公开提出的“工人没有祖国”和“全世界无产者，联合起来”的原则口号，但并没有很好地解决，或者至少没有形成长期可复制和沿用的普遍性建制，三个国际最终要么在阶段性的历史条件和任务改变之后主动解散，要么发生蜕化变质背离了共产主义和国际主义。列宁主义指引下的社会主义在一国胜利的道路，以及全世界无产者同被压迫民族共同联合奋斗的主旨，也没有持久地处理好自身民族利益本位、国家政策导向和无产阶级国际主义的张力问题。

中国道路在经历了较长时期的埋头发展，在较长时期主要以韬光养晦、绝不当头方式处世之后，当中国在2050年完成社会主义现代化和中华民族伟大复兴之后，也就可以更加积极主动地转向有所作为。实际上，这并不是一个以时间和发展水平机械地坚持非此即彼的两分问题，而只是不同时期水平的侧重点问题。当中国还在现阶段发展自身之际，就需要实施“走出去”战略，做“负责任大国”，并逐步量力而行提供地区性和全球性的公共产品，例如“一带一路”倡议，这些理论认知和实际举措，正是一种新的国际主义在逐步形成的过程。当然在此阶段，其中仍然还不能不带有相对中短期的自身发展利益考量，中国道路带给世界的也更多是在自身直接发展进程当中，客观伴随发生的辐射带动影响力。而当2050年中国自身发展战略目标达成后，得以复兴的中华民族将以充足得多的综合实力和战略空间，来实现积极主动的建构、传播和引导作用，在基本社会建制、基本价值理念等各方面为人类世界提供支持，推动人类正义与进步事业的发展。

第二，马克思的唯物史观和政治经济学批判的基本理论真正指出了人类实现“自由人的联合体”“每个人的自由发展”的合理目标和科学道路。这里的自由是什么呢？不是如康德式的抽象目的，也不是如海德格尔式的诗意栖居，而是像我们已经多次强调过的《资本论》当中的表述：是在从事物质生产活动之余“从事自由活动”，即具有精神生活和社会生活，是在物质生产领域这个“必然王国”的彼岸，还有“人类能力的发展”，这一领域是“真正的自由王国”，它当然要建立在物质生产发达的基础上，但它是“作为目的本身”规定着物质生产的方向。所以，科学的共产主义首先并不是共有一切财产，尤其不是共有那种“构成个人的一切自由、活动和独立的基础的财产”，而仅仅是指共有生产资料，即原先构成资本的那部分财产。之所以必须共有资本，恰恰是因为如果不这样，就没法保证每个人拥有那种“构成个人的一切自由、活动和独立的财产”，即个人消费品。继而，也就必须是在生产高度发达、财富充分涌流的时候，人们才能获得足够的构成自由基础的财产。这个自由的“彼岸”，仍然不是一个以时间和发展水平机械地坚持非此即彼的两分问题，仍然只是不同时期水平的侧重点问题。

随着中国道路的发展，当代中国一个最显著的变化是摆脱了短缺经济，进入了过剩经济时代，而众所周知，我们对于社会主义初级阶段主要矛盾的把握，经历了从“人民群众日益增长的物质文化需要同落后的社会生产之间的矛盾”到“人民日益增长的美好生活需要和不平衡不充分的发展之间的矛盾”的发展。在短缺经济时代，由于人们的物质需要得不到满足，集中精力发展经济、发展生产力是第一要义。在市场经济的条件下，理论界关注的焦点似乎只是如何通过把人民群众的刚性需求变为有效需求，通过“内需拉动”实现经济发展，而真正要从马克思主义哲学关于人的自由发展的视野来看问题的，其实是随着经济物质需要的满足，政治需要、文化需要、社会需要、生态需要等也自然而然地被提上日程。当然，今天我们还不能完全实现彼岸的“自由”，还仍然主要处于“必然王国”。在物质需求得到满足基础上的这种更高层次的发展，可以看成以经济发展为主要手段的现代化和民族复兴完成之后的未来方向，而其长远的目标是人的自由全面发展。随着我们强国建设的不断推进，人民群众对于美好生活的需要会不断获得更好、更充分的满足。

第二篇

「中国道路的哲学基础」

历史唯物主义与中国道路

陈先达（当代著名马克思主义哲学家、教育家，中国人民大学哲学院教授、博士生导师）

历史唯物主义视阈下，各国自有不同的发展道路，没有放之四海而皆准的发展模式。中国道路源自中国实践，是中国人民在中国共产党领导下走出来的，是中华民族几千年文化传承中得出来的，是从近代以来为民族复兴而奋斗牺牲、不断遭受挫折的苦难经验中总结出来的。中国道路首先是一条中国特色之路，拥有着中国深厚的历史、民族、文化特色，中国道路更是一条具有世界意义之路，它向人类提供了不同于西方发展道路的中国方案。它的成功，意味着在当代可以有另一条通向自己国家和民族的复兴之路，而不必接受西方兜售的资本主义制度优越论和永世论的“灵丹妙药”。中国道路发展不能教条套用马克思主义经典作家设想的模板，不是其他国家社会主义实践的再版，不能简单延续我国历史文化的母版，不是国外现代化发展的翻版，而是要强调马克思主义中国化，与中国实际和文化相结合；强调中国文化自信，加强对以儒学为主导的传统文化的创造性转化和创新性发展；强调中国的现代化是社会主义现代化，而不是西化。

《光明日报》2016年9月7日

中国道路问题，是最为世人关注的大问题。中国选择什么道路，中国向何处去，不仅关系到中华民族的命运和全体中国人民的切身利益，也会改变世界政治格局和大国之间的力量消长。“中国威胁”论，“中国经济崩溃”论等，本质上都是以话语形态出现的包含对中国道路取得的伟大成就的焦虑和恐惧。

一、中国道路与中国方案

中国道路，就其一般意义而言，包括中国革命、建设、改革所经历的全过程。对过去来说，是中国的革命和社会主义建设历史；对现时而言，它就是中国当代的社会主义实践；对未来而言，它就是中国为之奋斗的实现“两个一百年”奋斗目标和中华民族伟大复兴，最终实现共产主义。作为一个整体，它就是中国共产党领导中国人民革命和建设的实践历史过程。中国共产党90多年来走过的道路，内蕴着中国共产党人的文化自信，其深层本质是对共产党执政规律、社会主义建设规律、人类社会发展规律的把握。

笔者以为，中国道路的提法或许比中国模式的提法更确切，更符合马克思主义哲学的本意。模式的提法难以表达出中国特色社会主义道路的本质。从语意来说，模式是成型的、静态的、稳定的。用在国家发展上，模式具有排斥性，把自己国家的发展视为不同于其他国家的唯一的最具优越性的发展方式，或者认为自己国家的发展模式具有普适性，可以为其他国家提供一个现成的发展范式，如同制作糕点的模型，全部糕点都是从一个模子里制作出来的。无论在何种意义上，模式论都不太适用于中国特色社会主义道路。

从历史唯物主义角度看，各国有不同的发展道路，没有放之四海而皆准的发展模式，更没有唯一的模式。西方发展道路是由西方国家自己的历史和文化决定的，而不是为世界提供模式，也不可能提供模式。中国推行改革开放，表明中国共产党愿意学习世界各国尤其是西方发达资本主义国家的经验，但是中国不会照搬西方发展的模式。习近平总书记说过，“我们愿意借鉴人类一切文明成果，但不会照抄照搬任何国家的发展模式”，“不能企图用一种模式来改造整个世界”。

历史唯物主义是社会形态发展论，而不是社会发展模式论。中国特色社会主义道路，不是从天上掉下来的，而是中国人民在中国共产党领导下走出来的。从整个中国历史来说，中国特色社会主义是在对中华民族几千年文明和文化的传承中得出来的；从近代史说，它是从1840年以来中国人民为民族复兴而奋斗、牺牲、不断遭受挫折的苦难经验和教训中总结出来的。道路是纵向的，它与自己国家过去的历史特点和文化特点不可分割。没有中国历史的发展，没有中国文化的积累，就没有中国特有的发展道路。

道路的特点是实践，而不是仿效制作，照葫芦画瓢。中国道路就是中国人的实践，不实践就不是道路，也没有道路。当然，在中国特色社会主义建设中，我们可以有规划、有顶层设计、有“两个一百年”要达到的目标、有中华民族伟大复兴的目标，但目标不等于道路。目标只是道路的重要部分，是道路的指向和要达到的站点。至于如何到达这个站点，怎么走，就是道路问题。可以大胆地说，按照历史辩证法，我们不可能详细地绘制一个不需要修改、不需要完善、不需要调整的中国道路规划图，而是应该根据实际情况不断调整。这就是顶层设计与摸着石头过河的两者结合。因此，中国道路不是固定模式，它包括弯路、包括曲折，甚至会碰到岔路。中国特色社会主义道路不是定型的，而是未完成式，现在仍在继续走。一句话，中国道路是实践过程，它为人类对更好的社会制度的探索提供的是中国方案，而不是一个现成的模式。

改革开放几十年来，在中国道路上我们取得了伟大的成就，也遇到不少问题。其中有一些是未曾料到的新问题，正在采取措施逐步解决。社会主义建设是有规律可循的，我们会有盲区，会有没有掌握的新的规律。我们还要不断摸索、不断总结。改革开放初始，邓小平提出以经济建设为中心，重点是放在解放生产力、发展生产力上，为此提出发展是硬道理的著名论断。在改革实践过程中，中国共产党人继续推进发展是硬道理的原则，提出了科学发展观，再发展到现在的创新、协调、绿色、开放、共享的新发展理念；从开始的一部分人先富起来，发展到现在强调共同富裕，强调依法治国，强调公平、正义，这都是从几十年一步一步改革经验积累中走过来的。几十年来的经验证明，中国特色社会主义道路是在实践中不断完善的。这个过程并没有结束，中国道路有明确的方向图，通过深入探讨什么是社会主义，怎样建设社会主义，建设什么样的党，怎样建设党，实现什么样的发展，怎样发展这些有关道路的根本性理论问题，提高了我们的理论自觉性，为制定各项方针政策，推进各项工作提供了科学指导。

中国方案的提出，有重要理论和实践意义。中国方案，就存在于中国道路之中。没有中国道路就不会有中国方案。提不出中国方案，中国道路就会变成一句空话。或许有人说，只有中国模式才有世界意义，而中国道路没有世界意义。这不符合历史唯物主义观点。模式提供的是模具。我们反对西方推行的普世价值观，就是反对他们对自由、民主、人权的解释的话语霸权，反对它们把西方的资本主义民主制度模式化。其实，各个国家需要的是符合自己国情和文化特点的自由、民主和人权制度。当然，我们可以学习它们的优点，吸收西方的积极成果，但我们有自己的发展道路和方案，而不是成为从西方模具中复制出来的仿制品。

中国道路，既是具有中国特色的中国之路，又是具有世界意义的中国之路。说它是中国特色之路，是因为它具有中国的历史特点、民族特点、文化特点；说它又是具有世界意义的中国之路，是因为它向人类提供了不同于西方发展道路的中国方案。这个方案向世界表明，一个近百年来受列强压迫和侵略的民族，一个曾经落后于西方发达国家的民族，完全可以依靠自己的力量，建立与自己民族特点相符合的制度和发展道路，走上民族伟大复兴之路。

资本主义社会并不是人间天堂，资本主义的经济和政治制度也不是人类社会发展唯一之路，资本主义的价值观念并非人人必须奉为圭臬的绝对价值。在当代，各国的发展，完全可以有不同的方案。这正是西方某些资本主义国家拼命遏制中国和平发展的原因。因为中国的崛起意味着中国方案的成功；而中国方案的成功，意味着在当代可以有另一条国家和民族的复兴之路，而不必接受西方兜售的资本主义制度优越论和永世论的“灵丹妙药”。中国方案是马克思主义和中国文化精华的结合，它的影响力和说服力，是中国对世界的贡献。正因如此，西方一些国家千方百计对中国道路进行抹黑，并将之视为对“自由世界”道路的背离。

二、中国道路之争

方向决定道路，道路决定命运。在中国，不同道路之争，其深层体现为不同文化之争。中国应该走什么样的道路，其争论由来已久，并非现在才出现。这个争论早在1921年中国共产党成立以后就存在。这就是中国共产党主张的在中国进行革命的道路，文化保守主义主张的中国文化本位主义，一些人倡导的全盘西化的资本主义道路。1949年中国革命的胜利，从实践上对这个问题做了总结，而毛泽东的《论人民民主专政》一文，对这个问题从理论上做了概括。本来，在中国革命胜利之后的前30年，这个争论已经沉寂。但随着改革开放后中国总结“文化大革命”经验教训，随着重新正确理解中国传统文化，随着经济全球化后西方新自由主义思潮的涌入，关于中国道路的争论再度兴起。但现在各自的立论与表现，与中国革命胜利之前的20世纪二三十年代的文化保守主义和全盘西化论相比，具有新的时代特点和理论支撑。这个理论支撑的文化特点可以概括为三个“化”，即中国特色社会主义道路的核心是“马克思主义中国化”；回归传统，回归儒学，重塑中国社会主义和中国共产党的核心是“儒化”；回归人类，回归世界的核心是“西化”。如果不站在历史唯物主义高度把握这三个“化”的本质，就会在中国特色道路问题上缺乏文化自信。

有人提出要中国走世界人类文明发展的共同道路，走世界文明之路。在他们看来，以希伯来犹太教和古希腊哲学为源头的西方文化，是最优秀的文化；西方的道路是世界的普适道路；中国特色社会主义道路是脱离世界文明，是沿袭自秦始皇以来中国封建社会的专制主义之路，是自外于世界潮流的道路。无论在国际国内，这种说法都时有所闻。这种说法完全暴露了西方普世价值论的政治底牌。资本主义道路怎么就是世界文明之路，就是人类世界共同道路呢？以历史唯物主义观点看，西方文化只是文化中的一种，资本主义道路只是人类社会发展过程的一个重要阶段。资本主义的确为人类做出了比以往任何时代都巨大的贡献，但资本主义社会又是文明与野蛮、光明与黑暗并存的社会。马克思和恩格斯在《共产党宣言》中以热情洋溢的赞美笔调肯定了资本主义的成就，但同时又毫不留情地判处了它的死刑，敲响了资本主义丧钟，指出资本主义社会的过渡性。资本主义社会的出现和发展包括在人类社会发展规律之中，但绝不代表人类的美好理想，并不是人类社会发展的普遍规律。

什么是人类的共同道路，什么是人类社会发展的普遍规律？从历史远景来说，不是少数人富裕的资本主义，而是公平、正义、共富、和谐的社会主义和共产主义。相对于人类存在数千年的阶级社会和剥削社会来说，消灭阶级、消灭剥削，建设一个公平、正义、共富、和谐的社会，才是人类的共同道路。用中国哲学的话说，叫天下为公、世界大同之路，用历史唯物主义关于社会形态发展理论来说，这是人类解放之路、是共产主义道路。世界通向这个共同道路的方式和方法可以各不相同，并且肯定会有先后、有迟早，但对人类社会而言，剥削制度不会是永恒的、亘古不变的。私有制度是在一定条件下产生的，也会在一定条件下终结，作为私有制的最高发展阶段的资本主义制度形式也是如此。消灭剥削、消灭两极分化、消灭私有制，走向公平共富的社会，这才是人类发展的普遍规律。《共产党宣言》的不朽价值，就是向全人类揭示了这个普遍规律，并号召全世界劳动者团结起来为此而奋斗。

我们反对西方包藏政治图谋的普世价值论，并不违背世界发展潮流，不是与世界发展相脱离，因为我们不是反对自由、民主、平等、人权、法治这些人类认可的共同价值，相反我们在努力建设社会主义的自由、民主和人权制度。我们反对的是西方某些国家或学者怀着文化自大狂的优越心态，把西方价值观念和制度模式化，视之为放之四海而皆准的普世模式。普世价值论的本质就是西方制度模式化，是以普世价值为软实力的西方资本主义制度的优越性和不可超越性的话语霸权。

国内外都有学者批评中国特色社会主义道路脱离世界发展道路、脱离人类发展道路，要中国回归人类发展道路，讲的就是回归普世价值的道路。他们说，这是中国从“专制”“独裁”的社会主义，回归“自由”“民主”的资本主义。实际上，就是要中国割断自己的历史传统，摒弃中国文化特点和社会主义道路，期待中国重蹈“红旗落地”的覆辙。

在道路问题上也还有另一种主张，这就是回归儒家、回归传统。最激烈的说法是儒化中国共产党、儒化社会主义。表面上，它与回归世界、回归人类的新自由主义道路是双峰对峙，其结果实际上是殊途同归。中国特色社会主义是我们生活其中的现实社会，共产主义社会是我们的理想。人在站立的时候，总是双脚立地、背面向后、两眼朝前。社会发展也是一样。社会永远是立足现实、背靠传统、关注未来。而不能是相反的，脱离现实、脸向过去、背对未来。社会发展是往前走的，人的追求不能与社会发展的方向相背而行，而只能相向而行。

在笔者看来，背靠传统，就是继承传统、弘扬传统、创新传统，而不是回归传统。正如儒学一样，需要继承、发扬而不是回归。历史是曾经的存在，现实是当今的存在。传统是历史与现实之间连续性的文化串线。历史对现实有深刻的影响，即它的文化基因具有某种遗传性。儒学传统要继承，但要与时俱进，而不是回归。习近平总书记明确指出，“历史总是要向前进的，历史从来不等待一切犹豫者、观望者、懈怠者、软弱者。只有与历史同步伐、与时代共命运的人，才能赢得光明的未来。”

“治世不一道，便国不法古。”社会主义有自己的发展规律。中国当代的现实，是社会主义社会的现实。社会主义有自己不同于封建社会的经济基础和上层建筑，有不同于以往任何社会制度的新的指导思想、新的政治制度。我们是生活在21世纪的当代人，是生活在建设中国特色社会主义的当代人。站在当代，我们应该重视中国传统文化，吸取中国传统文化的优秀思想，但不可能在社会制度的建设和思想指导观念上回归传统、回归儒学。以儒化作为中国道路和方向的指导，只会断送中国的社会主义。

中国特色社会主义道路是一条光辉的道路，也是一条充满困难的道路。

当代的问题是现实问题，而不是古代人的问题。现实问题，必须坚持以马克思主义为指导，以问题为导向，采取历史唯物主义方法进行分析，寻找它的现实原因，提供有效的解决方法。传统文化包括其中占主导地位的儒家学说，可以为我们解决问题提供思想资源、提供启发智慧，但传统文化不可能为它们从来不曾经历的今天的问题提供预案和答案。对中国道路上存在和出现的问题，儒化不是出路，西化更不是出路，出路在于继续深刻研究和把握社会主义发展规律和中国共产党的执政规律，坚持社会主义方向，坚持从严治党。社会主义的基本规律不可违背，执政党的规律不可违背。治党必须从严，如果管党不力、治党不严，人民群众反映强烈的党内突出问题得不到解决，那么我们迟早会失去执政资格，不可避免被历史淘汰。不懂历史辩证法，不懂得失成败在一定条件下可以转化，是非常危险的。殷鉴不远，岂能忘之。《易经》中说，“君子终日乾乾，夕惕若厉，无咎”，应该成为我们的座右铭。我们一定要以不忘初心之志，以兢兢业业、如履薄冰之心，走符合社会主义规律的中国道路。

三、中国道路的文化自信

习近平总书记说：“当代中国的伟大社会变革，不是简单延续我国历史文化的母版，不是简单套用马克思主义经典作家设想的模板，不是其他国家社会主义实践的再版，也不是国外现代化发展的翻版。”这是习近平总书记在新的历史条件下，对毛泽东《论人民民主专政》一文总结中国革命历史经验的进一步发展，说明了中国特色社会主义道路的创造性。

中国道路不是重复母版、模板、再版、翻版。这四个“不是”，就包括三个“化”字。不是简单套用马克思主义经典作家设想的模板，不是其他国家社会主义实践的再版，就是强调马克思主义中国化，要与中国实际和文化相结合；不是简单延续我国历史文化的母版，就是强调中国社会制度和道路不能儒化，以儒学为主导的传统文化要创造性转化和创新性发展；不是国外现代化发展的翻版，就是强调中国的现代化是社会主义现代化，而不是西化。

马克思主义中国化，这是最根本的“化”。没有这个“化”，一切都无从谈起。中国革命和社会主义建设，尤其是中国的改革开放，中国特色社会主义道路，不是简单套用马克思主义经典作家设想的模板，不是苏联社会主义实践的再版，因为我们是从中国实际出发，以马克思主义作为指导思想寻求适合中国发展的道路。中国民主革命走的是一条农村武装割据，由农村包围城市的道路，而不是马克思和恩格斯设想的巷战，也不是苏联走过的城市武装起义；社会主义革命和社会主义建设，我们也是从以俄为师到走自己的路。社会主义革命我们实行的是和平赎买，分清民族资产阶级和官僚买办资产阶级，而不是一锅煮；社会主义建设，我们是强调正确处理十大关系，强调正确处理两类不同性质的矛盾；改革开放，我们强调坚持社会主义方向，强调一个中心两个基本点，强调四项基本原则；等等。很显然，这些都不是简单套用马克思主义经典作家设想的模板，更不是苏联社会主义实践和改革的再版。不用多解释，中国革命、建设、改革，走的是马克思主义中国化的道路。如果没有从实际出发，没有坚持实事求是的马克思主义基本原则，中国革命、建设和改革不可能取得成功。当然，马克思主义中国化并没有结束，正如习近平总书记所说：“坚持不忘初心、继续前进，就要坚持马克思主义的指导地位，坚持把马克思主义基本原理同当代中国实际和时代特点紧密结合起来，推进理论创新、实践创新，不断把马克思主义中国化推向前进。”

不是简单延续我国历史文化的母版，就是中国传统文化的创造性转化和创新性发展问题。中国革命不可能延续我国历史文化的母版，因为中国历史上从来没有出现过社会主义革命，何来母版？中国共产党领导的革命是推翻旧的社会制度的革命，是社会形态的变化，不是中国历史上的王朝更替、改朝换代。正因为这样，中国共产党的成立才是中国开天辟地的大事变，中国革命和社会主义建设才是在中国历史上没有母版可遵循的伟大创造。无论是《礼记·礼运篇》中的“大道之行也，天下为公”的“大同”和“小康”理想，还是太平天国的《天朝田亩制度》的废除封建土地私有制、均贫富的思想，虽然包含丰富的思想资源，但都不可能成为中国革命和社会主义建设的母版。它们是原始的空想社会主义，或农业社会主义。我们坚持的是科学社会主义，中国特色社会主义本质上就是马克思主义的科学社会主义，而不是别的什么主义。

儒家学说，是封建社会王朝的母版，而且是王朝守成的母版，而不是开拓创新的母版。这是历代王朝倡导以儒治国的原因，怎么可能成为中国特色社会主义道路的母版呢？当然，不是母版，丝毫无损于中国传统文化的博大精深，不影响以儒学为主导的中国传统文化对我们的思维方法、道德修养、人文教化、治国理政的巨大思想价值。应该反对儒学政治化、儒学宗教化，在社会主义时代应该重视儒学的文化本质。但从道路和旗帜的角度说，从重建理想和信仰的角度说，我们绝不能走以儒化国、以儒化党的道路。我们要治理的是社会主义国家，我们要重建的理想、信仰、价值，是社会主义和共产主义的理想、信仰、价值。中国共产党之所以叫中国共产党，就是因为它从成立之日起就把共产主义确立为远大理想。

任何一个关注现实的人都能看懂，中国共产党内出现的腐败分子、党内蛀虫，并不是因为失去对儒学的信仰，而是丧失对社会主义和共产主义信仰。我们社会出现的一些道德失范和价值观念混乱，也不是因为失去对儒家的信仰，而是伴随当代中国社会深刻变化而出现的副产品，或者说是社会代价。

我们应该学习中国传统文化的经典，包括文学如唐诗宋词等，总之，中国传统文化中宝贵的东西我们应该珍重。但我们也应该明白，社会矛盾永远是现实的，我们直面的问题永远是当前。现代人的信仰和价值永远应该是与时代相适应的。

任何国家在走出传统社会后都要实现现代化，中国也一样。但中国的现代化是社会主义现代化，而不是西方现代化的翻版。现代化，是使用最多的一个概念。可是何谓现代化，实现什么样的现代化，这取决于时代背景，取决于各国历史的、文化的特点，特别是取决于社会制度的本质。

中国从社会主义制度确立开始，就把逐步实现社会主义工业、农业、国防和科学技术现代化作为我们的奋斗目标。经过60多年的建设，我们在不断深化现代化的内涵，包括推进国家治理体系和治理能力的现代化，发展社会主义市场经济，发展社会主义协商民主制度，建设中国特色社会主义法治体系，等等。但无论中国现代化的内涵怎样深化，有一点是不会变的，我们搞的是社会主义现代化，而不是资本主义现代化。如果我们摒弃中国特色社会主义基本经济制度和政治制度，偏离中国道路，在现代化问题上不加分析地接受西方话语抽象鼓吹的国家现代化，改变中国所谓的“一党专政”，放弃中国共产党领导；鼓吹思想市场化，放弃马克思主义的指导地位，借助思想多元来反对指导思想的一元化；鼓吹军队国家化，反对党对军队的领导；等等，这实际上是在现代化的名义下偷梁换柱，把社会主义现代化变成西化翻版。

毫无疑问，资本主义现代化是人类社会摆脱传统社会后的巨大历史进步，但西方现代化是通过向海外殖民实现的，是同侵略、掠夺、剥削、扩张密不可分的。日本也是脱亚入欧，通过实行现代化，走向军国主义，疯狂向外扩张和侵略。我们只看到西方发达资本主义国家变得富强、文明，可忘记了资本主义现代化给世界、给大多数被殖民国家带来的巨大灾难。马克思曾经说过：“当我们把自己的目光从资产阶级文明的故乡转向殖民地的时候，资产阶级文明极端伪善和它的野蛮本性就赤裸裸地呈现在我们面前，它在故乡还装出一副体面的样子，而在殖民地就丝毫不加掩饰了。”

资本主义现代化的本质是资本本性的扩张。海外殖民就是资本扩张，但它号称输出文明。实际上像马克思当年说的，被殖民的国家“失掉了他们的旧世界而没有获得一个新世界，这就使他们所遭受的灾难具有一种特殊的悲惨色彩”。如果说，当年西方资本主义在输出文明的口号下，给世界带来的是灾难，那么，当代西方资本主义在强行输出普世价值的口号下，带来的同样是灾难。只要看看中东，看看非洲某些被“民主化”的国家，看看他们战火纷飞、家园破碎、难民如潮的处境，自然就能明白。

社会主义现代化与西方资本主义现代化会有某些共同点，但绝不是西方现代化的翻版。时代不同、社会制度不同、文化底蕴和传统不同，现代化的道路也不同。中国的文化是和平的文化，而不是扩张的文化。中国是在取得民族独立，建立社会主义制度之后，逐步推进现代化的。我们是在被资本主义世界封锁的情况下，完全依靠独立自主、自力更生，依靠党的领导和人民的力量实行现代化。在经济全球化的背景下，我们是通过深化改革开放，在世界交往中继续推进社会主义现代化。我们的现代化，没有殖民、没有掠夺，而是互利共赢；没有血与火，没有战争，而是构建人类命运共同体。中国实现社会主义现代化，是增强世界和平、防止战争的力量，是促进世界和平发展的力量。这是与西方现代化进程伴随殖民、战争和掠夺迥然不同的两种类型的现代化。中国实现现代化，是对世界、对人类和平的重大贡献。

社会主义现代化不是西方现代化的翻版，但我们重视对西方现代化的研究。它的成绩、它在现代化过程中存在的问题，都能为我们提供经验和教训。我们是后发国家，我们有条件也应该避免西方在现代化中出现的种种问题。我们也不会忘记它们对中国现代化的影响和某种推动。但笔者不赞同中国现代化的动力是外生的，与中国历史自身发展的内在要求无关这一论断。外因是条件，内因才是根本。中国是一个有几千年文化传统的民族，是一个蕴藏并积蓄了几千年文明内在力量的民族，是一个在近代饱受侵略和掠夺，积蓄着追求民族复兴、追求民富国强的民族。现代化是中国革命题中应有之义。把中国现代化，视为简单的外力—反应模式，而不是中国内在力量的要求，是一种错误的历史观。这种历史观导致的结论，就是中国现代化应该拜西方侵略之赐，像有些人无耻宣称的，如果中国能被西方殖民300年，就可以从洋人手里接受一个现成的现代化中国，这种观点何等荒谬!

结　语

中国特色社会主义道路是实现现代化必经之路，是创造人民美好生活的必由之路。我们对道路的自信，源自对文化的自信。中国不仅有五千多年文明发展孕育的中华优秀传统文化，还有中国共产党和中国人民在伟大斗争中孕育的革命文化和社会主义先进文化。文化不仅是知识、智慧的积累，更是一个民族最深层的精神追求。中国近百年历经劫难而九死无悔，“拼将十万头颅血，须把乾坤力挽回”，其中闪烁的就是“我以我血荐轩辕”的中华民族文化精神。

马克思哲学的生成论本质

韩庆祥

[中央党校（国家行政学院）校务委员会原委员、一级教授，中央党校专家工作室领衔专家]

马克思实现哲学变革的实质，就是从预成性思维方式或既成性思维方式转向生成性思维方式。这种变革，实质上就是哲学变革。马克思哲学的生成性本质，在他的学说体系中得到了充分的呈现。要理解和把握生成性思维，首先要理解和把握任何事物和对象所具有的自在规定、关系规定和过程规定。生成性思维关注现实生活世界及其现实发展逻辑，反对主观主义和本本主义；注重实践进程及其实践发展逻辑，反对以抽象设定理解和把握事物发展；注重历史进程及其历史发展逻辑，反对历史虚无主义；注重事物存在发展的现实条件，反对脱离现实条件抽象地谈论事物的存在发展；注重实现理想的现实基础、现实条件和现实运动，反对空想主义和先验主义；注重事物在其历史发展进程中的内在的自我生成，反对教条主义；注重事物之间的环环紧扣、因果关联和内在生成。生成性思维强调实践地、历史地、辩证地、自身发展地、因果联系地看待历史。其实质，就是将实践原则、历史原则、辩证原则、自我发展原则、因果关系原则引入世界观和方法论。

原题《论马克思哲学的生成性本质》，《学术界》2019年第2期

1978年以来，我国哲学界就马克思主义哲学生成论这一论题展开了学术探讨，有些学者也提出了一些独到而又有启发的见解，深化了马克思主义哲学研究。至今，因有些学者不大了解马克思主义哲学的生成论思想及其实质，导致在某些重大理论和实践问题上存在一些模糊认识。这表现在：有的从本本主义出发，有的从西方标准和范式出发，来剪裁中国实践，对我国改革开放和社会主义现代化建设实践进行主观裁定，并对我国改革开放和中国特色社会主义产生某种质疑。产生这种模糊认识的深层根源，主要在于对马克思所实现的哲学变革及其本质特征缺乏全面深入的理解，没有深刻认识到马克思哲学的生成性本质。

一、马克思实现哲学变革的实质

自从古希腊哲学家苏格拉底提出“认识你自己”这一重大论题以来，西方一些哲学家就一直在追问“人是什么?”并提出了诸多答案。答案种种，但有一个共同点，即按照“是”和“是其所是”的思维方式来回答问题：它首先预先抽象地设定人人都具有某种共同的本质，然后认为现实的人都是这种本质的具体体现。这里，人是被预先规定为一种确定性、既成性的存在，人是从某种抽象的共同的“是”来规定的。这实质上是一种预成论或既定论的思维方式。这种思维方式的合理性在于：它注重“确定性”“普遍性”“共同性”“稳定性”。然而，这种思维方式的根本缺陷，就在于它忽视事物和对象的“不确定性”“特殊性”“历史性”“未完成性”和“开放性”，要言之，忽视其生成性。它注重“是”却忽视“成为是”；它注重“成”却忽视“生成”，它注重“非此即彼”，即在“是”与“非是”之两极对立中进行思考，是就是是，不是就是不是，不能既是又不是，却忽视了“历史生成”；它注重“固定性”却忽视了“发展性”“未完成性”和“开放性”；它注重“普遍性”却忽视了“特殊性”。大体来说，近代西方的知识论和形而上学大都属于这种思维方式。正如恩格斯所指出的：形而上学的思维方式，“不是从运动的状态，而是从静止的状态去考察；不是把它们看作本质上变化的东西，而是看作固定不变的东西；不是从活的状态，而是从死的状态去考察。”①

德国古典哲学虽然具有“生成性”思维方式的因素，如黑格尔作为推动原则和创造原则的否定性的辩证法之伟大之处，首先在于把人的自我产生看作一个过程，他抓住了劳动的本质，把现实的人因而是真正的人理解为他自己劳动的结果。黑格尔还指出：真理就是它自己的完成过程。但是，他只看到劳动的积极的方面，而没有看到它的消极的方面，他唯一知道并承认的劳动是抽象的精神的劳动。②

在西方，生成性思维是一个哲学范畴，它首要是针对知识论、形而上学所蕴含的既定性思维而出场的。马克思实现哲学变革的实质，就是从预成性思维方式或既成性思维方式转向生成性思维方式。这种变革，实质上就是哲学变革。马克思在继承唯物主义的前提下，把实践、历史和辩证法引入哲学，引入唯物主义，把运动、发展、变化引入哲学思维，注重哲学的实践性、历史性和辩证性，强调事物和对象的实践性、历史性和辩证性，认为不存在永恒不变的共同的普遍的本质，一切事物都处在实践的、历史的、辩证的生成过程之中，并在实践、历史、现实展开的运动发展过程中生成自身。这正是实践唯物主义、历史唯物主义、辩证唯物主义的实质所在和本质特征。就是说，马克思所实现的哲学变革，主要在于在继承唯物主义前提下，把实践原则、历史原则和辩证原则引入唯物主义，所实现的是对唯物主义的哲学变革。这里，实践的本质，就是人类在改造世界中不断推进创新，其实质就是一种“生成性”；历史的本质，就在于它是由一个个连续的“生成”构成，其实质也是一种“生成性”；辩证法的本质，在于它是批判的、革命的，在于它是在超越、否定现存的事物中不断推进事物的发展、变化，其实

① 《马克思恩格斯选集》第3卷，人民出版社，2012，第791页。
② 《马克思恩格斯全集》第3卷，人民出版社，2002，第316—320页。

质还是一种“生成性”。概言之，“生成性”或“生成性思维”，就是实践唯物主义、历史唯物主义、辩证唯物主义所共有的实质和本质，或者说，实践唯物主义、历史唯物主义、辩证唯物主义的共同实质和本质特征，就是“生成性”或“生成性思维”。

二、马克思哲学的生成性本质之证明

马克思哲学的生成性本质，在他的学说体系中充分地呈现出来了。

（一）从形而上学走向实践的、历史的、辩证的哲学

马克思哲学的生成性思维，较早呈现于《1844年经济学哲学手稿》。这主要是通过对“劳动”的阐述来展现的。马克思指出：“历史的全部运动，既是它的现实的产生活动，——同时，对它的思维着的意识来说，又是它的被理解和被认识的生成运动。”[①] 这里，“运动”“产生”“生成”都表达的是历史的生成，尤其在这里就直接、明白地使用了“生成”的概念。马克思又进一步明确强调指出：“对于社会主义的人来说，整个所谓世界历史不外是人通过人的劳动诞生的过程，是自然界对人来说的生成过程。”[②] 这里，马克思直接且鲜明地使用“劳动诞生过程”“生成过程”来更为明确地表达人的活动的生成性与世界历史的生成性。显然，在马克思那里，他明确使用“生成”概念，来揭示和表达历史的生成性本质。就是说，历史的全部运动在本质上就是其现实的生成过程，世界历史就是人的劳动的诞生过程，人就是其全部活动和历史的全部运动的结果。

在《关于费尔巴哈的提纲》中，马克思强调：“社会生活在本质上是实践的。凡是把理论诱入神秘主义的神秘东西，都能在人的实践中以及对这种实践的理解中得到合理的解决。”[③] 就是说，要理解和把握社会生活，从本质上要理解和把握人的实践。而人的实践，既是一种感性的、对象化的活动，同时又是一种历史过程，在这种生成性过程中，具有神秘主义性质的神秘的

---

① 《马克思恩格斯全集》第3卷，人民出版社，2002，第297页。
② 《马克思恩格斯全集》第3卷，人民出版社，2002，第310页。
③ 《马克思恩格斯选集》第1卷，人民出版社，2012，第139—140页。

东西能得到合理的解释和解决。这里实际上讲的是“实践的生成”。

在《德意志意识形态》中，马克思对生成性思维作出更为明确而深入的阐述。马克思强调：“个人怎样表现自己的生命，他们自己就是怎样。因此，他们是什么样的，这同他们的生产是一致的——既和他们生产什么一致，又和他们怎样生产一致。因而，个人是什么样的，这取决于他们进行生产的物质条件。”[①] 其中所讲的“生命”“生产”，就是一种生成性过程，人就是在这种生成过程中得以表现和实现的。马克思又指出，他研究历史的基本前提是人，“但不是处在某种虚幻的离群索居和固定不变状态中的人，而是处在现实的、可以通过经验观察到的、在一定条件下进行的发展过程中的人。只要描绘出这个能动的生活过程，历史就不再像那些本身还是抽象的经验主义者所认为的那样，是一些僵死的事实的汇集，也不再像唯心主义者所认为的那样，是想象的主体的想象的活动。在思辨终止的地方，在现实生活面前，正是描述人们实践活动和实际发展过程的真正的实证科学开始的地方。”这里，马克思反对“固定不变”和“僵死事实”，“绝不提供可以适用于各个历史时代的药方或公式”[②]，注重历史的“发展过程”和“生活过程”，这种“发展过程”和“生活过程”，实质上讲的就是历史的生成性本质。在讲到“人”的时候，马克思强调指出：“‘人’的‘解放’是一种历史活动”[③]。这是从“历史活动”角度来理解人的解放，是一种生成性思维。马克思还指出：“哲学家们在不再屈从于分工的个人身上看到了他们名之为‘人’的那种理想，他们把我们所阐述的整个发展过程看作是‘人’的发展过程，从而把‘人’强加于迄今每一个历史阶段中所存在的个人，并把‘人’描述成历史的动力。这样，整个历史过程就被看成是‘人’的自我异化过程，实质上这是因为，他们总是把后来阶段的一般化的个人强加于先前阶段的个人，并且把后来的意识强加于先前的个人。借助于这种从一开始就撇开现实条件的本末倒置的做法，他们就可以把整个历史变成意识的发展过程了。”[④] 这里，马克思用“历史发展阶段”来理解人的生成性本质，体现的

① 《马克思恩格斯选集》第1卷，人民出版社，2012，第147页。
② 《马克思恩格斯选集》第1卷，人民出版社，2012，第153页。
③ 《马克思恩格斯选集》第1卷，人民出版社，2012，第154页。
④ 《马克思恩格斯选集》第1卷，人民出版社，2012，第210—211页。

也是一种生成性思维方式。在讲到共产主义的时候，马克思又强调：“共产主义对我们来说不是应当确立的状况，不是现实应当与之相适应的理想。我们所称为共产主义的是那种消灭现存状况的现实的运动。这个运动的条件是由现有的前提产生的。”① 这里讲的是共产主义的生成性。概言之，这里马克思运用生成性思维，揭示了历史发展、人的发展、共产主义运动的生成性本质。关于历史的“生成”，他强调历史发展的过程性；关于“人的生成”，他反对固定不变状态中的人，反对把整个发展过程看作是“人”的发展过程，主张把人看作是通过其进行生产的物质条件而生成的，从而注重在一定条件下进行的发展过程中的人；关于“共产主义的生成”，他把共产主义看作是由现实的运动而生成的，强调共产主义是由现有的前提产生的现实的运动。总之，马克思要建立的唯物主义历史观，就是一种注重实践活动和实际发展过程的科学，这种科学反对可以提供适用于各个历史时代的药方或公式，认为一切从人类历史发展的考察中抽象出来的最一般的思想观念，若离开了现实的历史就没有任何价值。可以说《德意志意识形态》是马克思、恩格斯关于生成性思维的一部代表性著作。

（二）从抽象公式到具体过程的经济学

马克思在经济领域创立政治经济学，同样确立的是生成性思维，运用的是生成论。在《1844年经济学哲学手稿》中，马克思明确指出：国民经济学“把私有财产在现实中所经历的物质过程，放进一般的、抽象的公式，然后把这些公式当作规律。它不理解这些规律，就是说，它没有指明这些规律是怎样从私有财产的本质中产生出来的。”② 显然，这里，马克思明确反对的是“削足适履”，即用一般的、抽象的、凝固不变的公式来剪裁私有财产在现实中所经历的物质过程，鲜明地强调要“根据脚选择合适的鞋”，即建立一种从经济事实出发说明“私有财产在现实中所经历的物质过程”，再从私有财产在现实中所经历的物质过程来揭示私有财产的运动规律的经济学，进一步说明私有财产的运动规律是从私有财产的本质中产生出来。显然，这里，马克思是强调私有财产在现实中的物质过程生成了私有财产的运动规律。

---

① 《马克思恩格斯选集》第1卷，人民出版社，2012，第166页。
② 《马克思恩格斯选集》第1卷，人民出版社，2012，第49—50页。

在《德意志意识形态》中，马克思、恩格斯把历史的生成原则引入经济学，从历史生成角度，分析了生产、生产力、交往形式、分工、所有制形式等经济学的基本问题。马克思、恩格斯强调：生产、生产力、交往形式、分工、所有制形式等，都是从现实个人的物质生活过程中产生或生成的，都要到现实个人的生活过程中得到说明。他们说：他们所有确立的历史观的前提是现实的个人，现实的个人是有生命的个人，有生命的个人是具有肉体组织需要的个人，为了满足个人肉体组织的"衣食住行"等物质生活资料的需要，人们才去从事物质生产，物质生产不仅是有分工的，而且物质生产蕴含着生产力和交往形式（后来确定为生产关系）。因此，分工不过是现实个人的活动的社会形式，社会结构是从一定的个人的生活过程中产生的。这里，马克思、恩格斯是从现实个人的物质活动的生成过程来说明经济学的一些基本事实和基本范畴的。

在《共产党宣言》中，马克思、恩格斯运用唯物史观的历史原则和历史生成思维，解释和分析了资本和劳动内在矛盾的历史发展过程，揭示了资本占有劳动并控制社会的现实逻辑和历史逻辑，揭示了人类历史发展的一般规律和资本主义社会发展的规律，得出了资本主义必然灭亡、社会主义必然胜利的结论。

马克思的《资本论》，首先是揭示历史的逻辑，是从历史的逻辑来把握经济学问题与经济学范畴。其总体思路，就是从具体的、历史的经济活动发展过程中抽象出经济学范畴、理论，而不是相反。这就是说，在马克思的政治经济学中，一切经济问题及其反映经济问题的经济学范畴、理论，都要放在历史发展过程中来理解和把握，而不是相反，即用某种固定不变的经济学范畴和理论来裁定经济发展过程。马克思首先从"商品"这一资本主义社会最基本的细胞出发，历史地和逻辑地揭示出商品的使用价值和价值的矛盾，这是商品"生成"出来的；接着，马克思从商品的使用价值和价值的矛盾中，历史地和逻辑地揭示出具体劳动和抽象劳动的矛盾，认为使用价值和价值的矛盾是由劳动"生成"出来的，具体劳动"生成"使用价值，抽象劳动"生成"价值；再接着，马克思从具体劳动和抽象劳动的矛盾中，历史地和逻辑地揭示出私人劳动和社会劳动的矛盾，再从私人劳动和社会劳动的矛盾运动中，揭示出生产资料私人占有和生产的社会化之间的矛盾，进一步揭示出无产阶级和资产阶级的矛盾。显然，在这里，马克思运用的是历史生成和逻辑生成，来分析和揭示资本主义社会的内在矛盾运动过程的。正因如此，马克思说：历史从哪里开始，逻辑就从哪里开始。

（三）把社会主义建立在现实基础上的社会主义学说

空想社会主义之所以是空想主要在于：它既不是根据对现实社会和历史发展进程的考察提出“理想目标”，也不是根据现实社会和历史发展规律来提出理想目标的“实现路径”，而是从抽象的人性出发设定社会主义的一般原则，再用这种抽象的一般原则来剪裁具体的历史，把历史看作是这种抽象的一般原则发展的历史。要言之，空想社会主义之所以是“空想”，就在于它提出的理想目标和实现路径不是基于“历史的生成”，而主要是基于“抽象人性”。马克思、恩格斯把生成性原则和生成性思维引入对社会主义的考察、理解和把握，力求克服空想社会主义的历史局限，把社会主义建立在“现实”的基础上。恩格斯指出：“为了使社会主义变为科学，就必须首先把它置于现实的基础之上。”[①]这里的“现实”，就是现实的人、现实的物质生产、当时资本主义社会发展的现实境况、人类历史发展的进程和规律。显然，这里的“现实”是生成性的现实，而不是抽象的现实。恩格斯在1890年8月写给奥托·伯尼克的信中指出：“所谓‘社会主义社会’不是一种一成不变的东西，而应当和任何其他社会制度一样，把它看成是经常变化和改革的社会。”[②]这就是说：社会主义并非“某个天才头脑的偶然发现”，而是“无产阶级和资产阶级之间斗争的必然产物”；社会主义的任务不仅是构想完美的社会体系，还要社会主义者“研究必然产生这两个阶级及其相互斗争的那种历史的经济的过程；并在由此造成的经济状况中找出解决冲突的手段”[③]；社会主义不是一成不变的社会，而是经常变化和改革的社会。这就是说，社会主义社会是处在“不断生成过程”中的社会。恩格斯批评形而上学那种“既成性”的思维方式，指出：“他们在绝对不相容的对立中思维；

① 《马克思恩格斯选集》第3卷，人民出版社，2012，第789页。
② 《马克思恩格斯选集》第4卷，人民出版社，2012，第601页。
③ 《马克思恩格斯选集》第3卷，人民出版社，2012，第796页。

他们的说法是：‘是就是，不是就不是；除此以外，都是鬼话。’在他们看来，一个事物要么存在，要么就不存在；同样，一个事物不能同时是自身又是别的东西。”[①]这种思维方式看到事物的固定不变的“存在”，却忘记它们在“生成和消逝”。就是说，形而上学的思维方式是排斥“生成性”思维的，而与之对立的辩证思维是在本质上确立“生成性”思维的。恩格斯强调指出：“辩证法在考察事物时，本质上是从它们的产生和消逝方面去考察的，它不断地注视生成和消逝之间、前进的变化和后退的变化之间的普遍相互作用，它把整个自然的、历史的和精神的世界描写为一个过程。现代唯物主义也把历史看作是人类的发展过程。”[②]这里所讲的“产生和消逝”“生成和消逝”“前进的变化和后退的变化”“过程”，本质上就是“生成性”思维。为说明这一点，恩格斯引用赫拉克利特的观点：一切都存在，而又不存在，因为一切都在流动，都在不断地变化，不断地生成和消逝。[③]“既在又不在”“流动”“变化”“生成和消逝”，实质上讲的就是事物的“生成性”过程，甚至恩格斯就直接使用了“生成”这一概念，而且多次使用这一概念。显然，恩格斯是从生成性思维来理解和把握社会主义的。

晚年马克思着重思考的关于跨越“卡夫丁峡谷”问题，所提出的东方社会道路理论，也充分且鲜明地运用了生成性思维。1867年，在《资本论》第1卷出版后，俄国学者正在考虑俄国废除奴隶制后向何处去的问题。他们对《资本论》中所提出的由封建生产方式向资本主义生产方式转变的历史必然性与俄国农村公社的命运，以及俄国社会的发展道路等问题，展开了激烈争论。1881年初，俄国革命民主主义者查苏利奇致信马克思，希望马克思能说明对俄国农村公社的发展命运，以及世界各国由于历史必然性，都应经过资本主义生产各阶段的理论的看法。马克思为给查苏利奇回信，先后写了四稿，最后把第四稿作为给查苏利奇的正式回信。在第三稿中，马克思对能否不通过资本主义制度的“卡夫丁峡谷”，基本上作出了“肯定性”回答，即可以不通过资本主义制度的“卡夫丁峡谷”。但这种肯定是有前提条件的，

① 《马克思恩格斯选集》第3卷，人民出版社，2012，第791页。
② 《马克思恩格斯选集》第3卷，人民出版社，2012，第397—399页。
③ 《马克思恩格斯文集》第10卷，人民出版社，2009，第588页。

即“暂且不谈俄国公社所遭遇的灾难，只来考察一下它的可能的发展”[①]。由于这种“可以不通过”只是一种可能性，这表明马克思在该问题上还没有作出最后的肯定性结论。再经过认真深入地思考，马克思在正式回信的最后一稿中，就根本没有提及“可以不通过资本主义制度的卡夫丁峡谷”问题，而只是根据俄国农村公社当时的公有制基础，作出了“这种农村公社是俄国社会新生的支点”的判断。[②]这就表明：第一，马克思对俄国农村公社可以不通过资本主义制度的“卡夫丁峡谷”问题确实作过认真思考，但最后一稿并没有作出俄国农村公社可以不通过“卡夫丁峡谷”的判断。应当说，最后一稿，是马克思所形成的最终思想的真实表达。这说明马克思对该问题的考虑是特别慎重的。马克思逝世后，针对“跨越论”者、俄国农民社会主义的代表人物赫尔岑所提出的“俄国公社可以使腐朽的、衰老的西方返老还童和得到新生”的观点，恩格斯指出：“较低的经济发展阶段解决只有高得多的发展阶段才产生了的和才能产生的问题和冲突，这在历史上是不可能的。……每一种特定的经济形态都应当解决它自己的、从它本身产生的问题；如果要去解决另一种完全不同的经济形态的问题，那是十分荒谬的。”[③]恩格斯的论述蕴含着深刻的历史生成性思维。第二，根据马克思致查苏利奇的四封信可以看出，马克思所思考的不通过资本主义制度的“卡夫丁峡谷”思想是有前提条件的。一是俄国农村公社土地公有制的存在。即俄国农村公社“可以通过发展它的基础即土地公有制和消灭它也包含着的私有制原则来保存自己；它能够成为现代社会所趋向的那种经济制度的直接的出发点，不必自杀就可以获得新的生命”。这是“可以不通过卡夫丁峡谷”的基础和前提。二是资本主义现代化大生产的存在。即俄国农村公社“和资本主义生产的同时存在为它提供了集体劳动的一切条件。它有可能不通过资本主义制度的“卡夫丁峡谷”，而占有资本主义制度所创造的一切积极的成果”[④]。这是“可以不通过卡夫丁峡谷”的充分且必要的直接条件。这两个条件十分重要，没有土地公有制的前提条件，没有资本主义现代化大生产所提供的集体

① 《马克思恩格斯选集》第3卷，人民出版社，2012，第837页。
② 《马克思恩格斯选集》第3卷，人民出版社，2012，第840页。
③ 《马克思恩格斯选集》第4卷，人民出版社，2012，第312—313页。
④ 《马克思恩格斯选集》第3卷，人民出版社，2012，第828—829页。

劳动的充分且必要条件，所谓的“不通过”就无从谈起。这实际上就是说，俄国农村公社不具备跨越资本主义“卡夫丁峡谷”的历史生成性条件。因为这两个条件是基于历史生成性思维提出的，是历史生成性条件。这充分表明：关于俄国农村公社能否跨越资本主义的“卡夫丁峡谷”问题，马克思是直接运用生成性思维，来进行思考分析并得出结论的。

三、马克思哲学的生成性本质之基本内涵

那么，究竟什么是“生成性思维”？生成性思维的基本内涵是什么？我们先从本体论谈起。

要理解和把握生成性思维，首先要理解和把握任何事物和对象所具有的基本规定。任何事物和对象都具有三种基本规定：自在规定、关系规定和过程规定。事物的“自在规定”，是指任何事物和对象都具有其原初的质的规定或本质规定，离开这一质或本质，这一事物就不成其为这一事物了。本质，就是一个事物之所以成其为这一事物的根据，这一根据存在了，这一事物就存在了，这一根据不复存在，这一事物也就不存在了。但这种本质只是抽象的设定，它既是在具体的历史发展过程中抽象出来的（从具体到抽象），又要在具体的历史发展过程中得以展现和实现（从抽象到具体）。如一个人是“人”，他既然是“人”，就具有作为“人”的原初规定性，如从事生产劳动，是一切活动的主体或主体承担者，有思想，等等。这就是他作为“人”的自在规定。这样的人，实质上是一种抽象的人，其规定性是从具体的人的历史发展过程中抽象出来的，离开具体人的历史发展过程，这些抽象毫无意义。不仅如此，这种规定性都是抽象的，一般都只有在具体的人的历史发展过程中才能实现。其实现方式、实现程度和实现状态，取决于具体的历史发展过程及其实现条件。本质，只规定存在发展的方向，但“存在”却决定着本质的实现方式、实现道路与实现程度、实现状态。事物也具有“关系规定”。任何事物和对象都处在这样或那样的关系中，在不同的关系中，便具有不同的规定性。关于人，马克思认为，就其现实性来讲，是一切社会关系的总和。就是说，社会关系是什么样的，人就是什么样的，人处在什么

样的社会关系中，就是什么样的人。因为人在不同的社会关系中，便承担不同的社会角色，具有不同的社会身份。你处在与上级领导的关系中，你就是下属，就要服从领导安排；你处在与下属的关系中，你是领导，就要发挥“领导”作用；你是父亲，就要带好孩子；你是丈夫，就要关爱妻子，诸如此类。关系规定实质上是一种“现实性”规定，表明你是现实的人，你作为现实的人，受各种社会关系规定，被各种社会关系制约。事物还具有“过程规定”。“过程规定”是指任何事物都是未完成的、开放性的，都处在历史发展变化过程中，都是在其历史发展过程中获其规定性的，历史方位和历史阶段不同，其规定性就有所不同。比如同一个“人”，他具有“人”的规定性，不管多大岁数，他都是“人”，但两岁的这个人、20岁的这个人、50多岁的这个人、70多岁的这个人，是具有不同历史内涵的。70多岁的这个人是一位著名专家，而两岁多的这个人还在牙牙学语。

生成性思维注重事物的过程规定，事物的过程规定，是生成性思维存在的本体论依据。

具体展开来说，生成性思维具有七个层面内涵：

第一，生成性思维关注现实生活世界及其现实发展逻辑，反对主观主义和本本主义。生成性思维不忽视理想的世界，但首要注重现实生活世界及其现实发展逻辑。现实生活世界，就是具有时间、空间、条件且看得见的可视的世界。理想的世界难以用时间、空间来把握，具有不可视性，而现实生活世界是可以用时间、空间、条件来理解和把握的，是可以看得见的。生成之“生”为出现和发展过程，生成之“成”为结果，因而生成是在现实生活世界及其现实逻辑中的生成，可以用时间、空间和条件来衡量。一切生成，首先是在现实生活世界及其现实发展逻辑中的生成。生成性思维关注现实生活世界及其现实发展逻辑，便使生成性思维建立在坚实的现实的基础上。其实质，就是遵循事物发展的现实逻辑，强调现实是研究事物的出发点，原则只是研究事物的结果，注重生活公式高于书本公式，注重从现实出发，即从时间、空间、条件出发规定事物。

第二，生成性思维注重实践进程及其实践发展逻辑，反对以抽象设定理解和把握事物发展。社会生活在本质上是实践的，现实生活世界在本质上也是实践的。生成性思维绝不轻视理论发展进程，但首要重视实践进程及其实践发展逻辑。现实生活世界具有自身的现实进程及其发展逻辑，不过这是自发的，人的实践活动参与其中，现实生活世界的现实进程及其发展逻辑就显示出自觉性。因为现实生活世界是人的实践活动的人化、外化、对象化。人的实践活动是一种感性活动，因而实践发展进程便具有感性直观性；人的实践是一种活动，它总是在推动事物发展，因而实践发展进程便具有生成性。生成，是实践发展进程的生成，理解和把握了实践发展逻辑，也就找到了生成的逻辑。生成性思维注重实践进程及其实践发展逻辑，其实质，就是遵循事物发展的实践逻辑，强调事物是在人的实践发展过程中生成的，要注重从人的实践出发规定事物，要用实践生成规律取代所谓预定的先验规律。

第三，注重历史进程及其历史发展逻辑，反对历史虚无主义。人类历史是人类活动的历史，人是历史的创作者。注重人类实践活动，就必然重视人类历史。“历史”本身就是一种生成，没有生成便没有历史。历史是可以衡量和把握的，它可以从“时间”（如历史时间，即历史阶段、历史方位、历史时期等）、“空间”（如中国、西方等）来衡量和把握。历史发展进程是连续性和阶段性的统一，其连续性和阶段性蕴含着“生成”。历史发展进程蕴含着历史发展的逻辑即历史逻辑，生成性思维的核心，就是要理解和把握历史发展进程所蕴含的历史逻辑。其实质，就是遵循事物发展的历史逻辑，注重从历史出发规定事物。

第四，注重事物存在发展的现实条件，反对脱离现实条件抽象地谈论事物的存在发展。注重事物的现实性、实践性、历史性，实际上是说事物的存在和发展都是有现实条件的，是受现实条件制约的，是以现实条件为转移的。事物不仅在时间、空间中存在和发展，也在条件中存在和发展，由于“时间”“空间”“条件”的存在，才使事物的存在和发展具有了现实性、实践性和历史性，才使事物具有具体性而不是抽象性。条件，是研究事物的生成性所必须考虑的。我们讲生成性思维，其实质，就是要注重事物存在、发展的现实条件。

第五，注重实现理想的现实基础、现实条件和现实运动，反对空想主义和先验主义。理想和现实是一种范畴，谈现实定会联系理想。生成性思维谈论理想，注重的是实现理想的现实基础和现实运动，注重的是理想的生成、理想的规定和理想的实现。不谈理想的生成、理想的规定和理想的实现，理想就是空想。要谈理想的生成、规定和确定，就必须把它置于现实发展的内在必然性之中，要实现理想，就必须把它建立在现实的基础上，依靠现实的运动来推动和实现理想。要言之，理想属于“应然”，只规定“实然”所应达至的应然方向，并不具体确定“实然”所走的具体道路，“实然”的具体道路是根据现实条件、实践条件和历史条件确定的。因而，要把“应然”建立在“实然”的基础上。空想社会主义之所以是空想，就在于它离开现实基础。马克思、恩格斯之所以把社会主义由空想变为科学，就在于他们把理想以及共产主义理想建立在现实的基础上，在于把共产主义看作是由现实条件决定的现实的运动，在于根据现实条件、实践发展和历史进程确定理想目标和实现路径。注重实现理想的现实基础、现实条件和现实运动，其实质，就是要注重基于现实逻辑和现实基础来理解和把握理想的生成和实现。

第六，注重事物在其历史发展进程中的内在的自我生成，反对教条主义。形而上学强调“是”，马克思哲学的生成性思维也注重“是”，但更注重“成为是”，注重“是”的成为和“是”的发展。形而上学强调“是”，强调“是”就是“是”，“不是”就是“不是”，不能说“既是”“又不是”。这种既定性或既成性思维方式否认事物的存在和发展有一个生成过程，否定事物作为过程而存在。这样来看待事物，事物就永远是静止的、永恒的、一成不变的。生成性思维对事物的理解，是从运动和静止、连续性和阶段性的统一进行的。它既从相对确定性、阶段性角度理解和把握事物，认为事物有相对静止的一面，有其质的规定性；同时又从不确定、连续性角度理解和把握事物，认为事物又具有运动的一面，任何事物时时刻刻都处在运动、发展、变化过程之中，没有绝对静止不动和永恒不变的事物。生成性思维甚至认为，事物的静止是运动中的静止，“人不能同时踏进同一条河流”。生成性思维认为，事物的相对“静止”的“质”的规定性，都是在过程中被确定并赋予新的内涵的，离开历史过程，事物的“静止性”的“质”的规定性都是抽象的，不可具体感知和不可捉摸的。因而，生成性思维注重事物的自我“生成性”，它不否认“是”，但其实质，是更注重事物自身“成为是”，即注重事物自身如何成其为或生成为“是”。

第七，注重事物之间的环环紧扣、因果关联和内在生成。生成性思维注重实践、现实、历史发展过程中各个环节在生成性上的“环环相扣”或环环相扣的生成性，这种环环相扣的内核是因果关联、因果关联的内核是内在生成。如注重教育有助于解决就业，解决就业有助于解决吃饭、住房和看病问题，等等。

从总体来讲，生成性思维所主张的“生成”，主要包括实践生成、历史生成、辩证性生成、自我生成和因果生成。由此，生成性思维可从五个层面来理解：一是实践生成，即在实践过程中生成，可称之为“实践即生成”；二是历史生成，即在历史过程中生成，可称之为“历史即生成”；三是辩证性生成，即在超越现实、与交互作用、发展过程中的生成，可称之为“辩证即生成”；四是自我生成，即事物自身是在自我超越、自我发展过程中的生成，可称之为“自我生成”；五是因果生成，即事物因必生果的生成，可称之为“因果即生成”。实践、历史、辩证法、自我发展、因果，都属于生成性思维的核心范畴。生成性思维强调事物的实践性存在、历史性存在、辩证性存在、自我发展的存在和因果性存在，把实践、历史、辩证法、自我发展、因果当作解释原则，用实践原则、历史原则、辩证原则、自我发展原则和因果原则解释事物、解释存在、解释发展，把事物的存在作为实践中的生成、历史中的生成、辩证性的生成、自我发展的生成和因果性的生成，尤其强调实践地、历史地、辩证地、自身发展地、因果联系地看待历史。其实质，就是将实践原则、历史原则、辩证原则、自我发展原则、因果关系原则引入世界观和方法论。其核心和精髓，就是要在特定的具体的时间、空间和条件中理解具体的实践、具体的现实、具体的历史的内生性，理解事物和对象的历史内在逻辑；它强调并注重具体的存在先于抽象的本质，抽象的本质都是在具体存在之发展过程中内在提升出来的，是从实践发展逻辑、历史发展逻辑、现实发展逻辑中得到确定的，更是在具体存在之内在发展过程中实现的；它不否定“是”，但更注重“成为是”；它不反对抽象，但更注重具体的历史发展规律；它注重现实基础、环环相扣、因果关联、历史过程和内在生成，把任何事物自身的发展看作是一个具有现实基础、环环紧扣、因果关联和内在生成的自然历史过程。

从马克思的现代性批判理论看中国道路的合理性

陈学明（复旦大学哲学系暨同济大学马克思主义学院教授、博士生导师）

中国道路不可避免地与西方的资本现代性“纠缠”在一起，其原因就在于中国道路是在现代西方文明这个大背景下展开的。中国要开辟的是一条既能充分享受现代性的成果，又能把现代性展现过程中所要付出的代价降到最低限度的现代性道路，即中国特色社会主义道路。而按照新自由主义和后现代主义这两大思潮，中国要开辟的这样一条“鱼和熊掌兼得”的道路并不具有合理性。能够为中国特色的新型现代化道路提供理论依据的是马克思主义的现代性批判理论。按照马克思主义的现代性批判理论，在现代性实现过程中所出现的种种负面效应并不是现代性逻辑所必然带来的，中国人民完全可以找出并逐步消除造成现代性走向反面的根源，从而在充分享受现代性的积极成果的同时，使所付出的代价降到最低限度。马克思主义的现代性批判理论以其深刻性和前瞻性，在中国特色社会主义道路的开辟中具有天然的“在场”权和话语权。而中国特色社会主义道路事实上的成功，则为这一理论的合理性给予了实践上的证明。

《马克思主义与现实》2018年第6期

中国特色社会主义道路实际上是一条中国独特的走向现代文明的道路。之所以说它是“独特的”，是因为它与西方的那条被认为是“别无选择的”“普适的”现代化道路不同。西方的现代化道路产生了巨大的成果，整个现代文明都是这条道路的产物，但与此同时也带来了诸多不幸甚至灾难。可以说，现代文明的创造是建立在巨大的代价的基础上的。中国是个后发现代化国家，如果中国完全按照西方现代化的路子走，那无疑在享受现代化成果的同时，也得承受现代化的负面效应。但中国自身特殊的历史条件根本承受不起这种代价，而很有可能的是，现代化的正面成果中国人民还未充分享受到，却已陷于万劫不复之地。面对这样一种局面，中国人民唯一的选择是走出一条既能充分享受现代化的正面成果又可使代价降到最低限度，即“鱼和熊掌兼得”的现代化之路。按照新自由主义和后现代主义思潮等的理论，这是不可能的，因为现代化过程中出现的负面效应是与现代性的理念，与理性、科学、技术等不可分割地联系在一起的，在某种意义上，现代化的负面效应是由现代性理念本身滋生的。人类在追求现代化过程的同时必然也得接受其负面效应。能够为中国独特的现代化道路提供理论依据的正是马克思主义，严格地说是马克思主义的现代性批判理论。马克思主义的现代性批判理论关键在于并不把现代化过程中所出现的种种消极影响归结于现代性理念本身，而是强调正是社会制度、生产方式促使现代化走向了反面，强调现代性理念与现代化过程中的消极作用之间并不存在必然联系。由此看来，正是马克思主义的现代性批判理论为中国的社会主义现代化道路，为中国特色社会主义道路的合理性与合法性提供了理论依据。而中国特色社会主义道路事实上的成功，则为这一理论的合理性与合法性给予了实践上的证明。中国人民对这一道路的自信既有理论上的依据又具实践的支撑。

一、中国旨在开辟一条新型“现代性”道路

马克思、恩格斯在《共产党宣言》开篇对资本主义生产力的巨大作用的描述，实际上也就是对现代性辉煌的描述，资本主义生产力发展的过程也是现代性展现的过程。

“资产阶级在它的不到一百年的阶级统治中所创造的生产力，比过去一切世代创造的全部生产力还要多，还要大。自然力的征服，机器的采用，化学在工业和农业中的应用，轮船的行驶，铁路的通行，电报的使用，整个大陆的开垦，河川的通航，仿佛用法术从地下呼唤出来的大量人口——过去哪一个世纪料想到在社会劳动里蕴藏有这样的生产力呢？”[①]

“资产阶级，由于一切生产工具的迅速改进，由于交通的极其便利，把一切民族甚至最野蛮的民族都卷到文明中来了。它的商品的低廉价格，是它用来摧毁一切万里长城、征服野蛮人最顽强的仇外心理的重炮。它迫使一切民族——如果它们不想灭亡的话——采用资产阶级的生产方式；它迫使它们在自己那里推行所谓的文明，即变成资产者。一句话，它按照自己的面貌为自己创造出一个世界。”[②]

“资产阶级使农村屈服于城市的统治。它创立了巨大的城市，使城市人口比农村人口大大增加起来，因而使很大一部分居民脱离了农村的愚昧状态。正像它使农村从属于城市一样，它使未开化和半开化的国家从属于文明的国家，使农民的民族从属于资产阶级的民族，使东方从属于西方。”[③]

西方社会自15世纪以来，随着启蒙主义的开启，便踏上了实现现代性的征程。这一现代性确切地说是资本主义的现代性，因为其主要的推动力是理性与资本的结盟。这种以资本与理性结盟的方式为主要特征的资本主义现代性，正如马克思、恩格斯所描述的那样，使社会摆脱了旧有的、固定的生产关系和社会关系，展现了超乎人们想象的工业和科学的神奇力量，生产力获得了突飞猛进的发展，实现了“数千年未有之大变局”。这一实现现代性的

① 《马克思恩格斯文集》第2卷，人民出版社，2009，第36页。
② 《马克思恩格斯文集》第2卷，人民出版社，2009，第35—36页。
③ 《马克思恩格斯文集》第2卷，人民出版社，2009，第36页。

征程，自15世纪以来一直处于增长和扩张之中，现代人都在享用现代性所带来的巨大成果。

资本主义现代性在给人类带来无限享受的同时，也使人类付出了沉重的代价。如果说在18世纪末19世纪初，这种代价刚呈现出来时人们还能承受的话，那么，到了20世纪末，人们对这种代价的承受则快接近极限了。

马克思、恩格斯在描述了资本主义生产力、资本主义的现代性的辉煌成就以后，马上笔锋一转，深刻地揭示了资本主义生产力、资本主义现代性的恶果。

“资产阶级的生产关系和交换关系，资产阶级的所有制关系，这个曾经仿佛用法术创造了如此庞大的生产资料和交换手段的现代资产阶级社会，现在像一个魔法师一样不能再支配自己用法术呼唤出来的魔鬼了。……社会突然发现自己回到了一时的野蛮状态：仿佛是一次饥荒、一场普遍的毁灭性战争，使社会失去了全部生活资料；仿佛是工业和商业全被毁灭了。”①

“随着资产阶级即资本的发展，无产阶级即现代工人阶级也在同一程度上得到发展；现代的工人只有当他们找到工作的时候才能生存，而且只有当他们的劳动增殖资本的时候才能找到工作。这些不得不把自己零星出卖的工人，像其他任何货物一样，也是一种商品，所以他们同样地受到竞争的一切变化、市场的一切波动的影响。”②

“资产阶级抹去了一切向来受人尊崇和令人敬畏的职业的神圣光环。它把医生、律师、教士、诗人和学者变成了它出钱招雇的雇佣劳动者。资产阶级撕下了罩在家族关系上的温情脉脉的面纱，把这种关系变成了纯粹的金钱关系。”③

马克思、恩格斯在这里深刻地审视了资本主义生产力、资本主义现代性所带来的社会衰颓、人的异化特别是工人阶级的异化，审视了资本与理性的结盟亵渎了一切神圣的东西，不仅抹去了一切职业的神圣光环，而且无情地将温情脉脉的家族关系变成了纯粹的金钱关系。

---

① 《马克思恩格斯文集》第2卷，人民出版社，2009，第37页。
② 《马克思恩格斯文集》第2卷，人民出版社，2009，第38页。
③ 《马克思恩格斯文集》第2卷，人民出版社，2009，第34页。

西方社会孕育了资本现代性，资本现代性带来了“祸福相依”的现代文明。显然，资本现代性发源于西方社会，但又不仅仅属于西方社会，地球上所有的国家和地区，都不可避免地卷入全球现代化的进程之中。15世纪以来的世界历史，实际上就是西方资本现代性全球扩张的历史。西方资本现代性不断地越过西方国家、西方文明的界限，把商品、工业、经济以外的东西，如政治、法律、社会、文化等体现的“资本现代性”的内容，送到了非西方国家和地区、非西方文明之中。

无疑，非西方落后国家与西方发达资本主义国家在现代性问题上的关系，就是学生与老师、模仿与原型的关系。西方文明似乎就是现代文明，而西方资本现代性的归宿似乎就是全球所有国家与地区的共同归宿。这样，非西方国家与地区的历史似乎都只是现代性的史前史。如果用资本现代性作为衡量标准，那么处于“史前史”的这些非西方国家和地区，就可以被称为“野蛮地”。

当然，这些非西方的国家与地区卷入资本现代性的结果，一方面是享受到了现代文明的正面效应，另一方面也得忍受资本现代性所造就的磨难。资本现代性给予西方国家的那种繁荣昌盛，非西方的国家和地区领悟到了，而资本现代性在西方国家所表现出来的凶险，非西方国家与地区则有更深刻的体会。所以，非西方国家和地区面对汹涌而来的资本现代性，往往所表现出来的不仅是兴奋，还有焦虑，这也在情理之中。

与其他非西方的国家和地区相比，中国较晚走上资本现代性的道路，就现代性而言，有人把中国说成是“后发外生型”国家，即中国不但走上现代性道路较晚，而且又主要是在西方资本现代性的影响下“被迫”卷入现代性的洪流之中。这样，即使中国跨入现代性的门槛时间不长，但对资本现代性的“祸福相依”的感受可能特别深切。

面对西方资本现代性的浪潮，在当代中国，似乎只有要么放弃对现代性的追求，要么执着地按西方的现代性路子走下去这样两种选择。但事实清楚地摆在那里：第一种选择是要中国人民放弃对现代文明成果的享受；第二种选择由于置现代性的负面效应于不顾，很有可能现代性的成果中国人民还没有充分享受到，而代价却已把中国拖垮了。

那么，还有没有其他的选择呢？还有没有其他道路可走呢？

看来，中国必须选择一条既能充分享受现代性的成果，又能把现代性展现过程中所要付出的代价降到最低限度的道路，即“鱼和熊掌兼得”的道路。如果说原先的现代性都是资本主义的现代性，那么中国实际上要走出一条与资本现代性不同的道路。西方文明不等同于现代文明，同样，西方的资本现代性不等同于现代性。中国要追求的是社会主义的现代性。中国特色社会主义道路在一定意义上就是一条社会主义的现代性道路，它所追求的正是既能充分享受现代性的成果，又能把现代性展现过程中所要付出的代价降到最低限度，让中国人民在尽情享受现代性所给予的愉悦的同时，不会经受现代性的种种磨难。

但中国道路是不可避免地与西方的资本现代性“纠缠”在一起的，其原因就在于中国道路是在现代西方文明这个大背景下展开的，在一定意义上，没有这个大的历史背景，也就不可能有中国道路，离开西方现代性大谈中国道路是历史虚无主义的表现。但是，中国道路与西方资本现代性“纠缠”在一起，并不意味着中国道路无可选择地一定要全盘接受西方的资本现代性，并不意味着中国道路所追求的现代性一定是西方资本现代性的中国化，即西方资本现代性在中国的翻版，当然也并不意味着中国人民在追求现代性的过程中一定要如西方人那样，在享受现代性成果的同时必然经受现代性所带来的折磨。

二、新自由主义、后现代主义等西方思潮的基本观点

中国要开辟一条既能充分享受现代性的成果，又能把现代性展现过程中所要付出的代价降到最低限度的现代性道路，即中国特色社会主义道路，有可能吗？它究竟有没有合理性？

目前在西方乃至在整个世界流传最广、影响最大的思潮还是新自由主义和后现代主义，而按照这两大思潮，中国要开辟这样一条“鱼和熊掌兼得”的道路并不具有合理性，从而也是不可能的。

说及现代性，不能不谈启蒙。启蒙是现代性的前提准备和开端，正如学

者所指出的："因为通常认为，现代性的基本观念来自启蒙运动的精神。"① 而谈及启蒙，最权威的就是康德。康德撰有《答复这个问题："什么是启蒙运动?"》一文，在该文中他这样论述了启蒙运动的宗旨："启蒙运动就是人类脱离自己所加之于自己的不成熟状态。不成熟状态就是不经别人的引导，就对自己运用自己的理智无能为力。当其原因不在于缺乏理智，而在于不经别人的引导就缺乏勇气与决心加以运用时，那么这种不成熟状态就是自己所加之于自己的了。"②康德在这里指出启蒙运动的宗旨就是使自己从"不成熟状态"下摆脱出来，而所谓"不成熟状态"就是"对自己运用自己的理智无能为力"，而之所以说这种"不成熟状态"是"自己加之于自己"的，是因为人本来实际上并不"缺乏理智"，而只是没有得到"别人的引导"从而也就没有"勇气和决心"去运用自己的理智。对于什么是启蒙运动的基本精神和原则，他有一连串经典的表述："Sapereaude！（要敢于认识！）要有勇气运用你自己的理智！这就是启蒙运动的口号。"③"公众要启蒙自己，却是很可能的；只要允许他们自由，这还确实是无可避免的。因为哪怕是在为广大人群所设立的保护者中间，也总会发现一些有独立思想的人；他们自己在抛却了不成熟状态的羁绊之后，就会传播合理地估计自己的价值以及每个人的本分就在于思想其自身的那种精神。"④"这一启蒙运动除了自由而外并不需要任何别的东西，而且还确乎是一切可以称之为自由的东西中最无害的东西，那就是在一切事情上都有公开运用自己理性的自由。"⑤"必须永远有公开运用自己理性的自由，并且唯有它才能带来人类的启蒙。"⑥康德在这里明确地把理性与自由视为启蒙的基本原则，尽管在他看来，人的理性是要依靠先知先觉者开启的。

康德把启蒙与理性联系在一起，是符合实际的。在西方，启蒙原初就意味着人运用自己的理性能力从宗教的蒙昧中解放出来，它确立了理性在人间

① 陈嘉明：《现代性与后现代性十五讲》，北京大学出版社，2006，第5—6页。
② ［德］康德：《历史理性批判文集》，何兆武译，商务印书馆，1997，第22页。
③ 同上。
④ ［德］康德：《历史理性批判文集》，何兆武译，商务印书馆，1997，第23—24页。
⑤ ［德］康德：《历史理性批判文集》，何兆武译，商务印书馆，1997，第24页。
⑥ 同上。

的至高原则。有学者曾经根据康德的论述，提出启蒙有着“永不过时的三大遗产”[①]：理性的自我批判能力，理性公开运用的勇气，自由而正义的法治秩序。这位学者所说的启蒙的“永不过时的三大遗产”正是现代性的核心内容。现代性正是在这“三大遗产”的基础上生成的。启蒙主义者都是这“三大遗产”的推崇者，当然也是现代性的推崇者。西方的新老自由主义者在一定意义上都是启蒙主义者，新老自由主义者都崇尚启蒙、拥抱现代性。在他们那里，崇尚启蒙与拥抱现代性是一回事。而他们对启蒙和现代性的推崇，寻根究底就是对启蒙这“三大遗产”的推崇。

在当今世界的思想学术界居有支配地位的新自由主义者竭力维护和肯定启蒙、现代性的这些基本精神，反复强调这些基本精神是当今世界唯一完美的、不可超越的人类宝贵精神财富，并构成现代社会和现代主体的生存之基。正是现代性的内在驱动使近现代的人类历史的丰富内涵达到了登峰造极的程度。人类面对现代性是别无选择的，人类社会唯一的发展方向就是西方式的现代化模式。启蒙、现代性永远在路上，人类只有忠诚于启蒙和现代性，才有自己的出路和生机。新自由主义者用来为现代社会高唱赞歌和竭力辩护的理论依据就是从15世纪以来逐步形成并不断完善的启蒙、现代性理论。他们的主要立足点就是启蒙、现代性的精神遗产是“永不过时”的。新自由主义者常常这样来说服人们必须接受现代性的基本原则：现代性反对蒙昧，而反对蒙昧依然是当下时代的任务；现代性提倡自由，而追求自由依然是当下时代的主旋律；现代性相信理性，而崇尚理性依然是当下时代的思维方式。

新自由主义者对待现代性的基本立场大致可以归结为：其一，全盘肯定现代性的成果，在他们眼里，现代性永远是无限美好的，现代性就是“真善美”，现代性对人类只有正效应，没有负效应，或者说负效应相对于正效应可以忽略不计；其二，现代性给人类带来的所有这些美好成果都来自于启蒙、现代性的“精神内涵”，肯定现代性就是肯定启蒙、现代性的“精神内涵”；其三，现代性的展现具有唯一性，这就是15世纪以来在西方世界所出

① 邓安庆：《德国启蒙哲学永不过时的三大遗产》，《华东师范大学学报》2017年第2期。

现的那种现代化模式，这种现代化模式具有普适性。

启蒙、现代性在起源上的西方属性与进步性，使得新自由主义者在现代性问题上形成了一种“意识形态霸权”，这就使他们有理由这样去宣扬：西方社会终结了人类现代性的其他可能性，西方现代性方案作为人类走向现代过程中的最优选择，具备了无条件对外扩散的至高道义优先性。有学者指出：“在此背景下，广大后发民族国家应当而且只能走一条道路，那就是照搬西方现代性方案。这种意识形态的幻象在很大程度上也为殖民主义现代性的侵略与扩张披上了神圣的外衣，似乎使殖民主义现代性历史本身成为最高的道德律令。因为人类社会发展的唯一可能性无外乎就是无条件、无差别地延续西方现代性的基本方针。”①

这些新自由主义者从其对现代性的基本立场，即现代性问题上的“意识形态霸权”立场出发，“合乎逻辑”地得出结论：中国要开辟一条新型的现代性道路是不可能的。中国要实现现代性唯一的选择就是走西方式的，也是普适的现代性道路。在他们看来，企图在这一普适的现代性模式之外，去探索另一种新的什么现代性模式，实际上是对现代性的基本原则和基本精神遗产的挑战和否定。由于新自由主义者所宣扬的是整个世界必须“无条件、无差别地延续西方的现代性”，而且这样做符合“最高的道德律令”，具有“至高道义优先性”，从而在他们看来，中国企图在这种西方的现代性之外寻找另一种独特的现代性，是“大逆不道”的。

后现代主义者在什么是现代性的精神内涵这一点上，即认为理性是现代性的精神内涵这一点上，与新自由主义者应当是一致的，不同之处在于，他们并非只看到现代性的积极成果，也正视现代性展现过程中所伴随的消极效应，并非一味地赞颂作为现代性的精神驱动力的理性的正面作用，同时也正视理性把现代性引向反面，因而他们对现代性与理性展开了批判。

以市场经济为根基、以自由理性为内核、以个人主义和民主政治为向度的西方现代性，成为一种强大的意识形态宰制着现代社会。但是历史无情地表明，由于现代性其自身内部矛盾而呈现出一种张力，现代性给人类带来的

① 张明：《西方现代性困境与中国道路的理论前景》，《毛泽东 邓小平理论研究》2016年第2期。

并不是无限光明，也有黑暗与灾难。

正是在这样一种背景下，出现了波澜壮阔的现代性批判，而后现代主义与新自由主义相对应，也开始流行起来。后现代主义者高举现代性批判的大旗，直面人类的生存困境，尤其是战争和其他现代灾难事件给人类带来的巨大冲击，从理论上探索现代性困境的深层根源。他们把批判矛头直指现代性的核心范畴——理性，把现代性批判变成理性主义批判。他们在现代性范畴与启蒙精神之间建立同一关系，进而又在启蒙精神与工具理性之间建立同一关系。他们强调，导致现代性陷入危机和困境的根本原因就在于“理性”，因为“理性”本来就是矛盾的产物，是带着矛盾来到“人”的世界里的。启蒙主义者、现代主义者所推崇的“永不过时的遗产”，在他们眼里，同时也是人类无法摆脱的“包袱”。在他们看来，随着理性的失落，现代性也已跌落神坛。

他们对现代性、理性主义的批判，主要表现在他们对从理性演化为工具理性的揭示。韦伯通过“合理性”“合理化”这些概念开创了将现代性作为工具理性批判的先河。后现代主义者基本上承继了韦伯的批判思路，强调工具理性是理性极端化的表现，当知识与权力结盟，理性就必然走向工具理性，理性需要工具理性为其合理性提供合理化、合法化证明。“所谓工具理性，是指随着大机器生产的发展，人的主体性逐渐让位于工具的主体性，从而使工具成为人的实际统治者，人的生活方式乃至存在方式都被工具化，目的和手段的关系被完全颠倒了。”[①]后现代主义者要说明的正是“工具理性是人的主体性逐渐消解并最终本质性失落的表征”。他们揭示了工具理性的滥觞所带来的严重后果：一方面“人死了”，“由于人被技术所宰制，人失去了批判性和超越性，世界成为一个机械的、冷冰冰的物的世界”；另一方面，“工具理性正是人类中心主义得以确立的关键性前提。技术与人类中心主义联姻，又使工具理性得到进一步的膨胀，其结果是人与自然关系的破坏，从而造成生态危机”。[②]

后现代主义者对现代性的批判非常尖锐，但他们真正找到了现代性的病

---

① 张三元：《中国道路对西方现代性的超越》，《山东社会科学》2017年第6期。

② 同上。

根了吗？实际上并没有。严格地说，他们对现代性的批判主要是一种“观念论”的批判，因为他们主要是揭示现代性的精神特征和精神原则，没有进一步深入揭示这些精神特征和精神原则的社会历史存在论基础。他们所展示的理性演变为工具理性的过程以及所揭示的由此带来的不良后果确实没有多少可以挑剔的，但他们认为这一过程是必然的、不可改变的。也就是说，他们把现代性、启蒙精神定向为一种“工具理性”，强调这是理性的必然归宿。这样，在他们那里，现代性的危机就是启蒙精神的危机、理性主义的危机。通过上面的论述，我们可以清楚地看到，后现代主义者强调的现代性在展现过程中所出现的那些消极效应是同现代性的核心精神原则紧紧联系在一起的，是这些核心精神原则本身所带来的，从而也具有必然性，是不可避免的。选择了现代性，也就选择了这些核心精神原则，也就得接受由此带来的负面效应。现代性有正效应，也有负效应，而且随着现代性的深入展现，后者的成分越来越多，关键在于要明确正效应、负效应都是与现代性的核心精神原则捆绑在一起的，不可能只要前者而不要后者。

这样，按照后现代主义理论，中国特色社会主义道路由于所要追求的正是在充分享受现代性的正面效应的同时，把负面效应降到最低限度，从而并不具有合理性。中国如要选择现代性的道路，那就应准备承受现代性所带来的种种不良后果，准备付出沉重的代价，但倘若感到无法承受这些不良后果，经受不起代价，那么就干脆放弃走现代性的道路。西方面对现代性，主要有两种截然不同的思潮：一是坚守现代性的新自由主义；二是批判现代性的后现代主义。我们看到，不但坚守现代性的新自由主义认为旨在既充分享受现代性的积极成果又要把代价降到最低限度的中国特色社会主义道路并不具有合理性，而且批判现代性的后现代主义也强调中国特色社会主义道路企图“鱼和熊掌兼得”仅仅是一厢情愿。

三、马克思主义现代性批判理论提供的理论依据

能够为中国特色的新型现代化道路提供理论依据的是马克思主义，严格地说，是马克思的现代性批判理论。

马克思与后现代主义者一样都看到了现代性展现过程中所出现的种种弊端，都对此展开了激烈的批判，主要在于，这些弊端是如何造成的？它们是可以改变的吗？正是在这些关键的问题上，马克思与后现代主义者形成了尖锐的对立。

马克思对现代性的批判绝不如后现代主义者那样仅仅是“观念论”的批判，即马克思绝不仅仅是“观念的历史叙述”，而是开辟了“现实的历史叙述”。马克思的这种批判绝不停留在观念的层次上，而是把矛头直接指向现代社会的存在论的根基，正如海德格尔所指出的那样，马克思深入到历史的本质的维度之中了。按照马克思的现代性批判理论，现代性展现过程中之所以导致了如此多的不良后果，问题不是出在现代性的理念本身，不是由现代性的精神原则即理性带来的，笼统地把现代性的恶果归结于理性、知识、科学是不公平的，而应当追溯隐藏在所有这些背后的“物质”的动因。马克思的现代性批判理论也正视现代社会中价值理性向工具理性的“蜕化”，但并不认为这种“蜕化”是由理性本身所必然带来的，而认为是理性背后更深层的社会原因导致了理性的这种“蜕化”。

马克思认为，隐藏在理性背后导致现代性日益走向反面的是“资本”。马克思强调是资本这一现代社会的存在论根基，才把现代性引向可恶的不归路。马克思用“资本”这一范畴将现代社会概念化了，用“资本”置换掉了“现代性”。这样，我们就有理由把马克思对现代性的批判说成是“资本现代性”批判。对于这样做的意义与实质，有学者总结说：“这不是简单的置换，而是一个根本性的转向：从‘观念的历史叙述’向‘现实的历史叙述’、从历史唯心主义向历史唯物主义的转向。毫无疑问，只有站在历史唯物主义的高度，深入到历史的本质的维度之中，才能洞察现代性的内在本质。……对资本的总体性的考察是对现代性的总体性考察的当然前提，或者坦白地说，对资本总体性的考察实质上是对现代性总体性的考察。在这个意义上，马克思的现代性批判本质是资本批判。”①

资本是现代性的本质范畴，现代性实质上只是资本本性的意识形态化，

① 张三元：《中国道路对西方现代性的超越》，《山东社会科学》，2017年第6期。

是资本逻辑在人们观念领域中的呈现。马克思对现代性展开过程中负面作用的批判，也就是对资本展开过程中负面作用的批判，马克思认为现代性本身包含着对立、冲突、分离、悖论，也就是认为资本本身包含着对立、冲突、分离、悖论。马克思曾明确地指出：“在资本的简单概念中已经潜在地包含着以后才暴露出来和那些矛盾。”[①] 这样，马克思把导致现代性出现“坏”的方面的真正根源揭示出来了。

对于马克思主义的现代性批判的最大误解在于，认为马克思也如后现代主义者那样把现代性的原则界定为理性，或者认为马克思的现代性批判原则是理性与资本的混合，从而强调马克思的现代性批判也是一种理性主义批判。这是用后现代主义的现代性批判理论来解读马克思，或者说把马克思主义的现代性批判理论后现代主义化了。马克思在早期，例如在《关于林木盗窃法的辩论》中，确实曾经依据理性法和理性基础国家的理论基础来批判资本主义、批判现代性，当然“这种批判无疑是立足于启蒙理性”之上，但是不能因此就断定在马克思那里现代性的逻辑即理性。事实上不久之后，马克思对这种基于理性主义的批判持怀疑态度，并不断地加以思考：究竟是资本主义社会的私有制利益决定了国家和法的理性，还是国家和法的理性决定了现实的物质利益？有学者指出：“这是马克思一直思考的问题，即启蒙理性与现代性究竟有没有那么密切的关系？现代性的逻辑在现代社会真的就是理性吗？马克思认为并不是。”[②] 确实正如这位学者所指出的那样，马克思后来认识到资本才是现代性的逻辑原则，一改原先把现代性的逻辑界定为理性的传统。理性原则与资本原则相比，只是后者的一种表面解释而已。“在马克思那里，资本取代理性成为现代性的逻辑。资本比理性更能够明晰地解释现代性问题，同时，资本比理性更能够明晰地解释马克思的现代性批判本质。”[③] 马克思把资本而不是把理性视为现代性的基本原则，把现代性批判变成资本批判，不但使他找到了造成现代性走向反面的真正的根源，而且也与强调现代性走向反面是不可避免的观点划清了界限。

---

① 《马克思恩格斯文集》第8卷，人民出版社，2009，第95页。

② 漆思等：《理性与资本》，《社会科学战线》，2016年第7期。

③ 同上。

马克思主义的现代性批判理论与后现代主义的现代性批判理论的区别点可以归结如下：其一，马克思主义的现代性批判理论虽然与后者一样都激烈地批判了现代性，但并不像后者那样全盘否定现代性的成果，而是强调对现代性持辩证的态度；其二，马克思主义的现代性批判理论在揭示现代性的种种弊端时，并不像后者那样简单地把这些弊端归结为理性，而是揭示理性背后更深层的“物质”原因，即资本逻辑，马克思主义的现代性批判并不是一种“观念论”的批判，而是基于历史唯物主义的资本现代性的批判；其三，正因为马克思主义的现代性批判理论并不把现代性的弊端归结为理性，而是归结为资本，从而并不像后现代主义那样认为现代性走向反面是现代性的逻辑展开的必然结果，也不像后现代主义那样强调现代性走向反面是必然的，不可以改变的；其四，这样，马克思主义的现代性批判理论就不会如后现代主义的现代性批判理论那样得出结论——人们选择现代性就必然要承受由此带来的痛苦与不幸，倘若不想承受这些痛苦与不幸，那只能放弃现代性，回到前现代去，而是强调只要改变造成现代性走向反面的真正根源，即正确地限制与驾驭资本，创建一种与资本现代性不一样的新的现代性，就能实现“鱼和熊掌兼得”，即既能充分享受现代性的积极成果，又可避免承受现代性展现过程中所付出的沉重代价；其五，马克思主义的现代性批判理论强烈要求现代化运动不是与资本主义而是与社会主义结合在一起，提出了实现现代性的资本主义形式与社会主义形式之间的区别，这样它就从对现代性以及现代化运动的负面效应的揭露和批判，变成了对社会主义理想追求的必然性的论证。

正因为马克思主义的现代性批判理论与后现代主义的现代性批判理论存在这些区别，所以这一理论可以为中国特色社会主义道路提供坚实的理论依据。马克思主义的现代性批判理论以其深刻性和前瞻性，在中国特色社会主义道路的开辟中具有天然的“在场”权和话语权。按照马克思主义的现代性批判理论，既然在现代性实现过程中所出现的种种负面效应并不是现代性逻辑所必然带来的，那么中国人民完全可以找出并逐步消除造成现代性走向反面的根源，从而在充分享受现代性的积极成果的同时，使付出的代价降到最低限度。所谓中国特色社会主义道路其宗旨正在于此，而这样做有着马克思主义的现代性批判理论的强有力支撑。中国人民有理由对这样一条道路充满理论自信。

四、中国特色社会主义道路的实践证明

中国人民对自己选择的道路的自信心不仅来自马克思主义现代性批判理论的支撑，更基于实践上的成功。现实生活是判定一条道路、一种选择是否具有合理性的根本标准。中国这几十年的成功，证明了在马克思主义特别是在马克思主义的现代性批判理论指引下的中国特色社会主义道路旨在既能充分享受现代性的积极成果，又把代价降到最低限度是完全有可能做到的。

中国道路即中国特色社会主义道路从一开始就与现代性“纠缠”在一起，中国人民是在与现代性“纠缠”的过程中开辟自己独特的发展道路的。

中国人民坚持辩证地对待现代性。只要把现代性放在辩证的视野中加以思考就可以知道，现代性是可以选择的，中国就是要创建一种适合自己国情的新现代性。中国实践的成功，是中国人民辩证地对待现代性，创建新的现代性的成功。

中国人民在面对和处置现代性问题上的成功经验大致可以归结为以下五点：

第一，坚持现代性的发展目标，决不放弃对现代性目标的追求。中国自近代以来，就有实现现代性的梦想，中国追求现代性的过程是与中国近代以来的启蒙过程是相一致的。尽管这一过程非常曲折，但有先进思想的中国人从来也没有放弃过这一梦想。当中国处于最有可能实现这一梦想的历史时刻，更不会放弃这一梦想。虽然中国人民看到了现代性在整个世界范围内产生了极大的消极影响，但中国人民还是以积极的态度进入现代性的进程以发展自身。

第二，不是停留于“片面的现代性”，而是全面地实现现代性。中国所要实现的现代性，并不是局限于社会的某一领域，而是在社会的方方面面都要实现现代性。实际上，资本主义社会的现代性主要是“单向度现代性”，也就是说，主要是在经济领域实现现代性，而中国所追求的是“多向度现代

性”，即在经济发展、政治建设、文化创新、社会进步以及人的现代转型等方面全面地赋予现代性的价值。在中国，“强起来”是“富起来”的升级版，与此相应，“全面的现代性”也是“片面的现代性”的升级版。

第三，根据复杂现代性的现实，正确驾驭各种矛盾。正视在当代中国，现代性总是与前现代性、后现代性交织在一起这一客观事实。在深刻认识现代性的复杂性的基础上，知道自己是如何卷入现代性的复杂的矛盾与关系之中，从而制定出切实可行的处置这种复杂性的政策措施。当我们认识到应当并致力于超越现代性时，千万不能忽视我们的社会实际上还存在着的许多前现代的东西，现代性在中国还没有完全确立，从而应当继续关注如何用现代性来消除前现代性。

第四，正视现代性的负面效应，找出造成负面效应的真正根源，从而逐步消除这些负面效应。在特定的历史时期，人们往往突出某一目标而忽视其他目标，从而为了实现某一特定的目标而不惜采取一些损害其他目标的手段。为了“富起来”这一目标，我们必须充分利用资本，对利用资本可能带来的有损于其他目标的实现这一点，暂时不予过多考虑。但现在在我们的目标系统中，“强起来”成了主要目标，那么对资本所带来的负面效应就非但不能忽视，而应着重关注加以切实克服，否则就无从谈及“强起来”。

第五，在实现现代性的同时还要超越现代性，通过超越现代性来使自己真正强起来。必须明确，不仅批判现代性是为了超越现代性，而且实现现代性也是为了超越现代性，把超越现代性作为自己最为根本和彻底的任务。如果说我们在致力于“富起来”之时关注的重点是如何实现现代性、如何利用资本，那么，在致力于“强起来”之时就应当较多地关注超越现代性、超越资本。中国真正强起来必然不是完全建立在实现现代性、利用资本上，而是必然与超越现代性、超越资本联系在一起。已经基本实现了富起来的当下中国，完全有条件超越现代性，进行新的现代性建构。中国特色社会主义理论本质上是对当代中国既实现现代性又超越现代性的一种理论规划。

《21世纪资本论》的作者托马斯·皮凯蒂指出：“数十年来，中国一直在摸索自己的模式，从19世纪至20世纪西方实践经验的成败中吸取教训，同时立足于本国国情，寻找一条融合资本主义与社会主义优点的道路。”[①] 我们可以对他所说的“融合”资本主义与社会主义的说法表示异议，但不可否认他表述了一个事实：中国这些年来的成功离不开正确地对待本属于资本主义的一些东西。中国道路与现代性的“纠缠”说到底是与资本的“纠缠”。中国道路正确面对现代性，说到底是正确面对资本。尽管现代性的许多弊端源自资本逻辑，但中国人民并不因此而丢弃资本，因为中国人民明白，中国要实现现代性，离不开资本逻辑这个现代社会的基本元素。正如有学者所指出的那样：“中国道路面临社会发展的基本事实是经济全球化。经济全球化实质上是资本扩张的全球化，是资本逻辑的全球性扩张。中国加入全球化，也就意味着我们在一定程度上和范围内接受了资本逻辑。在这个意义上，资本逻辑是中国道路的题中应有之义，中国道路不能没有资本逻辑这个现代社会的基本元素。”[②] 当中国人民利用资本逻辑这个强大的动力系统来发展生产力时，也并没有忘记资本逻辑会导致的一系列消极作用，所以，中国人民所做的选择是：充分展现资本逻辑“伟大的文明作用”或“非常革命”的方面，“而这又以遮蔽、压制资本逻辑的‘邪恶性’为前提”。[③] 中国道路利用社会主义制度和马克思主义价值观的优势，致力于消除资本逻辑的种种消极作用。中国道路的复杂性、艰巨性在某种意义上正是体现在对资本逻辑既要利用又要限制，在利用与限制之间保持“张力”的复杂性与艰巨性上。中国人民在走向现代性的道路上，如想既要享受现代性的积极成果，又要使现代性的消极作用降到最低限度，就必须正确地面对资本，即在利用资本与限制资本之间找到一个“平衡点”；而中国人民在正确面对资本方面所取得的成功，哪怕是沿着正确的方向跨出了可贵的几步，也足以表明：中国可以开辟一条既享受现代性的积极成果，又使现代性的消极作用降到最低限度的独特的现代性道路。

---

① ［法］皮凯蒂：《21世纪资本论》，巴曙松译，中信出版社，2014，序言第1页。

② 张三元：《中国道路对西方现代性的超越》，《山东社会科学》，2017年第6期。

③ 同上。

马克思的现实观与中国道路

吴晓明（复旦大学复旦学院院长、复旦大学马克思主义研究院院长、教授、博士生导师）

在黑格尔哲学中，现实概念不仅被定义为本质与实存的统一，而且是展开的过程，因而具有真正的历史性。马克思的现实观与黑格尔的现实概念有着最本质的联系。在与费尔巴哈及黑格尔错综复杂的关系中，马克思的现实观通过一种双重批判而逐步取得基本定向，并最终获得决定性奠基。马克思现实观的伟大变革意义在于：它根本不依赖于绝对者上帝或神秘的“主客一体”，而完全从“感性的—感性活动的—世界本身”来把握现实，来阐述现实的本质性一度。在关于中国道路的理解过程中，马克思的现实观要求我们要坚决地防止其转变为外部反思的抽象原则。外部反思根本不可能形成对中国道路的真正理解，因为它严重地遮蔽了社会现实，因为它实际上是以抹杀和阉割社会的实体性内容与差别为前提的。外部反思作为主观思想之最集中和最广泛的现代表现，不仅与马克思的现实观背道而驰，而且实际上退回到了黑格尔以前。

《中国社会科学》2014年第10期

马克思的现实观是唯物史观的思想核心，因而又构成其历史道路理论的真正基石。离开了这样的核心或基石，对于唯物史观及其历史道路理论的正确阐释是根本不可能的。然而，在哲学理论方面，马克思的现实观——即马克思对“现实”的基本把握方式——却在很大程度上仍然是蔽而不明的。这种情形突出地表现在将一般原理与经验实存对立起来的理解定向中：当一种立场试图将一般原理领会为具有本质性的真正“现实”时，相反的立场却力图将“现实”仅仅归结为单纯的经验实存（现成的“事实”及其汇集）。只要对现实的理解局限并滞留于如此这般的抽象分离或对立中，马克思的现实观以及唯物史观的真正本质就必定仍然在我们的视野之外，而我们对历史道路，特别是对“中国道路”的理解，就不得不表现为抽象的唯心论，或者表现为同样抽象的经验主义。因此，本文试图通过哲学路径较为深入地阐述马克思现实观的要义，并在这些要义之观照的基础上来探讨理解中国道路的思想基点。

一、黑格尔的现实概念

马克思的现实观，虽说受到费尔巴哈的影响，但依然与黑格尔的现实概念有着最本质的联系。这不仅是因为黑格尔决定性地改变了现实概念本身的内涵——“他史无前例地把现实的、当前的世界提升为哲学的内容”，而且还因为黑格尔的现实概念在接纳了可经验的现实的内容之际，从某种意义上引导了思辨唯心主义本身的解体，并制约着这一解体发生之后关于“现实”

的理论走向。[①]

在黑格尔哲学中，现实概念最基本并且也是最简要的定义被表述为："现实"是本质与实存的统一。这意味着，"现实"不仅被理解为本质，而且同样被理解为实存。"现实是本质与存在的统一；无形态的本质和无休止的现象，或无规定的长在和无长在的多样性以现实为它们的真理。"[②] 如果说，在先前的形而上学中，真正的"现实"仅仅被划归本质性领域而与现象领域及其多样性分离隔绝，那么，黑格尔的现实概念则与之不同，它要求将本质性思辨地建立在实存之中。同样，如果说在时下流俗的见解中，"现实"仅仅意味着单纯的实存（现成的"事实"之集合），意味着在知觉中能够直接给予我们的东西，那么黑格尔的现实概念则要求将实存的世界思辨地把握在本质性之中。在这个意义上，除非我们能够深入到本质性之中，否则的话，现实还根本不可能前来和我们照面；这里还根本谈不上什么现实，至多只有单纯的实存。因此，在黑格尔的《逻辑学》中，现实概念归属于"本质论"，而不出现在"存在论"中。

作为本质与实存的统一，"现实"同时也是内与外的统一。在黑格尔看来，"在本质中，有作为存在出现；有和本质的关系进一步形成内和外的对比"[③]。就这种对比之最一般的意义而言，内是本质，外是有，而现实乃是内与外所直接形成的统一。在这个意义上，现实事物的表现与现实事物本身是同一的。"所以现实事物在它的表现里仍同样还是本质性的东西。也可以说，只有当它有了直接的外部实存时，现实事物才是本质性的东西。"[④] 这样的现实概念在哲学史上的重大变革意义在于：哲学的内容就是现实，就是世界或者可经验的现实的内容，而这样的内容对于哲学来说是具有本质性的。因此，哲学必然与现实和经验相一致，哲学的最高目的就在于确认思想与经验的一致；"甚至可以说，哲学与经验的一致至少可以看成是考验哲学真理

① ［德］卡尔·洛维特：《从黑格尔到尼采——19世纪思维中的革命性决裂》，李秋零译，三联书店，2006，第184页。

② ［德］黑格尔：《逻辑学》下卷，杨之一译，商务印书馆，1976，第177页。

③ ［德］黑格尔：《逻辑学》下卷，杨之一译，商务印书馆，1976，第179—180页。

④ ［德］黑格尔：《小逻辑》，贺麟译，商务印书馆，1980，第295页。

的外在的试金石。"[①] 关于这一现实概念在哲学内容上所引发的巨大改变和积极后果，只要将黑格尔的法哲学与康德或费尔巴哈的道德哲学对比一下，便可形成一个大致的概观。

更重要的是，在黑格尔哲学中，"现实"不仅是本质与实存、内与外的统一，而且是展开过程，是在展开过程中表现出来的必然性。这就是说，现实乃是真正历史性的。恩格斯在比照"现存"与"现实"从而阐明两者之根本差别时引用了黑格尔的名言——"现实性在其展开过程中表明为必然性。"[②] 这意味着：现实不是什么现成的、僵硬的、一经产生就固定不变的东西；相反，作为一个整体，现实乃是相对于个别事物之固定存在的一种生成，是以事物能够被证明是融入过程的环节作为前提条件的。一句话，现实纯全是历史的，是为历史性贯彻始终的。这样一来，就如卢卡奇所说，现实的问题在黑格尔那里便以全新的面目出现了："……生成表现为存在的真理，过程表现为事物的真理。这就意味着，历史发展的倾向构成比经验事实更高的现实。"[③] 进而言之，在这里为现实概念定向的不仅是生成、过程，而且尤其是在展开过程中表明为必然性的东西。作为本质的方面，必然性在关于现实概念的理解上立即引导了这样一种区分，即"现实"与"偶然的实存"之间的区分。[④] 当这种区分一般地将现实的东西与仅仅是转瞬即逝的、偶然的实存分别开来时，它也在历史进程中将正在成为现实的东西与已然丧失必然性但依然现存着的偶然的实存区别开来。正是在后一重含义上，靡菲斯特斐勒司的警句——"凡是现存的，都一定要灭亡"——也许最为简洁直白地提示了黑格尔现实概念之越发充满的历史性。[⑤] 几乎无需什么说明即可体会到的是：这样一种为高度紧张的历史性所贯彻的现实概念，对于后来马克思现实观的形成，产生了何等重大的影响，并具有何等紧要的意义。

---

① ［德］黑格尔：《小逻辑》，贺麟译，商务印书馆，1980，第43、53页。

② 《马克思恩格斯选集》第4卷，人民出版社，2012，第221页。

③ ［匈牙利］卢卡奇：《历史与阶级意识——关于马克思辩证法的研究》，杜章智等译，商务印书馆，1996，第268—269页。

④ ［德］黑格尔：《小逻辑》，贺麟译，商务印书馆，1980，第44页。

⑤ 关于这种历史性，海德格尔的说法是："……思想的事情对黑格尔来说本身就是历史性的，而这是在发生事件意义上讲的历史性。发生事件的过程特性是由存在的辩证法决定的。"（孙周兴选编《海德格尔选集》下卷，三联书店，1996，第822页。）

在概括地提示了黑格尔现实概念的主要规定与本质特征之后，我们有必要进一步考察这一概念的本体论基础。这里所追究的问题是：黑格尔的现实概念是建立在怎样的本体论根据之上的？回答是：这样的根据叫作绝对唯心主义。它意味着：第一，所谓现实的最终根据乃是绝对者、实体、上帝。如果说现实本身包含着本质的方面，那么作为本质的本质就是这个绝对者实体。在这个意义上，实体或上帝，作为终究至极的现实乃是唯一真正的现实。如黑格尔所说，在哲学上，“……应该知道上帝不仅是现实的，是最现实的，是唯一真正现实的，而且从逻辑的观点看来，就定在一般说来，一部分是现象，仅有一部分是现实。”[①] 第二，这个绝对者实体同时应当被把握为主体。《精神现象学》的首要命题就是“绝对即主体的概念”。根据这个概念，“……一切问题的关键在于：不仅把真实的东西或真理理解和表述为实体，而且同样理解和表述为主体。”[②] 在这样的意义上，现实的本体论根据乃是绝对者主体。如果说一般而言的主体是思想、观念等等，那么绝对者主体就是作为思想的思想、作为观念的观念，即理念，理性，绝对理性。因此之故，黑格尔法哲学中的简单命题——“凡是合乎理性的东西都是现实的；凡是现实的东西都是合乎理性的”[③]——乃是理所当然的。第三，正是在这样的本体论基础之上，作为主体的实体一方面是“自我意识的理性”，即思维，另一方面是“存在着的理性”，即现实；这两者不仅是根本一致的，而且最终将达成和解。之所以如此，是因为理性与现实皆以绝对者——绝对理性——为本体论上的根据。此根据意味着思想的这样一种客观性：思想不只是“我们的思想”（即自我意识的理性），而且是“事物的自身”（即现实、存在着的理性）。因此，黑格尔不断抨击将理念与现实分割开来的抽象理智，而将哲学的研究对象规定为理念——也就是存在着的事物的现实性。[④]

不难看出，这样一种现实概念的本体论基础首先包含着一个柏拉图主义的步骤，亦即将真理、现实性或本质性等归诸超感性世界，归诸理念。在这样一种较为一般的形而上学框架中，事物的真正现实性或本质性唯在于它或

① ［德］黑格尔：《小逻辑》，贺麟译，商务印书馆，1980，第44页。
② ［德］黑格尔：《精神现象学》上卷，贺麟等译，商务印书馆，1979，第10页。
③ ［德］黑格尔：《法哲学原理》，张企泰译，商务印书馆，1961，第11页。
④ ［德］黑格尔：《小逻辑》，贺麟译，商务印书馆，1980，第44—45页。

多或少地“分有”理念。然而，对于黑格尔来说，现实不仅是本质，而且是实存。如果说理念乃是现实之唯一的本体论根据，那么它就不仅要作为现实事物的本质，而且要让现实作为实存真正产生出来。黑格尔哲学为这种“创生”提供了可能：如果说斯宾诺莎的实体乃是死寂的实体或“无线的黝暗”，那么作为主体的实体则不仅是无限的基质，而且是无限的机能。马克思曾以最为浅近的比拟解说过此种创生的机能：如果说苹果、梨、草莓实际上不外是“一般果实”（一般实体），那么一般果实又怎么会时而表现为苹果，时而表现为梨或草莓呢？“……是因为‘果品’并不是僵死的、无差别的、静止的本质，而是活生生的、自身有区别的、能动的本质。”[①] 作为本质的“果实”确定自己为苹果、梨、草莓等，而它们之间的差别乃是“果实”的自我差别；这些差别使各种特殊果实成为“一般果实”之展开过程的诸多环节。“在这个系列的每一个环节中‘果品’都给自己一个更为发展的、表现得更为鲜明的定在，直到它最后作为一切果实的‘概括’，同时又是活生生的统一体。”[②] 因此，在黑格尔那里，由于把绝对者（实体）了解为主体，了解为内部的过程和绝对的人格，所以绝对的观点同时也就是“绝对的方法”。它不是无内容的形式方法，而是绝对主体的自我活动，即理念的自我展开、自我差别、自我规定——这一过程就是思辨的辩证法，亦即理念之自我实现的整个具体化。

现实，作为自我实现的理念之外化或展现在实存中的理念，因此是整全地为思辨的辩证法所贯彻的；这一贯彻，也就是现实本身的具体化。在这里，辩证法无非意味着现实之展开自身——因而也是思维把握现实——的具体化纲领。因此，在黑格尔看来，不仅现实本身是具体的，而且深入于现实的思想路径也必须是具体的。一方面，“现实，作为具体的范畴，包含有前面那些范畴及它们的差别在内，也因此就是它们的发展。”[③] 就此而言，现实性和必然性是设定起来的，但它们不是抽象地设定起来的，而是“自身完成的具体的东西”。另一方面，抽象的思想——外部反思、形式的知性等——

① 《马克思恩格斯文集》第1卷，人民出版社，2009，第278页。

② 同上。

③ ［德］黑格尔：《小逻辑》，贺麟译，商务印书馆，1980，第297—298页。

根本不可能达于真正的现实，因为这样的思想完全是非批判的和不自由的。“真正的自由的思想本身就是具体的，而且就是理念；并且就思想的全部普遍性而言，它就是理念或绝对。”[①] 正是依循这一现实概念的具体化纲领，黑格尔最为坚决地反对主观思想及其外部反思。如卢卡奇和加达默尔所说，黑格尔殚精竭虑同“反思哲学”斗争了一生，并用他的整个哲学方法即过程和具体总体、辩证法和历史与之相对抗。因此，思辨哲学最具特色之处是对反思哲学所作的持续不断的、有时甚至是苛刻的批判，黑格尔把单纯的外部反思看作是浪漫主义及其虚弱本质的病态表现。[②]

由此可见，在黑格尔那里，对于现实概念具有最关键本质之奠基和定向作用的原理是：绝对理念及其具体化纲领。正像“现实”是在绝对理念中获得其本体论基础一样，他也是在思辨的具体化过程中得到其本质定向的。正是由于这样的奠基与定向，“黑格尔常常在思辨的叙述中作出把握住事物本身的、现实的叙述。这种在思辨的阐述之中所作的现实的阐述会诱使读者把思辨的阐述看成是现实的”。[③]

二、费尔巴哈和马克思对黑格尔现实概念的批判

马克思的现实观首先表现为对黑格尔现实概念的本体论批判，更加整全地说来，表现为与黑格尔思辨哲学的批判性脱离。这样一种本体论批判，一开始确实受到费尔巴哈的启发和影响，而这种启发和影响又确实不是无关紧要的。

对于马克思的现实观来说本质上重要的是：费尔巴哈在本体论上直截了当地颠覆了黑格尔的现实概念。现实，绝不是作为本质的理念在实存中的“化身”，就像黑格尔在某种意义上曾经把情绪、信仰或表象等等称作思维的“化身”一样；[④] 现实事物的尺度首先是感性实存，而作为感性的实存，“现

① ［德］黑格尔：《小逻辑》，贺麟译，商务印书馆，1980，第55—56页。
② ［匈牙利］卢卡奇：《历史与阶级意识——关于马克思辩证法的研究》，杜章智等译，商务印书馆，1996，第67页。
③ 《马克思恩格斯文集》第1卷，人民出版社，2009，第280页。
④ ［德］黑格尔：《小逻辑》，贺麟译，商务印书馆，1980，第39页。

实”直接表现为它所是的东西。约言之，现实不是投影在实存中的理念，而直接就是感性的实存。马克思在《1844年经济学哲学手稿》中列举费尔巴哈的“伟大功绩”之一是：“他把基于自身并且积极地以自身为根据的肯定的东西同自称是绝对肯定的东西的那个否定的否定对立起来。”[①] 在这里，前者指直接的感性的现实，后者指被中介的思辨的现实。因此，当费尔巴哈把这两者对立起来时，这一对立意味着现实的真正本质——如果在这里可以谈论“本质”的话——乃是感性，而不是在思辨思维之展开过程中表现出来的必然性。现实是感性具体的，而绝不体现为思辨思维的具体性。费尔巴哈声称，黑格尔关于感性确定性的辩证法把现实的、个别的“这一个”扬弃在一般逻辑的东西里面，而使后者成为前者的真理；但真正说来，后者只是一个词，而唯有前者才是一个事物。因此，存在的秘密并不显示给普遍者的思维，而是显示给感性的直观、感觉和情欲；只有感觉和情欲，才是实存的真实标志。“在感觉里面，尤其是在日常的感觉里面，隐藏了最高深的真理。因此爱就是有一个对象在我们头脑之外存在的，真正的本体论证明——除了爱，除了一般感觉之外，再没有别的对存在的证明了。”[②]

费尔巴哈由感性—对象性（对象性意味着感性主体的现实性）来定向的现实性原理，不仅特殊地针对着黑格尔哲学，而且一般地针对着整个哲学—形而上学，即柏拉图主义。哲学在其完成了的形式中表现为黑格尔的“思辨神学”，因为形而上学从一开始就已赋予自身以神学的性质。哲学—形而上学的根本建制在于：（1）将感性世界（形而下者）与超感性世界（形而上者）严格地区分开来并且对立起来；（2）将现实、真理或本质仅仅归诸超感性世界而不是归诸感性世界；（3）如果说感性世界中的事物在某种意义上可以被称为现实的，那仅仅是因为它们“分有”了超感性世界的理念。因此，正像在神学中，超感性的东西（上帝）乃是现实的和无限的，而感性的事物乃是非现实的和有限的一样，在哲学中，超感性的理性乃以抽象的方式把感性的事物作为非现实者和有限者加以扬弃。于是，费尔巴哈把整个哲学的一般本质归结为神学（宗教反思），从而“证明了哲学不过是变成思想的

① 《马克思恩格斯文集》第1卷，人民出版社，2009，第200页。
② ［德］费尔巴哈：《费尔巴哈哲学著作选集》上卷，荣震华等译，商务印书馆，1984，第168页。

并且通过思维加以阐明的宗教”。[①] 在这样的意义上，费尔巴哈将现实性突出地标举为感性，从而与整个哲学—形而上学的超感性世界相对立。“作为上帝的上帝，作为精神实体或抽象实体的上帝，亦即非人性的，非感性的，只能作为理性或理智所接受和作为理智的对象的实体，不是别的东西，只是理性的本质自身。”[②]

费尔巴哈以感性来奠基和定向的关于“现实”的原理，不仅从根本上倒转了黑格尔的现实概念，而且从本体论根基上猛烈地袭击了一般哲学—形而上学的基本建制。这一倒转和袭击不仅是惊世骇俗的，而且也确实是意义深远的（只消想到后来的那些形而上学的批判者，如克尔凯郭尔、施蒂纳、马克思、尼采、海德格尔等）。总而言之，在费尔巴哈的哲学立场上，现实事物——从而现实性——的本质来历不是超感性世界的理念、上帝或思辨的思维，而是直接的感性或感性的直接性。虽说这种对立似乎只是关涉“现实”这样一个主题，但是，自从黑格尔强调把现实当作哲学的唯一内容来把握之后，关于“现实”的分歧便实际上已成为各种哲学斗争所围绕着旋转的枢纽了。[③]

马克思现实观的最初建构起源于对黑格尔法哲学的批判，而这一批判意味着他开始进入到“费尔巴哈的总问题”之中，并采取着与费尔巴哈大体一致的批判步伐。这种批判步伐的核心在于：将“现实”的本质性引导到感性的实存中去，而不是引导到精神的实体或思辨的理念之中。黑格尔法哲学的主题是社会现实，也就是社会的实存及其本质性。但这样的现实是怎样被把握的呢？我们且以“伦理”部分为例：该部分区分为三个环节，即家庭、市民社会和国家。在黑格尔看来，扬弃了的家庭和市民社会就是国家，因此国家乃是家庭和市民社会的真正本质、现实。进而言之，正像国家的现实性本质乃在国家观念一样，国家观念在绝对观念的纯粹形式中找到它真正的哲学证明（在这个意义上，“整个法哲学只不过是逻辑学的补充”[④]）。因此，马

① 《马克思恩格斯文集》第1卷，人民出版社，2009，第200页。
② ［德］费尔巴哈：《费尔巴哈哲学著作选集》上卷，荣震华等译，商务印书馆，1984，第123页。
③ ［德］卡尔·洛维特：《从黑格尔到尼采——19世纪思维中的革命性决裂》，李秋零译，三联书店，2006，第188、184页。
④ 《马克思恩格斯全集》第3卷，人民出版社，2002，第23页。

克思对黑格尔现实概念在法哲学主题上的批判突出地包括两个方面。第一，黑格尔对现实的理解在本体论上是纯全颠倒的。现实的关系（家庭、市民社会的关系）被思辨的思维称作现象，而本质性或真正的现实性则被归诸观念（国家的观念、绝对的观念）。这意味着："观念变成了主体，而家庭和市民社会对国家的现实的关系被理解为观念的内在想象活动。家庭和市民社会都是国家的前提，它们才是真正活动着的；而在思辨的思维中这一切却是颠倒的。可是如果观念变成了主体，那么现实的主体，市民社会、家庭、'情况、任意等等'，在这里就变成观念的非现实的、另有含义的客观因素。"① 马克思仿照费尔巴哈，把这种现实概念称为逻辑的、泛神论的神秘主义。第二，由于黑格尔把现实理解为以思辨的思维为本质的矛盾运动，所以他就把现实的展开过程、历史性和具体化等看作思辨的扬弃、理性的推理、极端对立面之间的中介过程。与此相反，在马克思看来，现实本身果然包含着极端的对立面以及由之而来的展开过程，但正像极端的现实本质绝不居留在单纯的思维中一样，这样的极端也绝不可能通过思辨思维的推理或中介过程来调和。例如，市民社会的阶级对立——这一社会之真正现实的极端，既非只是思想中的对立，因而亦无可能仅仅通过思辨推理、中介过程的上升运动来解决、扬弃、调和。"值得注意的是，黑格尔把中介作用的这种荒谬性归结为它的抽象逻辑的因而也可谓非虚构的、别无异议的表现，同时还把这种中介作用说成是逻辑的思辨奥秘，是合乎理性的关系，是理性推理。"②

就这两方面开展出来的对黑格尔法哲学的本体论批判而言，马克思在现实观的取向上大体与费尔巴哈保持一致。"现实"的本质方面不在观念、理性、思辨的思维，而在直接的感性——现实性首先就是感性。这样的现实观在法哲学批判的行程中导致的后果是：（1）社会实存的本质性不在国家以及国家的观念等；（2）相反，国家观念的本质性乃在于实存的国家，而国家的本质性乃在于实存的社会；（3）全部问题的关键是应当从何处去发现社会实存的本质性？换言之，如果说当下实存的社会乃是"市民社会"，那么应当如何去探究此一社会实存的本质性，从而去把握真正的"社会现实"？正是

① 《马克思恩格斯全集》第3卷，人民出版社，2002，第10页。
② 《马克思恩格斯全集》第3卷，人民出版社，2002，第110页。

这一重大的根本问题，开启了马克思的政治经济学批判。对于马克思来说，政治经济学乃是一门业已发展成熟的、彻头彻尾的市民社会的科学，无论就其性质还是就其内容来说都是如此。因此“对市民社会的解剖应该到政治经济学中去寻求”。[①] 必须指出的是，这里所说的“解剖”与“寻求”，只不过意味着马克思探入当下社会实存之本质性的路径；这样的本质性并非能够由作为知性科学的“政治经济学”现成地提供出来，而只能够通过——确切些说——“政治经济学批判”被揭示出来。

正是由于这里的问题最根本地牵涉到对“社会现实”的理解，亦即牵涉对社会实存之本质性的理解，所以当马克思1844年开始他对政治经济学的最初批判时，这一批判立即同时表现为对完成了的形而上学（黑格尔哲学）的再度批判。《巴黎手稿》中“对黑格尔的辩证法和整个哲学的批判”非常清晰地表明了这一点。这一恰恰由马克思本人所重启的再度批判直接关乎“社会现实”的重建。它不仅意味着政治经济学批判必须同时成为哲学批判——如果没有相应的哲学高度的批判，对政治经济学之深入于社会现实的批判就是根本不可能的；而且还意味着：为了重建对社会现实的真正理解，费尔巴哈的哲学批判及其关于现实性的初步原理看来已经是不充分的和不敷使用的了。虽说马克思当时也许并未十分明确地意识到这一点，但他重开对黑格尔辩证法的批判这个事件本身却充分表明此一批判的绝对必要性，[②] 表明重建社会现实概念对他而言如何从根本上来说再度有必要与黑格尔哲学建立一种本质相关。因此，需要进一步阐明的是：在与费尔巴哈及黑格尔的错综复杂的关系中，马克思的现实观是如何通过一种双重的批判而逐步取得基本定向，并最终获得决定性奠基的。

三、马克思现实观的超越

对于马克思的现实观来说，至关重要的是，当他在1844年仍然借重于费尔巴哈而对黑格尔的辩证法展开激烈的本体论批判之际，他已经在现实这一

① 《马克思恩格斯选集》第2卷，人民出版社，2012，第2页。
② 《马克思恩格斯全集》第3卷，人民出版社，2002，第222页。

主题上开始“含蓄地”批判费尔巴哈了。这一初始还是潜在的批判不久就将证明它如何成为马克思重建现实观的本质方面和强大动力。如前所述，被马克思称为费尔巴哈伟大功绩的一个要点是：费尔巴哈把感性的直接性与绝对者的思辨中介过程即否定之否定对立起来，这无疑意味着马克思在现实观上与费尔巴哈初始一致的方面，即现实首先是感性的。但由之而来的一个尚待解决的重要问题是：应当怎样来理解那个自称是绝对肯定的否定之否定？正是在这个问题上，马克思对现实的理解开始迈出了超越费尔巴哈的决定性步伐。在费尔巴哈把否定之否定“仅仅看作哲学同自身的矛盾”（亦即单纯幻觉）的地方，马克思把它理解为历史运动之“抽象的、逻辑的、思辨的表达”，[①] 亦即形而上学地改了装的现实的历史性。换句话说，费尔巴哈把否定之否定的真相仅仅看作是哲学的自相矛盾、看作是纯粹的悖谬，因而不过是“无”；而马克思则把它的真相把握为形而上学伪装之下的现实——这一现实是展开过程，是历史运动，是辩证的具体化，尽管这样的现实还完全处于思辨哲学的神秘主义笼罩之下。因此，《巴黎手稿》的下述论断也就顺理成章了：“黑格尔的《现象学》及其最后成果——辩证法，作为推动原则和创造原则的否定性——的伟大之处首先在于，黑格尔把人的自我产生看作一个过程，把对象化看作非对象化，看作外化和这种外化的扬弃；可见，他抓住了劳动的本质，把对象性的人、现实的因而是真正的人理解为他自己的劳动的结果。”[②]

由此可见，“活动”原则——这个在德国古典哲学，特别是在黑格尔哲学中得到充分发展的原则——在《巴黎手稿》的现实观中作为根苗不可遏制地出现了。这个根苗，作为与费尔巴哈现实观之初始的、但却是本质重要的差别，不仅成为马克思现实观的强大构成因素，而且包含着批判费尔巴哈的基本理由。因此，当我们在接踵而至的《关于费尔巴哈的提纲》和《德意志意识形态》中看到以实践为根本定向的哲学变革时，马克思的现实观已牢牢地确立在“感性活动”或“对象性活动”的本体论基础之上。现实，对马克

① 《马克思恩格斯全集》第3卷，人民出版社，2002，第315、316页。就此海德格尔后来有一个类似的说法：“黑格尔抽象地——历时性地思考存在者之存在。”（孙周兴选编《海德格尔选集》下卷，三联书店，1996，第823页。）

② 《马克思恩格斯全集》第3卷，人民出版社，2002，第319—320页。

思来说，并不仅仅是感性的直接性——感性对象，毋宁说，它是在感性活动中生成、展开、关联且因而被具体化的感性对象。正如洛维特所说：“在马克思那里社会的实存显示给作为社会实践的感性活动。”[①] 在这个意义上，马克思现实观也就是实践观。由于活动原则被决定性地把握在感性之中，所以马克思对现实的理解立即表现为现实的展开过程，表现为事物的历史性，表现为实存在关联总体中的具体化。这看起来仿佛是向黑格尔哲学的返回步伐，但两者之间的根本差别在于：黑格尔的现实概念立足于绝对理念（思辨的思维），以及由此来定向的具体化纲领；而马克思的现实观则立足于感性活动（实践），以及由此来定向的具体化纲领。这两种具体化纲领固然都可称之为辩证法，但按照马克思本人的说法，它们是“截然相反”的。

这种根本不同突出地表现在马克思的下述命题中：“意识在任何时候都只能是被意识到了的存在，而人们的存在就是他们的现实生活过程。”[②] 正是由于这一本体论上的决定性变革，马克思得以把现实把握为：（1）现实不是理念之自我活动的产物，而直接就是人们的现实生活过程；只是由于并且通过这一感性活动的生活过程，人的实存从而社会的实存才成为真正现实的。（2）社会现实不仅是实存，而且是本质——这种本质性不在观念、理念、思辨的思维，而直接存在于人们的感性生活过程中。这种作为本质的普遍者乃是生产方式，“它是这些个人的一定的活动方式，是他们表现自己生命的一定方式、他们的一定的生活方式。”[③] 社会实存的这个本质方面被加达默尔叫作“作为人类社会基本结构的生产关系”，而被海德格尔称为“经济发展以及这种发展所需要的架构。”[④]（3）因此，社会现实就其本质而言乃是一个结构的总体，而这个结构的总体同时又是一个历史的总体（生产方式的变动结构）；就像任何一种人的实存或社会的实存是在其结构的总体中被规定并从而获得意义一样，这样的实存也只是在其历史的总体中作为展开过程而生成和变化的。在马克思看来，离开了前者，被人们当作出发点的单个的孤立

---

① ［德］卡尔·洛维特：《从黑格尔到尼采——19世纪思维中的革命性决裂》，李秋零译，三联书店，2006，第188页。

② 《马克思恩格斯选集》第1卷，人民出版社，2012，第152页。

③ 《马克思恩格斯选集》第1卷，人民出版社，2012，第147页。

④ ［德］加达默尔：《哲学解释学》，夏镇平、宋建平译，上海译文出版社，2004，第114页。

的个人——原子个人，“属于18世纪的缺乏想象力的虚构”；离开了后者，就会形成把社会实存置放在“与历史无关的永恒自然规律之内”的纯粹幻觉。[①]（4）正像社会现实本身乃是完全具体的——在其结构—历史的总体中实现其全面的具体化——一样，对社会现实的真正理解和把握因而必须成为具体的；也就是说，除非它具有一个起根本定向作用的全面的具体化纲领，否则就丝毫无法触到现实，更不用说去把握现实本身的实体性内容了。马克思在谈到政治经济学的方法时，曾概述过这一具体化纲领，只不过它在很大程度上被搁置、误解和遗忘了。马克思指出，科学上正确的方法在于：“具体之所以具体，因为它是许多规定的综合，因而是多样性的统一。因此它在思维中表现为综合的过程，表现为结果，而不是表现为起点，虽然它是现实的起点，因而也是直观和表象的起点。在第一条道路上，完整的表象蒸发为抽象的规定；在第二条道路上，抽象的规定在思维行程中导致具体的再现。”[②]马克思现实观的整个具体化纲领是同时包含着两条道路的：它从感性的具体出发——经过思维的抽象——而达于被思维把握了的具体（具有许多规定和关系的丰富的总体）。

由此我们立即看到，马克思的现实观离费尔巴哈已经多么遥远了。虽说感性现实性的原理曾极大地启发和推动了马克思，但由于费尔巴哈把现实仅仅理解为感性直接性——“感性的对象”，而不是“感性的活动”，所以现实的实存只是显示给单纯的感觉和单纯的直观。在这样一种感性的直接性中，所谓现实几乎就是单纯的感性实存，亦即可以通过感觉或直观直接给予我们的东西，而不包含任何真正本质性的东西；以至于费尔巴哈对现实的本质方面说不出任何有价值的东西，或者，当他要谈论这种本质方面的时候，不得不重新假借思辨的幻觉。[③]最为重要的是，这种理论状况将展开过程、历史和具体化等完全排除在现实之外，因而使对现实的理解全然萎缩在混沌的表象中，或终止在无以名状的、但同样是抽象的直观中。这不仅使社会实存成为费尔巴哈完全“通不过的区域”，而且使“自然的”实存也仅仅逗留于褫

① 《马克思恩格斯选集》第2卷，人民出版社，2012，第683、687页。
② 《马克思恩格斯选集》第2卷，人民出版社，2012，第701页。
③ 《马克思恩格斯选集》第1卷，人民出版社，2012，第155页。

夺了现实基础的自然科学的直观中。[①] 因此，正是由于活动原则、作为过程的历史性以及具体化纲领被全体废止，所以费尔巴哈哲学在社会现实的领域中表现出惊人的贫乏，甚至如洛维特所说，表现为一种“倒退”，一种“用夸张和意向来取代内容的思维野蛮化。”[②]

因此，简要地说，马克思现实观的伟大变革意义在于：它根本不依赖于绝对者上帝或神秘的“主客一体”，而完全从感性的—感性活动的—世界本身，来把握现实，来阐述现实的本质性一度。这样的本质性是存在的，它同样是在展开过程或是具体化行程中起决定作用的普遍者；但这样的普遍者既不是理智的抽象规定，也不是被神秘化为“实体”的思辨的思维，[③] 而是广义的生产方式或生活方式，是这种生活方式的变动结构。马克思的现实观从根本上构成唯物史观的实质。它的影响是如此的广泛而深远，以至于虽然存在着主要由实证主义定向的误解和偏差，但“自此之后，这种历史观也规定着非马克思主义者和反马克思主义者的思维方式，甚至超出他们想知道的程度。……他们都要像马克思那样把握‘现实的生活过程’和并非无前提、而是恰恰相反也是思维方式的前提条件的‘一定生活方式’。”[④] 至于马克思现实观的深刻之处，海德格尔评论说：马克思在体会到异化的时候，是深入到“历史的本质性的一度”中去了，因此其历史观比其他的历史学来得优越。看来胡塞尔和萨特，从现象学和存在主义都没有能够达到历史事物的本质性；只有达到了那一度，才可能有资格和马克思主义对话。[⑤] 在另一处，海德格尔又说：“现今的哲学”只是跟在知性科学后面亦步亦趋，却完全不了解我们这个时代的两重独特的现实，即经济发展以及这种发展所需要的

---

① 《马克思恩格斯选集》第1卷，人民出版社，2012，第156—157页。

② ［德］卡尔·洛维特：《从黑格尔到尼采——19世纪思维中的革命性决裂》，李秋零译，三联书店，2006，第107页。

③ ［德］卡尔·洛维特：《从黑格尔到尼采——19世纪思维中的革命性决裂》，李秋零译，三联书店，2006，第127页注①中，洛维特的说法：“他（马克思）之所以针对费尔巴哈捍卫黑格尔，乃是因为黑格尔理解普遍者的决定性意义；而他之所以攻击黑格尔，乃是因为黑格尔在哲学上把历史的普遍关系神秘化了。”

④ ［德］卡尔·洛维特：《从黑格尔到尼采——19世纪思维中的革命性决裂》，李秋零译，三联书店，2006，第134—135页。

⑤ 孙周兴选编：《海德格尔选集》下卷，三联书店，1996，第383页。

架构。[①]

只有从社会现实的立场出发，才可能真正理解中国道路——无论这一道路在实践上的具体展开，还是这一道路在思维中得以再现的理论方法。这里的中国道路，是指中国自近代以来在其历史性实践中所开辟出来并形成起来的发展道路。只要我们试图由社会现实本身去把握中国道路，那就根本无法规避或越过马克思的现实观。因为任何规避或越过这种现实观的企图，在关于中国道路的言说或判断方面，都已经或即将被证明是与真正的社会现实分离隔绝的，并因而在理论上终究是非批判的和无头脑的。这里的问题始终关涉中国的社会现实——它的实体性内容——是否得到切近的理解和把握，正像问题的关键始终关涉“现实”本身——作为本质与实存的统一——是否在哲学上得到批判的澄清一样。只有当社会现实的哲学立场以及中国社会的现实内容被牢牢地装进能思的和批判的意识之中，理解中国道路的可靠途径才有可能被实际地开辟出来。这一点无论是对于一般的知性社会科学来说，还是对于马克思主义的理论或学术来说，都不能不是至关重要的。

四、中国道路与马克思的现实观

在对中国道路进行理解和把握时，马克思的现实观是否可能存在着巨大的思想障碍呢？是的，其中最严重的障碍就是“外部反思”。所谓外部反思，从哲学上来说，就是一种“忽此忽彼地活动着的推理能力”，它从来不会驻足并深入于特定的实体性内容之中；但它知道一般原则，而且知道把一般原则运用到任何内容之上。外部反思并不是我们所不熟悉的罕见的东西，恰好相反，它实在是我们在日常意识中——尤其是在知识界中——经常碰到的。简单说来，外部反思就是教条主义（或哲学上的形式主义），因为教条主义所知道的就是把一般原则抽象地运用到任何内容之上。例如，在中国革命时期，“左倾”教条主义就是外部反思的典型代表。一些人从苏联留学归来，一口流利的俄语，马克思、恩格斯、列宁的经典倒背如流，对俄国的经验也是崇拜到五体投地。他们由此主张中国革命的根本之举就是中心城市武

① ［法］F. 费迪耶等辑录《晚期海德格尔的三天谈论班纪要》，丁耘译，《哲学译丛》2001年第3期。

装起义。但结果又怎样呢？结果是一次次极为惨痛的失败。在经历了诸多教训和探索之后，中国共产党人终于摆脱了外部反思的主观思想，终于发现中国的事情和中国的道路绝不仅仅从属于一般的抽象原则。植根于中国社会现实基础之中的革命路径不是中心城市武装起义，而是农村包围城市——只是从这里才开始形成所谓的中国问题和中国经验，才开展出真正的中国道路。

需要强调的是，虽说有过这样的前车之鉴，但在今天中国的知识界和社会科学界，并不需要太费周折就能发现：那种仅仅知道把一般原则抽象地运用到任何内容之上的外部反思依然盛行，甚至比当时教条主义的马克思主义有过之而无不及。只不过那时的教条主要来自俄国，而今天的教条主要来自西方。可以说，外部反思根本不可能形成对中国道路的真正理解，因为它严重地遮蔽了社会现实，因为它实际上是以抹杀和阉割社会的实体性内容与差别为前提的。外部反思作为主观思想之最集中和最广泛的现代表现，不仅与马克思的现实观背道而驰，而且实际上退行到了黑格尔以前。

正是在这里，重新显示出黑格尔的可取之处。“黑格尔哲学通过对主观意识观点进行清晰的批判，开辟了一条理解人类社会现实的道路，而我们今天仍然生活在这样的社会现实中。”①在黑格尔看来，外部反思属于最为庸浅浮薄的主观思想，也就是诡辩论的现代形式；它非常恰当地把仅仅知道外部反思的人叫作“门外汉”。这意味着：只要我们从主观思想及其外部反思出发，社会现实就必然遗失在我们的视野之外，从而对中国道路的现实理解就是根本不可能的。黑格尔曾多次提到，现实不仅是客观的，而且是强有力的，它自己为自己开辟道路。“但惯于运用理智的人特别喜欢把理念与现实分离开，他们把理智的抽象作用所产生的梦想当成真实可靠，以命令式的‘应当’自夸，并且尤其喜欢在政治领域中去规定‘应当’。”②在这里起作用的乃是抽象的理智、形式的知性、外部反思等；当这一切把现实及其内容统统打发掉之后，这个世界似乎就只能听凭主观任意的“应当”来为它开辟道路了。

对于“中国道路”的领会和阐述在多大程度上屈从于外部反思以及由之

① ［德］加达默尔：《哲学解释学》，夏镇平、宋建平译，上海译文出版社，2004，第111页。

② ［德］黑格尔：《小逻辑》，贺麟译，商务印书馆，1980，第44页。

而来的主观命令（应当），它也就在多大程度上脱离具有实体性内容的社会现实。根据马克思的现实观，“历史科学”的全部任务和唯一目的就在于把握这样的社会现实。为此而需要的是：（1）科学的抽象；（2）由科学的抽象深入到现实中去的整个具体化纲领；（3）由这样的具体化纲领来定向的“实证研究”。对于牵涉中国道路的主题而言，最重要的是第二项，即深入到社会现实中去的具体化纲领。因为，如果缺失这个本质重要的中项，“科学的抽象”就足以为外部反思大开方便之门，而所谓“实证研究”亦只能成为完全非批判的和无头脑的。我们且以马克思本人的学说为例。当我们说用唯物史观的基本原理来研究中国道路时，必须首先十分清楚地把握这些原理的一般性质。例如，关于历史之现实前提的原理、经济基础决定上层建筑的原理，以及历史道路之“三阶段”或“五阶段”的原理等，其基本性质究竟是怎样的？回答是：它们是一些科学的抽象。因此，这些抽象对于研究来说是非常重要的；但也因此，若脱离了探入现实的具体化纲领及其在实证研究中的贯彻，它们就只能是一些空疏的和无内容的形式。关于这一点，马克思和恩格斯是明确地并且一再加以强调的。“对现实的描述会使独立的哲学失去生存环境，能够取而代之的充其量不过是从对人类历史发展的考察中抽象出来的最一般的结果的概括。这些抽象本身离开了现实的历史就没有任何价值。它们只能对整理历史资料提供某些方便，指出历史资料的各个层次的顺序。……它们绝不提供可以适用于各个历史时代的药方或公式。”[①] 同样，在《〈政治经济学批判〉导言》中，马克思在谈到生产时说：“一切生产阶段所共有的、被思维当做一般规定而确定下来的规定，是存在的，但是所谓一切生产的一般条件，不过是这些抽象要素，用这些要素不可能理解任何一个现实的历史的生产阶段。”[②] 对于这些随处可见的论述不必再行列举和解释了——它们非常清晰地表明了科学抽象的基本性质。

为了理解和把握中国道路，当然需要这些科学的抽象；但马克思的现实观所标明的这些抽象的性质，却要求我们最坚决地防止其转变为外部反思的抽象原则（药方或公式）。例如，马克思把经济的社会形态演进——世界历

① 《马克思恩格斯选集》第1卷，人民出版社，2012，第153页。
② 《马克思恩格斯选集》第2卷，人民出版社，2012，第688页。

史道路大体概述为：亚细亚的、古代的、封建的和现代资产阶级的生产方式。但这一概述就其性质而言，决不可以被当作外部反思的原则无条件地运用到任何内容之上。如果是这样的话，把握中国道路简直就比解一个一次方程都要容易了。值得思考的是：马克思在19世纪40年代研究德国时，从来没有认为德国会直接走英法的道路，尽管英法在当时是走在前列的；他甚至认为，德国解放道路的"可能性"是从它走英法道路的"不可能性"中产生的，[①] 因为德国道路就其社会现实的基础而言，乃是非常独特的。同样值得思考的是，马克思后来在给《祖国纪事》的信和《给查苏利奇的复信》中谈"俄国道路"时明确指出：《资本论》关于原始积累的那一章只是描述"西欧的资本主义经济制度"从其先前的经济制度（封建主义）产生出来的途径，因此决不能把这一关于西欧资本主义起源的历史概述转变为"一般发展道路的历史哲学理论"；这种理论以为，一切民族无论其所处的历史环境如何，"都注定要走这条道路。"这是全然荒谬的——之所以荒谬，是因为这种历史哲学理论是"超历史的"；[②] 也就是说，它是与社会现实及其历史内容截然分离的、因而只能导致外部反思之先验使用的抽象图式。

于是，对中国道路的真正把握便把我们引向马克思现实观的具体化纲领。只有当科学的抽象被以社会现实为定向的具体化纲领所全面贯彻时，这种必要的抽象才不致成为外部反思的恶劣教条；只有当一个特定社会的实体性内容能够本质上进入到历史科学的综合理解中时，以社会现实为定向的具体化纲领才开始得到真正的贯彻。因此，某一社会现实的内容能否在理解中实际地出现并得到切近的把握，可以被看作是具体化纲领是否得到实施的试金石。在这里得到提示的不仅是这一具体化纲领本身的重要性，而且是由这一纲领开启出具体研究的重要性。这意味着，为了真正理解中国道路，就必须使中国社会的现实内容在科学的具体化过程中充分开展并得到把握。前面说过，马克思关于现实的具体化纲领包含着社会—历史之双重的具体化，而这种具体化的整个行程——与黑格尔不同，也与科学的表述方法不同——首先是由现实的、特定的对象或对象领域为开端的。马克思把这种"现实的起

① 《马克思恩格斯选集》第1卷，人民出版社，2012，第11—16页。
② 《马克思恩格斯选集》第3卷，人民出版社，2012，第727—731，820—840页。

点”称为实在、主体或实在主体。这样的主体或实在主体在马克思那里主要是“社会”，即“现代资产阶级社会”；它当然也可以是“古代希腊社会”或“当代中国社会”等等。重要的是，这样的实在主体是“既与的”（现译“既定的”），亦即被给定的。由于实在主体在头脑之外保持着它的独立性，所以在理论方法上特定的社会也必须始终作为前提浮现在表象面前。[①]因此，马克思现实观的具体化纲领立即具有这样一种方法论意义：“在研究经济范畴的发展时，……应当时刻把握住：无论在现实中或在头脑中，主体——这里是现代资产阶级社会——都是既定的；因而范畴表现这个一定社会即这个主体的存在形式、存在规定、常常只是个别的侧面”。[②]在这里，“现实的起点”对于理解中国道路来说是至关重要的，因为它已先行指定了由实在主体即特定的、既与的社会来制定方向的具体化。

在这一具体化的展开行程中，最关本质的要义乃是把握“实在主体”或既与社会的特殊性，亦即其特定的实体性内容。如果说外部反思的抽象理智只是抹杀任何一种特殊性，那么具体化纲领恰恰就是深入到特殊的现实之中并将这种特殊反映在思维之具体的再现中。特殊性只是在差别中显示出来，正像中国道路的特殊性只是在与他国道路的差别中显示出来一样。没有差别，就没有联系和发展，就没有任何一种具体化。所以“差别的内在发生”以及由差别来规定的特殊性就成为思辨辩证法最关本质的东西。“在普遍性里，思维得到自身的满足，但假如思维对于特殊性采取漠视态度，从而思维对于它自身的发展，也就采取漠视态度了。”[③]同样，在马克思看来，虽说语言的一般规律和规定是存在的，但构成语言发展的恰恰是有别于这个一般和共同点的差别。生产也是如此：“对生产一般适用的种种规定所以要抽出来，也正是为了不致因为有了统一……而忘记本质的差别。那些证明现存社会关系永存与和谐的现代经济学家的全部智慧，就在于忘记这种差别。”[④]因此，对于中国道路的切近把握，只有在科学的抽象能够深入到本质的差别和特殊的内容之中时，也就是说，使之在独特的社会—历史规定中实现其全面

① 《马克思恩格斯选集》第2卷，人民出版社，2012，第701—702页。
② 《马克思恩格斯选集》第2卷，人民出版社，2012，第706页。
③ ［德］黑格尔：《小逻辑》，贺麟译，商务印书馆，1980，第53页，第55页。
④ 《马克思恩格斯选集》第2卷，人民出版社，2012，第685页。

的具体化时，才是真正可能的。没有以社会现实为定向的具体化，中国道路就是完全未被理解甚或完全不可理解的。黑格尔在《法哲学原理》和《历史哲学》中都曾讲到，拿破仑想要把法国的自由制度先验地强加给西班牙人，结果把事情弄得一塌糊涂——他是不能不失败的。在这里确实有必要就社会现实之差别与特殊性去思考的问题是：法国和西班牙的社会—历史差别有多大，中国和西方的社会—历史差别有多大？并且进一步去思考：如果我们或者公开，或者隐蔽地想要把西方的道路（以及由之而来的种种制度）先验地强加给中国人，这在何种意义上以及在何种程度上是可能的？我们在这里不可能就问题给出完整的答案，因为这样的答案只有在具体化纲领得到充分展开的时候才会真正出现。但具体化纲领本身已经能够提示的是："如果要先验地给一个民族以一种国家制度，即使其内容多少是合乎理性的，这种想法恰恰忽视了一个因素，这个因素使国家制度成为不仅仅是一个思想上的事物而已。所以每一个民族都有适合于它本身而属于它的国家制度。"①

最后，在马克思那里，以社会现实来定向的具体化纲领要贯彻并落实到对实在主体或既与对象的实证研究之中。之所以如此，是因为对马克思来说，现实的本质性不在理念世界中，而在人们的现实生活过程中；现实的特殊性也不是源自理念世界之"差别的内在发生"，而是源自"实在主体"本身之感性活动及活动方式等等的本质差别。因此，马克思现实观具体化纲领不是已经在理念中完成自身的实体之外化的过程，而是通过对实在主体的研究和描述使之被构成的过程。这意味着，除非这样的研究和描述得以展开和实施，否则的话，以社会现实为定向的具体化就转变为它的对立物，也就是说，转变为某种单纯形式的或思辨的抽象物。所以，在马克思、恩格斯看来，"科学的抽象"绝不意味着终止对实在主体的研究以及由之而来的困难；相反，只是当我们面对实在主体并试图真正描述现实时，困难才开始出现。"这些困难的排除受到种种前提的制约，这些前提在这里是根本不可能提供出来的，而只能从对每个时代的个人的现实生活过程和活动的研究中产生。"② 在这个意义上，如果我们的既与对象是中国道路，如果我们试图从社

① ［德］黑格尔：《法哲学原理》，张企泰译，商务印书馆，1961，第291页。
② 《马克思恩格斯选集》第1卷，人民出版社，2012，第153页。

会现实方面去把握并从而向着未来筹划这一道路，那就必须深入地研究中国社会，研究它的历史、独特性和当代处境。

因此，从社会现实的角度对独特的中国社会作出更加深入、更加具体的研究和阐述，乃是一项重要而紧迫的任务。可以通过一个例子来说明：在专注于“现实”的中国社会研究中，我们对中国道路的理解会发生怎样的变迁与深化。时下有不少“假设历史”的主观想法，其中的一种观点说，国民党在大陆的失败是军事失败。军事失败的意思是什么呢？意思是说：它既不是政治失败，也不是社会失败，而只不过是——极为偶然的——军事失败。但如果我们试图从社会现实方面去把握中国革命的历史进程，立即就会意识到这种说法实在是太过肤浅了。现实性是本质的东西，是在展开过程中的必然性；就此应当把握的问题是：中国的现代化事业何以必须通过一场社会革命来为其奠基？而这一社会革命又何以最终取得新民主主义—社会主义的基本定向？费正清在写《伟大的中国革命（1800—1985）》时，是体会到某种特别地属于中国道路的东西了。他写道，杜威当年访问中国时对他的学生胡适说，军阀和现代教育不可能并行不悖。这个说法当然不错，但费正清接着写道，我研究中国革命得出的结论是：美国的自由主义和中国革命不可能并行不悖；对于中国革命来说，中国人所需要的不是杜威的教义，而是某种别的东西。[①] 由此可以追问的是：这种别的东西是什么？它对中国革命的进程及其基本定向起了何种作用？不消说，这样的问题最关本质地牵涉到中国道路在展开过程中的必然性；同样不消说，这样的问题只有在实际地研究当时的中国社会并通过具体化而切中其独特现实的情况下才可能找到真正的答案。因此，马克思的现实观不仅构成唯物史观的思想核心，而且开展出把握特定社会现实的三重境域，即科学的抽象、具体化的纲领以及对实在主体的研究；唯在这三重境域的综合理解中，对中国道路之真正现实的理论把握和实践筹划才可能被积极地开启出来。

---

① 费正清:《伟大的中国革命（1800—1985）》，刘尊棋译，世界知识出版社，2000，第242—243页。

现代化意味着什么

吴忠民［中央党校（国家行政学院）社会与生态文明建设教研部副主任、一级教授］

人类社会的第三次大变革就是现代化，亦即传统社会经由现代化而进入现代社会的过程。现代化必然会带来人类社会前所未有的极为广泛、极为深刻的变革。现代化意味着经济生产能力的巨大飞跃，现代经济基础是现代社会其他基本特征或基本属性得以形成的基础。现代化意味着复杂健全社会的形成，社会共同体结构的复杂、各种“器官”的健全，使得整个社会的生产力和创造力持续提高和激发。现代化意味着以人为本程度的不断提高，以人为本的现代化建设标志着人类的发展逐渐成为真正意义上的“人的”发展。现代化意味着大量社会风险的出现，对于社会风险的应对一旦出现重大失误，现代社会将会为此付出巨大的成本，甚至会出现倒退或动荡的情形。现代化意味着多样化发展模式的出现，现代化模式既是一个事关现代化建设能否得以有效推进的问题，更是一个事关现代化建设是否拥有恰当的贴切的具体载体亦即重要基石的问题。

《中共中央党校（国家行政学院）学报》2019年第3期

纵观整个人类的演化历史，人类社会只有两次大的变革能够与现代化相提并论。人类社会的第一次大变革是由智人演化为原始人，社会进入原始社会。人类社会的第二次大变革是原始社会经由三次社会大分工，进入以农耕经济为基础的传统社会（农业社会）。“而农业是一切多少固定的社会的最初的生产方式。”[①] 由此，人类由以往通过采集、狩猎、捕鱼等主要“利用”大自然所提供的现成生活资料的生产方式，变为主要通过农业耕种来“生产”生活资料的主要生产方式；由以往自己对大自然的“寄生性”的生存方式，变为自我“产出性”的生存方式；由以往变动不居的生活状态，变为比较稳定的生活状态。在此基础之上，形成了真正具有“文明”性质的传统社会。传统社会延续了数千年之久。

人类社会的第三次大变革就是现代化，亦即传统社会经由现代化而进入现代社会的过程。所谓现代化，是指世界范围内的，以工业化为其发端的，以及由此所引发的，以一个个民族（国家）实体为其载体的，整个社会的一系列巨大变革。这种变革的结果是以现代大工业为基础的现代社会（工业社会）。

作为人类社会第三次大变革的现代化，意味着人类社会必然会经历前所未有的极为广泛、极为深刻的变革，获得前所未有的巨大发展，成为“人的”社会，同时，也会面临前所未有的问题及不确定性因素。

一、现代化意味着经济生产能力的巨大飞跃

在现代社会条件下，经济生产能力实现了前所未有的巨大飞跃。对此，

① 《马克思恩格斯全集》第46卷（上），人民出版社，1979，第44页。

可以从以下几个方面来理解。

第一，现代大生产使人的生产能力获得了巨大解放。

以往人们所使用的生产工具主要是人工劳动工具，所借助的动力主要是来自人力和畜力，因而生产发展始终无法突破人力的生理局限以及同样作为动力源的畜力的有限性而获得突破性飞跃。现代大生产则远远突破了作为动力的人的生理局限和畜力有限性，甚至在很大程度上突破了人的脑力劳动的局限，人的体力劳动和脑力劳动由之获得巨大的双重解放。蒸汽动能、电力动能、太阳能动能以及核能动能所提供的“天文数字级别”的巨量动力，超过以往来源于人力以及畜力的动力何止千万倍；社会化的大生产则前所未有地大面积地提升了生产规模和生产效益；而计算机主控的标准化生产更是前所未有地提升了产品的规模和质量，大幅度节省了生产成本，并且还可以进行符合具体客户各种不同需求亦即个性化需求的大规模差异化生产。这些，是以往社会根本无法想象的事情。

凡此种种，促成人的生产能力和创造能力实现了前所未有的巨大飞跃。以大工业经济为基础的现代社会，在其不到一百年中“所创造的生产力，比过去一切世代创造的全部生产力还要多，还要大”，“过去哪一个世纪料想到在社会劳动里蕴藏有这样的生产力呢?”①

第二，愈益细致以及愈益多样化的专业化分工极大地激发了社会成员的生产和创造的潜能。

随着现代化进程的推进，整个社会越来越职业化、专业化。“社会机体中的子单元如各种行业、各种职业日益增多，社会机体中各种性质不同的成分也日益增多。”②产品生产由“普化”逐渐走向“专化”，即原本由一个生产厂家生产的同一个产品改由多个生产厂家将之拆细分解成多个产品，而后分别进行各自的专业化生产。每一个厂家对于自己所生产的产品注意力集中，对产品进行精心设计、打磨、生产；而且，同一行业内还会有行业协会来制定每项产品的标准，用以规范各个厂家的生产。其结果是，从整个社会生产的角度看，产品普遍趋于精细化和多样化，产品质量不断提高，

① 《马克思恩格斯选集》第1卷，人民出版社，1995，第277页。

② 吴忠民:《渐进模式与有效发展——中国现代化研究》，东方出版社，1999，第41页。

产品能够得以批量生产，进而使得生产的整体规模和效益获得大幅度提高。“受分工制约的不同个人的共同活动产生了一种社会力量，即成倍增长的生产力。”[①]

再者，规模越来越大的城市化进程，从社会经济空间布局的意义上，使得专业化职业化分工所需要的人流、物流、资金流有了坚实的保障，进而使生产成本大幅度减小。

第三，市场经济体制能够充分激发生产者的潜能，并能够有效配置资源。

市场经济体制是在现代生产力条件下的有效、必需的基本经济制度安排。“市场经济是一架精巧的机构，通过一系列的价格和市场，无意识地协调着人们的经济活动。它也是一具传达信息的机器，把千百万不同个人的知识与行动汇合在一起。”[②]之所以如此，有两个方面的原因使然。一方面，市场经济体制能够将每个社会成员自身的切身利益改善同自身的努力成效这两者有机结合在一起。在市场经济条件下，每个人都必须投入劳动或其他方面的生产要素，并根据按照贡献进行分配的公正原则来获取属于自己的收入和财富份额。毫无疑问，人们自身的意愿同自身的具体努力成效紧密联系在一起的方式，必然会最大限度地激发人们从事生产或其他工作的潜能、活力和创造力。

另一方面，市场经济体制能够有效解决资源配置问题。经济活动当中最基础性的事情就是要解决好资源配置问题，特别是在现代生产力条件下更是如此。而市场经济体制恰好能够有效地解决这一问题，从而提升整个社会的经济效益。“市场在资源配置中起决定性作用。”[③]宏观上看，通过市场当中的价格体系，产品的社会供求关系能够得到有效的解决。“什么商品供不应求，价格便上涨，则表明社会资源在该物品的生产上的‘投入’过少了，从而给予生产者或投资者一个‘信号’，鼓励他们把社会资源更多地‘投入’

① 《马克思恩格斯文集》第1卷，人民出版社，2009，第537—538页。

② ［美］保罗·A.萨缪尔森：《经济学》第12版（上），高鸿业等译，中国发展出版社，1992，第70页。

③ 《中共中央关于全面深化改革若干重大问题的决定》，《人民日报》，2013年12月31日。

到这种商品的生产上”，反之则相反。[①]微观上看，每个厂家只有尽可能地降低产品生产成本，提升产品质量，方能增强产品的竞争性。无数个厂家这样做的结果，便是整个社会所生产的产品都程度不同地具有了竞争性，进一步看，绝大多数厂家都提升了自身的竞争能力。再者，在分析市场经济体制的作用时，视野不能仅限于国内，而是应当延伸至国际层面。这是因为，在现代化过程中，任何一个国家都必须进行对外开放。在对外开放的条件下，每一个国家都不可避免地置身于世界范围内的市场经济当中。通过国际性市场经济当中的竞争，有助于每一个国家逐渐形成自身的比较竞争优势，从而提升本国的竞争力。

第四，现代知识的突飞猛进发展助推社会成员生产和创造能力的大幅度大面积提升。

经济生产和创造的主体是人，是依靠人来进行的。一个社会的经济生产和创造能力的具体状况，在很大程度上取决于这个社会的民众文化程度高低的具体状况。在一个国家当中，社会成员的文化素质如果普遍较低，那么，就总体而言，该国家就不可能具有多强的生产和创造能力。在传统社会，民众的识字率普遍很低，文化教育属于“小众人群”的事情，同“大众人群”相距较远。这是传统社会生产和创造能力低下的一个直接原因。而在现代社会，且不说初级教育，就连高等教育都开始变成大众化的事情。这就为整个社会的生产和创造能力大面积大幅度的跃升奠定了一个普遍而扎实的基础。

再者，在现代社会，科学技术加速度发展。如是，更是直接提升了人们的生产和创造能力。科学“是历史的有力的杠杆”，“是最高意义上的革命力量”[②]。科学技术能够直接提高生产率。诚如马克思所说，劳动生产率的提高，“取决于一般的科学水平和技术进步，或者说取决于科学在生产上的应用”[③]。而且，哪个国家一旦掌握了最先进的科学技术，那就意味着这个国家占据了现有和未来产业发展的制高点，其生产就会具有较之他国更强的竞争力。

① 黄范章：《外国市场经济的理论分析与实践》，商务印书馆，1998，第5页。
② 《马克思恩格斯全集》第19卷，人民出版社，1963，第372页。
③ 《马克思恩格斯全集》第46卷（下），人民出版社，1980，第217页。

第五，大量生产资本源源不断的积累确保了经济发展的后续推动力。

作为基础性的生产要素，生产资本具体状况如何，直接影响到一个社会或一个国家经济发展的动能及潜力。在传统社会当中，由于只能依靠“一家一户”这样的基本社会经济单元来进行十分简单的农业和家庭手工业相结合的生产，因而生产力极为低下，剩余产品很少。从产业结构角度看，农业是基本的生产部门，即便有商业，总体上讲也是对农业生产的一种补充。人们所生产的物品，其主要用途在于民众防范风险的基本生计储备，或提供给统治集团用于管理成本的支出，或供其挥霍浪费之用，而不是用于生产资本的积累和扩大再生产。恩格斯指出，在中世纪社会，“生产都是为了直接消费，无论是生产者本身的消费，还是他的封建领主的消费。只有在生产的东西除了满足这些消费以外还有剩余的时候，这种剩余才拿去出卖和进行交换”[①]。对于富有群体来说，即便能够储备大量的财富，也基本不会将之用于扩大再生产。像古代历史上的不少皇帝，在世时将大量财富用于奢侈消费，去世时又会将大量财富用于陪葬，却不会将这些财富用于扩大再生产。在16世纪的西班牙，人们通过大航海掠夺了大量财富，但富裕群体哪怕是将大量的财富用于挥霍消费，也不将之用于扩大再生产。在这样的情形下，传统社会的经济发展不可能获得足够的动能，其潜力十分有限。传统社会的经济发展之所以缓慢，甚至在某个较长的时段内呈现出停滞不前的情状，一个重要的原因就在于此。

现代社会则不然。在现代社会当中，人们在满足了自身基本需求的同时，重视将剩余资金用于生产性投资或扩大再生产。在现代化初始阶段，企业家等群体极为看重生产资本的积累，并取得十分显著的成效。到了现代化中级阶段时，随着现代生产力的发展，剩余产品越来越多，民众日常基本生活需求的满足越来越不成为问题；同时，随着社会保障体系的日益完善，人们对于未来风险的抵御能力也越来越强。于是，不仅仅是企业家，就连民众也开始普遍看重生产资本的积累问题。民众通过储蓄、投资基金或股票等种种理财方式，将大量资金间接地用于积累。这一切，使得生产资本源源不断

① 《马克思恩格斯选集》第3卷，人民出版社，1995，第758页。

地注入生产过程，进而使得社会财富在滚动中不断扩大。重要的是，这种情形促成一种“良性循环”现象的出现，一方面是随着投资积累的不断增加，社会成员的生活水准由此不断改善；另一方面，社会成员由于自身生活水准的不断改善，因而能够拿出更多的资金用于积累和扩大再生产。两者如是循环。

由上可见，现代大生产、愈益细致以及愈益多样化的专业化分工使人的生产和创造能力获得了巨大解放，市场经济体制的基本经济制度安排确保了资源配置的有效性，而现代知识的突飞猛进以及大量生产资本源源不断的积累则保证了经济生产的后续推动力。凡此种种，使得现代社会的经济发展，形成了完整的自我启动和推动的机制，使得现代经济的前行成为不可遏止的历史趋势。

现代经济生产能力事关经济基础，而经济基础问题至关重要。“在历史上出现的一切社会关系和国家关系，一切宗教制度和法律制度，一切理论观点，只有理解了每一个与之相应的时代的物质生活条件，并且从这些物质条件中被引申出来的时候，才能理解。”[①] 现代经济基础是现代社会其他基本特征或基本属性得以形成的基础。现代社会之所以具有不同于传统社会的基本特征，其主要原因便也在于此。

二、现代化意味着复杂健全社会的形成

传统社会的结构相对比较简单。当时，社会的生产力水准较低，由此导致社会各个生产及生活单元十分封闭，彼此隔绝，甚至不知彼此的存在。“小农人数众多，他们的生活条件相同，但是彼此间并没有发生多种多样的关系。他们的生产方式不是使他们互相交往，而是使他们互相隔离。”[②] 而且，社会各个构成成分同质性较强，相似度较高。比如，在中世纪，“法国国民的广大群众，便是由一些同名数简单相加形成的，好像一袋马铃薯是由

① 《马克思恩格斯选集》第2卷，人民出版社，1995，第32页。
② 《马克思恩格斯选集》第1卷，人民出版社，1995，第677页。

袋中的一个个马铃薯所集成的那样。”[①] 基于小农经济，基于家庭或家族，社会只能以家国同构的形式形成一个结构十分简单的、等级制的、金字塔型的社会共同体。从一定意义上讲，一个国家只不过是一个家族的大比例放大而已。在这样的情形下，社会共同体所蕴含的各种潜在的差异性“器官”没有也不可能生长出来；社会各个群体利益诉求的种类相对简单；社会经济布局的空间结构比较简单；社会成员缺少个体意识，理性程度较低，本能化生存取向明显，从众心理较强；社会控制相对简单，主要是采取人治的、强行的控制方式；社会共同体相互间的开放程度较低，几乎没有实质的、持续的、稳定的、不可缺少的内在经济联系。所以，当时的整个社会不可能成为一个复杂、健全以及制度化的社会共同体，而只能是一个结构简单的社会共同体。而结构简单的社会共同体的延展及发展空间十分狭小有限。

与传统社会迥然不同的是，现代社会则是一个全新的社会共同体。现代化意味着经由一系列巨大的社会变革，生成了一个结构复杂、各方面“器官”健全、内涵丰富的现代社会。其涉及面之广泛，各个板块之清晰，影响之深刻深远，可谓前所未有。

大致看，现代社会具有这样一些基本特征（基本属性）：其一，从物质基础（经济基础）的角度看，现代社会是一个以日益增长的现代经济为物质基础的社会。现代社会拥有大工业体系、社会化的大生产以及市场经济体制。在发达的经济基础之上，现代社会的其他基本特征得以形成。其二，从社会各种构成要素的种类及构成形式的角度看，现代社会是一个高度分化与高度整合的社会。在现代社会当中，异质性成分日益增多，分化后的各种异质性成分的相对自主性逐渐形成，并且，社会各种构成成分相互之间高度依赖，社会整合程度得到极大提高，社会由此形成真正意义上的“社会有机体”。马克思指出，“任何有机体制的情况都是这样，这种有机体制本身作为一个总体有自己的各种前提，而它向总体的发展过程就在于：使社会的一切要素从属于自己，或者把自己还缺乏的器官从社会中创造出来，有机体制在历史上就是这样向总体发展的。”[②]其三，从民众的基本生活态度或生活取向

① 《马克思恩格斯选集》第1卷，人民出版社，1995，第677页。
② 《马克思恩格斯全集》第46卷（上），人民出版社，1979，第235页。

的角度看，现代社会是一个世俗化的社会。在现代社会当中，社会成员的基本生活态度越来越趋向于现实性、理性化、大众化，而远离以往宗教的“彼岸世界”，远离以往“乌托邦”的空想“净土”。其四，从社会经济空间分布结构的角度看，现代社会是一个城市化的社会。城市化表现为城市数目增加，城市人口和用地规模扩大。其五，从国家意义上的社会（民族）共同体相互间交往的角度看，现代社会是一个对外开放的社会。在现代社会条件下，“过去那种地方和民族的自给自足和闭关自守状态，被各民族的各方面的互相往来和各方面的互相依赖所代替了。物质的生产如此，精神的生产也是如此”①。如今，整个世界在经济上愈益一体化，各个国家在经济上已经没有“另起炉灶”“独善其身”以及“置身事外”的可能性，每一个国家的对外开放以及各个国家相互间的合作成为一种历史的必然趋势，别无选择。其六，从文化的角度看，现代社会是一个现代知识日益占据突出地位的社会。在现代社会，现代知识处在急剧更新与广泛传播的状态当中，现代知识对于整个社会产生着越来越大的影响，而且，现代知识突出了教育的地位。其七，从人们价值取向的角度看，现代社会是一个普遍认同以人为本，进而普遍认同以社会公正（包括自由和平等两个方面的内容）为基本价值取向的社会。其八，从社会赖以运行和治理的角度看，现代社会是一个愈益制度化的、以“良法”为核心的法治社会，而不是一个随机性较强、摇摆度较大的人治社会。应当说，现代社会的这些基本特征（基本属性）相互间高度相关，是一个有机整体，缺一不可。

显然，在社会共同体结构如此之复杂，社会共同体当中的各种“器官”如此之健全，社会共同体内涵如此之丰富的现代社会条件下，整个社会的生产力和创造力便会得到持续的提高和激发，整个社会便会呈现出一种愈益丰富多彩的局面，以人为本的“人性化”基本取向以及社会公正的价值取向便会愈益成为一种主导性趋势。相应的，整个社会便会趋向于不断地进步和完善，社会成员的尊严和生活水准便会愈益地持续得到保障和提高，社会成员的差异化需求也会愈益持续地得到满足。

---

① 《马克思恩格斯选集》第1卷，人民出版社，1995，第276页。

另外，从现代化所催生的现代社会的上述基本特征当中，我们不难形成如是看法：现代社会并非只是某一个方面的现代化，而是一个主要包括上述八个方面的现代化。这就意味着，现代化是一个综合指标体系，而并非某一个方面的指标，如经济上的单方面指标。判断一个社会是否建成了现代社会及其社会所实现的现代化程度，必须同时用上述八个方面的基本特征作为尺度或指标去衡量，而不能只是单用某个方面的指标如经济方面的尺度或指标去衡量，否则便会得出片面的结论。

三、现代化意味着以人为本程度的不断提高

需要看到，人的需求及行为多种多样，隐含多种潜在指向或演化的可能性。这些潜在指向或演化可能性，有的是正面积极的，有的则是负面消极的。同时，还应注意的是，由于现代化动能基数巨大，因而对于负面消极者具有某种加大的效应。有鉴于此，对于现代化建设来说，必须要有一个大的定向把控。而这个定向把控，就是以人为本。以人为本的现代化建设基本宗旨，是现代社会的“灵魂”。

可以说，一部人类文明进步史，就是一部人的不断解放的历史。“任何一种解放都是把人的世界和人的关系还给人自己。”[①] 从整个人类发展历史上看，只有在现代化出现并发展到一定地步时，人类方有可能逐渐解决“人”成其为“人”的根本性问题。随着现代化进程的深入推进，人们的物质生活水准在大幅度提高，人们的闲暇时间在增多，人们的认知能力在提高，同时人们在现代化始初阶段所形成的盲目崇拜GDP现象的弊端也逐渐显现出来。在这样的情形下，人们逐渐发现，“人”方是现代化建设的目的，现代化建设应当是以人为本，而不应当是“以物为本”。“增长是达到目的的手段，而不是目的本身。目的本身包括消除贫困、文盲和疾病，拓宽人类选择的范围，增强人类控制自然环境的能力，从而增加自由。”[②] 于是，以人为本的基

① 《马克思恩格斯全集》第1卷，人民出版社，1956，第443页。

② ［美］基思·格里芬：《可供选择的经济发展战略》，倪吉祥等译，经济科学出版社，1992，第211页。

本理念逐渐深入人心，并逐渐成为人们生存和发展的根本目的，成为现代社会基本制度安排的基本依据。就一般情形而言，一个社会的现代化程度越高，这一点就越加明显。

所谓以人为本，是指现代化建设的基本宗旨、基本目的是要不断满足人的基本需求。再进一步看，人的基本需要又具体表现在现代意义上的社会公正理念所具有的两个相辅相成、缺一不可的基本价值取向上。社会公正理念的第一个基本价值取向是，基于平等的理念，一个社会应当让“所有人共同享受大家创造出来的福利”①。第二个基本价值取向是，基于自由的理念，一个社会要为每一个社会成员的自由发展提供充分的空间。马克思和恩格斯指出，“每个人的自由发展是一切人的自由发展的条件”②。恩格斯指出，社会主义制度就是要“给所有的人提供真正的充分的自由”③。这两个基本价值取向缺一不可。社会公正第一个基本价值取向的主要功能在于“确保平等”，即确保并不断提升全体社会成员生存与发展的基本底线，以此最大限度地消除社会成员之间的隔离因素，增强整个社会的团结合作，使现代化建设成为社会各个群体的共同事业。社会公正第二个基本价值取向的主要功能在于“确保自由”，即将每个人差异化的具体追求同其切身利益紧密地结合在一起，以此激发社会活力和创造力。在现代社会，社会公正是社会各个群体成员利益诉求的最大公约数。社会公正的这两项基本价值取向是一个有机整体，缺少其中的任何一项，社会公正便不具备完整的意义，就会走向不公正。

可以说，以人为本以及社会公正的理念和相应的制度安排能够有效解决现代化建设的基本宗旨、根本目的这样事关方向感的根本性大问题。

毫无疑问，“物质生活的生产方式制约着整个社会生活、政治生活和精神生活的过程”④。一个显而易见的事实是，只有在现代大生产的条件下，社会成员以人为本、合乎人性的生活和发展才具有可能性和现实性。之所以如此，主要有以下原因。其一，现代大生产提供了雄厚的物质产品基础，使

① 《马克思恩格斯选集》第1卷，人民出版社，1995，第243页。
② 《马克思恩格斯全集》第39卷，人民出版社，1974，第189页。
③ 《马克思恩格斯全集》第21卷，人民出版社，1965，第570页。
④ 《马克思恩格斯选集》第2卷，人民出版社，1995，第32页。

得社会成员的基本生存越来越不成为问题，同时，使得以社会福利为重要内容的普惠性社会政策体系的建立成为可能和现实。“通过社会生产，不仅可能保证一切社会成员有富足的和一天比一天充裕的物质生活，而且还可能保证他们的体力和智力获得充分的自由的发展和运用。”[①] 其二，世俗化人生态度的常态化，使得社会成员十分在意“人的”现实生活，能够理性安排自己生活和发展的目标，而远离遥远的宗教的“彼岸世界”以及过于理想化的“乌托邦”世界。其三，法治社会的建立使得社会成员平等和自由发展基本权利的保证成为现实。公正健全的法治体系能够确保每一个“平等”“自由”的社会成员的基本权利不受类似于以往等级制或特权现象的侵犯和剥夺。其四，闲暇时间的大幅度增多、社会流动渠道的增多、社会流动速率的加大以及互联网的普及，则使得社会成员的选择机会大幅度增多，选择能力大幅度增强，进而使得社会成员多样化、差异化的追求成为现实。

迄今为止，就以人为本的实际进展而言，依据各个国家现代化程度的不同，人们已经矫正，或初步矫正，或正在矫正的以往“本能化”以及“人的异化”问题大致有这样几个：

第一个问题，是人的依附性现象。传统社会是一个严格的、以专制制度为核心的等级制社会。在传统社会当中，社会成员没有任何人的尊严。“专制制度必然具有兽性，并且和人性是不相容的。兽的关系只能靠兽性来维持。”[②] “专制制度的唯一原则就是轻视人类，使人不成其为人。”[③] 在这样的社会，社会成员只能是一个具有依附性的被动部件，而不可能具有个体意识以及相应的平等和自由，不可能具有独立的人格。现代社会则从根本上改变了这一点，取而代之的，是人的个体性、独立性、自主性，是人们对于平等和自由的普遍认同。在现代化程度较高的社会，已经消除了人的依附性现象。在初级的现代社会，也已基本消除了这一现象。

第二个问题，是资本的为所欲为现象。这是大部分国家在其现代化初期阶段所普遍遇到的一种现象。这种现象表现为：一些人为了扩张个人的财

① 《马克思恩格斯选集》第3卷，人民出版社，1995，第757页。
② 《马克思恩格斯全集》第1卷，人民出版社，1956，第414页。
③ 《马克思恩格斯全集》第1卷，人民出版社，1956，第411页。

富，凭借自己所拥有的资本这一稀缺资源，按照弱肉强食的丛林法则，对大多数社会成员进行残酷的剥削。这种情形不可避免地会引发各种各样的社会矛盾纠纷，影响到社会的安定。应当说，随着现代文明的逐渐形成，随着各种力度较大的社会调剂政策包括力度越来越大的税收政策的实施，从长远趋势上看，资本为所欲为的现象已经明显减弱。

第三个问题，是GDP至上的行为。在一些国家包括中国的现代化建设初期阶段，往往会出现这样一种情形：人们简单地将现代化问题看成是一个经济现代化的问题，进而又简单地将经济现代化问题看成是一个GDP的问题。于是，全力以赴的追求GDP增长的“GDP主义”便盛行起来。“‘增大增长速度’已成为一种生活的方式……事实上，许多年来人们习惯于把发展同国民生产总值的迅速增长等同起来。”[①] 这种做法的结果是，不仅会程度不同地造成现代化建设甚至经济现代化建设本身的失衡问题，而且会程度不同地损害生态环境，使社会付出巨大的成本，造成现代化的变形走样或是停滞不前，最终损害人本身正常存在和正常发展所需要的必要条件。而随着人们对以人为本的现代化建设的广泛认同，随着单方面经济突进所造成的弊端的日益凸显，各个国家对GDP至上的行为开始进行矫正，而且这种矫正的力度越来越大。且不说发达国家，就连发展中国家包括中国对此都进行了深入的反思和程度不同的矫正。

从一定意义上讲，以人为本的现代化建设，是人类发展历史上的一次根本性的变革，标志着人类的发展已经逐渐具有了真正“自觉”的意义，人类的发展开始消除“本能化”“异化”的现象，人类的发展逐渐成为真正意义上的“人的”发展。

四、现代化意味着大量社会风险的出现

诚如上述，现代化意味着经济生产和创造能力的巨大飞跃，意味着复杂健全社会的形成，意味着以人为本程度的不断提高。这一切，使得现代社会

① ［美］M.P.托达罗：《第三世界的经济发展（上）》，于同申等译，中国人民大学出版社，1988，第152页。

成为人类历史上最为发达和真正意义上的“人的”社会。“从长远的观点来看，现代化增加了全人类在文化和物质方面的幸福。”[①] 虽然如此，还必须看到，现代社会远非一劳永逸、没有任何弊端的理想社会。现代化还意味着现代社会必然会面临大量的、始料不及的、前所未有的社会风险。对于社会风险的应对一旦出现重大失误，现代社会将会为此付出巨大的成本，甚至会出现倒退或动荡的情形。

任何一种类型的社会，都必然会存在社会风险，传统社会亦然。围绕着民众的基本生存问题，传统社会最大的社会风险在于，一旦农耕经济受到自然灾害而大量减产，或是由于政府和教会对农民的税收大幅度增加，便容易引发较为激烈的社会冲突甚至是社会动荡。虽然如此，但由于传统社会构成简单，社会各个群体利益诉求相对单一，社会经济体量较小，加之其自身的封闭性使得较之开放性社会来说其“风险源”相对较少，所以，在传统社会当中，社会风险出现的几率以及社会风险的种类相对较小较少，波及面也相对较小。

与传统社会的社会风险相比，现代社会则大不相同。尽管现代社会的文明程度较高，制度也比较齐备和完善，但是我们还不能将之理想化。一个明显的事实是，在现代社会条件下，会出现大量的、前所未有的不确定性因素，进而造成大量的社会风险。在现代社会条件下，社会风险出现的概率及社会风险的种类之大、之多，远远超过以往的社会。之所以如此，其主要原因大致有以下几个。

第一，社会构成环节繁复多样。

现代社会是一个高度分化的社会，其各种各样有着各种功能的异质性成分不但数量巨大，而且种类极为繁多，加之，社会各个群体的利益诉求又是千差万别，相互间共识的形成容易出现各种问题。同时，现代社会又是一个高度整合的社会，数量庞大、种类繁多的异质性成分相互间是高度依赖的。从某种意义上讲，这就意味着现代社会当中“风险源”的数量及种类繁多。其中的一个环节或要素一旦出现问题，就会程度不同地产生“联动”或“联

① ［美］西里尔·E.布莱克:《比较现代化》，杨豫等译，上海译文出版社，1996，第47页。

滞”的效应，对社会整体造成程度不同的负面影响。“现代社会所有部分的相互依赖使现代秩序比更为简单的经济组织形式敏感得多。实际上，庞大机制的各个部分愈是精密地相互适应，以及各个要素愈是紧密地结合在一起，对干扰的反应就愈重，即使是最轻的干扰。”①

第二，社会经济体量巨大。

与传统社会不同的是，现代生产力的高度发达，使得现代社会积累了前所未有的、日益增大的巨量财富。现代社会的体量之大，远远不是传统社会所能比拟的。在这样的情形下，一旦出现了某种不确定性因素并且失去必要的控制，那么，社会经济巨大体量对于相应的社会风险就会形成明显的“放大效应”，从而加大了社会风险的能量。正如乌尔里希·贝克所说，“在发达的现代性中，财富的社会生产系统地伴随着风险的社会再生产”，“在现代化进程中，生产力的指数式增长，使危险和潜在威胁的释放达到了一个我们前所未知的程度”。②

第三，现代化的不平衡推进。

由于种种历史和现实的因素，由于人们对现代化缺乏足够的认识，因而现代化建设不可能“齐步走”、同步推进，现代化建设往往是以某种不平衡的情状向前推进。从现代化的各个领域看，经济现代化的推进速度相对较快，政治现代化以及文化现代化的推进速度在不同的条件下有快有慢，而科学技术现代化的推进速度相对来说要明显快得多。从国内社会各个群体各自利益增进的角度看，也是有快有慢。从国际上看，各个国家的现代化推进速度同样有明显差别。现代化的不平衡推进，必然会造成不同的领域之间、不同的群体之间、不同的国家之间的隔阂、纠纷和冲突，从而引发多种多样的社会风险。有时，“经济增长不仅不能解决社会或政治上的困难，而且某些类型的增长实际上会引起这些困难”③。

第四，波及面较大。

---

① ［德］卡尔·曼海姆：《重建时代的人与社会：现代社会结构的研究》，张旅平译，三联书店，2002，第41页。

② ［德］乌尔里希·贝克：《风险社会》，何博闻译，译林出版社，2004，第15页。

③ ［美］塞缪尔·亨廷顿等：《现代化理论与历史经验的再探讨》，罗荣渠等译，译林出版社，1993，第47页。

现代社会是一个开放的社会。全球经济一体化程度越来越高，社会共同体内部各个群体、各个领域以及各个区域相互间的开放程度也越来越高。而且，如今互联网的普及，对于不确定性因素的传递更是起了一种推波助澜的作用。在这样的情形下，一个国家或一个群体一旦出现较为严重的问题，那就不可避免地会产生某种迅速传递以及“倍增”的效应，波及其他国家或其他群体、其他领域。如某个国家一旦出现某种经济危机、公共危机或是移民问题，则必然会影响到其他国家。“风险社会从这个意义上是世界性的风险社会。”①

现代社会所面临的不确定性因素以及由此所引发的社会风险表现在方方面面，如金融危机、公共危机、文化冲突、科学技术的不可控、生态环境的破坏、国家（社会共同体）之间的矛盾纠纷，等等。应当承认，与传统社会当中的社会风险相比，现代社会当中的社会风险的“烈度”在明显降低。在传统社会当中，由于生产力的极度低下，人们常常围绕着基本生存资源形成大规模的、激烈的流血冲突。与传统社会明显不同的是，在现代社会，发达的现代生产力使得人们日常生活赖以维系的基本生活资源已经不成问题，而且随着社会各个群体之间相互依存程度的大幅度提高，“一荣俱荣一损俱损”的利益共同体意识逐渐成为社会各个群体的共识。在这样的时代背景下，大规模、流血的激烈冲突的几率明显下降。

不过，即便在现代社会条件下，仍然存在一些一时难以彻底根除的导致激烈冲突的根源，其中的典型者当属“本能与文明”的冲突。在20世纪30年代，面对希特勒大规模残酷迫害犹太人的极端种族主义行为，弗洛伊德说，“总是有人指责他是悲观主义者，因为他否认文化能战胜本能；现在人们看到：他的见解得到了最惊人的证实——野蛮残酷和原始的毁灭冲动在人们心灵里是铲除不掉的”②。弗洛伊德的这种看法过于悲观，不够全面。因为，随着现代文明的进步，人类的理性成分所占比例越来越大，世俗化逐渐成为人们的基本生活态度，相应的，极端种族主义等群体的极端本能化的非

① ［德］乌尔里希·贝克《风险社会》，何博闻译，译林出版社，2004，第21页。

② ［奥］斯蒂芬·茨威格：《昨日的世界——一个欧洲人的回忆》，舒昌善译，三联书店，2014，第705页。

理性因素的影响力越来越小，出现的概率也越来越小。这是一种历史趋势。但同时还应当看到，人的极端本能化因素的基本消除尚需要一段较长的时间。尤其是，当某种极端精神因素如极端本能化因素在某种条件下，一旦同某个群体的某种生存或尊严依据结合在一起，那么，人的这种极端本能化因素的影响力就会程度不同地变大，由此所催生的某种社会风险就会产生较大、较严重的负面效应。

由上可见，在现代社会条件下，对社会风险如果把控不当，则必定会程度不同地造成多种甚至是大面积的社会负面效应。在这些社会负面效应的影响下，现代化进程虽然不会逆转，但有可能会出现“延缓”或“中断”的情形。“虽然在现代化过程中某些方面可能出现暂时的挫折和偶然的倒退，但在整体上现代化是个长期的趋向。”[①]

在现代社会条件下，人类虽然不可能完全杜绝社会风险的出现，但是，随着现代化进程的深入推进和文明的进步，随着人类认识问题能力的提高，随着人类解决问题能力的增强，随着利益共同体意识以及相互合作意识的不断增强，人类完全有可能在一定程度上防止一般性社会风险转为恶性社会风险情形的出现，降低社会风险可能造成的危害。就此而言，需要做好“治本”和“治标”这样两个方面的事情。

从“治本”的角度看，至少需要做好这样几件事情。一是应当以社会公正为基本立足点，协调好社会各个群体之间的利益关系。无论在哪个社会，社会成员最看重的是利益问题。诚如前面所提及的那样，在现代社会当中，社会公正所蕴含的两个基本价值取向即共享社会发展成果和为每一个人提供充分的自由发展空间，是社会各个群体成员各自利益的最大公约数。所以，只要社会公正能够得到促进和保障，那么，人们就可以从社会风险的最大源头上降低社会风险的生成概率，降低社会风险可能造成的危害程度。二是应当注重现代化推进的协调性问题，防范现代化进程中某个方面内容片面，而且是持续的突进。

从“治标”的角度看，至少需要做好这样几件事情。一是应当建立起系

---

① ［美］西里尔·E.布莱克：《比较现代化》，杨豫等译，上海译文出版社，1996，第46—47页。

统的社会保障体系。如是，便可以有效地确保社会成员的基本生存底线，有效防止最为严重的社会风险的出现。二是应当建立起战略物资如粮食、石油以及黄金的储备体系。否则，“将无法有效应对来自国内外各种经济风险如石油等能源价格上涨的冲击，无法有效应对国内各种社会风险如经济波动、物价上涨、金融危机的打击，进而使得社会动荡发生的可能性将大幅度上升。”[①] 三是应当注意，有的问题只能依靠本国来解决，有的问题则需要通过多个国家之间的合作来共同解决，如生态环境问题以及经济的进出口问题，等等。

五、现代化意味着多样化发展模式的出现

现代化模式既是一个事关现代化建设能否得以有效推进的问题，更是一个事关现代化建设是否拥有恰当贴切的具体载体的问题。

在大工业早期阶段，人们对现代化的理解相对简单。当时人们基本上将工业化、现代化和西方化等同起来，认为随着工业化在全世界范围的扩散，各个国家的民族性将会消失。之所以会形成这样的看法，主要原因有两个。一个原因是，对大工业生产这样一种前所未有的威力的过度崇尚。“当时现代化最明显的特点便是工业革命的突飞猛进，人们凭借着大工业的物质力量去彻底改造世界。况且，由于现代化首先产生于西方，于是人们心理观念上便出现了一种西方中心论”，因而对于别的民族的宽容度很小。“民族传统在当时被作为一种纯属落后的东西被摈弃于‘先进’社会之外”[②]。另一个原因，则在于当时除了西方国家之外，也没有别的国家成功地推进现代化。就现代化建设而言，只有西方几个国家如英国、美国、法国等取得了初步的成功，因而具有一定的典型意义，客观上使得人们容易将现代化与西方化当成一回事。

二战之后，随着殖民主义的瓦解，随着民族独立运动的普遍兴起，随着大量取得独立地位的民族逐渐开始进行现代化建设，从全世界范围看，多样

① 吴忠民:《社会矛盾新论》，山东人民出版社，2015，第420页。
② 吴忠民:《渐进模式与有效发展——中国现代化研究》，东方出版社，1999，第206页。

化的现代化模式开始普遍出现。

造成多样化的现代化模式的因素多种多样，其中最为重要的影响因素有两个：一个因素是不同国家现代化发端的时间，另一个因素则是不同的民族传统。

从现代化发端时间早晚不同的角度看，可以将现代化模式分为早发型现代化和后发（迟发）型现代化两种类型。与早发型现代化不同，后发型现代化起点较低，而且其现代化的起步不是由自身的“自然演化”所致，不是“内生”的，而是迫于早发型现代化国家所形成的外部压力被迫步入现代化的，或者说其现代化发端始于“外生”。虽然后发国家的现代化历史起点较为落后，但必须以现代化为目标，否则就要亡国亡种。后发国家的现代化在一开始时往往比较被动、艰难，但随着时间的推移，大量的后发国家获得了民族独立，获得了现代化建设的自主性，进而随着时间的推移，逐渐地由原来的“后发外生型”现代化模式转变为“后发内生型”现代化模式。后发国家的现代化建设明显不同于早发国家。不少后发国家为了尽快追赶早发国家，经常采取国家动员、大规模采借外国先进事物以及一揽子解决问题的方式来推进自身的现代化建设。而且，同早发国家相比，后发国家的现代化建设既面临着诸多的不利因素即“后发劣势”，如内涵型发展的艰难，不利于自身的国际经济秩序，现代化进程的摇摆度相对较大，等等；同时也面临着不少有利因素亦即“后发优势”，如更容易形成一种强大的现代化推动力量，可以吸收大量的外来资金，可以引进国外先进的科学技术，等等。

而千差万别的民族传统更是催生了多样化的现代化模式。所谓民族传统，就是每个民族源自自身历史并延续至今的某种规定系统和倾向，是其自身赖以生存和发展的某种框架。任何一种文明都是由某种特有的“时代”内容和某种特定的民族传统内容这样两个部分有机构成的。正如某种传统社会模式是由与自然经济相适应的“旧的”时代内容同某种特定的民族传统内容有机结合而成一样，现代化模式则是由“新的”现代性内容（亦即现代化条件下的时代内容）和某种特定的民族传统内容两个部分有机结合而成。

就两者的具体关系来说，相对而言，现代性这一时代内容侧重于现代化模式的实际内容，而民族传统则侧重于现代化模式的形式。换言之，相对而言，现代性侧重于“体”，属于现代社会当中最为基本的内容，民族传统侧重于“用”，属于现代社会某种重要的存在和发展形式。两者缺一不可。现代性必须基于特定的某种民族传统，方能得以存在和发展，如西方一些国家的现代化建设就是同“新教伦理”传统有机结合在一起，方获得顺利推进。同样，民族传统也必须同现代性内容有机地结合在一起方具有长远的生命力，方有未来，否则，就会走向衰亡。客观上看，现代性属于新的时代性内容。比起在自然经济基础上所形成的“传统社会”的内容来说，现代性是一种历史前进的方向，具有生命力，必然要取代“传统的”、旧的时代内容。相比之下，民族传统尽管从根本上讲是产生于传统社会，而且，民族传统也存在一个随着时代的变化而有所变化、与时俱进的问题，但民族传统同旧的时代内容还不完全是一回事。民族传统一旦形成，便具有了一定的、相对的历史恒定性，不会随着历史的变化而即刻发生相应的变化。正是从这个意义上讲，“民族传统的一个特点在于，它既不是‘过去化’了的东西，也不是‘未来化’的东西，而是一种通贯过去、现在和将来的东西”，“是该民族历史内容借以发展的某种框架。”①

显然，合理区分特定的时代内容和特定的民族传统，是合理理解现代化模式的关键所在。一些学者正是由于对这一问题没有进行合理的区分，或者是将特定的时代内容当成现代化模式的全部，或者是将民族传统当成现代化模式的全部，因而均不可避免地陷入以偏概全的境地。这种以偏概全的境地包括两种截然相反的情形：或者是在以承认民族传统具有现实合理性和生命力的同时，也承认了旧的时代内容的现实合理性；或者是在承认新的时代内容亦即现代性内容具有现实合理性的同时，将民族传统等同于“旧的”时代内容，进而完全否认了民族传统所具有的现实合理性和生命力。

在现代化模式的理解方面，梁漱溟和胡适的不同观点形成了鲜明对比。梁漱溟观点的可取之处，在于看到了中国民族传统的重要价值。但是，梁漱溟对于民族传统这种重要性的判断走到一个极端。在梁漱溟那里，民族传统既是“体”，也是“用”。正是基于这样的观点，梁漱溟认为，中国的传统文

① 吴忠民：《历史原脉与现实走向——历史社会学研究》，河南大学出版社，1992，第90、94页。

明是世界历史上各种文明形态当中最为成功者，代表着人类文化的发展方向。“世界未来文化就是中国文化的复兴，有似希腊文化在近世的复兴那样。”[①]在近代，中国文化之所以失败，其原因“不外两点：一是缺乏科学技术；二是缺乏团体组织；更无其他。而近代西洋正是以科学技术和团体组织这两点见长，也更无其他”[②]。梁漱溟没有看到，中国整体的传统文化既包括中庸适度、包容以及天人合一等至今看来需要继承下来的有价值的民族传统内容，也包括落后于时代的内容。梁漱溟更没有看到，现代生产力、市场经济、城市化、法治社会以及现代价值理念等现代性内容是中国现代化建设的基本内容。舍此，中国就不会有未来。胡适的观点则截然相反。在胡适那里，其可取之处在于，看到了必须抛弃的传统社会当中旧的时代内容。但问题在于，胡适不仅没有看到民族传统的价值，而且更有甚者，胡适基本上是将民族传统与落后两者画上等号。由此，胡适进一步的看法必然是，中国的民族传统几乎没有可取之处。胡适认为，中国从古到今遗留下来的主要内容是“五鬼”——“是贫困，是疾病，是愚昧，是贪污，是扰乱。这五大恶魔是我们革命的真正对象”[③]。显然，在胡适眼中，中国要想进行现代化建设，就应当完全舍弃以往，亦即应当完全抛开民族传统，一切从头开始。如是，中国的现代化建设便会缺少必要的安身立命之基石，便会缺少必不可少的生命力。

另外，在考虑民族传统时，还有一个问题需要引起必要的关注，这就是民族传统本身虽然具有某种“超越时代”的相对稳定性，但并非绝对不变的。应看到，民族传统也有一个随着时代的变化而出现某种变化的问题。比如，社会动员这一现象在中国的传统社会当中很少出现，但自近现代以来，在种种历史条件的作用下，社会动员不仅经常出现，而且逐渐成为中国社会当中的一种“新的”民族传统。

重要的是，现代化发端时间的不同与民族传统的不同这两种因素在现实当中是交织在一起的。这就使得现代化模式的多样化更加成为一种必然。比

① 中国文化书院学术委员会编《梁漱溟全集》第1卷，山东人民出版社，1989，第539页。
② 梁漱溟：《乡村建设理论》，商务印书馆，2017，第55页。
③ 欧阳哲生编《胡适文集》第5卷，北京大学出版社，2013，第328页。

如，一些后发国家为了实现自身的独立和维护民族的尊严，为了有效动员民众进行现代化建设，有时刻意强调自身的民族传统，以求得民众认同的效果。

时至今日，在多种因素的影响下，从世界范围看，现代化模式呈现出一种多样化而且是常态化的局面。已经实现初步起飞的中国现代化模式就很不同于西方国家。中国的世俗化传统对于现代化具有显著的助推作用，这一点很不同于新教伦理对于西方一些国家现代化的助推；中国强大的社会动员能力对于现代化的助推也不同于西方国家鲜用社会动员方式的情形。即便是现代化已经比较成熟的日本社会，仍然存在不少有别于西方国家的“传统”行为。比如，日本人不愿公开化激烈的“竞争”，而是十分强调“合作”。有学者发现，“日本人从来就工于心计，擅长避免发生激烈的直接竞争。在日本的小学里竞争的机会被限制到美国人无法想象的最小限度。日本教师得到的指示是要教会学生改善自己的成绩，而不应给他与其他儿童相比的机会。”① 再如，日本十分重视群体、重视年功资历的做法，同样很不同于西方国家重视个人、重视个人努力的做法。“日本企业的社会集团特征，首先在于它是一种一家一户式的集团，其次是它囊括了全体属员的私人生活。”“日本的户和企业的职能作用中所显示出的集团团结的凝聚力含义，正是个人把自己同集团一心一意地联系起来的主要基础。”② 就是在西方国家之间，现代化模式也有明显的不同。德国重视国家干预的做法，就明显有别于美国强调个人、强调民间的做法。

由上可见，多样化的现代化模式不仅使得现代化建设具有了具体的载体，现代化建设因之具有了一种必不可少的社会共同体支撑力量，而且，由于不同现代化模式之间的相互参照、竞争及合作，使得现代化建设更加具有了一种可持续的推动力量。

---

① ［美］本尼迪克特：《菊花与刀》，孙志民等译，浙江人民出版社，1987，第131页。
② ［日］中根千枝：《日本社会》，许真等译，天津人民出版社，1982，第19页。

唯物史观视野中的中国道路

唐爱军［中央党校（国家行政学院）马克思主义学院副教授］

阐释好中国道路是一项刻不容缓的学术任务。尽管学界已有诸多的解释方法，但基本缺少了唯物史观视域的关照。只有立足唯物史观，方能正确地解释好中国道路，避免陷入“中国道路、西方话语”的陷阱。中国道路的唯物史观的审视，至少涉及三个重要主题：一是基于“发达社会主义观”和“发展中社会主义观”的有效区分，把握中国道路的现代化主题；二是基于社会形态和生产方式逻辑，揭示中国道路要遵循以工业化和市场化为核心的现代化规律；三是基于马克思“资本现代性批判”理论，阐释中国道路之新现代性的独特性质。只有如此这般的解读，中国道路才能展示出“历史的本质性一度”。

《教学与研究》2019年第3期

近些年，中国道路、中国模式等成为大家普遍关注的话题，诸多学者从各个学科、各个角度作了相当多的阐释，大致说来，有如下几个比较突出的解读方法或研究方式。一是“要素提取法”。这种研究方法着重提炼出中国道路的基本特征、核心要素、成功基因以及重要机制等。比如，有学者指出，中国模式主要有八个特点：实践理性、强势政府、稳定优先、民生为大、渐进改革、顺序差异、混合经济、对外开放。[①]还有学者总结中国道路的四个特征：社会平等、贤能体制、制度的有效性先于制度的纯洁性、中性政府。[②]还有学者从经济、政治和社会三个方面把握中国道路，建构出“国民—民本—社稷”的模式：作为经济模式的“国民”经济体制、作为政治模式的“民本”政治和作为社会模式的“社稷”。每个模式都有四个支柱，这样通过十二个支柱建构出中国道路的骨架。[③]二是“外部反思法”。“外部反思法”实际上脱离中国道路本身，缺乏对中国经验、中国问题的分析，借助于一些外部的主观概念、范式（尤其是西方概念、西方范式）给中国道路“定性”。“政治专制+经济自由”“列宁主义政权+市场”“中国特色资本主义”“国家资本主义”“威权社会主义”“市场社会主义”等话语都是这种外部反思的具体体现。三是“抽象描述法”。这种方法没有切入到中国道路的具体规定性当中，而是停留在一般理论层面抽象地解读中国道路。比如，笼统说中国道路是马克思主义与中国实际相结合的产物；再比如，抽离中国历史传统和社会主义社会性质，把中国道路完全

① 张维为：《中国模式和中国话语的世界意义》，《经济导刊》2014年第3期。
② 姚洋：《中国道路的世界意义》，《国际经济评论》2010年第1期。
③ 潘维：《当代中华体制——中国模式的经济、政治、社会解析》，潘维主编《中国模式：解读人民共和国的60年》，中央编译出版社，2009，第6页。

等同于“东亚模式”。[①] 以上这些解读视角或方法在有些方面的确提出了具有启发性的观点，但几乎都缺少了唯物史观的视域关照。立足于唯物史观阐释中国道路是学术和政治的“双重需求”，是我们牢牢掌握国际话语权的不可或缺的理论任务。

一、社会主义如何“遭遇”现代化?

从一般意义上讲，中国特色社会主义道路无非是社会主义与现代化的结合。但是，在马克思的经典社会主义中，“‘社会主义’与‘现代化’并不处于同一时空序列，前者是西方后资本主义的未来社会形态，后者则是东方前工业社会实现现代转型的历史主题”[②]。比如说，马克思、恩格斯在一些经典著作所言说的社会主义并不与现代化相切合，恰恰是“后现代性”“超越现代化”的：基于生产力高度发达的社会主义扬弃了资本主义，超越了劳动分工、商品经济、城乡对立、民族国家等“现代化要素”。马克思在《资本论》第一卷第一版序言中指出：“工业较发达的国家向工业较不发达的国家所显示的，只是后者未来的景象。”[③] 前资本主义的东方社会未来所要呈现的才是现代化（西方化）。

社会主义如何“遭遇”现代化？我们首先需要厘清两种不同的社会主义观。一是“发达社会主义”观。经典社会主义原理主要是以西方资本主义国家为经验基础的，马克思、恩格斯关于未来社会主义的设想是建立在资本主义高度发达及其导致的一系列危机的判断上。正如恩格斯指出：“现代社会主义，就其内容来说，首先是对现代社会中普遍存在的有财产者和无财产者之间、资本家和雇佣工人之间的阶级对立以及生产中普遍存在的无政府状态这两个方面进行考察的结果。”[④]“现代社会主义”就是“发达社会主义”，

① 正如德里克指出，中国道路不同于一般威权主义（如东亚国家），它有着自身的革命传统、特定的社会主义价值目标（平等主义价值诉求、独立自主的发展）。可参见［美］阿里夫·德里克：《“中国模式”理念：一个批判性分析》，《国外理论动态》2011年第7期。

② 高力克：《社会主义现代化：中国道路》，《浙江学刊》1991年第6期。

③ 《马克思恩格斯文集》第5卷，人民出版社，2009，第8页。

④ 《马克思恩格斯文集》第3卷，人民出版社，2009，第523页。

它要对资本主义社会存在的阶级斗争和生产的无政府状态进行批判性考察。“发达社会主义”的历史主题是什么?是革命,是对资本主义的批判与扬弃。“发达社会主义”直接的现实起点和逻辑起点是无产阶级反对资产阶级的革命斗争,其逻辑结构是这样的:阶级—阶级斗争—无产阶级专政—无阶级的自由人联合体。围绕革命任务形成了一系列相关理论,诸如无产阶级政党理论、工农联盟理论、统一战线理论、国际主义理论等。[①] 二是“不发达社会主义”观。“发达社会主义”观中的社会主义是作为共产主义第一阶段的、生产力水平高于资本主义的社会主义。“不发达社会主义”观中的社会主义是生产力水平低于发达资本主义的落后国家所追求、建立的社会主义。马克思晚年关注东方社会发展道路问题。1881年,马克思在写给查苏利奇的复信草稿中提出跨越“资本主义制度的卡夫丁峡谷”的命题。“如果说土地公有制是俄国‘农村公社’的集体占有制的基础,那么,它的历史环境,即资本主义生产和它的同时存在,给它提供了大规模地进行共同劳动的现成的物质条件。因此,它能够不通过资本主义制度的卡夫丁峡谷,而享用资本主义制度的一切肯定成果。”[②] 马克思在关于俄国的思考中,产生了两个方面的积极成果:一是丰富和发展了唯物史观,揭示了人类社会非线性进化的规律。二是提出了“不发达社会主义”思想,初步将“社会主义”(公有制的过渡)与“现代化”(占有资本主义成就)两者勾连起来了。列宁将马克思的理论设想转化为现实。走上了社会主义道路的俄国所面对的历史主题是对资本主义的批判与革命吗?不是!正如列宁指出:“同社会主义比较,资本主义是祸害。但同中世纪制度、同小生产、同小生产者涣散性引起的官僚主义比较,资本主义是幸福。”[③] “不发达社会主义”面对的首要问题是充分利用资本主义因素来发展生产力。如果说“发达社会主义”面对的主要问题是“苦于资本主义生产的发展”,那么“不发达社会主义”则是“苦于资本主义生产的不发展”。列宁所提出的“共产主义就是苏维埃政权加全国电气化”公式,构成了社会主义现代化的

① 刘海涛:《“中国特色社会主义理论体系”概说》,《当代世界与社会主义》2012年第6期。

② 《马克思恩格斯全集》第19卷,人民出版社,1963,第437页。

③ 《列宁选集》第4卷,人民出版社,2012,第510页。

重要的思想渊源。“发达社会主义”的历史主题是社会主义革命，“不发达社会主义”的历史主题是社会主义现代化，只有持“不发达社会主义”观，社会主义才能与现代化结合。

中国道路之所以能够开辟出来，得力于中国共产党在不同历史时期思考社会主义与现代化的结合问题。根据新民主主义理论，党的七届二中全会提出了“现代化”与“社会主义化”的双重任务，即“使中国稳步地由农业国转变为工业国，由新民主主义国家转变为社会主义国家”。“一化三改”的“过渡时期总路线”延续了这一思想，工业化和社会主义改造，好比一只鸟，前者是主体，后者是两翼。[①] 社会主义改造后，党的八大提出要把中国“由落后的农业国变为先进的社会主义工业国”。但之后，由于“左”的思想不断蔓延，我们党并没有进一步推进社会主义与现代化的结合及其实践，即便谈及工业化、生产力、技术等，都是在“社会主义革命”框架下的，“政治战线和思想战线上的革命”“不断革命”“无产阶级专政下继续革命”等政治话语都是其集中表现。这说明，我们党仍然是在“发达社会主义”观中思考社会主义建设问题，社会主义与现代化的逻辑并没有理顺，导致的后果是：“不是从有效的现代化发展寻求建设社会主义的基础和动力，而是直接从社会主义革命的努力中去寻求建设社会主义的基础和动力。”[②]“社会主义革命”引申出一系列实践指向：一是追求纯而又纯的“所有制改造”的经济革命；二是实现以阶级斗争和政治动员为特征的政治革命；三是提倡道德化和理想化的“人的改造”的思想文化革命。

党的十一届三中全会之后，我们党破除“以阶级斗争为纲”的思维，逐步探索社会主义与现代化的结合问题。邓小平提出“什么是社会主义，怎样建设社会主义”是我们的首要问题，实际上开始突破传统的“发达社会主义”观，回到“不发达社会主义”的理论框架来思考中国现代化道路。中国共产党人将“不发达社会主义”观进一步具体化为“发展中社会主义”观。只有在“发展中社会主义”观的理论关照下，中国道路的历史阶段、历史主题等方面才能有效地被呈现出来。囿于“发达社会主义”观，我们是无法准

① 张静如编《中国共产党思想史》，青岛出版社，1991，第426页。
② 林尚立：《当代中国政治形态研究》，天津人民出版社，2000，第309页。

确把握中国社会发展的历史阶段的。社会主义建设过程中的失误就在这里。在这里，有必要交代两种不同的“过渡时期”理论。一是从发达资本主义向社会主义（共产主义第一阶段）的过渡时期。“在资本主义社会和共产主义社会之间，有一个从前者变为后者的革命转变时期。同这个时期相适应的也有一个政治上的过渡时期，这个时期的国家只能是无产阶级的革命专政。”[①]二是经济文化落后国家跨越“卡夫丁峡谷”意义上的过渡时期。邓小平等共产党人遵循“发展中社会主义”思路，提出了“社会主义初级阶段”概念，科学回答了中国道路所处的历史阶段，社会主义初级阶段理论也构成了中国道路的立论基础。中国道路处在这样一个历史阶段：特指我国在生产力落后、商品经济不发达条件下建设社会主义必然要经历的特定阶段。1956年，中国进入社会主义社会，但它不是“后资本主义”的、作为共产主义第一阶段的社会主义，而是“发展中的社会主义”，从生产力发展水平的角度看，它是低于“发达资本主义”，更不要谈“发达社会主义”了。“发展中的社会主义”观不仅规定了中国道路所处的历史阶段，也明确了中国道路的历史主题——社会主义现代化。我国生产力水平远远落后于发达的资本主义国家，“我们必须经历一个很长的初级阶段，去实现别的许多国家在资本主义条件下实现的工业化和生产的商品化、社会化、现代化”[②]。社会主义初级阶段本质上就是“现代化”阶段，中国道路的实质就是实现现代化的过程。以“发达资本主义”为参照系，中国道路是经济文化落后的中国通过工业化、现代化，在经济和技术上赶超世界先进国家的历史过程，其带有明显的“赶超”特征；以“发达社会主义”为参照系，中国道路是立足社会主义初级阶段，在现代化发展中建设社会主义，作为中国向理想的“发达社会主义”过渡的现实途径。“落后国家走向社会主义，不仅需要政治上的过渡时期，而且需要经济和社会发展上的过渡时期。”[③]社会主义初级阶段就是这样的经济和社会发展上的过渡时期，中国道路就是这一过渡时期的实践道路。

---

① 《马克思恩格斯文集》第3卷，人民出版社，2009，第445页。

② 中共中央文献研究室编《十三大以来重要文献选编》（上），中央文献出版社，2011，第9页。

③ 林尚立：《当代中国政治形态研究》，天津人民出版社，2000，第261页。

二、以生产方式为中轴的现代化逻辑

马克思关于社会形态的直接阐述至少有四次。[①]第一次是在《德意志意识形态》中，提出了部落所有制、古代的公社所有制和国家所有制、封建的或等级的所有制等各种不同的所有制形式。第二次是在《1857—1858年经济学手稿》中，提出了“三形态”的论说。第三次是在《〈政治经济学批判〉序言》中，提出了“四形态”的论说。第四次则是在《给〈祖国纪事〉杂志编辑部的信》《给维·伊·查苏利奇的复信》等书信、草稿中，在关于东方社会发展道路的一系列思考中涉及到社会形态问题。对于马克思关于人类社会历史划分的思想，一般说来，有两种解读。一是“五形态”说。马克思说过：“大体说来，亚细亚的、古希腊罗马的、封建的和现代资产阶级的生产方式可以看做是经济的社会形态演进的几个时代。”[②]以此为根据，斯大林明确提出了“五形态”：“原始公社制的、奴隶占有制的、封建制的、资本主义的、社会主义的”[③]社会形态。二是“三形态”说。“人的依赖关系（起初完全是自然发生的），是最初的社会形式，在这种形式下，人的生产能力只是在狭小的范围内和孤立的地点上发展着。以物的依赖性为基础的人的独立性，是第二大形式，在这种形式下，才形成普遍的社会物质变换、全面的关系、多方面的需要以及全面的能力的体系。建立在个人全面发展和他们共同的、社会的生产能力成为从属于他们的社会财富这一基础上的自由个性，是第三个阶段。”[④]

受到苏联教科书的影响，一度以来，人们将“五形态”说视为人类历史发展的绝对逻辑图式。近些年来，一些学者立足人本主义解释路向，凸显“三形态”的理论解释力，试图用它取代“五形态”。实际上，马克思社会形态理论，从本质上说，是生产方式社会形态理论，“五形态”和“三形态”都是从不同角度对生产方式社会形态的论述。“五形态”侧重从生产关系尤其是所有制角度探讨人类社会历史变迁，其可称之为“所有制社会形态”

① 庞卓恒：《马克思社会形态理论的四次论说及历史哲学意义》，《中国社会科学》2011年第1期。
② 《马克思恩格斯文集》第2卷，人民出版社，2009，第592页。
③ 《斯大林文选（1934—1952）》上册，人民出版社，1962，第199页。
④ 《马克思恩格斯文集》第8卷，人民出版社，2009，第52页。

论；“三形态”虽然以人的发展为视角，但其划分的标准仍然是经济标准，立足由生产方式所决定的交换方式（自然经济、商品经济和产品经济）划分人类社会和人的发展的不同历史阶段，其可称之为“交换社会形态”。只有从生产方式逻辑及其变迁出发，才能把握人类社会发展的客观规律。第一，从横向逻辑看，生产方式构成了人类社会的最重要的基础，它决定了整个社会结构的其他要素。“每一历史时代主要的经济生产方式和交换方式以及必然由此产生的社会结构，是该时代政治的和精神的历史所赖以确立的基础。”[①]第二，从纵向逻辑看，生产方式变迁是人类社会发展的终极原因，生产方式是区分不同社会形态的根本标尺。一切社会变迁和政治变革的终极原因，“应当到生产方式和交换方式的变更中去寻找”[②]。马克思指出：“各种经济时代的区别，不在于生产什么，而在于怎样生产，用什么劳动资料生产。”[③]

只有从生产方式变迁逻辑才能正确地考察人类社会历史发展，也才能有效地阐释好中国道路。一是从“生产关系一定要适应生产力发展水平的规律”看中国道路的历史性变革。一般说来，生产方式是生产力与生产关系的统一体，其中，生产力是最具有决定性的要素。以生产方式观察人类社会形态及其变迁，关键是从生产力标准、“生产力社会形态”理解社会变迁、政治变革等一切社会运动。列宁说：“只有把社会关系归结于生产关系，把生产关系归结于生产力的水平，才能有可靠的根据把社会形态的发展看做自然历史过程。”[④]人类历史发展归根到底是围绕以生产力发展为核心的经济发展的中轴转动。[⑤]改革开放之前，我们囿于“所有制社会形态”框架，过于侧重生产关系和所有制角度理解人类社会发展、社会主义建设，着眼于“制度的先进性”的阐释。在实践层面上，我们通过所有制革命和政治革命等方法，不断追求生产关系的“先进性”、所有制的“纯洁性”，试图去促进生产力的发展。正如罗兹曼等人在《中国的现代化》一书指出的，一个国家的发

① 《马克思恩格斯文集》第2卷，人民出版社，2009，第14页。
② 《马克思恩格斯文集》第9卷，人民出版社，2009，第284页。
③ 《马克思恩格斯文集》第5卷，人民出版社，2009，第210页。
④ 《列宁选集》第1卷，人民出版社，2012，第8—9页。
⑤ 罗荣渠：《现代化新论——世界与中国的现代化进程》（增订本），商务印书馆，2009，第75页。

展水平不能用生产资料公有化的程度或其他体制上的规范来衡量，只能用政治的、经济的等指标来衡量。[①] 基于“制度的先进性”的社会主义建设实践，实际上是试图用“发达社会主义”的理想型的生产关系去促进“现实社会主义”生产力及其社会的发展。这其实违反了“生产关系一定要适应生产力发展水平”唯物史观这一基本原理。从生产方式逻辑框架看，生产关系的性质有两个方面的表现：一方面适应性（适应生产力的性质和水平），另一方面是不适应性（可分为“滞后性”和“超前性”）。生产关系的先进与落后，不能根据抽象原则判断，归根到底取决于是否解放生产力以及解放的程度。在社会主义建设过程中，我们所建立的纯而又纯的所有制结构、计划经济体制表现出来的特征是不适应性，是严重束缚社会生产力发展的。中国道路是社会主义现代化的变革之路，它要求从传统社会主义体制当中解放出来。立足于“现实社会主义”的生产力状况，去调整生产关系；基于“发展的现实性”[②]，建构起适应生产力发展水平、适合现代化发展要求的体制机制。可见，从生产方式变迁逻辑出发，尤其是回到生产力这一中轴，我们可以发现，中国道路就是超越借助“超前”“先进”生产关系来促进生产力发展的道路，立足生产力发展水平，建立与之相适应的生产关系，解放和发展生产力的道路。

二是从“现代化生产方式逻辑”看中国道路的核心要素。从生产方式逻辑来看，人类社会的历史发展是：原始的生产方式—农业生产方式—工业化生产方式—后工业化生产方式。划分“传统”与“现代”的根本依据是生产方式，资本主义时代之所以是“现代化”的，在于其以工业化为核心的现代化生产方式，它是马克思当年关注的主要议题。马克思在《资本论》中明确指出：“我要在本书研究的，是资本主义生产方式以及和它相适应的生产关系和交换关系。”[③] 现代化生产方式到底有哪些要素或特质？第一，现代生产

① ［美］吉尔伯特·罗兹曼编《中国的现代化》，国家社会科学基金“比较现代化”课题组译，江苏人民出版社，2003，第12页。

② “发展现实性”“生产标准”不仅仅具有工具理性意义的有效性，而且也具有价值理性意义的合法性。对生产标准的合法性解读，可参看林进平：《对韦伯合法性理论的历史唯物主义审视》，《马克思主义与现实》2017年第4期。

③ 《马克思恩格斯文集》第5卷，人民出版社，2009，第8页。

是以大工业为基础的生产，它采用机器生产，代替自然力和人力，并实行最广泛的分工。工业化是现代化的核心，现代社会是一种工业文明的新时代。第二，现代生产是一种商品生产，商品生产决定了市场化的交换方式。商品经济的市场扩张机制为经济发展提供了动力，世界市场不断打破人身依附关系、政治束缚、民族国家界限。第三，现代生产广泛应用科学技术。当今世界就是现代化生产方式在全球不断扩张的时代，以工业化和市场化为特征的现代化构成了整个世界的潮流。在马克思看来，世界历史可以划分为两大历史时代：资本主义世界历史时代和社会主义世界历史时代。“历史向世界历史的转变”，在当代，体现为我们的时代仍然是资本主义主导的世界历史时代。中国道路是在资本主义世界历史阶段出现的建设社会主义的道路，是一种“现实的社会主义”展开。中国道路遵循现代化一般规律，就是要实行工业化发展战略和市场化取向的改革路向。改革开放构成中国道路的最鲜明标志。改革的本质是市场化，开放的本质是经济全球化，两者都是现代化生产方式的内在逻辑和基本要求。中国共产党破除传统社会主义观念和模式，建立社会主义市场经济体制，并不像某些人所说的背离了马克思主义基本原理，恰恰是回归到唯物史观的一般逻辑，遵循了生产方式变迁逻辑。传统的计划经济模式尽管也有着明确的工业化目标导向，但它存在不可克服的弊端，比如缺乏激励和动力机制；计划的不理性，管理体制僵化；行政权力绝对配置资源，导致等级制和官僚主义；对全球经济的封闭性。它们都是严重违背了现代化生产方式的一般逻辑。

因此，从以生产方式为中轴的现代化逻辑看，中国道路有“破”有“立”：一是遵循生产关系一定要适应生产力发展的规律，破除基于理想社会主义所建立的生产关系；二是遵循以工业化和市场化为核心的现代化逻辑，建立社会主义市场经济体制，融入经济全球化。

三、“新现代性”的生成与建构

有一种观点认为，中国道路本质上是“中国特色资本主义”，是资本主义现代化的变种，把改革开放取得的成果解读为新自由主义的溢出效应。近代以来，先进中国人围绕中学与西学、现代化与西方化展开持续争论，探寻中华民族未来之命运。从近代中国的国情看，中国走资本主义现代化道路根本行不通，从内部看，民族资产阶级有软弱性，从外部看，有帝国主义的压迫。进入改革开放新时期，尽管我们打开国门，在某些方面向西方学习，但我们党在探索中国道路过程中，始终坚持一点："追求现代化但拒绝西方化。"中国道路的历史主题是现代化，但其基本底色是社会主义，中国共产党人将社会主义与现代化有机结合起来，逐步建构起一种不同于资本主义现代性的"新现代性"类型。

马克思关于现代性的学说是一种"资本现代性"理论，它揭示了资本逻辑构成了现代化的本质根据。"资本现代性"理论，准确说来，是一种"资本现代性批判"理论。在马克思看来，资本主义现代性是有历史限度的，其所构想的未来社会是"后"现代性的，社会主义和共产主义运动是一种扬弃资本主义现代性、塑造"新现代性"的实践活动。改革开放以来所形成的、仍在生成中的中国道路就是遵循了马克思"资本现代性批判"逻辑，呈现出一种独特的现代性类型，其基本性质就是"驾驭资本的新现代性"。我们可以从"理念—价值逻辑""制度逻辑"和"实践逻辑"等三个层面展开。

（一）"理念—价值逻辑"。探讨中国道路的"理念—价值逻辑"，就是阐明其内在的价值原则和规范基础。马克思批判资本主义社会的价值论依据，就是它导致了人的异化。社会主义和共产主义社会的价值原则是人的自由全面发展、人类解放。在探讨《共产党宣言》时，马歇尔·伯曼指出："这种共产主义的图景无疑具有现代性，其现代性首先在于它所具有的个人主义性质，但更多的是在于它的发展的理想，将发展的理想视为良好生活的形式。"[①] 中国道路尽管仍然存在于资本主义全球化中，但它秉承了人类解放的价值原则，超越了以资本增殖为最高原则的资本主义现代性。人类解放的价值原则具体化为以人为本、以人民为中心等。中国道路的独特性就在于，它超越了把追求物质财富和经济增长当作发展目的的资本主义现代化模式，走出了一条以人为核心的现代化道路。

---

① ［美］马歇尔·伯曼：《一切坚固的东西都烟消云散了》，徐大建、张辑译，商务印书馆，2013，第126页。

（二）“制度逻辑”。从“制度逻辑”考察中国道路，就是探讨中国道路的“制度性维度”[①]，它指的是现代性在制度层面上的表现，探究的是实现现代性理念与价值的制度安排。资本构成了现代社会的枢纽，资本逻辑决定了现代性逻辑。中国道路，归根到底是现代化之路，拒绝或抽象否定资本，只能走向“反现代性”，但又要认识到资本的二重性，防止资本导致的异化。这决定了中国道路必然是利用资本但同时又是规制资本的独特现代性类型。在全球化的资本扩张下，任何单个人都是无法与资本相抗衡的，只有“组织起来”构成人民国家，才可能驾驭资本。“在市场经济条件下，维护资本利益还是维护人民利益的斗争必然集中表现为争夺国家权力的斗争。”[②]中国道路的“制度逻辑”，从根本上来说，就是建构资本—国家—人民三元主体之间的制度体系。1978年以来，中国道路为什么能成功，尤其是中国经济为什么能持续增长？这些疑问都可以从这三大主体或要素中寻求到答案。在这里，我们主要关注的是：中国道路如何超越资本主义现代性，呈现出新现代性的基本特征？最关键的一点就是“国家权力”[③]。自由主义者认为，国家是必要的恶，应该尽可能地减少其各种职能，防止国家对经济社会的干预，国家扮演着“守夜人”的角色。与此相反，一些学者主张“使国家回归”，普遍以国家自主性理论为分析框架，突出强调国家权力和国家能力在经济社会发展中的重要性。就连福山也反思新自由主义教条，强调“跟限制或削弱国家相反，国家构建应该成为我们最重要的议程”[④]。实际上，马克思主义国家观，尤其是“无产阶级专政”概念可以很好地解释中国道路的“国家权力”要素。马克思认为，无产阶级专政承担着变革所有制、剥夺资本的革命任务。“无产阶级将利用自己的政治统治，一步一步地夺取资产阶级的全部资本，把一切生产工具集中在国家即组织成为统治阶级的无产阶级

① 关于现代性的“制度性维度”的分析，相关成果可参见：[英]安东尼·吉登斯：《现代性的后果》，田禾译，译林出版社，2011，第49—68页；衣俊卿：《现代性的维度及其当代命运》，《中国社会科学》2004年第4期。

② 孙承叔：《中国道路与马克思主义哲学研究重心的第二次转向》，《马克思主义与现实》2014年第1期。

③ 本文是从广泛意义上谈及国家、国家权力等概念的，中国语境中的国家权力包括了党和政府。

④ ［美］弗朗西斯·福山：《国家构建：21世纪的国家治理与世界秩序》，郭华译，学林出版社，2017，第7页。

手里，并且尽可能快地增加生产力的总量。”[①] 在社会主义初级阶段，在社会主义市场经济条件下，无产阶级专政的目标导向、作用方式发生重大调整，更多体现为在法治框架内驾驭资本。驾驭资本有两层含义：一是通过国家权力的有效干预，为资本的良好运行、市场经济发展提供条件。二是国家权力引导、规范资本，防止资本的异化，比如，弥补市场失灵，遏制利益集团，维护公平正义。驾驭资本的国家权力是“发展之手”与“保护之手”的统一。从生产力的角度看，社会主义通过国家权力的有效干预，比资本主义能更快地解放和发展生产力；从生产关系的角度看，它比资本主义更能够避免社会冲突和阶级分化，更好地维护公平主义和社会秩序。但是，国家权力也可能蜕变为“掠夺之手”，所以中国道路必须解决国家权力的自我净化问题，即如何保证国家权力的人民性。可见，从制度的角度看，中国道路核心就是要建构一套既能让国家权力驾驭资本，又能保证国家权力人民性的制度体系，它构成了中国道路未来有效发展的制度支撑。

（三）“实践逻辑”。把握中国道路的“实践逻辑”，就是探寻它在追求或实现独特现代性过程中所选择的具体路径和发展模式。一是中国经济发展模式。在经济领域，资本主义现代化模式表现为新自由主义倡导的“自由市场经济模式”，私有化和市场化是它的核心表征。中国道路并没有选择“自由市场经济模式”，而是马克思主义主导的“社会主义市场经济模式”：在所有权方面，建立以公有制为主体、多种所有制共同发展的基本经济制度；在分配模式上，实现按劳分配和按生产要素分配并存的分配方式；在运行机制上，强调市场与政府“两只手”的有机结合。二是中国政治发展模式。在政治领域，资本主义现代化模式表现为新自由主义推行的“自由民主模式”，强调选举民主、多党制等。中国特色政治发展道路超越了“自由民主模式”，坚持党的领导，人民当家做主和依法治国三者有机统一。三是中国社会发展模式。在社会领域，资本主义现代化模式表现为新自由主义倡导的“公民社会模式”。在社会建设和社会发展问题上，新现代性的建构和生成过程中，有两个重要原则。一是“保护社会”。“驾驭资本的新现代性”的一个

① 《马克思恩格斯文集》第2卷，人民出版社，2009，第52页。

重要表现或要求就是为资本“划界”，不能将资本逻辑和市场交换原则无限制地扩张到社会领域，防止社会的“殖民化”。“保护社会”就如波兰尼所主张的针对市场、资本对社会“脱嵌”而构成的反向运动。“现代社会由一种双向运动支配着：市场的不断扩张以及它所遭遇的反向运动（即把市场的扩张控制在某种确定方向上）。”[①]前者是经济自由主义原则，目标是自我调节市场的确立与扩张；后者是社会保护原则，运用保护性立法、限制性的社团以及其他干涉手段对人、自然和生产组织的保护。二是“防止公民社会化”。新自由主义推崇“国家与社会”的两分法，追求“弱国家强社会”模式，甚至主张社会对抗国家。中国社会发展模式摆脱了“公民社会模式”，主张“强国家强社会”模式，在实践中，建构国家与社会的有效互动模式，强调国家治理体系和治理能力现代化。总而言之，中国道路在塑造新现代性的实践过程中，摆脱了以资本扩张和“去国家化”为核心的资本主义现代化模式，努力实现“有效市场+有为政府+有序社会”的现代化之路。

结　语

中国共产党人立足“发展中社会主义”观，将社会主义与现代化有机结合起来，探索“中国式现代化”道路。何为“中国式现代化”？我们至少可以从“两个不走”来窥视其基本定向。一是“既不走封闭僵化的老路”，中国道路遵循了现代化的一般逻辑，必然要超越“苏式现代性”（苏联模式）；二是“也不走改旗易帜的邪路”，中国道路秉承了马克思资本现代性批判逻辑，指向一种新的现代性类型，必然要超越“西方现代性”。我们只有从唯物史观出发，才能破除各种话语陷阱，尤其是“中国道路、西方话语”的话语设置，进而才能正确地切入中国道路的“历史的本质性一度”。

① ［英］卡尔·波兰尼：《大转型：我们时代的政治与经济起源》，冯钢、刘阳译，浙江人民出版社，2007，第112页。

第三篇

「中国道路的精髓要义」

中国道路及其本源意义

韩庆祥

［中央党校（国家行政学院）校务委员会原委员、一级教授，中央党校专家工作室领衔专家］

关于中国道路，人们往往“熟知”然而并非“真知”，知其然而不知其所以然。其原因之一，就是人们多把中国道路仅仅当作政治话语而非学术话语，很少从学术、学理上对中国道路进行深入探究。要真正厘清中国道路的核心要义及其政治意义、学理价值和实践意义，就必须深入学理层次上进行深入研究。本文致力于从学理上研究中国道路，其学术创新主要在于：(1) 首次对马克思主义发展史作出一个全新的判断，即对道路的探寻，是贯穿马克思主义发展史的一条根本主线；(2) 首次从学理上运用“定性—定位—定标—定法—定力”的分析框架，揭示了中国道路的核心要义及其生成机制；(3) 首次从学理上提出一个全新的论断，即中国道路具有本源意义，并对这一本源意义进行全方位的揭示。

学术界、理论界对中国道路问题较为关注，时常把它看作是一个根本性问题。然而，由于人们多把它看作是一个政治问题而非学术问题，还没有从学理上加以深入理解和阐释，致使中国道路成为人们熟知然而并非真知、知其然而不知其所以然一类的问题。如何把中国道路也看作一个学术问题，进而把中国道路由政治话语也转化为学术话语？如何从学理上理解和把握中国道路及其意义？翻阅大量相关文献，迄今为止，学术界还未真正解决好这些问题，还没有从学理上对中国道路给出一个精准、精炼、彻底、合乎逻辑且令人信服的圆满阐释，更没有认识到中国道路所具有的本源意义。我认为，一旦把中国道路也看作一个学术问题，进而从学理上加以深入探讨，不仅有助于从外延上拓宽中国道路问题研究的学术空间，还有助于从根本上深刻认识中国道路所具有的本源意义。

一、“道路”探寻是贯穿马克思主义发展史的根本主线

马克思主义发展史，到底是一种什么样的发展史？答案种种，然而，还没有哪一本著作把马克思主义发展史明确看作是对“道路”问题探寻的历史。

我们来看看马克思主义发展史从根本上到底是什么样的发展史吧。

空想社会主义之所以是空想，主要体现在两个方面：一是它对未来理想目标的设想没有建立在现实的基础之上；二是它关于未来理想目标的实现，较为注重人的理性、改良、道德教育、宣传舆论、天才人物的作用，没有真正找到切实可行的科学道路。于是，实现社会主义理想目标的道路问题，就成为需要后人继续深入探寻的一个根本性问题。

马克思、恩格斯把社会主义由空想变为科学，创立了科学社会主义。科学社会主义对空想社会主义的变革，主要体现在道路问题上。一是马克思、恩格斯把对未来社会之理想目标的设想建立在现实的基础上，这一现实，就是对社会基本矛盾的理解，就是对资本主义社会发展规律和人类历史发展一般规律的把握；二是更为重要的，马克思、恩格斯找到了一条实现社会主义理想目标的根本路径，这就是《共产党宣言》所确立的：全世界无产者联合起来，通过无产阶级革命，消灭私有制，消灭剥削，进而解放无产阶级，解放全人类，促进每个人自由而全面发展。在马克思、恩格斯那里，科学社会主义就是关于无产阶级解放条件的学说，其核心就是致力于探寻实现社会主义、共产主义与人的自由全面发展的道路。

马克思晚年集中思考和研究的是东方社会跨越“卡夫丁峡谷”的问题，其实质就是关于东方社会的发展道路问题。1867年，《资本论》第1卷出版后，俄国学者正在思考俄国废除奴隶制后向何处去的道路问题。他们对《资本论》中所提出的由封建生产方式向资本主义生产方式转变的历史必然性，对俄国农村公社的命运，尤其是俄国社会的发展道路等问题，展开了激烈争论。1881年初，俄国革命民主主义者查苏利奇致信马克思，希望马克思能说明对俄国农村公社的发展道路和发展命运的看法。马克思针对他们提出的问题，也着重对东方社会发展“道路”问题进行思考，并作了回应。[①]

列宁把科学社会主义由理论付诸实践。列宁领导的“十月革命”，就是科学社会主义在俄国的具体实践。列宁在晚年，从实践到理论所探寻的根本主题，就是小农经济占优势的俄国向社会主义过渡的“道路”问题。列宁指出，当时俄国小农经济占优势。要使小农经济向社会主义过渡，必须利用国家资本主义。由此列宁指出：“一切民族都将走向社会主义，这是不可避免的，但是一切民族的走法却不会完全一样，在民主的这种或那种形式上，在无产阶级专政的这种或那种形态上，在社会生活各方面的社会主义改造的速度上，每个民族都会有自己的特点。”[②]这里所谓的“走法”，实质上就是道路问题。

---

① 《马克思恩格斯选集》第3卷，人民出版社，2012，第908—919页。

② 《列宁专题文集·论社会主义》，人民出版社，2009，第398页。

自1921年中国共产党登上中国历史舞台以后，马克思主义的发展，就具体体现为马克思主义基本原理与中国具体实际相结合及其发展历程，亦即马克思主义在中国的历史发展。“十月革命”一声炮响，给中国送来了马克思列宁主义。马克思主义在中国的历史发展进程，首先表现为马克思主义基本原理与中国革命具体实际相结合，这是在新民主主义革命时期实现的。这一次结合的核心问题，就是关于中国革命的道路问题。当时毛泽东和王明的争论，实质上就是关于中国革命走什么样的道路这一问题的争论。2014年4月1日，习近平在比利时布鲁日欧洲学院演讲时，回顾了当时中国是如何选择社会主义道路的：“1911年，孙中山先生领导的辛亥革命，推翻了统治中国几千年的君主专制制度。旧的制度推翻了，中国向何处去？中国人苦苦寻找适合中国国情的道路。君主立宪制、复辟帝制、议会制、多党制、总统制都想过了、试过了，结果都行不通。最后，中国选择了社会主义道路。”

1956年初，在中国社会主义基本制度将要确立这一历史时刻，毛泽东把在新中国如何建设社会主义的道路问题提到重要议事日程，成为以毛泽东同志为代表的中国共产党人所面对的最为紧迫的根本问题，这实际上也是马克思主义基本原理与中国社会主义建设具体实际相结合的问题。毛泽东强调指出：“应该把马列主义的基本原理同中国社会主义革命和建设的具体实际结合起来，探索在我们国家建设社会主义的道路了。”[①]这意味着：毛泽东特别强调要把马克思主义基本原理同中国社会主义建设的具体实际结合起来；这一结合的核心问题，就是应该独立思考中国自己的社会主义建设道路问题；在这一问题上，我们党既反省、反思一定历史时段对苏联模式的照搬，又表明我们党在精神上具有一定的独立性和主动性。于是我们党强调要破除迷信，反对本本主义、教条主义。这次结合，毛泽东明确称之为“第二次结合”。毛泽东强调：汲取苏共二十大的经验教训，“最重要的是要独立思考，把马列主义的基本原理同中国革命和建设的具体实际相结合”。对此，毛泽东深有体会地说：“民主革命时期，我们在吃了大亏之后才成功地实现了这种结合，取得了新民主主义革命的胜利。现在是社会主义革命和建设时期，

① 中共中央文献研究室编《毛泽东年谱》第2卷，中央文献出版社，2013，第550页。

我们要进行第二次结合，找出在中国怎样建设社会主义的道路”，即“现在更要努力找到中国建设社会主义的具体道路”。[①]第二次结合的主要理论成果，根据顾海良教授的研究，一是社会主义社会基本矛盾理论；二是统筹兼顾、注重综合平衡理论；三是以农业为基础、工业为主导、农轻重协调发展理论。在我看来，这其中最为核心的，是社会主义社会基本矛盾理论。因为对社会主义社会基本矛盾及其性质的理解，是关系社会主义“如何搞法”的一个重大问题。这个问题，实质上就是社会主义建设的道路问题。

1978年我国开启改革开放和社会主义现代化建设新步伐以后，马克思主义在中国的发展就体现为马克思主义基本原理与新时期中国改革开放的具体实际相结合，这次结合的实质、核心，就是对实现社会主义现代化的道路问题的探究。根据历次党代会的主题，我们完全可以明确地把这条道路确定为中国特色社会主义道路。

党的十八大的召开，是马克思主义在中国发展的一个新的里程碑。新就新在，这是一个“中国特色社会主义新时代”，是“我国发展新的历史方位”，这是实现“强起来”的新时代，是我国由大国向强国实现伟大飞跃的新的历史方位。在这一新时代或新的历史方位，马克思主义的发展就具体体现为马克思主义基本原理与我国新时代中国特色社会主义实践相结合，与大国成为强国即实现“强起来”的历史实践相结合。这次结合具有里程碑意义，其结合之实质、核心，就是要进一步深入探究实现“强起来”的具体道路问题。党的十九大报告第四部分及之后的内容，主要就是对全面建成社会主义现代化强国、实现中华民族伟大复兴之具体道路的阐述。

由上可以看出，马克思主义发展史从根本上就是对“道路”问题探寻的历史。

二、五个维度揭示中国道路的核心要义及其生成机制

既然对道路的探寻是贯穿马克思主义发展史的根本主线，那么，从学理来讲，中国道路的生成机制是什么？究竟什么是中国道路的核心要义？或者

① 中共中央文献研究室编《毛泽东年谱》第2卷，中央文献出版社，2013，第557页。

说如何从学理上揭示中国道路的核心要义及其生成机制？中国道路，就广义而言，主要包括中国革命的道路、中国社会主义建设的道路、社会主义现代化建设的道路与和平发展道路；就狭义而言，主要是指当代中国致力于实现社会主义现代化、实现中华民族伟大复兴的中国特色社会主义道路。这里，本文按照一个完整的逻辑框架，从五个维度，对中国道路尤其是狭义上的中国特色社会主义道路之核心要义及其生成机制作出学理上的揭示。

一是定性：坚持中国共产党领导。

揭示中国道路，首先要对中国道路进行“定性”，这主要回答“谁来领航”“往哪领航”的问题。“性质”决定着方向，方向决定着道路，方向问题，是中国道路的首要问题。

中国道路在性质上不是走资本主义的邪路，它超越以资本为主导的逻辑；中国道路也不走封闭僵化的老路，它反对道路一旦确定就静止不动、固化定型，跟不上时代发展的步伐。中国共产党领导是中国特色社会主义最本质的特征，中国共产党领导是中国特色社会主义制度最大的优势，是中国共产党探寻并开创了中国道路。显然，坚持中国共产党领导，是中国道路最本质的特征，它体现着中国道路的根本性质。

自从中国共产党登上中国历史的舞台，最为首要的，就是真正开始探寻中国革命的道路问题。1956年，中国共产党开始主动探究在中国建设社会主义的道路问题；尤其是1978年我国开启改革开放以后，最为首要的，就是中国共产党人真正开始探寻并开创了中国特色社会主义道路。由于找到了正确的道路，中国发生了翻天覆地的变化。历史的逻辑确实如此：没有中国共产党，就没有新民主主义革命的胜利；没有中国共产党，就没有新中国；没有中国共产党，就没有改革开放。中国共产党正是在探寻中国道路并创造历史成就的过程中呈现领导力的，也是在运用总体方略实现战略目标的历史进程中实现其领导力的。因此，只有读懂中国共产党，才能理解中国道路；只有理解中国道路，才有助于理解中国共产党。中国道路之所以必须坚持中国共产党领导，是因为中国共产党不仅是中国道路的真正探寻者、开创者与领航者，而且其指导思想具有引领力，奋斗目标具有感召力，组织资源具有动员力，实现蓝图具有恒定力，自我革命具有净化力。在中国道路的核心要义中，坚持中国共产党领导具有总体性地位与核心性作用。

这一维度讲的是中国道路的本质逻辑。

二是定位：立足历史方位。

揭示中国道路，在搞清楚“谁来领航”“往哪领航”之后，逻辑上就必须进一步为中国道路进行定位，即搞清楚“我在哪里”。这实际上是关于中国道路的历史坐标问题。这里所讲的历史坐标，实质上就是中国道路所处的历史方位。确定历史方位至关重要，因为只有首先搞清楚“我在哪里”，才能进一步搞清楚“走向何方”。这在实质上讲的是中国道路的总依据、立足点问题。

历史方位既然是历史坐标，它就确定着中国道路所处的历史阶段。在不同历史阶段，中国道路会有不同的“走法”，同一条道路也会有具体不同的“走法”。中国道路是中国共产党在不同历史阶段且解决不同的社会主要矛盾和根本问题的进程中开创出来的。在1978年改革开放初期，即在我国“欠发展”的历史方位，我们党主要是解决人民日益增长的物质文化需要同落后的社会生产之间的矛盾，由此所要解决的根本问题或首要根本任务，就是解放和发展社会生产力，解决的方法是发展科学技术，利用市场机制；党的十八大以后，中国特色社会主义进入了新时代，我国发展进入了“发展起来以后”新的历史方位。此时，我们党与时俱进地把人民日益增长的美好生活需要和不平衡不充分的发展之间的矛盾作为社会主要矛盾，由此把逐步实现全体人民共同富裕、不断促进人的全面发展作为全面建成社会主义现代化强国、实现中华民族伟大复兴的根本支柱，作为新时代新的历史使命和奋斗目标，把贯彻落实新发展理念、实施“两大布局”（统筹推进“五位一体”总体布局、协调推进“四个全面”战略布局）作为总体方略。显然，中国道路既具有相对稳定性，也具有开放性和未完成性，具有与时俱进的品格，它不是封闭保守僵化的，而是开放创新发展的，是向世界开放的。

立足历史方位的中国道路具有三大实践功能。一是保持清醒头脑，不冒进、不保守。明确历史方位，就知道“我在哪里”。“人类始终只提出自己所能解决的任务，因为只要仔细考察就可以发现，任务本身，只有在解决它的物质条件已经存在或者至少是在生成过程的时候，才会产生。”[①] 我们只能根据自己所处的历史方位来确定奋斗目标。这样，就既不会冒进，也不会保守。二是坚持与时俱进，不停滞、不封闭。随着历史进步和实践发展，我们要与时俱进地确定奋斗目标，并全力以赴地实现这一奋斗目标，中国道路也随之得以拓展。比如，随着民族历史日趋成为世界历史，中国道路的世界维度会日益展现。只有这样，才会不停滞、不封闭。三是明确工作重点，不迷失、不折腾。明确工作重点，就可以紧紧围绕工作重点做好工作，并以抓重点带好面上的工作。这样，既不迷失方向，也可避免瞎折腾。从邓小平到习近平，中国共产党人都十分重视历史方位问题，并以此来与时俱进地拓展中国道路，推进中国发展。

这一维度讲的是中国道路的历史逻辑。

三是定标：把解放和发展生产力、逐步实现全体人民共同富裕和促进人的全面发展，作为实现社会主义现代化、实现中华民族伟大复兴的三大根本支柱。

揭示中国道路，在搞清楚“我在哪里”之后，逻辑上就需要对中国道路进行“定标”，回答“走向何方”的问题。确定“我在哪里”，就是为了明确“走向何方”。道路，自然包含道路所指向和达到的战略目标。战略目标，是中国道路的题中应有之义。没有战略目标的道路，不能称其为道路。

确定战略目标，既要以实事求是地把握社会主要矛盾和所解决的根本问题为基础和前提，也要以对“历史方位”的定位为基础和前提，确定战略目标，与确定历史方位直接相关，这叫作“定位”决定“定标”。俗话说，“在什么山唱什么歌”。同理，在什么样的历史方位，就确定什么样的战略目标。就是说，我们所确定并实现的战略目标是历史的、与时俱进的。在“欠发展”的历史方位，邓小平首先判定我国的社会主义依然处在“初级阶段”，因而其首要根本任务和奋斗目标，就是“解放和发展生产力”。习近平把中国特色社会主义确定为进入了新时代，我国发展进入了新的历史方位，即我国“发展起来以后”的历史方位。由此，他把“逐步实现全体人民共同

① 《马克思恩格斯选集》第1卷，人民出版社，2012，第3页。

富裕，建设富强民主文明和谐美丽的社会主义现代化国家”，实现中华民族伟大复兴，促进人的全面发展，作为新时代中国共产党的战略目标。这样的逻辑次序可归结为：“解放和发展生产力——逐步实现全体人民共同富裕——促进人的全面发展”。解放和发展生产力、逐步实现全体人民共同富裕和促进人的全面发展，从根本上影响着实现社会主义现代化、实现中华民族伟大复兴。所以，在中国道路中，解放和发展生产力、逐步实现全体人民共同富裕和促进人的全面发展，是实现社会主义现代化、实现中华民族伟大复兴的三大根本支柱。

中国道路中的战略目标，主要表达的是中国道路的目标追求和价值取向。解放和发展生产力、逐步实现全体人民共同富裕、促进人的全面发展，都是社会主义的目标追求和价值取向。这种战略目标超越了以资本为主导的逻辑，走出了一条把物的发展和人的发展统一起来的以人民为中心的全面现代化道路，这是中国道路的核心。因为现代化首先是解决“物”的问题，然后在逻辑上进一步解决“人”的问题。这种战略目标凝聚着中国共产党和中国人民的共同目标追求，凸显了社会主义和现代化的本质属性，从而使社会主义和现代化互相促进、相辅相成。它超越了西方有些国家“你输我赢”的单赢观，注重共同富裕和每个人的全面发展，更具有感召力和凝聚力。它所呈现出的现代化是全面发展的现代化，涉及经济、政治、文化、社会、生态等方方面面。它具有三大实践功能，一是明确前进方向，激发人们的主动性、能动性。二是明确奋斗目标，振奋人心、鼓舞斗志。三是画出最大同心圆，具有凝心聚力作用。

这一维度讲的是中国道路的目标逻辑。

四是定法：把贯彻落实新发展理念并实施“两大布局”作为总体方略。

揭示中国道路，接下来的逻辑，就是对中国道路进行“定法”，回答“如何走法”的问题。所谓“定法”，就是确定实现战略目标的根本路径和方法，亦称总体方略。这是中国道路的一个核心内容。

战略目标确定之后，接着在逻辑上就要确定实现战略目标的总体方略。为实现战略目标，就必须进一步确定好实现战略目标的总体方略。为实现上述所讲的战略目标，习近平提出了贯彻落实新发展理念，推进“两大布局”，即统筹推进“五位一体”总体布局、协调推进“四个全面”战略布局。这实际上讲的就是实现战略目标的总体方略。在这一总体方略中，统筹推进“五位一体”总体布局是“总框架”，“新发展理念”是“路线图”，“四个全面”战略布局是“牛鼻子”。统筹推进“五位一体”总体布局，意味着中国道路在我国经济、政治、文化、社会和生态领域具有具体的体现。新发展理念在中国道路中具有十分重要的地位，它从“路线图”的高度来讲如何使大国成为强国进而实现中华民族伟大复兴，它体现了中国特色和社会主义本质的有机统一，体现了经济社会发展和生态文明建设的有机统一，体现了国内发展和国际发展的有机统一，体现了中国视野和世界眼光的有机统一，是对我国发展起来以后的发展新格局进行的顶层设计和战略谋划。协调推进“四个全面”战略布局，意味着我们要紧紧扭住“四个全面”战略布局这个“牛鼻子”，来统筹推进“五位一体”总体布局，来贯彻落实新发展理念。

这一维度讲的是中国道路的实践逻辑。

五是定力：整合推动力量，使党政主导力量、市场配置力量和人民主体力量形成合力。

揭示中国道路，在逻辑上，还要进一步揭示中国道路所蕴含的推动力量，即蕴含的“定力”，回答“动力何来”的问题。所谓定力，就是揭示实现战略目标的推动力量。“路”是要走的，道路是走出来的，“走”，就需要力量来推动。没有力量推动，战略目标及总体方略都实现不了。推动力量，是中国道路中不可或缺的一项重要内容。这种推动力量可概括为：积极整合党政主导力量、市场配置力量和人民主体力量并形成合力。其中，党政主导力量是根本，市场配置力量是手段，人民主体力量是目的。

把推动力量作为中国道路的核心要义之一，有其重要依据。第一，具有历史依据。中国特色社会主义的开创，是从社会结构转型开始的。现代化的本质是“社会结构转型”，即由传统的社会结构转向现代的社会结构。当代中国通过开创中国特色社会主义以实现社会主义现代化的进程，本质上就是中国“社会结构转型”的进程。1978年改革开放以后，我国开创了中国特色社会主义。1992年，我国正式确立要建立社会主义市场经济体制。社会主义市场经济体制的出现，逐渐改变了我国传统的社会结构，使中国传统社会结构发生转型。这种转型，首先体现在市场配置的力量在生长。随着市场配置力量的生长，最直接的影响，就是人民的主体力量也不断增长。因为市场配置力量的生长，会不断增强人民的利益、能力、自立意识，以及主体、独立、自主、平等、民主意识，进而会使人民的各种诉求不断觉醒和增强。目前，人民的能力、自立、自主、民主意识的增强，就是人民主体力量增强的具体体现。随着市场配置力量、人民主体力量的不断增强，会内在要求政府转变传统职能，由管制型政府向在中国共产党领导下且仍具有主导作用的公共服务型、治理型政府转变。这样，整个中国的社会结构就会发生如下变化：逐渐形成以党政主导力量、市场配置力量和人民主体力量为核心要素而构成的新型社会结构。这种结构，构成中国特色社会主义道路中的本质力量结构。

第二，具有理论依据。进一步说，中国特色社会主义首先是社会主义，科学社会主义的基本原则不能丢，丢了就不是社会主义。科学社会主义的基本原则，就是坚持劳动人民立场，它把人民群众当作社会历史发展的主体，当作社会历史发展的动力，当作推动社会历史发展的力量源泉，当作社会历史发展的目的。由此，中国道路必须注重人民主体力量。这是中国特色“社会主义”之所以称其为社会主义的本质或根据。离开这一点，就不是社会主义，也谈不上中国特色社会主义道路。中国特色社会主义之为“中国特色”，从根本性来看，在经济上主要体现为“市场经济”。因为在科学社会主义的基本原则中，在马克思、恩格斯对社会主义的理解中，是找不到市场经济的。由于中国特殊的国情，由于中国要集中力量解放和发展生产力，也由于只有解放和发展生产力才能真正实现社会主义，所以，我们就利用了市场经济和市场机制，这就使中国的社会主义具有了“中国特色”。所以，注重市场配置力量，就成为中国道路之中国特色的一个核心要义。不仅如此，中国特色社会主义之为“中国特色”，从根本性上说，在政治上主要体现为“党政主导”。坚持中国共产党领导（以及更好发挥政府的作用），是中国特色社会主义的本质特征和根本要求，是中国特色社会主义制度的最大优势。历史和实践表明，在1978年以来中国特色社会主义建设实践中，在正确决策的前提下，党和政府集中一切资源和力量解难题、办大事、加速度，大力解放和发展生产力，是中国特色社会主义之“中国特色”最鲜明的本质特征。实际上，中国特色社会主义体现在经济、政治和社会领域，就分别是“建立社会主义市场经济体制”“坚持中国共产党领导”和“充分发挥人民群众的主体力量”。换一种表述，就是注重市场配置力量、党政主导力量和人民主体力量。

第三，具有实践依据。党政军民学、东西南北中，党是领导一切的。所以，在中国道路所蕴含的核心力量结构中，党政主导力量是首要的。人民是中国共产党执政的最大底气，人民是中国共产党最根本的依靠力量，人民对美好生活的向往就是我们党的奋斗目标，为中国人民谋幸福是中国共产党人的初心，民心是最大的政治，要把人民放在我们党心目中最高的位置。由此，只有读懂人民，才能真正读懂中国共产党。在中国道路所蕴含的核心力量结构中，人民主体力量是必不可少的。在党的基本路线中，坚持以经济建设为中心，就必须坚持改革开放，而改革之一的经济体制改革之大方向，是建立社会主义市场经济体制，其目的是让市场在资源配置中发挥决定性作用，更好发挥政府的作用。由此，市场配置力量在经济领域至关重要，应成为中国道路所蕴含的核心力量结构中的一个重要要素。因此，党政主导力量、市场配置力量和人民主体力量构成中国道路中的三种根本力量。中国道路不仅注重党政主导力量、市场配置力量和人民主体力量，而且注重整合这三种力量并形成合力。只有整合并形成合力，才能真正实现战略目标，也才能真正显示出中国道路的独特优势和重大作用。

要正确处理政党、市场和人民的关系，就需要从制度上给出合理的设计。从制度设计上，这种关系，就是中国共产党要有效合理利用和驾驭资本，坚持以人民为中心。这样的制度设计和安排，能够更快更好地解放和发展生产力，能够避免阶级分化和社会冲突，能够更好地促进公平正义和维护社会和谐。可见，从制度角度看，中国道路的核心，就是要构建一套既能让中国共产党驾驭市场经济，又能保证政治权力为人民谋幸福的制度体系，它构成中国道路的制度支撑。由此，从根本上说，中国道路的制度逻辑，就是构建政党、市场、人民三大核心要素之间的制度体系。

这一维度讲的是中国道路的制度逻辑。

综上所述，从学理上可以把中国道路的核心要义及其形成机制概括为：坚持中国共产党领导，立足历史方位，把解放和发展生产力、逐步实现全体人民共同富裕和促进人的全面发展，作为实现社会主义现代化、实现中华民族伟大复兴的三大根本支柱，自觉贯彻落实新发展理念，实施“两大布局”，整合党政主导力量、市场配置力量和人民主体力量并形成合力。这些核心要义具有严密的内在逻辑，构成一个有机整体。

三、中国道路具有本源意义

当我们详尽考察、分析马克思主义发展史、马克思主义中国化历史发展的逻辑、中国共产党历史发展的逻辑、新中国历史发展的逻辑、我国改革开放历史发展的逻辑、世界历史发展的逻辑，以及近代以来中国所面临的“向何处去”这一根本问题之后，就会发现：中国道路具有本源意义，它是解释上述发展逻辑和根本问题的一种“框架”、一把“钥匙”。庆祝新中国成立70周年，首先要从总体上解答好三个影响中国发展命运的根本性问题，这就是马克思主义为什么行？中国特色社会主义为什么好？中国共产党为什么能？要解答好这三个根本性问题，理论必须彻底，理论只要彻底，就能说服人。所谓彻底，就是要抓住问题的根本；问题的根本，就是必须从中国道路中寻找问题的本源，寻找问题的真实答案。这里所讲的本源意义，是指“中国道路”是理解近代以来中国的总体性问题的根本。

（一）马克思主义中国化历史发展的逻辑，核心是围绕中国道路这一主线展开的。

马克思主义中国化历史发展的逻辑，本质上是马克思主义与中国具体实际相结合的逻辑。它涉及马克思主义和中国具体实际两个根本方面。

马克思主义的发展史，从根本上就是对道路问题探寻的历史。上有所述，不再赘述。

近代以来中国的具体实际，也就是中国的根本问题，归根到底，就是对中国道路的探寻。近代以降，中国处在迷茫彷徨当中，其主要原因就是没有找到一条救国之路。当时，各种各样、五花八门的“主义”在中国都被尝试过，也都在解决一个根本问题：中国向何处去？因为旧的制度被推翻以后，“中国向何处去”的道路问题便成为第一号具有根本性的问题。当时许多仁人志士都在苦苦寻找适合中国国情的道路，但各种各样的方案都行不通。就是说，当时没有一个“主义”和“方案”能解决中国的道路问题。

马克思主义传播到中国来，就开启了马克思主义中国化的历程，一下子就在中国落地、扎根、开花、结果了。为什么？其中最根本的原因，就是马克思主义在与中国具体实际相结合的马克思主义中国化过程中，找到了能解决中国问题的正确的中国道路。

马克思主义与中国具体实际的第一次结合，是在新民主主义时期进行的。这次结合的实质，是关于中国革命的道路问题。这一时期，中国共产党人最关注的，是采取什么样的革命道路才能实现民族独立、人民解放。由是，当时在党内就中国革命的道路问题展开了激烈争论。争论的焦点，是采取城市武装暴动的道路，还是采取农村包围城市的道路。历史、实践让中国共产党人最终选择了农村包围城市的革命道路，于是便实现了马克思主义中国化的第一次飞跃，其成果，是毛泽东思想。

马克思主义与中国具体实际的第二次结合，是在1956年社会主义改造完成以后的中国建设社会主义时期。这次结合，毛泽东明确将其概括为“第二次结合”，而且认为结合的核心，就是在中国建设社会主义的道路问题。这一时期，有一个在中国建设社会主义的道路之选择问题。到底是选择苏联模式，还是走“独立自主、自力更生”的道路？当时苏联是世界上第一个建立社会主义制度的国家，“向苏联学习”，在当时的中国占有一定市场，由此，苏联模式对当时中国的影响比较大。1956年2月苏共二十大召开，是苏联历史乃至国际共产主义运动历史上的一个重要转折点。会上主要批判了对斯大林的个人崇拜。中国方面认为，苏共二十大在破除斯大林的个人崇拜并揭露其错误的严重性方面具有积极意义，同时又认为赫鲁晓夫全盘否定斯大林的做法是不对的。因此，中共中央一方面采取维护斯大林的立场，同时另一方面开始以苏为鉴，反对本本主义和教条主义，并自觉主动地探索适合中国情况的建设社会主义的独立的正确道路。

根据政治上最为权威的表述，应当说，毛泽东所讲的“第二次结合”，与1978年改革开放新时期我们党的政治文献所讲的“第二次”结合，既有区别，也有内在的逻辑联系。毛泽东所说的“第二次结合”，其实就是要探索在中国建设社会主义的具体道路，这条道路，就是具有中国特点的社会主义道路。这与改革开放新时期我们所讲的中国特色社会主义道路具有“异曲同工”之处，都是对在中国怎样建设社会主义的道路问题的探索。然而，毛泽东所讲的在中国建设社会主义的具体道路只是一种初步的思考和探索，还没有形成一种完整的实践形态和理论形态，是向我们党的政治文献所讲的真正意义上的“第二次”结合的过渡，因而还是一种“知性感悟”，还没有真正从总体上、根本上达到“理性自觉”。不过，前者为后者提供了启示，这就是在中国建设社会主义必须具有“中国特点”。因此，马克思主义与中国具体实际的真正意义上的“第二次”结合的历史节点，应是1978年我国开启的改革开放。这种意义上的结合，就是马克思主义中国化进程中把马克思主义与中国改革开放具体实际相结合，其成果，就是在我国“欠发展”历史方位为实现“富起来”而形成的中国特色社会主义理论体系，主要包括邓小平理论、“三个代表”重要思想、科学发展观。这里的“第二次”结合及其形成的中国特色社会主义理论体系，其实质就是开创并发展、完善中国特色社会主义道路，它实现了马克思主义中国化的第二次飞跃。

马克思主义与中国具体实际的第三次结合，是在中国特色社会主义进入新时代逐步进行的。这次结合的实质、核心，是关于实现强起来的道路问题。经过长期努力，中国特色社会主义进入了新时代，这是我国发展新的历史方位。在这一新时代或新的历史方位，马克思主义与新时代中国特色社会主义实践相结合，正在实现马克思主义中国化的第三次飞跃。虽然在政治文献上我们还没有作出这一结论，但在学理上却有其确凿理由和探究空间。从总体上讲，强调这是一次新的飞跃，就在于党的十九大报告所讲的，中国特色社会主义进入新时代，在中华人民共和国发展史上、在中华民族发展史上、在世界社会主义发展史上、在人类社会发展史上也具有重大意义。[①] 这里讲的在“发展史”上的重大意义，意味着“中国特色社会主义进入新时

① 习近平：《决胜全面建成小康社会，夺取新时代中国特色社会主义伟大胜利——在中国共产党第十九次全国代表大会上的报告》（2017年10月18日），人民出版社，2017，第10页。

代”是具有里程碑意义且要载入史册的，而载入史册的，往往都是具有标识性、代表性的。中国特色社会主义进入新时代，在本质上就蕴含着要实现马克思主义中国化的第三次飞跃，这种飞跃，是具有标识性和代表性的。

具体来讲，强调这是一次新的飞跃，理由在于：第一，历史方位及其解决的社会主要矛盾不同。社会主要矛盾，是对社会发展整体状况进行总体概括的一个重要概念。在我国“欠发展”的历史方位，坚持和发展中国特色社会主义，主要是解决人民日益增长的物质文化需要同落后的社会生产之间的矛盾，而在我国“发展起来以后”的历史方位，则主要是解决人民日益增长的美好生活需要和不平衡不充分发展之间的矛盾。前者意在解决我国“欠发展”的问题，即落后的社会生产问题，致力于把“蛋糕”做大，后者意在解决我国“发展起来以后”的问题，即发展不平衡不充分的问题，致力于推进全面协调充分发展，使人民过上美好生活，实现强起来。“发展起来以后”“美好生活需要”“不平衡不充分发展”，显然分别是比“不发展”“物质文化需要”“落后的社会生产”高一个层级的概念，或者二者属于不同层级的概念。第二次飞跃主要解决我国“欠发展”历史方位的社会主要矛盾，第三次飞跃则致力于解决我国“发展起来以后”历史方位的社会主要矛盾。第二，历史使命（历史任务、奋斗目标）不同。第一次飞跃主要肩负着实现“站起来”的历史使命，第二次飞跃主要肩负着实现“富起来”的历史使命，而第三次飞跃则主要肩负着实现“强起来”的历史使命，因为我们迎来了从富起来到强起来的伟大飞跃。[①] 换言之，“强起来”就是对“富起来”的伟大飞跃。第三，“道路”的历史内涵不同。第一次飞跃的核心是探寻新民主主义革命时期使中华民族（中国人民）站起来的革命道路问题，第二次飞跃的核心是探寻我国“欠发展”历史方位实现中华民族（中国人民）富起来的道路问题，而第三次飞跃的核心是探寻“我国发展起来以后”的历史方位实现中华民族（中国人民）强起来的道路问题。第四，主线不同。新时代中国特色社会主义与新时期（改革开放之初）中国特色社会主义既有联系，都坚持一个主题，即坚持和发展中国特色社会主义；也有不同，新时期中国特色社会

① 习近平：《决胜全面建成小康社会，夺取新时代中国特色社会主义伟大胜利——在中国共产党第十九次全国代表大会上的报告》（2017年10月18日），人民出版社，2017，第8页。

主义主要是围绕如何实现“富起来”这一主线，来坚持和发展中国特色社会主义，而新时代中国特色社会主义则主要是围绕如何实现“强起来”或“民族复兴”这一主线，来坚持和发展中国特色社会主义。第五，现代化阶段不同。1956年前后我国所讲的现代化，还处于现代化的“谋划”阶段，而且主要是对经济建设或产业布局方面的谋划；1978年之初我国所建设的社会主义现代化，主要处于现代化“起飞”阶段；以2012年党的十八大召开为历史节点，我国社会主义现代化建设进入新时代，进入新的历史方位，这就是全面建设社会主义现代化强国的时代，可称之为“现代化强国”阶段。我们之所以讲要实现“第三次飞跃”，是由于实现社会主义现代化的阶段不同。第六，中国特色社会主义在人们心中的地位不同。1978年改革开放初期，人们较多的是从初级阶段、基本国情、生产力发展水平、社会主要矛盾等方面为中国特色社会主义进行辩护，论证其历史必然性和价值合理性，相对注重中国特色社会主义的“中国特色”；而在新时代，人们则基于“极不平凡”“解决难题”“办成大事”“历史性成就”“历史性变革”“迎来了从富起来到强起来的伟大飞跃”“伟大旗帜高高举起”“拓展发展中国家走向现代化的途径”“提供全新选择”“为解决人类问题贡献中国智慧和中国方案”“不断走近世界舞台中央并为人类作出更大贡献”等，更加坚定了对中国特色社会主义的自信，相对注重中国特色社会主义的“中国贡献”“世界意义”与“主体性”。第七，中国在世界中的地位不同。在“欠发展”的历史方位，中国处在世界舞台边缘，如果再不发展，就有可能再次挨打。所以，1978年改革开放初期，我们强调追赶现代化；在新时代或新的历史方位，中国日益走近世界舞台中央，不断为解决人类问题贡献中国智慧和中国方案。由此，我国积极参与全球治理，积极推动构建新型国际关系，积极推动构建人类命运共同体，在世界舞台上的影响力不断提升，逐渐改变了在国际话语权中“西强我弱”的不利局面。

通过上述考察分析，可以得出这样的结论：在马克思主义中国化历史发展的逻辑进程中，由于找到了不同历史时期的正确道路并促进中国走向成功，这就为回答“马克思主义为什么行”提供了真实的答案。

（二）中国共产党历史发展的逻辑、新中国历史发展的逻辑，其本质、底色和中轴就是对正确的中国道路的追寻。

对道路的探寻，不仅是马克思主义发展史的一条根本主线，也是近代以来贯穿于中国共产党历史发展逻辑、新中国历史发展逻辑的一条根本主线。只有读懂中国道路，才能为理解和把握近代以来中国共产党历史发展逻辑和新中国历史发展逻辑提供一把钥匙。

只有读懂中国道路，才能真正理解中国共产党历史发展的逻辑。自从中国共产党成立那天起，中国共产党人就开启了探寻中国发展道路的历史。中国共产党发展的历史，从根本上就是因对中国道路探寻而发展的历史。中国共产党的发展历史大致可以划分为新民主主义革命时期、新中国成立后的社会主义改造和1956年后对中国社会主义建设道路探索时期、改革开放新时期、中国特色社会主义新时代等四个历史时期。贯穿这四个历史时期的一条主线，就是对中国道路的探索。

在新民主主义革命时期，中国共产党探索的根本主题是关于中国革命的道路。在中国共产党领导下，最终找到了一条农村包围城市的新民主主义革命道路，其结果使中华民族站起来了。新中国的成立，尤其是1956年之后，毛泽东带领中国共产党人探索的核心主题，就是在中国社会主义改造和社会主义建设的道路问题。1978年改革开放新时期，中国共产党人探寻的根本主题，是实现社会主义现代化的道路问题，我们终于找到了这条道路，这就是中国特色社会主义道路。党的十八大以来，中国特色社会主义进入了新时代。在新时代，在坚持中国特色社会主义道路的基础上，中国共产党人继续探寻全面建成社会主义现代化强国、实现中华民族伟大复兴的中国特色社会主义道路之新的历史形式，依然是至关重要的。正如习近平所强调的："道路问题是关系党的事业兴衰成败第一位的问题，道路就是党的生命。"[①]"我们党在革命、建设、改革各个历史时期，坚持从我国国情出发，探索并形成了符合中国实际的新民主主义革命道路、社会主义改造和社会主义建设道路、中国特色社会主义道路，这种独立自主的探索精神，这种坚持走自己路的坚定决心，是我们党不断从挫折中觉醒、不断从胜利走向胜利的真谛。鲁

① 习近平：《关于坚持和发展中国特色社会主义的几个问题》，《求是》2019年第7期。

迅先生有句名言："其实地上本没有路，走的人多了，也便成了路。"中国特色社会主义，是科学社会主义理论逻辑和中国社会发展历史逻辑的辩证统一，是根植于中国大地、反映中国人民意愿、适应中国和时代发展进步要求的科学社会主义，是全面建成小康社会、加快推进社会主义现代化、实现中华民族伟大复兴的必由之路。只要我们坚持独立自主走自己的路，毫不动摇坚持和发展中国特色社会主义，我们就一定能在中国共产党成立100年时全面建成小康社会，就一定能在新中国成立100年时建成富强民主文明和谐美丽的社会主义现代化强国。"①

只有读懂中国道路，才能真正把握新中国历史发展的逻辑。这一逻辑，就是从站起来、富起来到强起来的伟大飞跃。1949年新中国的成立，标志着中华民族站起来了，从此要继续迎来实现富起来的伟大飞跃，并寻求实现富起来的根本道路。由此，1978年我国开启了改革开放和社会主义现代化建设新时期，把中国特色社会主义作为实现富起来的根本道路。从新时期到党的十八大召开，中国特色社会主义进入了新时代，标志着中华民族富起来了，从此又要继续迎来从富起来到实现强起来的伟大飞跃，这也会带来历史性变革，并寻求实现强起来的根本道路。这一变革，就是党的十八届三中全会所讲的推进全面深化改革，也是党的十九大报告所讲的历史性变革。这种历史性变革主要体现在：在总体上，把贯彻落实新发展理念看作是关乎我国发展全局的一场深刻变革；在经济领域，推进供给侧结构性改革，实施高质量发展，使经济发展进入新常态；在政治领域，既加强党对一切的领导，又推进全面从严治党，还致力于建设法治国家，从而使中国共产党成为最高政治力量；在文化领域，积极加强意识形态建设，明确反对向西方自由主义意识形态靠近的任何企图，注重用习近平新时代中国特色社会主义思想武装全党、教育人民；在社会领域，既积极促进公平正义，增进人民福祉，增强人民群众的获得感、幸福感、安全感，又推进社会治理创新；在科技创新领域，渴望通过几十年的不懈努力，在许多关键领域获得技术领先地位，进而成为世界上强大的科技创新中心；在军事领域，积极推动中国军队最大规模的改

---

① 习近平：《关于坚持和发展中国特色社会主义的几个问题》，《求是》2019年第7期。

革，强调全面从严治军，即政治建军、改革强军、科技兴军、依法治军；在外交政策和国际战略领域，积极参与全球治理，建设“一带一路”，构建人类命运共同体。在这些变革中，会不断丰富新时代中国特色社会主义道路新的历史内涵。换言之，这些历史性变革背后的内在逻辑，就是新时代中国特色社会主义道路的进一步发展和完善。

由于在中国共产党领导下我们找到了实现中华民族从站起来、富起来到强起来的正确道路，并促进国家走向成功，这就为回答“中国共产党为什么能”提供了真实的答案。

（三）改革开放历史发展的逻辑，从根本上就是探究实现社会主义现代化发展之正确道路的逻辑。

只有读懂中国道路，才能真正理解中国改革开放历史发展的逻辑。改革开放历史发展的逻辑，从根本上就是以中国特色社会主义道路实现社会主义现代化、实现中华民族伟大复兴的逻辑，这实际上也是改革开放历史发展的本真底色。1978年改革开放之初，以邓小平同志为代表的中国共产党人主要致力于探寻实现社会主义现代化的中国道路，这条道路终于找到了，那就是中国特色社会主义道路。我们讲中国特色社会主义，首先讲的是中国特色社会主义道路，所以，坚定“四个自信”，把坚定道路自信置于首位。习近平指出：“改革开放之初，我们党发出了走自己的路、建设中国特色社会主义的伟大号召。”① 其实，邓小平的历史性贡献是多方面的，其中最伟大的贡献，就是他领导全党全国人民成功开创了中国特色社会主义道路。1982年9月，在党的十二大开幕式上，邓小平明确指出：“把马克思主义的普遍真理同我国的具体实际结合起来，走自己的道路，建设有中国特色的社会主义，这就是我们总结长期历史经验得出的基本结论。”② 正如习近平指出的：“中国发展的实践证明，当年邓小平指导我们党作出改革开放的决策是英明的、正确的，邓小平不愧为中国改革开放的总设计师，不愧为中国特色社会主义

① 习近平：《决胜全面建成小康社会，夺取新时代中国特色社会主义伟大胜利——在中国共产党第十九次全国代表大会上的报告》（2017年10月18日），人民出版社，2017年版，第8页。

② 邓小平：《邓小平文选》第3卷，人民出版社，1993，第3页。

道路的开创者。”[①] 实际上，道路问题是邓小平理论所解答的最根本的问题。如果作认真深入地思考就会发现，邓小平理论体系中的基本理论观点都是围绕选择、坚持、拓展中国特色社会主义道路而展开的。江泽民把“建设一个什么样党，怎样建设党”，看作探索实践中国特色社会主义道路的核心内容。他指出：“中国的社会主义既不是苏联模式，也不是东欧模式，而是有中国特色的社会主义。走这条道路，是中国人民经过一百多年的奋斗与探索作出的历史性选择。”[②] 21世纪以来，国内外形势发生了新的变化。如何紧紧抓住和利用好我国发展的重要战略机遇期，战胜一系列严峻挑战，奋力把中国特色社会主义事业推进一个新的发展阶段，是对当时以胡锦涛同志为总书记的党中央领导集体之智慧和勇气的极大考验。在这种情境下，胡锦涛鲜明指出：“毫不动摇走党和人民在长期实践中开辟出来的正确道路，不为任何风险所惧，不为任何干扰所惑。”[③] 为解决“实现什么样的发展、怎样实现发展”而提出的科学发展观，其实质、核心是探索中国科学发展的道路，这是新时期探索实践中国特色社会主义道路的又一突破。党的十八大以来，中国特色社会主义进入了新时代，我国发展进入新的历史方位。以习近平同志为核心的党中央紧紧围绕实现中华民族伟大复兴来坚持和发展中国特色社会主义，并基于实现中华民族伟大复兴而不断推进中国特色社会主义，继续书写中国特色社会主义新篇章，由此也把道路问题看作第一位的问题。习近平之所以把道路问题看作第一位问题，正如他所强调的：“无论搞革命、搞建设、搞改革，道路问题都是最根本的问题。”[④]

正是这条中国特色社会主义道路，创造了中国奇迹。可以把我国改革开放以来取得的巨大成就称之为“中国奇迹”。当今，中国奇迹已经成为一种世界性现象。当然，也应成为我国学术研究的一个重大课题。问题的关键在于，如何从学理上揭示中国奇迹发生的本源？或者“中国奇迹到底是如何发

① 中共中央文献研究室编《习近平关于全面深化改革论述摘编》，《在广东考察工作时的讲话》（2012年12月7日—11日）。

② 中共中央文献研究室编《江泽民思想年编（1989—2008）》，中央文献出版社，2010，第69—70页。

③ 胡锦涛：《深入贯彻落实科学发展观仍然是长期艰巨的任务》（2012年7月23日）。

④ 习近平：《关于坚持和发展中国特色社会主义的几个问题》，《求是》2019年第7期。

生的”。某些西方学者用“西方模式”解释中国奇迹，认为中国是因为实行了“国家资本主义”“权贵资本主义”等创造了中国奇迹。中国学者应从学理上掌握解释中国奇迹的话语权。我们可从许多角度来解释中国奇迹发生的原因，我认为首要或根本的，是要从中国道路中去寻找中国奇迹发生的本源，或聚焦于中国道路这一本源，来解释中国奇迹到底是如何发生的。习近平强调指出：“改革开放以来，我们党在探索和实践中找到了、坚持了、拓展了中国特色社会主义道路。我们能够创造出人类历史上前无古人的发展成就，走出了正确道路是根本原因。”[①]2016年11月11日，习近平在纪念孙中山先生诞辰150周年大会上的重要讲话中又指出：“古今中外的历史都告诉我们，世界上没有一个民族能够亦步亦趋走别人的道路实现自己的发展振兴，也没有一种一成不变的道路可以引导所有民族实现发展振兴；一切成功发展振兴的民族，都是找到了适合自己实际的道路的民族。”[②]习近平在世界经济论坛2017年年会开幕式上的主旨演讲又强调：“经过38年的改革开放，中国已经成为世界第二大经济体。道路决定命运。中国的发展，关键在于中国人民在中国共产党领导下，走出了一条适合中国国情的发展道路。”[③]这实际上就是说，要从中国道路中寻求创造中国奇迹的本源或真实答案。

第一，坚持中国共产党领导就能创造中国奇迹。

中国共产党能用指导思想引领各种社会意识，以统一人们思想，使之达至共识。一个社会往往存在着各种各样的“社会意识”。对这些社会意识不加以整合和引导，社会就是一盘散沙，既缺乏正确的方向，也易出现分化的局面。中国共产党自从登上中国历史舞台那天起，就把马克思主义基本原理与中国具体实际相结合，不断推进马克思主义中国化时代化大众化，不断推进理论创新，与时俱进地提出了一系列先进的指导思想，并用不断发展着的、先进的指导思想整合和引领各种社会意识，统一人们的思想，既使人们在思想上达成共识，也明确了前进方向。达至共识并具有明确方向，就会形成一种强大的精神力量，能使人们全力以赴朝着一个正确的方向前进，这必

① 参见习近平在中共中央政治局第七次集体学习会上的讲话新华社通稿（2013年6月25日）。
② 习近平：《习近平在纪念孙中山先生诞辰150周年大会上的讲话》，中国网，2016年11月12日。
③ 参见习近平出席世界经济论坛2017年年会开幕式并发表了题为《共担时代责任 共促全球发展》的主旨演讲（2017年1月17日）。

然促进中国走向成功。历史和实践表明：一个国家和社会的发展要取得巨大成就，必须有先进的思想作指导。

中国共产党能用奋斗目标凝聚党员干部，使其凝聚在党的周围，并构成一个有机整体。在一个社会中，每个人都具有自己的目标追求。一个政党内的每一位党员也具有自己的目标追求。中国共产党不断运用其确立的最高纲领和最低纲领，运用中国共产党人的价值观，运用其确立的奋斗目标，来凝聚并感召每一位党员干部，从而使每一位党员干部成为党组织中的一个有机体。这一有机体可以构成一个具有战斗力的整体，从而能激发党员干部的创新活力，使其具有无坚不摧的力量。这正是中国共产党攻坚克难的雄厚“资本”，是中国共产党战胜一切困难的重要法宝。

中国共产党在正确决策的前提下，能组织动员国家一切资源力量解难题、办大事、加速度。中国共产党是一个具有领导力、组织力、动员力的政党，是中国的最高政治领导力量，她可以运用自己的威望，运用各级党组织，运用“举国体制”，来解难题、办大事、加速度。中国共产党所具有的这些能力，是世界上其他一切政党所无法比拟的。正是这种领导力、组织力和动员力以及解难题、办大事的能力，使中国共产党干成了一件件举世瞩目且具有“奇迹性”的大事，解决了一个个难题，也加快了中国发展的速度。

中国共产党能一脉相承、与时俱进、开拓创新，努力把一张蓝图绘到底。善于战略谋划，是中国共产党治国理政的一条基本经验。战略谋划，一般包括三个核心环节，即“战略目标—总体方略—战略安排”。这种战略谋划具有自主性，已达到高度自觉。它凝聚着中国共产党和中国人民的共同追求，具有感召力和凝聚力，不仅使我们党解决了一个个难题，办成了一件件大事，而且使中国共产党十分注重行动，能一个目标接着一个目标来实现，即能使一张蓝图绘到底，这对创造“中国奇迹”发挥着十分重要的作用。

中国共产党能用严明纪律规矩规范全体党员行为，以提升党员的格局和境界。中国共产党是一个有核心、有理论、有价值观、有组织、有制度的政党，也是一个有章可循、有纪可依的政党。这种政党不仅把每一个党员干部的行为纳入党章党纪的框架内，使其行为有规范、有约束、有秩序，而且能勇于自我革命，把较低的格局、境界提升为较高的格局、境界，从而使其具有先进性。这种先进性不仅有助于消除党内的不良倾向和作风，使中国共产党人自身硬，从而能把坚硬的“铁”打好，而且也有助于树立中国共产党的威望和权威，使人们团结在中国共产党的周围，跟着中国共产党走，在中国共产党领导下努力实现其战略目标，取得巨大成就。

第二，立足历史方位且与时俱进就能创造中国奇迹。

确立历史方位并与时俱进，找准历史坐标，有助于对我国的发展阶段、本质特征、实践要求作出科学研判，进而能制定正确的路线方针政策，做出正确的事。一切失败，都与缺乏科学研判和决策失误有关，一切成功的重要前提，都源于科学研判和正确决策。改革开放以来，我们党立足历史方位并与时俱进地根据实践发展新要求，从总体上作出科学研判和正确决策，进而做正确的事。这可以使我们避免瞎折腾、走极端，进而取得重大成就。

明确历史方位并与时俱进，有助于坚持实事求是、把握历史坐标、抓住主要矛盾。中国共产党治国理政首先要认识世界，对客观世界、客观事物与基本国情作出科学研判，进而在此基础上作出科学决策。要做到这一点，首先必须坚持实事求是，从客观实际出发，确立正确认识客观世界、客观事物与基本国情的出发点。实事求是能使我们“立足基本国情”，反映时代、实践、现实发展态势，确定历史发展方位；能使我们把握社会主要矛盾和事物特殊矛盾；能使我们把握事物存在和发展的特点；能使我们把握我国发展的独特优势和短板；能使我们把握历史发展规律，与时俱进地紧跟时代步伐。因而，坚持实事求是，有助于解决“态势”“方位”“矛盾”“特点”“优势”和“与时俱进”的问题，这是取得成功的一个关键。

毛泽东领导中国新民主主义革命取得了成功，在于坚持实事求是；1978年以来中国改革开放和社会主义现代化建设之所以取得巨大成就，既在于当时坚持实事求是，确定中国社会主义依然处在初级阶段，也在于党的十八大以来坚持实事求是，确定中国特色社会主义进入了新时代、我国发展进入新的历史方位。从客观实际出发认识客观世界、客观事物与基本国情的本来面目，核心是要揭示客观世界、客观事物中的内在矛盾，尤其是社会主要矛盾。因为矛盾决定着世界和事物的本质、性质和状况。中国共产党把揭示社会主要矛盾作为判断中国国情的基本依据之一，作为把握经济社会发展整体状况的主要依据之一，作为制定路线方针政策的主要依据之一，作为治国理政的基本遵循。在改革开放初期，我国社会发展的主要矛盾被确定为人民日益增长的物质文化需要同落后的社会生产之间的矛盾。于是，当时我国的经济、政治、文化、社会的发展都聚焦于解决这一社会主要矛盾，从而取得了巨大成就。中国特色社会主义进入新时代，我国的社会主要矛盾被确定为人民日益增长的美好生活需要和不平衡不充分发展之间的矛盾。这意味着新时代我国的经济、政治、文化、社会、生态等各个领域，都要聚焦于解决好这一社会主要矛盾。聚焦于解决好社会主要矛盾，意味着中国共产党在治国理政实践中，在实现社会主义现代化、实现中华民族伟大复兴进程中，能抓住治国理政的根本，也能抓住事物的本质，也意味着其治国理政已经达到高度的理性自觉。揭示社会主要矛盾，其首要目的，是为了找到治国理政所要解决的根本问题。问题是事物矛盾的表现形式，矛盾即问题。揭示客观世界和客观事物内部的主要矛盾，发现社会主要矛盾，就能发现并致力于解决客观世界、客观事物以及工作中存在的根本问题，发现客观世界、客观事物以及工作中的根本问题，也就找到了全部工作的重点。中国共产党治国理政的一个鲜明特征，就是注重坚持实事求是，把握主要矛盾，解决根本问题，明确工作重点，这既找到了治国理政的基本遵循，又注重把解决主要矛盾和根本问题引向一个正确、合理的方向，还能抓重点带一般，从而积极推进中国快速发展。找到治国理政的基本遵循，理出中国发展的逻辑、纲目、头绪和抓手，是创造中国奇迹的一个重要原因。

第三，明确战略目标有助于创造中国奇迹。

战略目标明确了人们前进的方向，能激发人们的积极性和主动性。一个具有战略目标且坚定不移地实现战略目标的政党、国家和民族，才会有决心进而自觉主动地去战胜各种艰难险阻，从而夺取一个又一个胜利，取得一个又一个成就。1978年以来，我们党与时俱进地把解放和发展生产力、逐步实现全体人民共同富裕、促进人的全面发展，进而实现社会主义现代化、实现中华民族伟大复兴作为战略目标，并把各种资源和力量汇聚于实现这一战略目标，从而使广大党员干部（关键少数）和人民群众（绝大多数）明确了奋斗方向，也激发了广大党员干部和人民群众实现战略目标的主动性。主动性区别于被动性，它是一种精神状态，也是一种精神动力，更是一种积极进取精神，正是这种精神状态、精神动力和积极进取精神，使我国发展取得了巨大成就。

战略目标明确了人们追求的最大公约数，进而能凝心聚力，使人们达成共识。一个政党、国家和民族要健康顺利发展并取得骄人成就，就必须团结一心、凝心聚力，这就需要在战略目标上凝聚最大共识。改革开放以来，最能凝聚人心和共识的，就是确定好人们共同追求的战略目标，并以正确的路径和方式来实现战略目标。因为这能使人们聚精会神搞建设、一心一意谋发展，让一切创造财富源泉涌流、让一切创新能力迸发。改革开放之初，我们党把大力解放和发展生产力作为首要根本任务，赢得了全党和全国各族人民的广泛认同，激发了千百万人民群众的积极性主动性创造性，从而推动了中国社会大踏步发展，也取得了骄人成就；党的十八大以来，党中央提出逐步实现全体人民共同富裕、不断促进人的全面发展，进而实现社会主义现代化、实现中华民族伟大复兴的总任务和总目标，这不仅激发起全党全国各族人民的奋斗精神，而且具有凝心聚力作用，使人们心往一处想、劲往一处使。这将会进一步推进中国发展并取得重大成就。

第四，采取有效的总体方略会使中国创造奇迹。

实施正确的总体方略，能使人们抓住实现战略目标的“总框架—路线图—牛鼻子”。只具有战略目标，而没有采取切实有效的路径和方法，实现战略目标就是一句空话。一个政党创造的执政奇迹与施政方略紧密相关，一个国家的发展奇迹与战略运筹密切相联。毛泽东指出：领导干部要有“战略头脑”，否则“一着不慎，满盘皆输。”[①]“战略问题是一个政党、一个国家的根本性问题。战略上判断得准确，战略上谋划得科学，战略上赢得主动，党和人民事业就大有希望。”[②]中国共产党善于作战略谋划和战略安排，而战略谋划得好，常常会取得事半功倍的效果。正由于中国共产党善于作战略谋划和战略安排，而且在战略上判断得准确、谋划得科学、赢得了主动，从而为实现战略目标提供了根本遵循，也抓住了实现战略目标的关键因素。这是

① 毛泽东：《毛泽东选集》第1卷，人民出版社，1991，第149、175页。

② 参见习近平在纪念邓小平同志诞辰110周年座谈会上的讲话，2014年8月。

创造中国奇迹的一个重要原因。

实施正确的总体方略，能使我们发挥发展优势、补齐发展短板、打牢发展支点。发挥发展优势、补齐发展短板、打牢发展支点，是一个国家、一个地区推进发展的“铁律”。发挥发展优势，能实现重点突破，并带动其他方面的发展，进而实现快速发展；补齐发展短板，能实现全面发展和协调发展，进而提升发展质量、效益和水平，使发展具有可持续性；打牢发展支点，能使永续发展具有坚实的基础。改革开放之初，我们相对注重发挥发展优势，注重重点突破，强调使一部分地区、一部分人先发展起来、先富起来；党的十八大以后，我国发展起来了，且努力使大国成为强国。此时，党中央治国理政的一个鲜明特点，就是注重补齐发展短板、打牢发展支点。如在经济领域积极推进精准脱贫，在政治领域主动解决党内政治生活中的“宽松软”，在文化领域注重解决“低俗”“媚俗”“庸俗”，在社会领域注重保障民生和推进社会治理，在生态领域注重污染防治，等等。这些，都旨在补齐发展短板，提升发展质量和水平。新发展理念，在实质上，就是使大国成为强国的五大根本支点，它必将使中国的发展建立在更为坚实和牢固的基础之上，经得起“风吹浪打”“压力测试”。历史和实践证明，重点突破、快速发展、全面发展、协调发展、持续发展、高质发展，是中国取得奇迹的一个重要原因。

第五，整合推动力量必将创造中国奇迹。

整合推动力量，能使力量形成合力。推动当代中国发展的力量是多方面的，其中有三种力量最为根本，一是党政主导力量，二是市场配置力量，三是人民主体力量。这三种力量相互制约、相互协调并形成合力，必然形成一种既强大又平衡的能量，从而使中国创造出惊人的奇迹。从改革开放以来我国历史发展的过程看，党政主导力量既能使经济社会发展具有动力，也能使经济社会发展达到和谐。人民群众的“勤劳致富”“创造财富”“默默奉献”“任劳任怨”“承担代价”，是创造中国奇迹不可忽视的重要因素。市场配置力量，不仅能把民营企业、私营企业、个体工商户的积极性调动起来，解放和发展经济生产力，而且能使从事经济活动的人在市场经济的大海里得到淬炼，从而具有奋斗精神、吃苦精神、开拓精神、创新精神，提升创新能力。

这也是使我国经济获得快速发展的一个重要原因。

由于改革开放以来，我们找到了实现社会主义现代化的正确道路，并创造了中国奇迹，所以完全可以从这条道路中寻求“中国特色社会主义为什么好”的真实答案。

（四）中国道路具有世界历史意义。

几十年前，先辈就希望中国对世界作出贡献。梁漱溟就问道：“中国以什么贡献世界？”1956年，毛泽东就指出：进入21世纪，中国的面目要大变，中国应当对人类有较大的贡献。英国历史学家汤因比也曾有类似的发问。几十年后，承继马克思主义对道路问题的一以贯之的持续探索，在马克思主义中国化的历史进程中，中国共产党人把马克思主义与中国具体实际相结合，终于找到了一条能实现社会主义现代化、实现中华民族伟大复兴的中国道路。这条道路为世界发展作出了重要贡献，因而具有世界历史意义。

第一，中国道路使科学社会主义在当代中国焕发勃勃生机。这是中国道路对科学社会主义、世界社会主义的历史性贡献。以《共产党宣言》发表为标志，科学社会主义已诞生170多年。20世纪80—90年代，社会主义在苏联解体、东欧剧变之后一度处于低潮，“社会主义失败论”“中国崩溃论”“历史终结论”等也曾狂躁一时。然而，中国共产党人顶住各种“风暴性”压力，坚定不移地走中国特色社会主义道路，并与时俱进地拓展和完善中国特色社会主义道路，不断创造中国奇迹，从而使中国特色社会主义道路越走越宽广，使科学社会主义在当代中国焕发出生机活力。邓小平在党的十二大开幕词中第一次提出“建设有中国特色的社会主义”的重大思想时，指出这是总结历史得出的结论。从那时起，中国共产党人就坚定不移地走中国特色社会主义道路。经过几代中国共产党人一以贯之的接力探索，中国特色社会主义进入了新时代。在新时代，中国共产党人更加以永不懈怠的精神状态和一往无前的奋斗姿态为实现强起来而持续奋斗，进而使社会主义包括科学社会主义、中国特色社会主义走向高潮。科学社会主义代表了人类未来的发展方向，世界社会主义将在21世纪迎来新的高潮。中国作为目前世界上最大的社会主义国家，完全有信心有能力继续扛起科学社会主义旗帜，朝着实现中华民族伟大复兴的伟大梦想阔步前行。

第二，中国道路拓展了发展中国家走向现代化的路径。这是中国道路对发展中国家走向现代化的引导性贡献。实现现代化是世界各国共同的愿望，然而发展中国家如何走向现代化？这是一个实践课题，也是一个世界课题。“拉美现象”表明：许多发展中国家建设现代化陷入了对西方模式的路径依赖，用西方的“鞋”套本国的“脚”，最终以陷入困境而告终。当时一些拉美国家纷纷走西方的“路”，不但没有解决好自身的发展问题，反而导致两极分化、环境污染，使本国发展陷入低谷。1978年以来，中国共产党根据中国的历史、文化、传统、国情，自主选择自己的发展道路，并坚定不移地走自己的路，既解决了中国“欠发展”的问题，又改变了长期以来西方现代化模式占主导地位并垄断话语权的格局，打破了“把全球化=西方化、把西方化=现代化、把现代化=市场化”的思维定式和“美丽神话”；不仅使中国人民富起来了，而且将迎来从富起来到强起来的伟大飞跃。由此，中国道路给发展中国家的最大启示就是：世界上没有放之四海而皆准的发展模式，各个国家走向现代化的“走法”不是唯一的；发展中国家要走向现代化，不能再走西方的路，而应根据本国的历史、文化、传统、国情，自主选择自己的发展道路，并坚定不移地坚持走自己的路，注重本国发展道路的内生性、独立性、自主性和主体性。只有这样，本国才能获得其生存发展的主动权、主导权。

第三，中国道路给世界上那些既希望加快发展又希望保持自身独立性的国家和民族提供了新的选择。这是中国道路对那些希望解决好本国发展问题的国家和民族的发展性贡献。发展中国家都希望加快发展，又希望保持自身独立。要做到这两点，可以从中国道路中获得启示。中国道路坚持中国共产党领导，注重基于历史方位并与时俱进地确定战略目标，且采取有效的总体方略并以一张蓝图绘到底的恒心来实现战略目标，还注重市场配置力量，这显然有助于加快发展；同时，中国道路在坚持中国共产党领导的前提下，积极使党政主导力量、市场配置力量、人民主体力量形成合力，这又保持了中国发展的独立性。其他一些发展中国家希望加快发展，就要坚持本国执政党的正确领导，根据历史和时代的发展变化以及实践发展新要求，正确确定好本国发展的战略目标及其实现战略目标的总体方略，以合理的方式发展市场经济；同时，要保持自身发展的独立性，既要根据本国的历史、文化、传统、国情，自主选择本国的发展道路，把本国的生存发展的主动权、主导权牢牢掌握在自己手中，又要坚持本国执政党的正确领导，坚持以本国人民为中心的发展思想，紧紧依靠本国人民，一切为了本国人民，坚持以本国人民至上。

第四，中国道路为人类对美好社会制度的探索贡献了中国智慧。这是中国道路对人类发展的创新性贡献。2008年国际金融危机之后，整个世界面临三大根本性难题：全球经济增长动能不足、全球发展失衡、全球治理滞后，这就是所谓的"发展赤字、和平赤字、治理赤字"。中国道路蕴含着动力、平衡和治理三种根本机制，它可为解决这三大难题贡献中国智慧。中国道路注重解决发展动力问题，它蕴藏着强大的发展动力，汇聚着强大的发展能量，具有不断生成的动力机制。如它坚持中国共产党的正确领导，注重整合党政主导力量、市场配置力量、人民主体力量并形成合力，注重根据历史方位与时俱进地确定战略目标，并采取有效的总体方略予以实施，这必然汇聚成强大的发展动力。中国道路也注重解决发展的平衡问题，它蕴含着保持平衡、和谐的因素，具有不断生成的平衡机制。如它强调坚持中国共产党领导，这种领导，既注重激发经济社会发展的动力，也注重保持经济社会发展的平衡；在所确定的战略目标和总体方略中，也包含着对平衡、和谐、稳定问题的关注；它还强调以人民为中心，而以人民为中心，就包含着一切为了人民，把人民对美好生活的向往作为奋斗目标，其中的美好生活，自然包含对共享发展、和谐社会的追求，对人民群众的获得感、幸福感、安全感的关注，对互利普惠的向往。中国道路还蕴含着治理机制，因为坚持中国共产党领导，就蕴含着中国共产党对国家、社会的治理；立足历史方位，意味着要坚持与时俱进，而与时俱进则意味着不断地推进全面深化改革，全面深化改革的总目标之一，就是推进国家治理体系和治理能力现代化；在总体方略中，它包含着协调推进"四个全面"战略布局，在这一布局中，包含全面依法治国，其中就蕴含着治理；注重人民主体力量，更意味着要依靠人民积极参与国家治理和社会治理。这三种根本机制，能为解决全球经济增长动能不足、全球发展失衡、全球治理滞后，提供中国智慧。

进一步深入来说，近年来，一些西方国家出现了诸多困境。资本主导是导致西方困境的总根源。资本主义性质和基因决定了西方国家在各个领域必然遵循资本主导的逻辑。自资本主义在西欧兴起以来，一部世界近代史，就是一部资本主导逻辑驱动下的资本主义全球扩张史。历史地看，资本创造了近代工业文明，推进了世界发展。然而就其实质来讲，资本的本性是通过运动实现价值增殖，而资本的运动是无休止的，哪里能够实现价值增殖，它就会出现在哪里。资本主导的逻辑以在全世界范围内追逐和攫取剩余价值为目的，而当西方从其主导的世界体系中过度攫取并挥霍超额利润，使得全球市场出现社会需要严重不足时，当某个阶段市场空间和技术创新的红利被攫取殆尽时，资本主义就必然出现困境。这种困境，在经济领域体现为实体经济不振，在政治领域体现为调节无力，在社会领域体现为贫富差距拉大，在意识形态领域体现为虚伪性暴露。西方困境说到底是以资本为主导的逻辑所导致的制度缺陷造成的，是基因型、制度性缺陷，这恰恰为中国智慧的出场提供了宏大的世界性场景。中国及时启动改革开放，参与经济全球化，为世界作出了生存性贡献、发展性贡献、和平性贡献、文化性贡献。其核心原因，就是在中国共产党领导下，中国找到了一条立足中国国情、解决中国问题、促进中国成功的中国特色社会主义道路。这条道路是中国为人类对更好社会制度的探索提供的中国智慧：它注重利用资本但不被资本所俘虏，注重运用资本但不让资本占主导，而是坚持中国共产党领导，坚持以人民为中心；它是一条注重自主创新并具有内生动力的道路，是一条注重凝聚共识并调动各方积极性的道路，是一条既注重中国特色并尊重世界文明多样性的道路。

第五，中国道路正在为世界贡献一种正在形成的中华新文明。这是中国道路对世界的文明性贡献。不同文明没有冲突，只有历史的长短。在“地域历史”时代所形成的文明本质上都是“地域文明”或“民族文明”，并不具有真正意义上的世界文明或人类文明。尽管某些国家号称西方文明是“普世文明”，但若具有历史判断力、实践辨别力和理论思维力，就容易发现：西方文明本质上就是“地域文明”。因为把“地域文明”说成是“普世文明”，不仅混淆了一般和个别的辩证关系，未认识到“任何一般都是个别的一部分，任何个别都不能完全地包括在一般之中”，[1]它犯了前提性的错误，而且历史和实践也证明，用西方的“鞋”套本国的“脚”，往往都以失败而告终。马克思、恩格斯在《德意志意识形态》中指出：统治阶级“为了达到自己的目的不得不把自己的利益说成是社会全体成员的共同利益，就是说，这在观念上的表达就是：赋予自己的思想以普遍的形式，把它们描绘成唯一合乎理性的、有普遍意义的思想”[2]。当资本运作逻辑导致世界市场和世界交往不断扩大的时候，就逐渐会使“地域历史”走向“世界历史”。世界历史的出现，逻辑上也必然使“地域文明”走向“世界文明”或“人类文明”。当今世界，一些国家仍然固守于本国、本地区的“地域文明”而排斥其他文明，制造“文明冲突论”。

当今中国自觉主动地反映世界历史发展趋势，在传承中华传统文明相对注重和谐、和合、和而不同、世界大同的基础上，与时俱进地体现时代精神和人类意识，克服自身文明中的不足，与其他文明互学互鉴，逐渐创造出以“和平发展、合作共赢、共创共建、各美其美、美美与共、世界大同”为核心理念的正在形成的中华新文明。从上述所揭示的中国道路的核心要义来看，中国道路既注重经济社会发展的创新动力，又注重经济社会发展的和谐或平衡，还注重为实现未来理想的战略目标注入现实的奋斗精神；不仅如此，中国道路强调各国发展道路的内生性、独立性、自主性、主体性和多样性，这蕴含着“世界多样”“国家平等”“文明互鉴”“包容发展”“互利普惠”的人类文明基因和天下情怀。这种基因和情怀蕴含着中华新文明的元素，经过不断培育和生长，可以形成中华新文明。

第六，中国道路终结了“西方中心论”“历史终结论”，打破了西方对于现代化道路解释权的垄断，把世界现代化道路从单选题变成多选题。这是中国道路对世界的理论性贡献。在我国改革开放初期，“西方中心论”“历史终结论”甚嚣尘上、盛极一时，它们认为西方是整个世界的中心，西方道路是世界上最好的，西方标准就是世界标准，西方的今天就是世界的明天，西方的历史已经达到人类历史的制高点，非西方国家没有自己的历史，它们只有

① 《列宁选集》第2卷，人民出版社，1995，第558页。
② 《马克思恩格斯文集》第1卷，人民出版社，2009，第552—553页。

走西方道路才有出路。2008年国际金融危机发生以后，西方国家逐渐暴露出一系列自身难以克服的矛盾、难题。与此同时，非西方国家，尤其是东方国家逐渐发展起来。改革开放以来，中国发展速度惊人，逐步缩小了与西方发达国家的差距，而且对世界历史发展的影响越来越大，正在出现“世界百年未有之大变局”。这表明：现代化的方向无法绕开，但道路可以选择；中国道路是在中国的历史性实践中逻辑地生成的，是具有完全自主知识产权的“中国智造”；它作为一种全新的现代化路径，打破了西方对于现代化道路解释权的垄断，把世界现代化道路从单选题变成了多选题；它终结了“西方中心论”“历史终结论”的神话，就连提出“历史终结论”的福山，在伊拉克战争结束之后，他对自己提出的“历史终结论”也表现出收缩之势，甚至承认“历史终结论”具有历史局限。历史并未终结！

新时代视野下的中国道路和中国逻辑

郝立新（中国人民大学哲学院院长、教授、博士生导师）

中国改革开放40多年来，中国共产党的全部理论和实践的主题都是中国特色社会主义。从改革开放的“新时期”，到继续改革开放的“新时代”，实践创新推动着理论创新，理论创新又引领着实践的发展。习近平新时代中国特色社会主义思想围绕坚持和发展新时代中国特色社会主义这一主题，做出了三方面的重要理论贡献：一是站在时代的高度提出崭新的时代观及其观察问题的新时代视野；二是立足于新时代深刻阐释了中国特色社会主义发展道路的由来和基本特征；三是在推进马克思主义中国化进程中充分体现或展示了“中国逻辑”。

《甘肃社会科学》2019年第1期

伴随着改革开放40多年的进程，中国特色社会主义事业发展也经历了40多个春秋。从改革开放的“新时期”，到改革开放再出发的“新时代”，中国特色社会主义处在新的历史方位上。“中国特色社会主义进入新时代”，这是习近平新时代中国特色社会主义思想中最重要的理论命题之一。自从中国共产党的十九大召开以来，“新时代”已成为热词被广为关注和使用。习近平新时代中国特色社会主义思想具有三个划时代的贡献：一是站在时代的高度提出新时代观和观察问题的新时代视野；二是立足于新时代进一步深刻阐释了中国特色社会主义发展道路的基本特征；三是在推进马克思主义中国化进程中充分体现或展示了“中国逻辑”。

一、新时代观及其方法论意蕴

中国特色社会主义进入新时代，具有多方面的重大意义。它不仅在新中国发展史、中华民族发展史上具有重大意义，而且在世界社会主义发展史、人类社会发展史上也具有重大意义。在党的十九大报告中，习近平代表中国共产党人表达了具有深刻内涵和重要方法论意义的时代观。

习近平时代观是习近平新时代中国特色社会主义思想的重要内容。它植根于中国特色社会主义伟大实践的沃土，凝聚了我们时代的精神精华，依据马克思主义基本原理和其科学方法论，高度总结了改革开放以来的宝贵经验，继承了中国优秀传统文化和马克思主义中国化的丰富成果，吸收了世界文明的思想精华，科学分析了中国特色社会主义进入新时代的主要标志、基本内容和重大意义，创造性地运用和发展了马克思主义的时代观。它体现了历史、理论和实践的有机统一，蕴含了时代精神、民族精神、科学精神和人文精神，彰显了以人民为中心的价值取向，凸显了以社会主要矛盾为依据的科学认识，展示了以全面建成小康社会、建设现代化强国和实现民族伟大复兴为目标的宏伟蓝图。一方面，习近平时代观具有严谨的科学精神，依据并深化了关于人类社会发展规律、社会主义建设规律和执政党建设规律的认识，对新时代做出了科学分析和科学判断；另一方面，新时代观具有深厚的人民情怀，关切并追求人民幸福、民族复兴、世界安宁的理想目标，勾画出时代发展的价值追求和美好未来。

第一，聚焦时代重大课题，把握时代历史方位。习近平时代观站在历史发展高度，审视全球化、现代化进程，紧紧围绕如何坚持和发展新时代中国特色社会主义这一重大时代课题，概括了新时代的丰富内涵和重要意义。它从中华民族发展史、社会主义发展史、世界发展史的高度认识时代，揭示了中国特色社会主义的历史方位。从近代以来的中华民族发展的艰辛历程和辉煌成就看，中华民族迎来了从站起来、富起来到强起来的伟大飞跃；从世界社会主义运动发展进程看，科学社会主义在21世纪的中国焕发出强大生机与活力；从中国与世界发展的关系看，中国在世界现代化进程中正在发生由跟跑者逐渐转向领跑者的角色转变，正在对世界产生更大影响和作出更大贡献。中国特色社会主义已经进入具有新的历史特点、肩负新的历史使命、迈向新的发展目标的新时代。

第二，坚持以人民为中心，确立时代发展目标。不忘初心、牢记使命，为中国人民谋幸福，为中华民族谋复兴。这是贯穿于习近平时代观的一条红线。坚持以人民为中心的思想，是统领习近平新时代中国特色社会主义的基本理论、基本路线、基本方略的核心价值目标。新时代是努力彻底消除贫困的时代，是努力实现中国人民美好生活的时代，是努力提升人民幸福感、获得感的时代，是努力实现人民共同富裕的时代，是实现人的全面发展和社会全面进步的时代。

第三，关注社会主要矛盾，探寻时代发展动力。习近平时代观面对中国特色社会主义进入新时代的实践进程，及时把握实践新变化，准确反映新时代的特点，阐明了新时代的一个重要特征在于社会主要矛盾发生了转化，正确揭示社会主要矛盾发生转化的客观依据和重要意义，概括了人民群众需要的变化状况和人民群众需要得以实现的制约因素。社会主要矛盾已经转化为人民日益增长的美好生活需要和不平衡不充分的发展之间的矛盾。这一判断既揭示了新时代社会发展的主要矛盾和主要推动力，也指明了新时代党和国家的工作重心和发展着力点。

第四，洞察世界形势走向，拓展时代开放格局。世界现代化进程和全球化进程深刻影响着中国，中国特色社会主义现代化建设也深深影响着世界。在中国与世界的密切联系中把握新时代，是习近平时代观的又一重要特征。新时代不仅是为中国人民谋幸福、为中华民族谋复兴的时代，也是为世界发展谋和平、为全人类谋福祉的时代。新时代是继续开放的时代。共商共建共享，构建人类命运共同体，已经成为新时代我国对外宣示的主导价值理念；构建新型外交关系包括新型大国关系，建设“一带一路”、通向世界的经济走廊，已经成为新时代的重要发展倡议。

习近平时代观蕴含着丰富的方法论思想，为我们认识新时代的中国特色社会主义提供了深邃而宽广的视野。一是坚持历史意识，新时代的概念表达了中国特色社会主义的历史方位，即承前启后、继往开来的新时代，是连续性和阶段性相统一的新时代，是继续坚持中国特色社会主义的新时代。二是坚持人民史观，新时代是以人民为中心的新时代，是追求人民群众根本利益的最大公约数和共画人民群众最大同心圆的新时代，它把实现人民的福祉和共同富裕作为最终目标，以人民群众为推动时代前进的动力。三是坚持现代观念，新时代是以实现社会主义现代化为目标的新时代，是继续面向现代化、加速推进现代化进程的新时代，它确立了继全面建成小康社会之后基本实现现代化和全面建成社会主义现代化强国两步走的目标。四是坚持世界眼光，新时代是继续面向世界、开放发展的新时代，是中国继续走向世界舞台中央、为世界和平和人类发展做出更大贡献的新时代，是不断推进构建人类命运共同体的新时代。五是坚持辩证思维，新时代社会主要矛盾发生变化的新时代，是充满了矛盾、挑战、机遇、复杂性、不确定性的新时代，是更加需要我们用辩证思维来观察、认识和解决新矛盾新问题的新时代。

如前所述，新时代的最突出的一个特征，就是社会主要矛盾发生了转化。运用辩证思维正确认识社会主要矛盾及其变化，是科学把握社会发展进程及其阶段的前提，是我们正确把握新时代特点的一个关键。我们党对社会主要矛盾及其变化的认识经过了艰难的探索，既有经验又有教训。当社会主要矛盾发生转化时，如不及时把握这种变化，就不能正确调整或转移工作中心；反之，当社会主要矛盾未转化时，如果发生误判，就会导致实践上的失误。1956年，党的八大对我国社会主要矛盾做出了正确判断，指出我国社会主要矛盾是人民群众对经济文化迅速发展的需要同当前经济文化发展不能满足人民需要的状况之间的矛盾。1957年2月，毛泽东在《关于正确处理人民内部矛盾的问题》的讲话中指出：我们的根本任务已经由解放生产力变为在新的生产关系下面保护和发展生产力。可是，这一正确认识未能得到坚持，导致后来出现“以阶级斗争为纲”的误判，并在实践中出现了严重的失误。“文化大革命”结束后，我们党在思想上拨乱反正，重新回到对社会主要矛盾的正确认识上来。1981年党的十一届六中全会提出，我国社会主要矛盾是人民群众日益增长的物质文化需要同落后社会生产之间的矛盾。依据这一科学判断，我们党制定了改革开放新时期的正确的路线、方针和政策。

新时代我国社会主要矛盾发生转化的客观依据主要表现在：经过40多年的改革开放和现代化建设，中国在经济建设、政治建设、文化建设、社会建设、生态文明建设等领域取得辉煌成就，迎来了从站起来、富起来到强起来的伟大飞跃，社会生产力整体上有很大提高，综合国力显著增强，我国稳步解决了十几亿人的温饱问题，总体上实现小康，并进入决胜全面建成小康社会、进而全面建设社会主义现代化强国的新时代。上述情况导致社会矛盾格局发生重大变化：一是人民群众对美好生活的向往和需求日益多样化，变得更为丰富和广泛，人民不仅对物质文化生活提出了更高要求，而且在民主、法治、公平、正义、安全、环境等方面的要求日益增长，这些需求仅用“物质文化需要”难以全面概括。二是制约日益增长的人民对美好生活需要的关键因素，不再是单纯的“社会生产”因素，而是扩展到包含生产发展因素在内的整体社会发展的不平衡和不充分。我国社会生产力水平总体上显著提高，社会生产能力在很多方面进入世界前列，更加突出的问题是发展不平衡不充分，这已经成为满足人民日益增长的美好生活需要的主要制约因素。虽然发展社会生产仍然是重中之重，但是它不是制约人民对美好生活需要的唯一关键因素。三是社会主要矛盾和次要矛盾地位发生了转化。人民群众日益增长的物质文化需要和落后的社会生产之间的矛盾在一定范围内和一定程度上依然存在，但是已经不构成新时代我国社会发展的主要矛盾，或者说其表述已经不能够完整地概括或科学地表达进入新时代中国社会的主要矛盾。解决好社会主要矛盾，是带动解决各种矛盾的前提。可以说，牢牢抓住解决我国发展中存在的不平衡和不充分的问题、满足人民群众日益增长的美好生活需要，就是抓住了决胜全面建成小康社会的“牛鼻子”。发展的不平衡主要涉及结构性、合理性问题，包括发展中的结构、区域、领域不平衡、不合理等问题，主要表现在经济发展内在结构的不平衡，表现在经济、政治、文化、社会、生态等领域建设发展之间的不平衡，表现在区域之间特别是城乡之间、东部西部之间的不平衡，表现在收入分配、教育、医疗、社会保障等方面的不平衡。而发展的不充分则主要是指发展程度和质量问题，主要表现在发展创新动力不足、就业质量和机会不够充分、局部区域生产发展水平滞后、文化教育发展水平尚待提高、民主与法治建设有待改进和加强、国家治理体系和治理能力水平有待提高、社会保障的覆盖面和水平有待提高、生活和工作环境需要改善，等等。

我们需要在“变与不变”的辩证思维中来把握社会主义初级阶段的新特点。社会主义初级阶段的阶段性特点发生了变化，其重要表现之一是社会主要矛盾发生了转化。但同时也要清醒地看到，我们仍然处在社会主义初级阶段，这一社会的阶段性特点没有发生根本变化。社会发展的不平衡不充分，本身就是社会主义社会初级阶段的重要特征。这就要求我们必须牢记中国当前最大的实际仍然是我们还处在社会主义初级阶段。此外还需看到，社会主义社会主要矛盾发生了转化，然而以人民为中心的发展思想和发展为第一要务的理念没有根本变化。无论是人民群众的物质文化需要还是人民对美好生活的需要，都是对不同阶段的人民群众需要的概括；无论是落后的社会生产还是不平衡不充分的发展，都反映了不同阶段对满足人民群众需要的主要制约因素。同时应该看到，坚持发展是第一要务的理念不变，但抓发展工作的着力点发生了变化。

二、中国道路的由来与基本特征

自改革开放以来，当代中国发展取得两大举世瞩目的成果：一是在实践上探索并形成了中国道路，即中国特色社会主义道路；二是在理论上探索并产生了中国理论，即中国特色社会主义理论。在如何理解中国道路的问题上，我们经常会遇到误解甚至曲解，比如有的观点就认为，中国道路是中国特色的资本主义道路，这显然是错误的。

改革开放开始不久，我们党就提出了中国特色社会主义道路的思想。1982年9月召开的党的十二大首次明确提出了“中国特色社会主义”的思想。邓小平在十二大开幕词中指出：“我们的现代化建设，必须从中国的实际出发，无论是革命还是建设，都要注意学习和借鉴外国经验。但是，照抄照搬别国经验、别国模式，从来不能得到成功，这方面我们有过不少教训。把马克思主义的普遍真理同我国的具体实际结合起来，走自己的路，建设有中国特色的社会主义，这就是我们总结长期历史经验得出的基本经验。”① 这段话可被视为“中国特色社会主义”道路的经典表述。经过40多年的实践与探索，中国道路逐渐形成并不断完善。正如习近平所说：“40年来，我们始终坚持解放思想、实事求是、与时俱进、求真务实，坚持马克思主义指导地位不动摇，坚持科学社会主义基本原则不动摇，勇敢推进理论创新、实践创新、制度创新、文化创新以及各方面创新，不断赋予中国特色社会主义以鲜明的实践特色、理论特色、民族特色、时代特色，形成了中国特色社会主义道路、理论、制度、文化，以不可辩驳的事实彰显了科学社会主义的鲜活生命力，社会主义的伟大旗帜始终在中国大地上高高飘扬！”② 这段话进一步阐明了中国特色社会主义改革开放以来我们党在理论和实践上始终坚持的主题；阐明了中国特色社会主义道路是科学社会主义理论与中国实际相结合的产物，是实践创新和理论创新良性互动的结果。

（一）科学回答了中国道路从何处来的问题。

改革开放以来，我们党的全部理论和实践的主题就是坚持和发展中国特

① 中共中央文献研究室编《十二大以来重要文献选编：上》，人民出版社，1986，第3页。
② 习近平：《在庆祝改革开放40周年大会上的讲话》，《人民日报》2018年12月19日。

色社会主义。习近平新时代中国特色社会主义思想回答了中国特色社会主义道路从何而来的问题。

中国特色社会主义不是从天上掉下来的，更不是别人的恩赐。中国特色社会主义是科学社会主义基本原理的理论逻辑和中国社会发展的历史逻辑的有机统一，是中国人民的伟大选择。中国道路产生于中国社会实践的发展，产生于中华文明的发展，但这并不意味着中国道路是从历史长河中“自然延续”而来。从近代开始，面对西方现代文明的强劲冲击，在人类历史上延续了几千年从未中断的中华文明该向何处去？这是困扰着中华民族的“世纪难题”，中华民族的仁人志士对此进行了100多年的艰辛探索，才逐步找到了答案。习近平曾说：“只有回看走过的路、比较别人的路、远眺前行的路，弄清楚我们从哪儿来、往哪儿去，很多问题才能看得深、把得准。”[①]

“回看走过的路”，中国道路是在中国共产党领导人民持续推进一以贯之的“伟大社会革命”的历史进程中开辟出来的。中国共产党自成立之日起，就自觉肩负起“为中国人民谋幸福，为中华民族谋复兴”的历史使命，经过28年艰苦卓绝的革命斗争，推翻压在中华民族和中国人民头上的“三座大山”，成立了新中国，实现了民族独立和统一，中国人民从此站起来。中国共产党领导人民经过“三大改造”，建立了社会主义制度，实现了中国历史上最深刻最伟大的社会变革，使中国开启了“跨越式”发展的探索之旅。中国在社会主义建设与探索中，“虽然经历了严重曲折，但党在社会主义建设中取得的独创性理论成果和巨大成就，为新的历史时期开创中国特色社会主义提供了宝贵经验、理论准备、物质基础。”[②] 党的十一届三中全会以来，中国共产党领导人民开启了改革开放这场“新的伟大革命”，经过几代人持续接力奋斗，中华民族迎来了从站起来、富起来到强起来的历史性跨越，中国特色社会主义进入了新时代。实践证明，“当代中国的伟大社会变革，不是简单延续我国历史文化的母版，不是简单套用马克思主义经典作家设想的模板，不是其他国家社会主义实践的再版，也不是国外现代化发展的翻版，不

① 习近平：《以时不我待只争朝夕的精神投入工作 开创新时代中国特色社会主义事业新局面》，《人民日报》2018年1月6日。

② 胡锦涛：《胡锦涛文选》第3卷，人民出版社，2016。

可能找到现成的教科书”[①]。中国道路是在马克思主义的普遍真理同中国社会发展相结合的“伟大社会革命”中开辟出来的。

“比较别人的路”，中国道路在同“封闭僵化的老路”与“改旗易帜的邪路”进行艰苦而持久的伟大斗争的历史进程中形成的。新中国成立后，由于我们党缺乏社会主义建设的实践经验，也缺乏相应的理论准备，在认识和实践上走过一段弯路。中国进入改革开放的新时期，中国的社会主义现代化建设的理论与实践才逐步摆脱“封闭僵化”的束缚，逐步走出“封闭僵化的老路”。需要指出的是，面对“封闭僵化”的内在危机，苏联及东欧社会主义国家纷纷通过休克式疗法走上了“改旗易帜的邪路”。相比之下，中国在走中国特色的社会主义道路的实践探索中顶住了东欧剧变和苏联解体带来的冲击，顶住了资产阶级自由化的冲击，依然朝着社会主义改革开放的既定方向探索自己的发展道路。胡锦涛在党的十八大报告中指出：“在改革开放三十多年一以贯之的接力探索中，我们坚定不移高举中国特色社会主义伟大旗帜，既不走封闭僵化的老路、也不走改旗易帜的邪路。”[②]习近平后来也多次强调了这一点。可以说，中国特色社会主义发展道路是在同各种错误路线和错误观点进行持久的伟大斗争中产生的，这条强国富民之路来之不易。

“远眺前行的路”，新时代中国特色社会主义发展道路必将在马克思主义基本原理与中国社会发展进程的有机结合中不断拓展新空间。中国特色社会主义进入新时代，以习近平同志为核心的党中央又提出“新两步走”的发展战略，即从2020年到2035年，在全面建成小康社会的基础上，再奋斗十五年，基本实现社会主义现代化；从2035年到本世纪中叶，在基本实现现代化的基础上，再奋斗15年，把我国建成富强民主文明和谐美丽的社会主义现代化强国。新时代“新两步走”发展战略明确了中国道路前进方向上的目标任务，同时赋予中国道路以新的理论内涵和实践特征。

（二）进一步回答了什么是中国道路。

中国特色社会主义发展道路具有丰富的理论内涵，也具有鲜明的实践特征。中国道路主要体现在中国特色社会主义经济发展道路、政治发展道路、

---

① 习近平：《在哲学社会科学工作座谈会上的讲话》，《人民日报》2016年5月19日。

② 胡锦涛：《胡锦涛文选》第3卷，人民出版社，2016。

文化发展道路等方面。我们可以从经济、政治和文化等方面的基本特征，来理解什么是中国道路。

一是从经济上看。首先，坚持以公有制为主体、多种所有制经济共同发展的基本经济制度。党的十五大把“公有制为主体、多种所有制经济共同发展”确立为我国的基本经济制度，明确提出“非公有制经济是我国社会主义市场经济的重要组成部分”。党的十六大提出“毫不动摇地巩固和发展公有制经济”“毫不动摇地鼓励、支持和引导非公有制经济发展”。党的十八大以来，习近平多次重申坚持基本经济制度，坚持“两个毫不动摇”。党的十九大把“两个毫不动摇”写入新时代坚持和发展中国特色社会主义的基本方略，作为党和国家一项大政方针进一步确定下来。在社会主义初级阶段，公有制经济与非公有制经济存在结构上的功能差异，公有制经济主要集中在事关国计民生的重大战略领域，非公有制经济更多分散在基本生产供给领域，二者相互补充，相互促进，相得益彰。其次，坚持社会主义市场经济的发展方向。社会主义基本制度与市场经济的结合，是中国特色社会主义发展进程中的一大创举。党的十九大强调指出，必须坚定不移把发展作为党执政兴国的第一要务，坚持解放和发展社会生产力，坚持社会主义市场经济改革方向，推动经济持续健康发展。坚持社会主义市场经济改革方向，就是要建设统一开放、竞争有序的市场体系，使市场在资源配置中起决定性作用，同时更好地发挥政府作用。再次，打造全面开放的经济发展格局。开放是发展社会主义市场经济的内在要求，中国特色社会主义经济发展道路具有开放性，中国的发展离不开世界。全面开放具有丰富的内涵，既包括对外开放，也包括对内开放。

二是从政治上看。首先，坚持党的领导。这是中国特色社会主义事业的根本保障。党政军民学，东西南北中，党是领导一切的。“中国特色社会主义最本质的特征是中国共产党领导，中国特色社会主义制度的最大优势是中国共产党领导，党是最高政治领导力量。”[①]中国共产党的领导地位不是自封的，而是在中国革命、建设和改革这一系列一以贯之的“伟大社会革命”中

① 习近平：《决胜全面建成小康社会 夺取新时代中国特色社会主义伟大胜利——在中国共产党第十九次全国代表大会上的报告》（2017年10月18日），人民出版社，2017，第38页。

不断确立和巩固起来的。坚持党的领导与改进党的领导是有机统一的，坚持党领导一切与坚持全面从严治党是统一的。其次，坚持人民当家作主。社会主义国家的一切权力属于人民。中国人民当家作主具有多样化的实现形式，比如各级人民代表大会制度、中国共产党领导的多党合作和政治协商制度、民族区域自治制度、基层群众自治制度，等等。此外，中国共产党还在长期的实践探索中建立和发展了最广泛的爱国统一战线，不断发展社会主义协商民主，不断健全民主监督问责制度，不断丰富民主参与的渠道，将人民当家作主的精神实质贯穿在治国理政的方方面面。再次，坚持全面依法治国。小智治事，中智治人，大智立法。全面依法治国是党领导人民治理国家的基本方式。“全面依法治国是国家治理的一场深刻革命，必须坚持厉行法治，推进科学立法、严格执法、公正司法、全民守法。”[①] 全面依法治国是全面深化改革的“姊妹篇”，二者破立并举，共同致力于推动国家治理体系和治理能力现代化，使我们国家的制度更加成熟、更加定型。

三是从文化上看。首先，坚持马克思主义的指导地位。中国特色社会主义文化发展道路是以马克思主义进入中国作为历史起点的，也是在中国共产党坚持马克思主义指导地位的过程中不断形成和发展起来的。坚持和巩固马克思主义意识形态的指导地位，是坚持中国特色社会主义文化发展道路的前提。其次，坚持“三个面向”的社会主义文化发展方向。中国特色社会主义文化是面向现代化的文化形态，面向现代化，就是要聚焦中国社会主义现代化的实际问题，对破解现代性难题提供彰显中国智慧的思想观点；面向世界，就是要敢于吸收借鉴世界文明优秀成果，又要善于将中国文化推向世界，增强中华文化软实力；面向未来，就是要大力推动中华优秀传统文化的创造性转化与创新性发展，使之在变革之中得以传承，在传承之中得以推陈出新。同时，社会主义先进文化是民族的、科学的、大众的文化。再次，坚持以社会主义核心价值体系和社会主义核心价值观为主要内容。坚持马克思主义指导思想，牢固树立共产主义远大理想和中国特色社会主义共同理想，弘扬以爱国主义为核心的民族精神和以改革创新为核心的时代精神，培育和

---

① 习近平：《决胜全面建成小康社会 夺取新时代中国特色社会主义伟大胜利——在中国共产党第十九次全国代表大会上的报告》（2017年10月18日），人民出版社，2017，第38页。

践行社会主义核心价值观，坚持意识形态领域主导权和话语权，推动中华优秀传统文化创造性转化、创新性发展，构筑中国精神、中国价值、中国力量，为人民提供精神指引。

三、马克思主义中国化新飞跃蕴含的中国逻辑

习近平新时代中国特色社会主义思想是当代中国马克思主义发展创新的最新成果，它开辟了马克思主义中国化的新境界，是马克思主义中国化进程的新的飞跃。这一新思想及其产生过程具有一个鲜明突出的特点，就是它深深蕴含着中国逻辑。中国逻辑是马克思主义中国化进程内在规律的体现，是马克思主义基本原理与中国具体实际相结合在新时代进一步深化的深层逻辑。

人们普遍认为，习近平新时代中国特色社会主义思想体现了历史逻辑、实践逻辑和理论逻辑的统一。这无疑是正确的。这里使用的“逻辑”一词，具有发展规律、内在联系、理论体系等含义。我们一旦深入思考和研究，便会发现：作为马克思主义基本原理与中国具体实际相结合的产物，习近平新时代中国特色社会主义思想蕴含得更为深层、更为独特的逻辑是中国逻辑。这里所说的中国逻辑，既是指与中国实践、中国理论、中国价值直接统一的研究范式和立场观点，也是指与中国历史、中国文化和中国精神相关联的思维方式和理论品格；既是立足中国自身发展实际的思维逻辑，也是关注中国与世界联系和发展问题的思维逻辑；既包含着为中国人民谋幸福、为中华民族谋复兴的价值目标，也包含着世界和平与发展以及人类进步事业而奋斗的价值追求。具体说来，习近平新时代中国特色社会主义思想中的“中国逻辑”至少表现为以下五个方面：

（一）以当今中国和世界面临的时代问题为导向。

“问题是时代的呼声。”2006年习近平曾经以马克思的这句名言为题写过一篇文章，收录在《之江新语》中。他说：“众所周知，每个时代总有属于它自己的问题，只要科学地认识、准确地把握、正确地解决这些问题，就能够把我们的社会不断推向前进……只有立足于时代去解决特定的时代问题，

才能推动这个时代的社会进步。”中国特色社会主义进入新时代，习近平围绕如何坚持和发展新时代中国特色社会主义这一重大时代课题，坚持辩证唯物主义和历史唯物主义，紧密结合新的时代条件和实践要求，以全新的视野深化对共产党执政规律、社会主义建设规律、人类社会发展规律的认识，系统回答了新时代坚持和发展中国特色社会主义的总目标、总任务、总体布局、战略布局和发展方向、发展方式、发展动力、战略步骤、外部条件、政治保证等基本问题，从而创立了新时代中国特色社会主义思想，丰富和发展了中国特色社会主义理论体系。

（二）以实现中国人民的美好生活和世界的和平发展为目标。

不忘初心、牢记使命，为中国人民谋幸福，为中华民族谋复兴。这是中国共产党人始终追求的价值目标，也是贯穿习近平新时代中国特色社会主义思想的一条红线。坚持以人民为中心的发展思想，既贯穿在整个十九大报告中，也贯穿在习近平新时代中国特色社会主义思想的八个“明确”和十四个“基本方略”中，成为统领新时代坚持和发展中国特色社会主义的基本理论、基本路线、基本方略的核心价值目标。新时代是努力彻底消除贫困的时代，是努力实现人民美好生活的时代，是努力提升人民幸福感、获得感的时代，是努力实现人民共同富裕的时代，是实现人的全面发展和社会全面进步的时代。新发展理念是坚持以人民为中心的典范。当代中国的新发展理念本质上是以人民为中心的发展理念。其中的“共享发展”，直接表达了把人民放在心中最高位置的政治立场，共享的主体是广大人民群众。坚持以人民为中心的发展思想，就是坚持把增进人民福祉、促进人的全面发展、朝着共同富裕方向稳步前进作为经济发展的出发点和落脚点。在当代，中国特色社会主义事业的全面推进也在为世界和平发展、世界人民的安康幸福做出贡献。习近平强调坚持以人民为中心的发展思想，并提出构建人类命运共同体的战略构想和“共商共建共享”的世界发展理念，既充分体现了对马克思主义群众史观的笃信，也充分体现了对中国人民的热爱和对人类命运的关注。

（三）以中国特色社会主义伟大实践为基础。

时代是思想之母，实践是理论之源。伟大的理论来自对伟大实践的总结概括。习近平新时代中国特色社会主义思想孕育于中国特色社会主义的伟大实践之中，产生于新时代中国特色社会主义的伟大实践之中。习近平强调指出，要在实践创新的基础上进行理论创新，在实践创新和理论创新的良性互动中推进21世纪马克思主义、当代中国马克思主义的发展。问题是创新的起点，实践是创新的基础。中国特色社会主义实践是前无古人的伟大实践，也是世界发展史上独特的伟大创造。在总结概括实践经验的基础上形成系统的中国理论，既是对中国思想理论的贡献，也是对世界思想理论的贡献。伟大的中国特色社会主义实践给20世纪世界社会主义运动创造并留下了宝贵的遗产，这种创造在21世纪中延续，并为理论创新不断提供鲜活的素材。习近平在推进马克思主义中国化进程中，尊重实践，深入生活，勇于探索，敢于突破，创新性地提出了一系列治国理政的新理念新思想新战略。面对中国特色社会主义进入新时代的实践进程，及时把握实践新变化，准确反映新时代的特点特别是社会主义初级阶段变化的新特点，正确揭示社会主要矛盾发生转化的客观依据和重要意义，成为习近平新时代中国特色社会主义思想的重要理论贡献。

（四）以中国优秀文化为根基。

中华文化源远流长、根深叶茂。习近平新时代中国特色社会主义思想充分体现了文化自觉、文化自信。习近平多次强调，要坚持文化自信，文化自信是更深层、更基本、更厚重、更广泛、更持久的精神力量；要重视继承和弘扬中国优秀传统文化，包括古代优秀文化，近代以来的革命文化、社会主义先进文化等；要对传统文化进行创造性转化、创新性发展。习近平的理论著述蕴含了深厚的文化底蕴，身体力行地对中国传统文化进行创造性转化和创新性发展。例如，习近平系列重要讲话中都闪耀着中国先哲们的文化智慧和人文情怀，在发展理念、价值观念培育和践行方面强调文化的教化功能和育人作用。他还特别强调革命文化、革命精神的重要作用。他在2005年发表的《弘扬红船精神走在时代前列》一文中指出：红船精神是革命精神之源头，这种精神就是敢为人先的首创精神，百折不挠的奋斗精神，忠诚为民的奉献精神。这种精神体现在后来的革命精神之中，具有恒久的文化精神价值。从对96年前革命文化精神的源头追溯，到新时代“不忘初心、牢记使命、永远奋斗”的殷殷嘱托，我们感受到文化自信的重要性。

（五）以中国特色话语体系为载体。

中华民族是一个具有独创思想的民族，也是一个善于表达自己思想的民族。中国具有悠久的历史文化传统和深厚的理论思维根基，这就决定了中国理论的话语体系要坚持以我为主的理论自信和文化自信。一个民族的理论思维是否成熟，一种基于民族独创的理论体系是否成熟，重要的标志就在于是否形成了以本民族的思想文化和语言风格为主体和基础的话语体系。中国特色社会主义理论体系特别是其最新成果——习近平新时代中国特色社会主义思想，形成了具有我们民族自己特色的话语体系。例如，中国梦、“两个一百年”奋斗目标、“五位一体”总体布局、“四个全面”战略布局、“四个自信”、“创新、协调、绿色、开放、共享”的发展理念，“基本方略”“一带一路”“构建人类命运共同体”以及在习近平系列重要讲话和论著中大量引用中国经典，等等。此外，习近平在行文和演说中，语言朴实，接地气；在国际舞台上，善于讲好中国故事，传播中国价值。这些具有中国特色的话语体系已经成为习近平新时代中国特色社会主义思想的特有的重要标识。坚持构建中国特色的话语体系，绝不是主张封闭僵化、自言自语、唯我独尊，而是主张在吸收国外优秀文明成果的基础上保持自己民族文化的独特性和民族话语的独立性，避免全盘西化。

以上五个方面从不同角度和层面说明中国逻辑的内涵。不能把中国逻辑简单地理解为某种抽象的单纯的历史逻辑，也不能把它理解为某种抽象的单纯的实践逻辑或者某种抽象的单纯的理论逻辑。中国逻辑体现了历史、实践和理论在特定的中国时空中的有机、具体的统一。正是由于蕴含着这样的中国逻辑，习近平新时代中国特色社会主义思想才具有如此强烈的历史感和现实感，具有如此强烈的时代精神和民族精神，才具有如此强大的感召力、吸引力、影响力、引领力。中国逻辑必定在实践发展和理论创新的结合中不断延伸，是中国化马克思主义发展的重要内核和决定因素。

中国道路的哲学表达

汪信砚（武汉大学马克思主义哲学研究所所长、教授、博士生导师）

近百年来的马克思主义哲学中国化，从根本上说是为了探索和回答“中国向何处去”，即中国走什么道路这一近现代中国的中心问题。中国的马克思主义哲学研究在不同历史时期对这一时代大问题作了持续不断的求解和探索，其所建构的中国马克思主义哲学也由此成为不同时期中国道路的哲学表达。

《光明日报》2018年8月20日

在中国近现代，时代的中心问题始终是“中国向何处去”的问题，亦即中国走什么道路的问题。近百年来的马克思主义哲学中国化，从根本上说就是为了探索和回答这一问题。马克思主义哲学中国化，就是把马克思主义哲学与中国的实际相结合，不断地创造和发展中国的马克思主义哲学。而作为马克思主义哲学中国化的理论成果，中国的马克思主义哲学就是中国道路的哲学表达。

一、中国早期马克思主义者对中国道路的初步哲学表达

1840年鸦片战争以后，西方列强用坚船利炮轰开了中国长期闭锁的国门，中国殖民地半殖民地化的程度不断加剧，中华民族的危机日益深重，“中国向何处去”的问题日渐凸显为时代的中心问题。为了拯救灾难深重的中华民族、回答“中国向何处去”的问题，中国的先进知识分子前仆后继地向西方学习，最终在俄国十月革命的感召下找到了马克思主义。正如毛泽东所说，自此以后，他们用“无产阶级的宇宙观”即马克思主义哲学，“作为观察国家命运的工具”，得出了必须“走俄国人的路”的结论。所谓“走俄国人的路”，是从总体方向上对“中国向何处去”问题的回答，是就中国道路的性质而言的，是指中国必须像俄国十月革命那样通过阶级斗争和无产阶级革命而实现社会主义，而并不是说在一切方面都照搬俄国人的道路。

五四运动后，中国早期马克思主义者对马克思主义哲学的传播和研究，都体现出用马克思主义哲学“作为观察国家命运的工具”、注重对中国道路性质的哲学探索的鲜明特点。李大钊认为，马克思主义是“世界改造原动的学说”和“拯救中国的导星”，并特别强调唯物史观是整个马克思主义的理

论基础。他依据唯物史观的基本原理指出，要解决当时中国的各种社会问题，必须首先致力于经济问题的解决，因为“经济问题的解决，是根本解决。经济问题一旦解决，什么政治问题、法律问题、家庭制度问题、女子解放问题、工人解放问题，都可以解决”；而要解决经济问题，就必须像俄国那样积极开展阶级斗争，进行社会革命。他说，假若不应用马克思的阶级斗争学说，“丝毫不去用这个学理作工具，为工人联合的实际运动，那经济的革命，恐怕永远不能实现”。

瞿秋白认为，马克思主义哲学是一种改造世界的哲学，而唯物辩证法就是马克思主义改造世界的武器。他指出，要改造中国社会，就必须“用社会科学的方法，试解剖中国的政治经济，讨论实际运动”，而社会科学的根本方法就是“互辩律的唯物主义”。瞿秋白也很重视研究和传播唯物主义的历史观。他认为，马克思的唯物史观是一种辩证唯物主义的历史观，它是探讨资本主义社会的秘密和揭示人类社会进步的学说。他还具体地运用唯物史观对中国社会的性质和中国革命的诸多问题作了具体而深刻的分析，论证了中国进行社会主义革命的必要性和必然性。

李达之所以不遗余力地研究和传播马克思主义，也是为了探索和回答“中国向何处去”的问题。李达深信，唯物史观不仅能够帮助人们认识和把握社会组织的核心，而且能够为人们指明社会发展的方向和提供改造社会的方针。他依据唯物史观的基本原理指出，正确认识中国社会是改造中国社会的根本前提，而要正确认识中国社会，必须深入研究中国社会的经济状况。为此，他运用唯物史观对中国近代经济史作了深入研究，并由此对中国社会的性质和中国革命的一系列重要问题作了精辟分析。他指出，中国社会是半殖民地半封建的社会，中国革命的任务是打倒帝国主义和铲除封建遗物，中国革命的必然归趋是由民族革命和民主革命而达于社会革命；只有全体民众团结起来打倒帝国主义、铲除封建势力、建立民众政权、大力发展国家资本、彻底解决土地问题，才会有真正自由平等的新社会。

上述表明，五四运动以后中国早期马克思主义者在紧密结合中国实际传播马克思主义哲学并由此开启马克思主义哲学中国化的过程中，就已对中国道路的性质作了哲学审视和探索，对中国道路作了初步的哲学表达。

二、民主革命时期和新中国成立初期中国道路的哲学表达

由中国早期马克思主义者所开启的马克思主义哲学中国化，在20世纪30年代后期结出了巨大的理论果实，形成了毛泽东哲学思想，把中国马克思主义者对“中国向何处去”的求解和对中国道路的哲学探索推进到了一个全新的阶段。

《实践论》[①]和《矛盾论》[②]是毛泽东哲学思想的核心文本，也是毛泽东对中国道路进行哲学探索的代表性著作。这两篇哲学著作的理论贡献，并不在于对马克思主义哲学基本观点的阐述，而在于运用马克思主义哲学深刻地总结了中国革命实践的丰富经验。虽然中国早期马克思主义者已然揭开了马克思主义中国化的序幕，但要真正实现马克思主义与中国实际的结合并不是一蹴而就的简单事情，它不仅要求人们深刻地理解马克思主义的精神实质，而且需要人们深入地了解和把握中国的实际。但是，在20世纪20至30年代的中国革命过程中，中国共产党内一直存在着背离和妨碍把马克思主义与中国的实际相结合的主观主义，包括教条主义和经验主义，它们曾屡次使中国革命遭受重大挫折。

《实践论》着重分析和揭示了中国革命中的主观主义的认识论根源及其克服途径。毛泽东在系统论述实践与认识的关系的基础上指出：“实践、认识、再实践、再认识，这种形式，循环往复以至无穷，而实践和认识之每一循环的内容，都比较地进到了高一级的程度。这就是辩证唯物论的全部认识论，这就是辩证唯物论的知行统一观。”毛泽东认为，一切形式的主观主义，“都是以主观和客观相分裂，以认识和实践相脱离为特征的”。而要克服中国革命中的主观主义，就必须从根本上消除其认识论根源：“我们的结论是主观和客观、理论和实践、知和行的具体的历史的统一，反对一切离开具体历史的‘左’的或右的错误思想。”

《矛盾论》则着重分析和揭示了中国革命中的主观主义的方法论根源。毛泽东系统阐述了矛盾的普遍性与特殊性及其辩证关系，强调“共性个性、

① 毛泽东：《毛泽东选集》第1卷，人民出版社，1951。
② 毛泽东：《矛盾论》，人民出版社，1975，这是一本哲学著作。

绝对相对的道理，是关于事物矛盾的问题的精髓，不懂得它，就等于抛弃了辩证法”。毛泽东指出，从认识方法上讲，它们都不懂得“共性个性、绝对相对的道理”、背离了“特殊——一般——特殊”的辩证认识方法。“中国共产党人必须学会这个方法，才能正确地分析中国的历史和现状，并推断革命的将来”。

20世纪40至50年代，毛泽东把《实践论》《矛盾论》中所系统阐述的辩证唯物论的知行统一观，特别是其所概括的“实践——认识——实践”的人类认识总公式具体化为党的领导方法和工作方法，先后提出了“团结——批评——团结”的人民内部矛盾处理方法和“物质——精神——物质”的唯物论，阐述了一整套中国化的马克思主义哲学，构建了一个完整的毛泽东哲学思想体系。而在毛泽东哲学思想指导下，以毛泽东为代表的中国共产党人在民主革命时期成功地开辟了以农村包围城市，最后夺取全国胜利的革命道路，并在中华人民共和国成立初期成功地开辟了社会主义改造道路。正是在这一意义上，我们说毛泽东哲学思想是民主革命时期和中华人民共和国成立初期中国道路的哲学表达。

三、当代中国马克思主义哲学：中国特色社会主义道路的哲学表达

党的十一届三中全会的胜利召开，标志着中国社会进入了改革开放的新的历史时期，也揭开了用马克思主义哲学求解“中国向何处去”的问题、探索中国道路的新篇章。

首先，通过对中国社会主义建设实践历史经验的哲学总结，为中国特色社会主义道路的开辟和不断拓展提供了根本思想前提和哲学方法论导引。从1978年开始的关于真理标准问题的讨论，到20世纪70年代末80年代初关于人道主义和异化问题的讨论、20世纪80年代至90年代初关于生产力标准的讨论、20世纪80年代中后期关于哲学教科书体系改革的讨论以及由其引发并延续至今的关于实践唯物主义的讨论，都从哲学的高度深刻总结了中国社会主义建设实践的历史经验，它们不断地推进了新时期的思想解放运动，对

中国特色社会主义道路的拓展发挥了至关重要的哲学引领作用。

其次，紧密结合中国特色社会主义实践需要融汇各种哲学资源，为中国特色社会主义道路的探索不断地注入新的哲学理念。新时期的中国马克思主义哲学研究以改革开放的时代精神推进马克思主义哲学中国化，着眼于对马克思主义哲学的创造性运用和创新性发展，注重对中国传统哲学智慧的创造性转化，努力吸收当代世界上的各种哲学资源，为党的理论创新奠定了坚实的理论基础，为中国特色社会主义实践提供了丰富的哲学思想滋养。例如，曾在马克思主义哲学研究中得到较为充分探讨的以人为本、促进人的全面发展、人民主体等哲学原则，通过党的理论创新，都已转化为中国共产党拓展中国特色社会主义道路的执政理念；而民主、自由、平等、公正、法治等马克思主义政治哲学观念，也已被提炼为我国社会主义核心价值观的重要内容。

最后，通过对中国特色社会主义发展中各种重大问题的哲学分析，对中国特色社会主义道路的前进轨迹进行了哲学筹划和哲学构建。这一点突出地体现在党的十九大报告对马克思主义哲学中国化的推进和习近平新时代中国特色社会主义思想的明确提出上。党的十九大报告运用马克思主义哲学的基本原理分析当前我国社会实际，得出了“我国社会主要矛盾已经转化为人民日益增长的美好生活需要和不平衡不充分的发展之间的矛盾”的科学论断，并以此为依据提出了“中国特色社会主义进入了新时代”的重大命题，同时以“八个明确”和“十四个坚持”清晰阐释了习近平新时代中国特色社会主义思想的深刻内涵。可以说，党的十九大报告关于新时代我国社会主要矛盾问题的论述，对新时代中国特色社会主义道路进行了整体性的哲学筹划和哲学构建。

中国道路的理论逻辑与实践创新

牛先锋［中央党校（国家行政学院）马克思主义学院副院长、教授、博士生导师］

习近平指出，中国道路是“科学社会主义理论逻辑和中国社会发展历史逻辑的辩证统一”。中国道路不同于世界上已经实现和正在实现现代化的国家所走的道路，而是立足中国国情，在中国这样一个经济文化比较落后的国家实现社会主义现代化的中国特色社会主义道路，是坚持科学社会主义理论逻辑与坚持中国社会发展历史逻辑的有机统一。中国道路既遵循了现代化的一般规律，又坚持了社会主义性质，实现了实践上的伟大创新。中国道路的成功实践不仅使科学社会主义在21世纪焕发出生机活力，更进一步拓展了发展中国家走向现代化的途径，为解决人类问题贡献了中国智慧和中国方案。

《学习时报》2019年8月5日

2019年是中华人民共和国成立70周年，也是中国共产党在全国执政第70个年头。回顾70年历史，我们取得的最大成就概括起来，就是开辟了一条适合中国国情的现代化道路；我们取得一切成就的根本原因，也正是在于开拓出了一条适合中国国情的现代化道路。这条道路，简称为中国道路，即中国特色社会主义道路。中国道路，是在中国这样一个经济文化比较落后的国家实现社会主义现代化之路。它与世界上已经实现和正在实现现代化的国家所走的道路相比较，有两个鲜明的特点：一是坚持科学社会主义的基本原则，二是具有鲜明的中国特色。正如习近平所讲，它是“科学社会主义理论逻辑和中国社会发展历史逻辑的辩证统一”。因此，理解和认识中国道路，必须紧紧抓住科学社会主义理论逻辑和中国社会发展历史逻辑这两个方面。

一、中国道路坚持了科学社会主义理论逻辑

科学社会主义揭示了从资本主义到社会主义发展的规律。这一理论的政治前提，是共产党的领导和人民群众的主体作用；逻辑发展过程，是推翻资产阶级统治、确立无产阶级专政、实现劳动者与生产资料的直接结合、发展社会生产力；逻辑结果是建立“一个更高级的、以每个人的全面而自由的发展为基本原则的社会”，即共产主义社会。中国道路就是围绕科学社会主义这一理论逻辑展开和形成的。

第一，中国道路，始终坚持党的领导、紧密依靠人民群众。中国共产党一诞生就强调对中国革命的领导权，在这个问题上决不含糊与退让。尽管革命中出现过严重的挫折和灾难，但最终牢牢掌握了中国革命的领导权，实现了由旧民主主义革命向新民主主义革命的转变。在革命斗争中，我们党“唤

起工农千百万”，创造性地形成了“统一战线、武装斗争、党的建设”三大法宝，赢得了中国革命的伟大胜利。在执掌全国政权之后，我们党始终保持与人民群众的血肉联系，不断巩固党执政的阶级基础、扩大党执政的群众基础。中国特色社会主义进入新时代，以习近平同志为核心的党中央从党肩负新的历史使命出发，全面加强党的建设、全面从严治党，进一步提高了党的领导能力和执政能力，始终保持党的先进性、纯洁性，进一步密切了党群关系，极大丰富了马克思主义政党执政思想。

第二，中国道路，始终坚持“每个人的全面而自由的发展”这一科学社会主义的基本原则。为中国人民谋幸福，为中华民族谋复兴，是中国共产党人的初心和使命。全心全意为人民服务是中国共产党的根本宗旨。中国特色社会主义进入新时代，习近平针对我国社会主要矛盾转化的实际，明确提出，解决好发展不平衡不充分问题就是为了“更好满足人民在经济、政治、文化、社会、生态等方面日益增长的需要，更好推动人的全面发展、社会全面进步”。在中国共产党近百年的奋斗历程中，从“为人民服务”到坚持以人为本“推进人的全面发展”，中国共产党人须臾没有离开科学社会主义的基本原则。

第三，中国道路，始终坚持把共产主义远大理想与中国发展的阶段性目标相结合。中国共产党人善于积跬步以至千里，从阶段性目标出发，不断向共产主义理想迈进。经过新民主主义革命，推翻了“三座大山”，雪洗了中国人民的百年屈辱，为人的自由全面发展奠定了政治前提；经过社会主义改造和社会主义建设，建立了人民当家作主的社会主义制度，形成了比较完整的工业体系和国民经济体系，为人的全面自由发展提供了制度保障和物质基础；经历改革开放40余年的发展，开辟了中国特色社会主义道路，使中国的发展大踏步地赶上了时代的潮流，大大增加了中国人的自信，为人的全面发展奠定了雄厚的基础。习近平反复强调：“没有远大理想，不是合格的共产党员；离开现实工作而空谈远大理想，也不是合格的共产党员。”要求共产党员要把远大的理想与中国特色社会主义共同理想结合起来，无论走得多远都不要忘记出发的目的，无论取得多么辉煌的成就都不要忘掉初心。中国共产党人闹革命、搞建设、促发展，每一个阶段性目标的完成，都是为共产主义的远大目标创造条件。

二、中国道路坚持了中国社会发展的历史逻辑

18世纪肇始于英国的工业革命，拉开了现代化的序幕。随后，现代化便成了一股浩浩荡荡的世界潮流，几乎所有的民族和国家都被卷入大潮之中，西方国家的现代化成了发达国家向不发达国家展示未来景象的“样板间”。古老的中华民族在农业文明时期，在西方列强坚船利炮的威逼下被动卷入现代化潮流。因此，中国现代化从一开始就背负着实现民族伟大复兴的历史重任。争得民族独立、人民解放，推进国家富强、人民富裕，成为中国现代化直接面对的历史性课题，中国现代化道路也只能围绕完成这一历史重任而展开。

第一，实现民族独立、人民解放，是中国道路的历史起点。鸦片战争之后，中国一步一步地沦为了半殖民地半封建的国家，而无论是推进现代化还是实现现代化，首先需要有一个独立的主权国家作保障。因此，国家独立、人民解放，是中国现代化要解决第一大历史性课题。在解决这个历史性课题过程中，仁人志士们曾经提出并实践过“师夷长技以制夷”“中学为体，西学为用”“君主立宪”“推翻帝制，建立民国”的现代化方案。这些方案破除了国民闭关锁国的心态，从器物、文化到制度各个层面开始向西方学习。但是，无论哪一种方案都没有成功。第一次世界大战和俄国十月革命，促使中国知识分子对现代化道路选择进行再思考。中国共产党成立之后，确立了“中国革命分两步走”的战略。在中国共产党领导下，经历28年的浴血奋战，1949年建立了新中国，成功完成了民族复兴的第一大历史课题，同时为现代化向社会主义转向奠定了政治基础。

第二，实现国家富强、人民富裕，是中国道路的逻辑延伸。中国社会主义现代化道路，是在“一穷二白”的底子上起步的。从1949年开始，前8年主要是照搬苏联的经验，“以俄为师”；1956年后，我们党提出“以苏为戒”，写自己的著作，探索自己的道路。在社会主义建设时期，我们党明确提出建设社会主义现代化的目标，并把现代化的内容高度概括为“四个现代化”。沿着这条道路，中国实现了由落后的农业大国向工业国的转变，逐步建立起了比较完整的工业体系。

第三，改革开放的伟大实践，既是“四个现代化”道路的重启，又是中国

道路的开辟。邓小平指出，“四个现代化”是老一辈革命家提出来的，一定要实现。但是，到底“什么是现代化”？党的十一届三中全会，重启了中国现代化的征程。1982年，党的十二大以“全面开创社会主义现代化建设的新局面”为主题，邓小平在致开幕词时指出，“走自己的路，建设有中国特色的社会主义”。“自己的路”“中国特色社会主义道路”，这是对中国道路的第一次明确表达。1987年，党的十三大明确提出社会主义初级阶段理论，确立了党在社会主义初级阶段的基本路线，形成了比较系统的“三步走”基本实现社会主义现代化的发展战略。在世纪之交，我们党又根据经济社会发展的新进展，明确了“新三步走”战略，到新中国成立100年时基本实现社会主义现代化。

第四，进入新时代，中国道路得到了进一步的拓展与延伸。经过长期努力，中国特色社会主义进入新时代，我国发展站在一个新的历史方位。以习近平同志为核心的党中央根据国内外形势变化和我国各项事业发展，从理论和实践结合上系统回答了“新时代坚持和发展什么样的中国特色社会主义、怎样坚持和发展中国特色社会主义”的时代课题，从新时代坚持和发展中国特色社会主义的总目标、总任务、总体布局、战略布局和发展方向、发展方式、发展动力、战略步骤、外部条件、政治保证等方面进一步丰富和拓展了中国道路的内容。在习近平新时代中国特色社会主义思想指导下，我们党对从2020年到本世纪中叶的现代化进程分两个阶段进行了战略安排。第一个阶段，从2020年到2035年，在全面建成小康社会的基础上，再奋斗15年，基本实现社会主义现代化。第二个阶段，从2035年到本世纪中叶，在基本实现现代化的基础上，再奋斗15年，把我国建成富强民主文明和谐美丽的社会主义现代化强国。号召全党全国人民要坚忍不拔、锲而不舍，奋力谱写社会主义现代化新征程的壮丽篇章，开启了全面建设社会主义现代化国家新征程。

三、中国道路的实践创新和意义

中国道路，是从科学社会主义理论逻辑中走出来的一条道路，是社会主义性质的现代化道路；是从中国近百年的历史，特别是改革开放40多年的历史中走出来的道路，是切合中国实际的现代化道路。这条道路正日益被世人所认可和尊重。中国道路既遵循了现代化的一般规律，又坚持了社会主义性质，并在实践上实现了成功创新。

第一，坚持党对整个现代化过程的全面领导。中国共产党是中国道路的开创者、设计者、动员者、领导者，党的领导和强大的社会动员力量、组织力量，是保持中国道路的社会主义性质不动摇、保持中国道路接续发展的根本保障。

第二，坚持社会主义与市场经济的有机统一。大胆承认和积极培育多种市场主体，通过商品、货币、市场来发展繁荣经济，来满足人民日益增长的美好生活需要；通过等价交换、公平竞争的商品经济原则，来激发人民创业干事的活力；通过法律保障社会成员一切合法的劳动收入与一切合法的非劳动收入，从而维护群众的预期，保持经济发展活力的可持续性；通过坚定不移地让市场在资源配置中起决定性作用，让劳动、资本、技术、管理等一切创造财富的源泉充分涌流。同时，在现代化的过程中，我们始终坚持科学社会主义的基本原则，不断扩大中等收入群体比例，不断缩小城乡区域发展差距和居民生活水平差距，不断实现基本公共服务均等化，不断推进全体人民共同富裕，在满足人民经济、政治、文化、社会、生态等方面日益增长的需要的基础上，更好推动人的全面发展、社会全面进步。

第三，坚持以人民为中心。中国共产党的初心是为中国人民谋幸福，为中华民族谋复兴。党的初心，就是党所领导的现代化道路的价值指向。习近平指出："道路问题是关系党的事业兴衰成败第一位的问题，道路就是党的生命。"中国道路是"根植于中国大地、反映中国人民意愿、适应中国和时代发展进步要求的科学社会主义，是全面建成小康社会、加快推进社会主义现代化、实现中华民族伟大复兴的必由之路"。实现人民幸福、民族复兴，是中国道路的出发点和落脚点。

中国道路的开创和成功实践，为实现中华民族伟大复兴迎来了光明前景，使科学社会主义在21世纪的发展焕发出强大的生机活力，进一步拓展了发展中国家走向现代化的途径，给世界上那些既希望加快发展又希望保持自身独立性的国家和民族提供了全新选择，为解决人类问题贡献了中国智慧和中国方案。

论整体性——新时代中国道路的发展学视野

邱耕田［中央党校（国家行政学院）马克思主义学院马克思主义发展史研究所所长、教授］

具有整体性的社会系统应当采取一种整体性的发展。整体性发展是社会系统的关联性发展。从实践进程来看，整体性发展是对要素性发展的扬弃和超越，要素性发展具有片面性，它把社会系统中的某一要素以及某一阶段的发展绝对化、至上化，从而导致了发展的失调和分裂。由于我国所面临的发展问题基本上是在传统的要素性发展中所造成的，因而在某种意义上说，推进整体性发展就成了解决我国一切发展问题的关键。党的十八大以来，中国真正步入了整体性发展的新时代，而要实现我国的整体性发展，必须加强顶层设计，做好统筹兼顾，发展协商民主。

原题《论整体性发展》，《北京大学学报(哲学社会科学版)》2017年第5期当今人类社会发展变化的整体性特征，促使我们必须确立起关于社会发展的整体性思维理念及其观照视角，即要求我们应从相互关联的总体性层面审视发展现实、解决发展问题、重塑发展未来。依据发展存在的实然变化和发展意识的应然要求，本文试图建构一种整体性原理的分析框架，并在此基础上，着重分析当代中国发展问题产生的整体性缺失原因，特别是中国整体性发展的基本图景和应有方略，从而为中国的科学发展提供一种具有科学意义的理论支撑。

一、整体性及整体性发展

世界是普遍联系和永恒发展的整体。“世界表现为一个统一的体系，即一个有联系的整体，这是显而易见的。”[①] 世界万物的普遍联系又是以系统的形式存在着。所谓系统是指由相互依存、相互作用的诸要素构成的有机整体。在系统的诸多属性中，整体性是其最根本的特性。在一般的意义上，我们把事物的整体性理解为构成系统的诸要素内部或要素间的关联性这固然没有错，但这还是对整体性含义的浅层次的理解。整体性的实质含义是指系统结构的有序性，即构成系统的诸要素之间或内部在具有了协调关系的基础上形成的一种稳健有序的结构，从而使系统拥有了不同于个体的部分或要素的整体性功能。

（一）人类社会的系统存在及其整体性特质。

作为物质世界之一部分的人类社会，也是普遍联系和永恒发展的，也是

① 《马克思恩格斯文集》第9卷，人民出版社，2009，第346页。

一种系统性的存在。所谓社会系统，是指由若干相互联系的社会要素和不同的发展阶段组成，并与自然环境发生密切互动关系的有机整体。社会既然是一个系统，那么这个系统同样具有整体性这一最根本的特性。而社会系统的整体性，实际上是指社会系统的有序关联性，具体而言，是指构成社会系统的静态的要素之间和动态的发展阶段之间内在的、稳固的联系。在社会系统中，横向的构成要素或部分按照特定的方式组合起来，彼此形成了一种稳固的关系，表现出一定的秩序；或纵向的发展阶段之间保持一种前后相继的传承关系，使得社会系统维持着持续发展的基本态势。这两种“关联性”的统一就使社会系统成为具有内在统一性的整体。

在马克思主义的理论宝库中，关于人类社会的整体性存在有着明确的阐述。例如，在马克思看来，不仅“每一个社会中的生产关系都形成一个统一的整体”，而且社会本身还“是一个能够变化并且经常处于变化过程中的有机体”。在列宁看来，“马克思和恩格斯称之为辩证方法（它与形而上学方法相反）的，不是别的，正是社会学中的科学方法，这个方法把社会看作处在不断发展中的活的机体（而不是机械地结合起来因而可以把各种社会要素随便配搭起来的一种什么东西）。”列宁还明确指出：“世界历史是个整体，而各个民族是它的‘器官’。”[①] 表达了世界历史及其发展的整体性思想。马克思主义关于人类社会是一个活的有机体的思想，加深了我们对社会系统及其整体性存在和运行的认识。

社会整体性的内生逻辑是这样的：社会是人的社会，社会的核心构成要素是人，人和社会具有直接同一性。而人和社会的同一性意味着人是一种“类”存在物。对此，马克思说得很明确：“人是类存在物。”作为“类”存在物的人，其本质就只能是“一切社会关系的总和”了。“……人的本质是人的真正的社会联系，所以人在积极实现自己本质的过程中创造、生产人的社会联系、社会本质。”[②] 作为具有“社会关系”或“社会联系”本质的“类”存在物的人，必须以群体性或采取社会交往的方式进行生存活动如生产活动包括物质生产活动和人口生产活动等，而正是在这种人与人之间的交

① 《列宁全集》第55卷，人民出版社，1990，第273页。

② 《马克思恩格斯全集》第42卷，人民出版社，1979，第24页。

往协作中才形成了社会的内在关联性，即整体性。也就是说，整体性作为一种内在关联性，只能在社会实践基础之上所进行的人与人之间的交往活动中形成并维持。

（二）人类社会的整体性发展及其具体表现。

既然社会是一个有机系统，而且这种系统具有整体性，这样，具有整体性的社会系统的发展演进同时也拥有了整体性的特质，即人类社会的发展——至少是当代人类社会的发展，其在应然的意义上应当是一种整体性发展。所谓社会的整体性发展，简而言之，是指社会系统的关联性发展，具体而言，是指构成社会系统的静态的要素间（如人的要素、物的要素等）和动态的阶段间的关联性发展，或者说是指构成社会系统的诸要素在发展中的协同联动以及社会发展的不同阶段间的相互照应、有序衔接。

整体性发展是发展哲学的重要范畴，它是从发展要素和发展过程之间关联性的角度对社会发展存在的一种把握和认识。现实的整体性发展导致了整体发展观或整体性发展思想的形成，而整体发展观是全面揭示当今社会存在状态及其发展样态包括社会发展的本质、规律，特别是揭示我国社会及其发展本质、规律、趋势的观点和方法的总和。在整体发展观看来，社会系统及其发展变化具有以下特点。

第一，人本性特点。整体发展观依然坚持以人为本的价值取向，或者说，整体性发展的核心依然是人的全面自由发展。但整体发展观所立足的是“整体人”。“整体人”和“片面人”或“两面人”是对立的，如“经济人”“工具人”“机器人”“橡皮人”就与“整体人”格格不入。整体人要求我们以整体性的思维理念来认识人、把握人、对待人，即要全面整体地看待人的生存和发展，把人看成是处在特定的社会关系场域中的有血有肉、现实具体并具有各种需要的人，而不仅仅是将其当成“生物人”或“利益人”看待。把人看成“整体人”，就要求我们推动人的全面发展而非片面发展。坚持“整体人”的全面自由发展，这应当是整体性发展的根本追求。第二，关联性特点。整体发展观认为，社会系统及其发展变化的诸要素和阶段都处于相互关联之中，正是这种关联性使社会系统及其发展形成了“关系质”，从而表现出系统性或整体性的特点。第三，整体性特点。整体性特点是对社会发展之样态的进一步把握和认识，或是对社会发展的关联性特点的“深化型”认识。如果仅仅从关联性的角度来把握社会发展，那还是肤浅的，还不足以说明社会发展的实质性的状貌以及应有的趋势。整体发展观认为，社会发展的整体性表现为，社会系统的发展变化是其诸多要素和不同发展阶段之间的协同联动。社会系统的某一要素或领域的发展变化以及社会发展的某一历史阶段，其效果和水平如何，一定要放在整个系统的发展变化中才能真正予以检验和说明。也就是说，即使某一要素有了发展或某一发展阶段在一时一地看上去效果不错，但从整个系统的角度来衡量，不一定会带来或导致全局的发展进步。之所以如此，这实际上是由社会发展的整体性所规定或要求的，这种规定其实就是社会发展的“系统质”或系统功能。第四，平稳性或有序性特点。有序性是表征某一系统及其整体性的关键指标。如果某一系统不具有有序性，那么，这一系统就会被“分裂化”“碎片化”，从而体现不出整体性。就社会系统而言，社会系统的运行不可能紊乱无序，它必须追求序化运行，这样方能体现其系统性或整体性的特质。当然，社会越发展、越进步，其文明程度就越高，其有序性就越强。我们衡量认识一个社会系统发展、建设得如何，关键是要把握其是否具有有序性或有序度高低的情况。社会系统对序化的追求，主要表现在两个方面，一是由低级向高级的不断跃进，二是由单一或片面向综合整体的递进。社会系统的“序”，一方面要在与自然环境的不断“耗散”即与自然环境的物质、能量、信息的动态交流中才能保持和发展；另一方面还要在其内部诸要素或领域以及不同阶段的协同联动、相互照应中才能实现。如果是单一、片面的推进，或在发展中只看到了今天而忽视或损害了明天，必然会造成社会系统的分裂和冲突，是根本谈不上有序性的。从社会系统的整体发展方向看，社会系统是一个从无序向有序、从低级有序向高级有序、从片面有序向整体有序不断演进的过程。

社会的整体性发展是沿着纵横两个“坐标”展开或推进的。这样，从内容上看，整体性发展包括这样几方面的子内容或“子发展”。从横向的维度看，基于不同地区和国家的角度，表现为共同发展；基于关系的角度，表现为和谐发展；基于构成社会系统的要素或领域的角度，表现为协调发展，即构成社会系统的诸要素如经济、政治、文化、生态等的全面和相对均衡的发展进步。从纵向的维度看，表现为代际间或不同阶段、不同时期的可持续发展，具体说是指不同的发展阶段之间紧密传承、关系优化、相互照应的一种发展，从而确保发展能不断地持续下去。

而无论是横向的共同发展、协调发展、和谐发展，还是纵向的可持续发展，都是以人为本的。这样，整体性发展就其核心的构成要素或最根本的价值取向来看，则表现为以人为中心的全面发展。这种基于人的全面发展，在形式方面表现为：其一，从横向关系的角度看，人的全面发展不是少数人的发展，而是我们这个星球上全体居民都应当得到公平的发展。其二，从纵向关系的角度看，人的全面发展不仅是指当代人的发展，而且包括子孙后代的可持续发展。对弱势人群和未来人的生存与发展的特别关注，是人的全面发展的必然要求，是人的全面发展与人的畸形发展或异化发展的重大区别之一。在内容上，人的全面发展主要体现为人的各种需要的良好满足和各种潜能的良好发挥、人与外部世界关系的不断生成，特别是改善、人的生理体能的完善和进化以及人在主观上对自身生存状况的满意度和幸福度的不断提高或增强等。

（三）整体性发展与整体性利益。

“没有共同的利益，也就不会有统一的目的，更谈不上统一的行动。”① 整体性发展的出现，既有外在的原因，如不同地区、领域、群体之间交往的加深、关联性的增强等，更有内在的原因，这就是不同地域或群体间利益交汇点的增多、共同利益或整体利益的出现。换言之，作为具有内在关联性的整体性发展，其实质是一种利益上的关联，或是基于共同利益或整体利益驱动或催生下的关联性。“每一个人的利益、福利和幸福同其他人的福利有不可分割的联系，这一事实却是显而易见的不言而喻的真理。”② 正是共同利益才把不同的群体组合成了一种具有整体性的群体，正是共同利益才将不同群体、地区或要素的发展整合成了整体性发展。可见，整体性利益在根本上促成了整体性发展，整体性利益越多、越充分，其对整体性发展的支配和促进

① 《马克思恩格斯文集》第2卷，人民出版社，2009，第359页。

② 《马克思恩格斯全集》第2卷，人民出版社，1957，第605页。

作用就越大。

整体利益有横向和纵向之分。横向的整体利益，是指诸多主体间的共同利益；纵向的整体利益，是指同一主体跨越不同发展阶段的长远利益。整体利益对社会发展既具有动力作用，又具有平衡调控作用。整体利益的调控作用是指整体利益能导致同向的整合力，从而会激发出系统的最佳和最强的整体性功能。也就是说，系统的整体功能依赖于系统的整体利益的平衡调控作用，只有用整体利益才能真正调动起绝大多数人的发展热情和积极性，从而确保系统获得又好又快的发展。

当然，对整体利益损害最大的，是整体利益的分化或“私化”现象。社会发展的主体是一种多层级、多“组织”的存在，这样，不同的发展主体在利益的追求上不仅往往不相统一和协调，而且常常存在着对立和冲突等的情况。自二战以来，在国际上出现了两种著名的“冲突论”——社会制度冲突论（包括意识形态冲突或所谓的“主义”之争）和文明冲突论，其实，在这两种“冲突”的背后，本质上是利益的分裂和冲突。利益相同，即使不同制度和文化的国家、民族都能结盟或走到一起；而利益不同，即使同一制度或文化的国家或地区也会发生争斗或磨擦。可见，利益在社会发展中起着决定性的作用。

当前，造成利益冲突或整体利益被分化或私化的根本原因，就是不同的发展主体基本上都持有一种自我中心主义的发展倾向或做法。自我中心主义的发展表现，是指发展主体在追求或实现自我利益的发展活动中，存在着一种最大化或极端化的倾向。自我利益的最大化、极端化一般会产生这样两种后果：一是导致人与自然关系的失调，进而产生严重的生态环境问题；二是导致发展主体间关系的失调进而产生严重的社会问题，从而破坏社会的有序发展。

如何克服整体利益被“化公为私”的现象以维护系统的整体功能呢？一是要强化共同利益，找到不同发展主体的利益交汇点；二是要抑制一些发展主体的自我利益最大化的行为。总之，只有确保整体利益，才能确保整体性发展。

二、整体性发展是对“要素性发展”的超越

从实践进程来看，整体性发展是对要素性发展的扬弃和超越，这样，我们要深刻把握整体性发展的含义和意义，还应采用对比性的研究方法以对要素性发展的含义、表现、危害等问题进行分析，这不仅仅是由于要素性发展是整体性发展的对立面，更为关键的是要素性发展还是迄今相当盛行的一种具有片面性的发展模式。

众所周知，系统是由要素或部分构成的，没有诸多构成要素或部分的有机联系，就不会形成系统。针对系统与要素的关系，在整体性问题上，人们容易犯两种错误：其一，把系统或整体绝对化、至上化，从而忽视了个体或部分的作用与意义，进而导致了空洞的共同体主义；其二，把构成整体的部分或要素绝对化、至上化，从而忽视了整体或系统的作用与意义，进而导致了当今要素性发展盛行和猖獗的现象，出现了以要素性发展替代整体性发展或凌驾于整体性发展之上的基本态势。

长时期以来，无论是国际还是国内，要素性发展都是一种主导性的发展形态。这种要素性发展主要有两个方面的表现：第一，把构成系统的某一要素或部分的发展绝对化甚至唯一化，从而导致了社会发展的片面化、失调化的态势；第二，把构成动态的社会系统的某一发展阶段——主要是指现阶段——绝对化甚至唯一化，从而导致了只重当前而忽视了过去特别是未来的不可持续化的发展现象。“地球曾经是生命的乐园，如今却被人类糟蹋得满目疮痍，破败不堪!”[①]

在整体性发展和要素性发展之间，其实存在着对立统一关系，只有处理好这种关系，才能有效推进整体性发展。

首先需要指出的是，在整体性发展和要素性发展之间存在着明显的差异。无论是从理论还是从实践来看，分散独立的社会要素和处于整体关联状态中的社会要素，它们之间的地位、作用、运行状貌等都是明显不同的；进一步而言，要素性发展和具有关联性的整体性发展，它们之间的做法、运行

---

① [美] 纳什:《大自然的权利》，杨通进译，青岛出版社，1999，第210页。

状态及效果等都大不一样，甚至大相径庭。要素性发展具有鲜明的单一性或片面性和断代性，它把注意力只集中于特定时空的具体的“点”和“时”上，因而呈现出“只见树木，不见森林”“只见现在，不见未来”的形而上学特性，并造成了社会要素或社会时空的分割、断裂和失衡、冲突，导致了风险社会的出现和高代价发展的发生。而整体性发展具有非线性的协同联动性、多维共进性等的优势。在整体性发展中，包括要素性发展，它主张在确保或促进要素性发展的基础上追求整体性发展，即整体性发展不排斥要素性发展。更重要的是，整体性发展，一方面能克服要素性发展所产生而自身又无法克服的发展问题，另一方面又能实现要素性发展所不具备的整体性效能，因而具有低代价性的整体性发展显然要优于具有高代价性的要素性发展。这样，实现由要素性发展向整体性发展的转型跃迁，就成了当下发展实践的必然选择。

要素性发展和整体性发展之间不独具有差异性，它们之间还具有统一性或不可分性。一方面，要素性发展是整体性发展的基础和支撑。社会系统的诸多要素（也包括人的要素）及其发展是什么样的，整体性发展一般就会是什么样的。离开了要素性发展，整体性发展就成了无源之水、无本之木。这意味着，整体性发展当然要重视并关照要素性发展，不能为了整体的发展而无条件地、长期地、大面积地损害要素的发展进步。另一方面，整体性发展又制约着要素性发展。如果说静态的整体是要素或部分得以存在的不可缺少的系统性条件的话，那么动态的整体性发展同样是要素或部分持续性存在的不可缺少的系统条件。当我们说要素是系统或整体中的一分子的时候，也就意味着要素处于社会系统中的特定位置，并充当着社会系统的特定“角色”，发挥着特定的功能。既然社会要素处于社会系统的特定位置，是社会系统的一部分，那么，它就要接受社会系统的“洗礼”，并服从于和服务于整体性发展，使自己拥有社会系统或社会整体性所赋予的社会规定胜。如果要素性发展在方向上出现了与整体性发展不一致的地方，那么整体及其发展往往会以其强大的管控力来矫正这种离异的现象，使其回到与整体及其发展相一致的轨道上来。这实际上是要素或部分在社会发展中被“系统化”或“整体化”的现象。

我们以人的发展为例来具体说明要素性发展与整体性发展之间的统一关系。人的生存和发展，其实是一个不断被“系统化”或“整体化”的过程。社会的整体性发展既要为人的生存和发展提供环境、条件和平台，也要为人的发展设定界限（如底线）、方向和原则要求等。首先，社会整体利益支配着组成它的诸成员的特殊利益，社会成员只有证明了他们在社会整体的目标和功能的实现过程中是不可缺少的，才能获得相应的权利。因而，对社会成员来说，在与社会的交往中，他所面临的生存任务，就是要不断让自己的目的、利益经过社会整体的修正、认同之后成为从属于社会整体目的、利益的特殊而具体的构成要素。其次，社会成员必须接受社会整体的规范和制度，使自己的行为模式符合社会整体的要求，如果社会成员都自行其是，不遵章守纪，那么，社会秩序就必定大乱。最后，社会成员必须接受社会整体的文化价值观念，形成社会整体所认同的精神世界。总之，“社会整体既为个人的生存和发展提供了条件，也为个人的生存和发展规定了界限和方式，个人只能在社会整体许可的范围内争取他的利益、权利和自由，超出了社会整体许可的范围，个人的行为不是受到道德的谴责，就是受到法律的制裁。”①

整体性发展对要素性发展的制约，还表现在纵向的时间维度方面——体现在社会发展的不同历史阶段的相互制约、相互影响上，具体而言，是历史的整体性对现实的整体性的影响，现实的整体性对未来的整体性的影响，以及未来作为一种潜在的整体性存在对当下的整体性的影响。需要说明的是，历史对现实、现实对未来的影响总是以整体性的面貌出现的，即这种影响包括正面的影响和负面的影响、物质方面的影响和精神文化方面的影响，等等。

相对于要素性发展，我们提出并实施整体性发展，将会促成社会发展的两种重大转向：其一，发展认识的转向。整体性发展范畴的提出，把我们以往对发展的观照基点由某一社会要素和某一发展阶段而转向了着重对要素和阶段间关系的认识上，即整体性发展的思想要求我们在发展的认识方面，必须从“要素论”“眼前论”中走出来，转向于对发展的整体性的认识和观

① 吴元梁：《论社会整体性》，《哲学研究》1993年第3期。

照。这样一种发展认识论方面的飞跃性变化，能使我们对发展存在的认识，由“要素发展论”升迁到“整体发展论”的更高境界。其二，发展实践的转向。认识的转向必然伴随着实践的转向，即现实的发展实践，将由过去只重视发展要素和发展当下的做法，而转向既重视要素和当下，更重视它们之间关系的做法，这应当是发展实践领域具有深远意义的进步。

这两种转向特别是其中的发展实践转向，无疑是人类发展特别是我国发展具有划时代意义的转向：其一，这种转向丰富和扩展了社会发展范式。以前是要素性发展，现在则是整体性发展，这是人类发展范式的重大拓展和进步。其二，深化和细化了人类实现可持续发展——在我国是实现科学发展——的具体途径。也就是说，要实现可持续发展包括实现我国的科学发展，必须走整体性发展之路，否则，可持续发展包括科学发展将会流为空谈，难以取得实效。长期以来，无论是可持续发展还是科学发展，之所以在推进的过程中困难重重、问题多多，关键在于我们是在“要素性发展”的框架内看待和实施它们的。现在，整体性发展模式为我们高效推进可持续发展包括科学发展开辟了新的更为理想的途径。其三，提出整体性发展，是对马克思主义哲学的物质世界普遍联系原理的现实运用，它从发展实践的角度再次印证了马克思主义哲学相关原理和观点的正确性，同时也丰富和发展了马克思主义哲学及其社会发展理论。

当然，在整体发展观看来，要从长期盛行的要素性发展向整体性发展转变，必须坚持创新的理念和做法。在某种意义上说，整体性发展其实也是一种创新性发展，它和创新性发展具有同源、同质、同构、同向性的统一关系。一方面，实施整体性发展离不开创新，或者说，创新性发展支撑和推动着整体性发展，它为整体性发展注入了强大而源源不断的动力源泉；另一方面，整体性发展规定或规范着创新性发展，它使创新性发展有了一个着力点和落脚点，换言之，具有工具性、技术性功能的创新性发展要为整体性发展服务。总之，如同整体性发展与要素性发展之间具有对立统一关系一样，整体性发展和创新性发展之间也具有同样的辩证关系。由于创新及其创新性发展之于整体性发展的重要性，因而，在整体发展观的视野中，我们就有必要阐述它们之间的这种矛盾关系特别是其中的统一关系。

三、整体性发展应当成为中国发展的主导形态

整体性是一个内涵丰富的属性，它几乎涵盖了事物发展的一切性能，在某种意义上说，整体性应当是发展的根本属性，也应当是中国发展的最高和最有价值的特性。整体性作为当今中国发展的本质属性，是现阶段我国发展与以往传统发展相区别的内在规定性，是我们把握现阶段特别是未来中国发展走向的根本切入点。

用整体发展观来考察当今中国的发展，可以获得如下两个方面的重要认识：第一，从本体论的视角看，整体性是中国社会发展的本质属性或根本属性，因为中国发展所要追求的人本性、创新性、协调性、绿化或生态化趋势、开放性、共享性等都要从整体性中引申、衍生、阐释。换言之，人的全面自由发展、社会的创新发展、协调发展、绿色发展、开放发展、共享发展等都是整体性发展的不同角度或方面的具体表现。整体性发展的先进性或多维表现，使其代表了人类社会包括中国社会发展的基本趋势和方向，而只有这样的发展，才能在有效克服严重的发展问题的实践中，把世界和中国引向光明和安全的未来。第二，从方法论的视角看，整体性是当今中国社会发展的重要认识和实践方法，我们要从整体性视角来把握、分析、评价和解决发展问题。具体而言，我们审视发展现实、解决发展问题、重塑发展未来，都需要一种整体视野，从而整体性的观念和实践方法成为我们从事发展实践的重要的方法论武器。

作为当今尤其是未来中国发展的主导形态，整体性发展为处于“风险社会”中的中国实现“两个一百年”奋斗目标及中华民族伟大复兴的中国梦提供了最为理想和必需的实践路径，它对当今中国发展的意义主要表现在两个方面：其一，认识论的意义。如何认识和把握当今社会的发展，包括梳理发展问题及其原因，以及在应然的意义上推进中国社会的科学发展，一个根本的视角或原则就是整体性的视角，即要从整体性的角度来认识社会发展，促进社会发展。其二，实践论的意义。当今中国的科学发展，应当采取整体性的态势，而这种整体性发展的态势在当下中国正在逐步显现。

从发展模式的角度分析，当今中国几乎所有的发展问题，可以说都是要

素性发展所造成的，即我们在实践中由于没有重视和实施整体性发展而导致了一系列发展问题。因而在某种意义上说，推进整体性发展就成了解决我国一切发展问题的关键或“总开关”。在世界范围内，自20世纪70年代以来，国际上所倡导并推行的可持续发展，其实就是一种纵向的整体性发展的做法。而在中国，进入21世纪以来，整体性发展的趋势日益明显，我们所提出的科学发展、和谐社会、包容性增长、生态文明建设、“命运共同体”的理念诉求以及“三位一体”“五位一体”“四个全面”等的概念或战略主张，都是从不同侧面对整体性发展的追求或期盼；我们在实践中的一系列做法包括转方式、去产能、提效益、补短板、求全面、重公平、防风险等，也都是属于整体性发展的具体要求或做法，是我们“着力增强发展的整体性协调性”的表现。这说明，当前，整体性发展的理念正在形成，整体性发展的态势正在显现。从实然特别是从应然的意义上讲，当前，中国整体性发展的基本图景主要表现为中国特色社会主义的整体性、中国特色社会主义理论体系的整体性、中国特色社会主义建设布局的整体性、发展战略布局的整体性、新发展理念的整体性等方面。

对当今的中国而言，已经不是要不要整体性发展的问题，而是如何实现整体性发展的问题。要推进整体性发展，必须摒弃适应要素性发展的形而上学的思维理念。因为这种思维理念，“它看到一个一个的事物，忘记它们互相间的联系；看到它们的存在，忘记它们的生成和消逝；看到它们的静止，忘记它们的运动；因为它只见树木，不见森林”[①]。可见，形而上学的思维理念其实就是一种只见树木不见森林、只见局部不见整体的线性思维理念。这种线性思维具有直线性和单向性，其在现实中的最大表现，就是“想当然”，即想当然地认为，只要把经济搞上去了，就会一好百好，整个国家或社会都会取得进步。于是，长期以来，我们在实践中大搞经济建设唯一论，把发展等同于增长，把增长又等同于GDP的提高。以为这样，就会天下太平，到处都会“莺歌燕舞”。

整体性发展要求确立整体性的思维理念。整体性的思维理念，表现为一

① 《马克思恩格斯文集》第9卷，人民出版社，2009，第24页。

种全局观或宏观思维，其核心内容是联系的观点和发展的观点。这表明，整体性的思维理念其实是对唯物辩证法的具体运用，或者说，唯物辩证法成为我们如何实现整体性发展的重要理论基础。而以唯物辩证法为理论基础的整体性思维理念，在指导整体性发展的进程中，主要表现为顶层设计、统筹兼顾、协商民主等的原则和要求。

（一）整体性发展与顶层设计。

实施整体性发展，必须根据整体性发展的特性即整体关联性包括跨时空性等进行合理的谋划设计，这种针对整体性发展的“设计”只能是一种顶层设计。顶层设计首先是一个工程学的概念，其本意是指在工程设计中，要运用系统论的方法，从总体的角度，统筹考虑结构的合理、功能的协调、环节的衔接、资源的共享、构件的统一等的工程建造或维修问题，从而达到预期的目的。由于顶层设计的自上而下和整体关联等特性，使得其很快被运用于政治、经济等领域。

从整体性发展的角度看，顶层设计的特性及其所蕴含的意义在几个方面。其一，自上而下的特性。即顶层设计是一种总揽全局、高端谋划、宏观思考的做法，换言之，关于整体性发展的核心理念、预设目标、组织和发起的力量重心、制定规划和提出的要求等基本上都源自“顶层”。而这样一种自上而下的特性，既符合整体性发展的内在要求，也与我国由政府主导的发展模式高度吻合。其二，整体关联性。顶层设计的特性或意义不仅在于其所具有的顶层性或高端性，还在于其所具有的统筹考虑的整体关联性。有的发展即使如单一片面的发展也有顶层性或高端性，即是由政府强力发起和推动的。新中国成立以来包括改革开放以来我国的发展基本上都是一种政府主导型的发展模式，但即使这样的发展在很大程度上仍具有突出的单一性或片面性，如改革开放以来我国“发展中不平衡、不协调、不可持续问题依然突出，科技创新能力不强，产业结构不合理，发展方式依然粗放，城乡区域发展差距和居民收入分配差距依然较大，社会矛盾明显增多”[①]。可见，对整体性发展而言，在强调其自上而下的特性的同时，还必须强调其整体关联

① 习近平：《习近平谈治国理政》，外文出版社，2014，第71页。

性，否则依然会陷入要素性发展的窠臼。如果说过去的要素性发展更多带有“摸着石头过河”的探索性，那么，在今天的整体性发展的时代背景下，我们必须要加强具有宏观性、高端性、长远性和整体关联性的顶层设计，要把“摸着石头过河”与“顶层设计”有机统一起来，在推进改革和发展的进程中，要考虑不同领域、要素之间的协调和平衡，避免出现那种单兵突进或“头痛医头，脚痛医脚”的现象和做法。其三，顶层设计意味着要强化和维护中央政府的权威。“坚持党的领导，发挥党总揽全局、协调各方的领导核心作用，是我国社会主义市场经济体制的一个重要特征。”[①] 在我国多层级的发展主体中，政府主体特别是中央政府主体是最为关键的主体，它对整个中国的改革发展起着核心的领导作用。所谓顶层设计，主要由中央政府组织实施。在我国这样一个人口众多、地域辽阔且存在着千差万别的国家，不同地区、群体、领域之间在发展中的张力始终存在并经常发挥着离散性作用，因而，必须要有一个坚强有力的中央政府进行管控，否则，非但实现不了整体性发展，可能连正常的发展都很困难。中央政府必须为中国的整体性发展当好“舵手”，当好“总设计师”，即要定好位、定好标、定好则等。

（二）整体性发展与统筹兼顾。

如何推进整体性发展，做法可能很多，但主要的做法就是统筹兼顾。如果说，顶层设计主要具有谋划性、战略性的话，那么，统筹兼顾就主要具有实践性、操作性了。就其含义而言，“统筹”是指总揽全局，总体谋划，即要登高望远，从全局高度思考、研究、解决问题；“兼顾”就是要照顾各个方面、平衡各个环节、协调各种关系。统筹兼顾的这一方法论功能，恰恰是对事物的整体关联性的反映。换言之，整体性在方法论上必然表现为统筹兼顾的做法。

统筹兼顾是我党在社会主义建设过程中创造的思想方法和工作方法。党的十八大以来，新一届中央领导集体提出的治国理政的战略布局，就体现着统筹兼顾、综合平衡的方法论要求。习近平就以政策的系统性为例指出：“要弄清楚整体政策安排与某一具体政策的关系、系统政策链条与某一政策

① 习近平：《习近平谈治国理政》，外文出版社，2014，第118页。

环节的关系、政策顶层设计与政策分层对接的关系、政策统一性与政策差异性的关系、季节性政策与阶段性政策的关系，既不能以局部代替整体，又不能以整体代替局部，既不能以灵活性损害原则性、又不能以原则性束缚灵活性。”[①] 当然，统筹兼顾不是眉毛胡子一把抓，而是要坚持“两点论”和“重点论”的统一。辩证法的“两点论”，就是面对复杂的事物，既要研究主要矛盾，又要关注次要矛盾；在面对任何一种矛盾时，既要研究矛盾的主要方面，又要关注矛盾的次要方面。如果只关注到一点而忽略了另一点，就会导致形而上学的“一点论”。辩证法的“重点论”，就是在面对复杂事物时，要着重把握它的根本矛盾、主要矛盾；在面对任何一种矛盾时，要着重把握它的主要方面。不去把握这个重点甚至否认这个重点，平衡用力，就会导致形而上学的“均衡论”。推进整体性发展的统筹兼顾的方法，正是对辩证法的“两点论”和“重点论”的具体运用。

（三）整体性发展与协商民主。

为了更有效地推进和实施整体性发展，必须采取一种适合整体性发展的民主形式，这种形式主要就是协商民主。协商民主当然是一个政治术语，但完全可以引入发展哲学的领域。从整体发展观的角度看，所谓协商民主，是指广大发展主体通过自由平等的对话、讨论、审议等的做法或方式，参与发展决策和发展管理。具体而言，在中国发展的特定视野下，协商民主的特点表现为要以强化和维护中央政府的领导为前提，以社会发展的公平正义为内在要求，以发展管理中的对话和协商为手段，以达成和谐与共识为核心原则，以追求整体利益为目标。

作为一种新型的民主形式，协商民主有着鲜明的促进整体性发展的效能，或者说，整体性发展与协商民主有着内在的关系。要实施整体性发展，就必然要求推行协商民主，因为整体性发展的核心要素或内在的统领性要素是整体利益，这种整体利益把不同的群体统合在一起，从而形成了促进整体性发展的强大动力。也正是这种整体利益，才为协商民主提供了坚实的实践基础。换言之，由于存在着根本的整体利益，因而大家才有必要心平气和、

① 习近平：《习近平谈治国理政》，外文出版社，2014，第107页。

采取面对面的方式进行民主协商。如果说整体性发展是协商民主的实践载体，它对协商民主起着支配性作用的话，那么，协商民主也对整体性发展发挥着重要的反作用。

在整体发展观看来，协商民主的效用主要表现在两个方面：其一，协商民主是实现社会成员或发展主体广泛而有序参与社会发展的重要形式。众所周知，人是社会发展的主体，但这种发展主体不是抽象的，而是具体的，即表现为众多不同形式的发展主体，包括复杂多样的群体主体和个体主体等。如何广泛动员众多的发展主体积极投入社会发展进程中以最大限度地体现社会发展的整体性，显然离不开有效的制度安排，而协商民主正是这一制度安排的理想形式。通过协商民主的做法，广大发展主体或社会成员可以通过对话、沟通、讨论、审议等的方式，就社会发展的决策表达意见和建议，行使发展参与的权利，正常合法地表达自己的发展利益和愿望，进而有效化解社会发展进程中的各种矛盾，维护社会发展的高效和有序。其二，协商民主是实现社会发展决策科学化、民主化的重要环节。对整体性发展而言，倡导协商民主就是要实现发展决策的民主化。在发展实践中，通过协商民主，中央政府可以广泛听取民意，集思广益，兼容吸收各方面有价值、可操作的合理意见和建议，平衡各方利益，制定出充分反映人民意志和各方合理要求的方针、政策，实现发展决策的科学性，从而使社会发展的各项方针政策更加符合客观实际，更加体现人民群众的愿望和要求，更加具有整体性。

在整体性发展的上述做法中，顶层设计是灵魂，统筹兼顾是具体做法，协商民主是制度保障，它们的协调统一，必将能更好地促进我国的整体性发展。

第四篇

「中国道路的成功逻辑」

中国道路成功的内在逻辑

张占斌
［中央党校（国家行政学院）马克思主义学院院长、一级教授］

新中国成立以来，我们用几十年时间走完了发达国家几百年才能走完的工业化历程，中国正日益走近世界舞台中央。认真总结中国道路有益的经验和启示，对于回应和解决新时代如何实现高质量发展、继续把“不可能”变成“可能”的伟业具有重要意义。

原题《“中国道路”成功的真正密码》，《人民论坛杂志》2019年第13期

1840年鸦片战争以后，因列强入侵、内乱不断等因素，中国曾经长久地深陷于低收入国家的泥潭。根据有关统计数据，1900年中国的人均GDP相当于美国的13%，到了1950年新中国成立之初，这一数据下降为5%，中国一度沦为全球最贫穷国家之一，当时全世界只有10个国家的人均GDP低于中国。知耻而后勇，新中国成立以来，在中国共产党的领导和中国人民持续不懈的努力下，我国从一个积贫积弱的低收入国家跃升为上中等收入国家，我们用几十年时间走完了发达国家几百年走过的工业化历程，中国正日益走近世界舞台中央。

中国道路是中国贡献给世界的珍贵礼物，为人类对更好社会制度的探索提供了中国方案。许多国际机构和国内外专家都很关注中国的发展问题，都在试图揭开中国道路的密码。可以肯定地说，中国道路的背后是一系列思想、战略、政策、制度和方法的组合与创新。本文从八个方面、十六个维度，探讨中国发展道路的经验启示，寻求中国人为什么能把“不可能”变成“可能”的密码。

一、党的领导能力+中国道路

这不是一个简单的数学加法，而是近100年中国革命、建设和改革开放事业成功实践的历史总结、科学总结。中国人民能够站起来、富起来乃至开始强起来，靠的是中国共产党这个强大的政治领导力量的引领。中国共产党的领导地位、领导能力不是自吹自擂得来的，而是在新民主主义革命血雨腥风的伟大斗争中，由亿万人民反复比较作出的历史性选择，是在社会主义建设和改革开放时期成千上万不忘初心、牢记使命的中国共产党人发扬集体主义精神，带头干出来的。正是因为中国共产党同时具备理论的科学性、道路的正确性、组织的严密性，才得以深刻改变了中国。新中国70年、特别是改革开放40多年的发展成就，从根本上说，得益于全世界人数最多的大党——中国共产党，在全世界人口最多大国——中国长期执政，不断提升驾驭现代化发展的领导能力，解放思想、实事求是、与时俱进、守正出新，走自己的路。中国近百年的历史表明，一个国家现代化的进程需要决策者和执行者具有卓越的执政能力。笔者近年来执行援外任务，带团出访古巴、埃塞俄比亚、阿尔及利亚等发展中国家，国外友人都很羡慕、钦佩近14亿人口的中国取得的成绩，并认为这个成绩得益于有一个强有力的领导者——中国共产党。从与他们的讨论交流中，笔者更能够感受到这些结论的珍贵：中国共产党领导是中国特色社会主义最本质的特征，是中国特色社会主义制度的最大优势。

从中外的历史经验来看，如果一个政党不能适应实践、时代、人民的要求，就可能被实践、时代、人民抛弃，苏共丢掉政权就是值得我们反思的案例。这就提出了一个重大问题，即在世界人口最多的大国，怎样才能坚持和巩固中国共产党的领导？历史和现实都做出了回答：必须不断加强和改善中国共产党的领导，让中国共产党的领导更加适应实践、时代、人民的要求。这就是我们今天全面从严治党、推进党的伟大自我革命、党的建设伟大工程需要担当起的历史性责任。改革开放40多年，我们破除计划经济年代对社会主义的僵化理解，剔除附加给社会主义的误导成分，没有退回去走老路，也没有依附西方走邪路，而是走出了有中国自己特点、自己品质、自己气派的中国特色社会主义发展道路。正是靠这些，推动当代中国大踏步赶上了时代发展。在这条道路上，我们找到了中华民族的自信。

二、以人民为中心＋以经济建设为中心

习近平指出，“马克思主义是人民的理论”。在马克思倾注其一生心血的伟大著作中，有一条红线就是坚守人民立场。人民立场体现了对人民创造历史的地位和作用的深刻认识，是马克思主义政党区别于其他政党的显著标

志。中国共产党人对坚守人民立场是有深刻认识的，人民立场也是新中国70年不变的“时代主旋律”。以人民为中心的发展思想彰显了马克思主义的立场、观点、方法，充分体现了中国共产党人的不懈追求。我们党是全心全意为人民服务的党，我们国家是人民当家作主的国家，党和国家一切工作的出发点和落脚点是实现好、维护好、发展好最广大人民的根本利益。可以说，以人民为中心是党的生命线，是贯穿中国共产党现代化发展思想的一条红线，是连接改革开放与改善民生的情感线。

以人民为中心的发展思想要求社会主义要有优越性、要有吸引力，要把发展作为党执政兴国的第一要务，要求改革开放和现代化建设必须以经济建设为中心。党的十一届三中全会作出决定，把全党的工作重点和全国人民的注意力转移到社会主义现代化建设上来。其后，开始了改革开放的探索进程，我们逐步形成了党在社会主义初级阶段的基本路线——“一个中心，两个基本点”，即以经济建设为中心，坚持四项基本原则，坚持改革开放。中央领导人强调，只要不爆发第三次世界大战，我们就扭住经济建设这个中心不动摇。40多年来，我们牢牢把握以经济建设为中心，不动摇、不懈怠，开辟出了一片新天地。

三、社会主义市场经济体制＋社会建设提供保障

新中国成立后的一段时间里，我们在探索社会主义建设问题上，有凯歌行进的岁月，也有曲折发展的历程。正是因为有了社会主义建设正反两方面的经验教训，我们才深刻认识到，制度是关系党和国家事业发展的根本性、全局性、稳定性、长期性问题。我们坚持和发展社会主义，就必须抓住完善中国特色社会主义制度这个关键，不断发挥和增强我国制度优势。我们强调尊重价值规律，把激励做对，发挥经济体制改革的牵引作用，建立竞争机制和产权市场，加快建立和完善社会主义市场经济体制，使市场在资源配置中起决定性作用和更好发挥政府作用，为解放和发展社会生产力开辟了新的道路。我们建立的社会主义市场经济体制，不是西方那种新自由主义的市场经济，而是党政有为、市场有效的新体制。社会主义与市场经济的结合，在理

论上超越了一些马克思主义学者的传统解读，超越西方主流经济学的理论框架，超越“市场社会主义”的制度设计，破解了经济学的世界性难题。

经济发展和经济成功都需要维持较高水平的政治稳定和社会团结，而政治稳定和社会团结离不开社会建设。为什么有些国家经济上不去？为什么有些国家过去曾经发展得很好，后来却变得非常差？非常重要的原因就是利益协调出了问题，执政党摆不平各种利益冲突，内斗难以平息，甚至引发内战。为什么摆不平？除了执政党的能力有限之外，很重要的原因就是社会建设缺位。中国共产党在加强自身建设、革命性锻造的同时，也非常注重经济社会的全面发展，即使在计划经济物资缺乏的年代，也注重健全相关制度，加强社会建设，尽可能提供广覆盖、普惠式的教育、医疗等基本公共服务。在改革开放以后，更加注重在经济发展的基础上不断改善民生。比如，大力推动扶贫减贫和精准脱贫事业，贫困人口大规模减少。比如，建立养老、医疗等社会保障制度，强化社会政策兜底。社会矛盾少了、小了，我们就有足够的精力去干需要干的事业。

四、高举旗帜＋理论创新

中国共产党诞生伊始，就举起了马克思主义的旗帜。在近一个世纪的探索中，中国共产党深刻认识到，马克思主义是党的指导思想，我们要完整准确掌握马克思主义的基本立场、观点和方法，而不是教条地、机械地、僵化地、简单地背诵革命导师的几句话。我们要把马克思主义的理论与中国具体实际相结合，与火热的变革时代相结合，变成改造中国的强大武器。如此，马克思主义就活了，马克思主义就有了生命力。中国共产党坚持马克思主义指导，强调理论联系实际，坚持解放思想和实事求是有机统一，努力回答时代之问、人民之问，不断开辟马克思主义发展新境界。

总结中国发展道路的经验启示，必须把坚持马克思主义的辩证唯物主义和历史唯物主义世界观和方法论考虑进来。中国共产党能够自我革新、不断超越，是与高度重视理论指导和哲学思维分不开的。马克思主义的世界观和方法论为我们走自己的路指明了前进方向，也为正确处理建设、改革、发展、稳定关系提供了理论引领。比如，我们讴歌改革开放40年的成就，但不忘改革开放前30年打下的基础。我们注重释放市场经济的能量，仍强调宏观调控的重要作用。我们强调发挥大国经济优势，但时刻不忘补齐自身短板。我们激活资本的有效功率，但更关心百姓的身心冷暖。我们实行包产到户，但一直探索发展农村集体经济和各种经济合作组织。从新中国70年的发展经验看，正是因为有了这个思想武器，我们才能坚持实事求是的精神，才能少犯错误，即使有了错误也能够较快地纠正。

五、对内改革搞活＋对外开放合作

对社会主义需要不断再认识。新中国成立后，中国人民站起来了，但离富起来还有不小的距离。由于我们在探索社会主义建设中走过弯路，老百姓日子过得还是比较艰难。改革开放前很长一段时间，广东曾经出现过“逃港”事件，广东省委给中央的报告中也坦承“人民生活欠账不少”。邓小平指出，“贫穷不是社会主义”，“社会主义要消灭贫穷”，“我们要赶上时代，这是改革要达到的目的”。改革开放是我们党的一次伟大觉醒，从那时起，我们更加奋发图强，开始了从理论到实践的伟大创造。我们憋着一股气、一股劲，带着“闯”的精神，对内改革搞活走新路。从农村联产承包责任制到设立经济特区，从国有企业股份制改革到民营经济加快发展，从浦东新区到海南自贸区，传统僵化的计划经济体制被突破，阻碍生产力发展的枷锁被破除，调动了各类市场主体发展的积极性。我们千万不要小看了这个“活”字，正是因为“改”出了这个“活”字，才赢来了“百花盛开的春天”。展望未来，这个“活”字，就是精气神，就是向心力、凝聚力，非常重要。

中国共产党和中国人民从自己的发展历程中深刻地认识到，独立自主、自力更生是我们的立足点。但是，独立自主不是闭关自守，自力更生不是盲目排外。开放带来进步，封闭必然落后。中国的发展离不开世界，关起门来坐井观天是要落伍的。从新中国70年的历史来看，我们树立了正确的义利观，在自身还不富裕的情况下，发扬了国际主义精神，援助、团结了不少发展中国家，为国际关系发展打开了局面。改革开放以来，中国以开放促改革，勇敢跻身国际市场，努力参与国际经济治理，坚定支持和拥护全球化经济发展，提出共建“一带一路”倡议，构建“人类命运共同体”，中国这艘巨轮在大洋上迎接人类文明的八面来风，做到改革与开放相互促进。所有这些，为我国创造了良好国际环境、开拓了广阔发展空间。

六、完善社会主义基本经济制度＋“两个毫不动摇”

社会主义基本经济制度来之不易。新中国成立后，我国在完成社会主义改造之后，开始了全面建设社会主义时期，但由于计划经济的影响，我们曾对个体私营经济认识发生了严重偏差，搞纯而又纯的公有制经济，甚至一度取缔了个体私营经济。实践证明，单一的经济主体难以满足人民和社会的需要，缺乏竞争的经济也难以提高质量和水平。改革开放以来，我们党在不断发展公有制经济的进程中，逐步解放市场发展非公有制经济，从而推动了各种所有制经济健康发展，公有制经济和非公有制经济各自发挥比较优势、相互融合发展的基本经济格局逐渐形成，混合所有制经济方兴未艾，共同推动了我国经济发展不断取得新成就。

中国道路来源于理论创新和实践创造。党的十五大取得重大突破，确定以“公有制为主体、多种所有制经济共同发展”作为我国社会主义初级阶段的“基本经济制度”。党的十六大提出“毫不动摇地巩固和发展公有制经济”，“毫不动摇地鼓励、支持和引导非公有制经济发展”。党的十八大以来，党中央多次重申坚持基本经济制度，坚持“两个毫不动摇”。党的十八届三中全会提出，公有制经济和非公有制经济都是社会主义市场经济的重要组成部分，都是我国经济社会发展的重要基础。党的十九大把“两个毫不动摇”写入新时代坚持和发展中国特色社会主义的基本方略，作为党和国家一项大政方针进一步确定下来。2018年11月习近平在民营企业座谈会上发表重要讲话，对“民营经济离场论”“新公私合营论”“对民营企业控制论”等错误论调进行了批驳，重申“两个毫不动摇”，给民营企业家吃了定心丸。

七、顶层设计＋基层探索

新中国成立以来，党和国家每到一个关键时段，都会加强顶层设计，精心制定经济和社会发展方略。比如，我国有从“一五”计划到现在的“十三五”规划，实现“四个现代化”的目标，改革开放后的“三步走”发展战略，全面建成小康社会后分两个阶段建设社会主义现代化国家的战略安排。这些战略上的安排，有利于统一思想、明确方向，有助于统筹资源、把“钱”花在刀刃上，更有利于发挥我们的优势，集中力量办大事。我国现在已经成为经济大国、制造业大国，正向经济强国、制造业强国迈进。看到我们比较雄厚的大国工业化体系，就不能不感念新中国成立后，勒紧裤带实施的优先发展重工业的战略，为我们打下了比较完整的工业化体系基础。现在，我们向“两个一百年”奋斗目标前进，党和国家也提出了一系列新的发展战略，比如科教兴国战略、人才强国战略、创新驱动战略、乡村振兴战略、区域协调发展战略、军民融合发展战略等。

我们党的正确路线方针政策不是凭空产生的，而是通过中央与地方合理分权，鼓励地方和基层创新，从群众实践经验中发现、总结进而推广的。农村改革是从安徽省凤阳县小岗村开始的，经济特区是从深圳、珠海、汕头、厦门开始设立的。改革开放以后特别是党的十八大以来，党和国家在注重加强宏观思考和顶层设计的同时，也鼓励地方和基层大胆探索，通过渐进式改革小步快走、不断试错，逐步积累经验。一般来说，先是选择一些地方和基层进行小范围试点，成功后再大范围推广。人民群众是智慧和力量的源泉，我们党尊重了人民首创精神，鼓励地方和基层探索，从而有效地激发人民群众的积极性、主动性、创造性，形成改革发展的强大力量，推动了改革开放向纵深发展。

八、群众路线＋共同富裕

中国共产党有一个十分突出的能力和本事，就是善于走群众路线，善于发扬协商民主，把一盘散沙的老百姓和各种各样的利益团体很好地组织起来，变成移山填海的依靠力量。美国经济学家奥尔森在《集体行动的逻辑》中说，无产者是最难组织起来的。但是这个难题被中国共产党解决了。在新民主主义革命时期，中国共产党把天下受苦人组织起来、武装起来，实现了农村包围城市、武装夺取政权的革命理想。新中国成立后，中国共产党继续发挥着这个优势，开展了社会主义建设的探索，“鞍钢宪法”“农业学大寨”“工业学大庆”，其基本精神是注重群众参与，强调群众路线。改革开放后，重要的立法、五年发展规划等，都注重发扬民主，听取多方意见。“大众创业、万众创新”体现的也是民众参与、众志成城。所有这些，焕发了“敢叫日月换新天”的豪迈，干出了“东方风来满眼春”的江山。

善于走群众路线、注重发扬协商民主，还与中国共产党强调的社会主义共同富裕的理念紧紧连在一起。在经济和社会发展中，党和政府始终注重效率与公平的关系，力求两者之间的统一。在改革开放之初，强调一部分人、一部分地区先发展起来、先富起来的同时，还要先富帮后富，向共同富裕迈进，从而告别了“大锅饭”的岁月。随着改革深化，强调按劳分配和按生产要素贡献分配相结合。到现在，更加注重公平和共享发展，强调以人民为中心，对“资本”注重利用调控，发挥好资本的功效，在发展中保障和改善民生。邓小平曾经讲，如果出现两级分化，改革就失败了。可以说，正是因为党一直坚守社会主义共同富裕的思想，并为之持续奋斗，从而避免了分配上的两级分化，也避免了严重的利益群体的对立，保持了社会大局总体上的稳定和谐。

当下，中国经济社会发展面临着多重的压力，如何继续把“不可能”变成“可能”，新时代提出了新要求。我们要不断提高党领导现代化的统筹能力，把握好经济社会发展历史的大逻辑、大趋势、大战略，保持战略定力、底线思维和辩证观点，继续高举改革开放旗帜，坚持以人民为中心的发展，解决好分享、共享问题，调动各类市场主体和人民创造力量，发挥好市场和政府两个比较优势，坚定不移走中国特色社会主义道路，瞄着中华民族伟大复兴的目标，开创更美好未来。

中国道路为什么行

董振华
［中央党校（国家行政学院）哲学教研部副主任、博士生导师］

改革开放40多年以来所取得的辉煌成就证明，中国道路是行得通的，是成功的。但中国道路为什么行？中国道路成功背后的内在逻辑是什么？是当前新时代中国特色社会主义发展要求我们迫切回答的问题。“知其然”更要知其“所以然”，探寻中国道路成功背后的“道”，方能“悟道”，而后“明道”，也才能够“行道”，这是我们正确对待并发展中国道路的理论与实践理路。中国道路蕴含着丰富的科学精神，遵循发展的规律性；中国道路蕴含着深厚的人文精神，坚守发展的价值性；中国道路蕴含着强大的创新精神，坚持发展的辩证法；中国道路蕴含着持久的实干精神，坚持发展的实践性。正是中国道路的这四种精神与品性，成就了中国特色社会主义的现代化发展，更为其他国家和民族的现代化发展道路提供了中国智慧与中国方案。

《红旗文稿》2019年第11期

在中国这样一个十几亿人口的农业国家如何实现现代化，这是一个非常重大的难题。在中国共产党的领导下，在改革开放以来短短的几十年之内，我国所取得的辉煌成就，已经证实中国道路是行得通的，中国道路是成功的。但是，中国道路为什么行？这个问题不仅国际社会想知道答案，而且我们自己也迫切需要回答。因为如果我们不能找到中国道路成功背后的“所以然”，那么，虽然我们实践上确实取得了巨大成就，但是，我们无法确保这个成功具有历史必然性、能够不断持续下去走向未来。这里的关键在于能够发现中国道路背后的必然性，即找到规律性，也就是在纷繁复杂的现象背后找到中国道路的成功之“道”。只有“问道”，方能“悟道”，而后“明道”，也才能够从心所欲不逾矩而“行道”。只有找到了中国道路和中国方案背后的中国智慧，我们才能够明白中国经验中哪些是根本的因素必须坚持，哪些是偶然的因素可以变通，这样我们才能够确保中国道路走得更宽更远，取得更大的成就，其他国家和民族的现代化道路才可以从中国道路中获得智慧和启示。唯有如此，中国道路才具有普遍意义和世界意义。

一、中国道路蕴含着科学精神，遵循发展的规律性

中国道路所遵循的发展理念，在总结发展的历史经验、批判吸收传统发展理论的基础上，对“什么是发展”的问题进行本质追问，从真理维度深刻揭示了发展的规律性。近代以来，随着现代化的进程的展开，发展理论对发展本质的认识一般达成共识为：一个国家或地区由相对落后的不发达状态向相对先进的发达状态的过渡和转变，或者由发达状态向更加发达状态的过渡和转变，其内容包括经济、政治、社会、科技、文化、教育以及人自身等多

方面的发展，是一个动态的、全面的社会转型和进步过程。从本质上来讲，发展不是一个简单的数量上经济增长过程，而是一个在遵循自然规律、经济规律和自然规律基础上，通过人与自然、人与人、人与社会、人与自身关系的结构优化而实现的质量上的本质变化。

第一，中国道路所遵循的发展理念强调，发展本质上是一个遵循经济规律、不断创新的过程。当今时代，人类社会发展过程中所面临的问题表现形式多种多样，例如生态环境恶化、贫富差距过大、经济社会发展失衡、社会政治动荡、武装冲突加剧等，但就其实质而言，这些问题的总根源都在于人类不断增长的需要与可供给资源的稀缺性之间的矛盾。面对需求和供给之间的矛盾，我们解决发展问题的根本路径，不可能通过片面地压抑和控制人类的需要这样的方式来实现，而要通过不断创造和提供新的资源以满足不断增长着的人类需要的路径来实现，这种解决发展问题的根本途径就是创新。坚持创新发展，是我们遵循经济发展规律，应对发展环境变化，增强发展动力，实现持续健康发展的根本路径。改革开放以来，我们正是因为遵循经济发展规律，实施创新驱动发展战略，积极转变发展方式、优化经济结构、转换增长动力，积极扩大内需，实施区域协调发展战略，实施乡村振兴战略，坚决打好防范化解重大风险、精准脱贫、污染防治的攻坚战，才能不断推动中国经济更高质量、更有效率、更加公平、更可持续的发展。

第二，中国道路的发展理念强调，发展本质上是一个遵循社会规律、不断优化结构、实现协调发展的过程。协调既是发展手段又是发展目标，同时还是评价发展的标准和尺度，是发展两点论和重点论的统一，是发展平衡和不平衡的统一，是发展短板和潜力的统一。坚持协调发展，学会“弹钢琴”，增强发展的整体性协调性，这是我国经济社会发展必须要遵循的基本原则和基本规律。我们要善于“弹钢琴”，处理好局部和全局、当前和长远、重点和非重点的关系，着力推动区域协调发展、城乡协调发展、物质文明和精神文明协调发展，推动经济建设和国防建设融合发展。改革开放以来，我们遵循社会发展规律，推动经济、政治、文化、社会、生态协调发展，促进区域、城乡、各个群体共同进步，着力解决人民群众所需所急所盼，让人民共享经济、政治、文化、社会、生态等各方面发展成果，有更多、更直接、更实在的获得感、幸福感、安全感，不断促进人的全面发展、全体人民共同富裕。

第三，中国道路的发展理念强调，发展本质上是遵循自然规律、实现人与自然和谐共生的过程。人类社会发展活动必须尊重自然、顺应自然、保护自然，遵循自然发展规律，否则就会遭到大自然的报复。我们所倡导的发展理念强调，“生态环境没有替代品，用之不觉，失之难存”，“环境就是民生，青山就是美丽，蓝天也是幸福，绿水青山就是金山银山；保护环境就是保护生产力，改善环境就是发展生产力”。在发展实践中，我们坚持大局观、长远观、整体观，坚持节约资源和保护环境的基本国策，始终坚持保护环境和节约资源，坚持推进生态文明建设，生态文明制度体系加快形成，主体功能区制度逐步健全，节能减排取得重大进展，重大生态保护和修复工程进展顺利，生态环境治理明显加强，积极参与和引导应对气候变化国际合作，中国人民生于斯、长于斯的家园更加美丽宜人。

正是基于对发展规律的遵循，中国人民沿着中国道路不断推动科学发展，创造了辉煌的中国奇迹。正如习近平在庆祝改革开放40周年大会上的讲话中所指出的：“40年春风化雨、春华秋实，改革开放极大改变了中国的面貌、中华民族的面貌、中国人民的面貌、中国共产党的面貌。中华民族迎来了从站起来、富起来到强起来的伟大飞跃！中国特色社会主义迎来了从创立、发展到完善的伟大飞跃！中国人民迎来了从温饱不足到小康富裕的伟大飞跃！中华民族正以崭新姿态屹立于世界的东方！”[①]

二、中国道路蕴含着人文精神，坚守发展的价值性

中国道路的成功是因为具有价值的合理性作为根本支撑。在发展的现实实践中，各个国家也走过了大致相似的发展道路，最初总是从工具理性的角度来考虑“怎么才能够发展得更快”以取得更大的发展成就，而往往忽视价值理性的追问，即思考“为什么要发展”这个根本问题。中国人民在改革开放的不断探索和创新实践中，通过总结自己的经验教训，借鉴别国的成败得

① 习近平：《在庆祝改革开放40周年大会上的讲话》，《人民日报》2018年12月18日。

失，深刻地认识到了发展的根本之道，找到了中国道路的价值理性，赋予中国道路以深厚的人文精神，使得中国的现代化走上了合道顺德的光明大道。

第一，现代化遇到的问题，其深层原因是价值理性的缺失。可以说，现在所遇到的所有的发展问题，包括全球性问题、生态问题、和平问题、贫困问题等，其根源主要在于人们对于发展价值的曲解和无视。正如胡塞尔在《欧洲科学危机和超验现象学》中所指出的："在19世纪后半叶，现代人让自己的整个世界观受实证科学支配，并迷惑于实证科学所造就的'繁荣'。这种独特现象意味着，现代人漫不经心地抹去了那些对于真正的人来说至关重要的问题。只见事实的科学造就了只见事实的人。"[①] 人们在经验世界的工具理性追求中，忽视了对理念世界的价值理性的追问。从客观上来讲，这样的发展对于短期内解决人类的物质性需求的问题功不可没，但是，如果把工具性价值这个当成终极目的，遮蔽和忘记了发展的价值理性，那么就必然会带来各种各样的陷阱、各种各样的赤字，例如和平赤字、发展赤字、公平赤字等。西方发展道路造成的"和平赤字""发展赤字""治理赤字"，无论以何种方式表现和呈现出来，实际上都是因为发展背离了价值理性。"和平赤字""发展赤字""治理赤字"这样的表达，背后所蕴含的是对工具理性的批判和对价值理性的彰显和呼唤。整个世界进步的根本衡量标准不是技术理性和工具理性，而是"为什么发展"的价值理性。脱离了价值理性引领和规约的发展，在欲望的驱使下，在资本逻辑的控制下，在强大工具理性的帮助下，人们也许会因为疯狂而自掘坟墓，失去我们的未来。

第二，中国道路的成功之道，很重要的一点在于坚守共享的价值理性。中国共产党和伟大的中国人民在改革开放和现代化建设的伟大实践中，深刻地认识到中国道路取得成功，必然要超越这种纯粹工具主义的发展路径，走向价值理性的引领。人民对美好生活的向往就是我们的奋斗目标，也是中国道路发展实践的根本价值理性，还是克服西方工具性发展道路弊病的不二选择。

公平正义是千百年来人类不懈追求的一种美好社会理想和愿望，也是马

① ［德］埃德蒙德·胡塞尔：《欧洲科学危机和超验现象学》，张庆熊译，上海译文出版社，2005，第7页。

克思主义的核心价值追求。在马克思、恩格斯看来，资本主义社会中种种不公正、不合理现象产生的根源在于资本主义制度本身所具有的不平等、不自由以及人与人之间剥削与被剥削的关系，生产条件和发展成果都不能由人民共享，因此，马克思主义自产生之日起，就以推翻资本主义制度，建立共同富裕、人人共享的新社会为目标。在马克思、恩格斯看来，共享发展成果，每个人自由全面发展是理想社会的核心价值追求。通过革命性实践摆脱社会中阶级的奴役和压迫，使人成为“自己的社会结合的主人”，让人民大众共享改革和发展的成果，实现个人的全面发展。这两个解放是互相贯通、互相交织，最终统一到社会主义运动和共产主义实践中。对此，马克思在《1844年经济学哲学手稿》中曾指出：“这种共产主义，作为完成了的自然主义，等于人道主义，而作为完成了的人道主义，等于自然主义，它是人和自然界之间、人和人之间的矛盾的真正解决，是存在和本质、对象化和自我确证、自由和必然、个体和类之间的斗争的真正解决。它是历史之谜的解答，而且知道自己就是这种解答。”[①] 只有坚持自然主义和人道主义的统一、工具和价值的统一、目的和手段的统一、科学和人文的统一，才能够实现发展为了人民的根本价值追求。发展为了人民，发展依靠人民，发展成果由人民共享的发展理念，正是马克思主义核心价值追求在当代中国特色社会主义的伟大实践。

共享发展理念体现了中国特色社会主义的本质要求和以人民为中心的发展思想。只有实现共享发展，才能最终实现共同富裕。共同富裕，是社会主义的根本原则，是社会主义的根本目的，也是社会主义与资本主义的根本区别。共享是中国特色社会主义的本质要求，发展为了人民，发展依靠人民，发展成果由人民共享，这是建设和发展中国特色社会主义的根本目的。也正是因为始终坚持以人民为中心的根本价值理性，我们的事业才能够凝聚起源源不断的磅礴力量，我们的发展才能够不断续写奇迹，我们的国家才能够不断地跟上时代和引领时代。

第三，中国道路以人民为中心的发展思想，引领旨向造福人民的伟大发

---

① 《马克思恩格斯文集》第1卷，人民出版社，2009，第185—186页。

展实践取得了历史性进步。我们着力解决人民群众所需所急所盼，让人民共享经济、政治、文化、社会、生态等各方面发展成果，使得人民不断获得更多、更直接、更实在的获得感、幸福感、安全感，不断促进人的全面发展、全体人民共同富裕。

习近平在庆祝改革开放40周年大会上的讲话指出："全国居民人均可支配收入由171元增加到2.6万元，中等收入群体持续扩大。我国贫困人口累计减少7.4亿人，贫困发生率下降94.4个百分点，谱写了人类反贫困史上的辉煌篇章。教育事业全面发展，九年义务教育巩固率达93.8%。我国建成了包括养老、医疗、低保、住房在内的世界最大的社会保障体系，基本养老保险覆盖超过9亿人，医疗保险覆盖超过13亿人。常住人口城镇化率达到58.52%，上升40.6个百分点。居民预期寿命由1981年的67.8岁提高到2017年的76.7岁。我国社会大局保持长期稳定，成为世界上最有安全感的国家之一。粮票、布票、肉票、鱼票、油票、豆腐票、副食本、工业券等百姓生活曾经离不开的票证已经进入了历史博物馆，忍饥挨饿、缺吃少穿、生活困顿这些几千年来困扰我国人民的问题总体上一去不复返了!"[①] 发展成果由人民共享是中国特色社会主义的出发点和终极目标，是中国特色社会主义的本质要求，也充分反映了我们党在中国特色社会主义道路上的探索和实践中，对社会发展和社会建设科学规律认识的不断深化。

中国共产党以马克思主义作为自己的行动指南。实现每个人的自由全面发展，是马克思主义一以贯之的最高理想、价值追求和逻辑起点。这个价值理性也一直处在人类共同价值的制高点。坚持人民至上和"以人民为中心"的发展理念，是中国共产党人谋划和推动中国特色社会主义伟大事业的价值旨向。这也就决定了中国道路遵从价值的合理性，因而确保了发展方向的正确。

三、中国道路蕴含着创新精神，坚持发展的辩证法

实现人类解放和造福人民是马克思主义的根本价值追求，也是人类社会

① 习近平:《在庆祝改革开放40周年大会上的讲话》,《人民日报》2018年12月18日。

发展的根本价值旨向。科学的指导思想并不是理论教条，而是行动指南，每一个国家、每一个民族，应该选择什么样的道路、采用什么样的方略，实现这一崇高的价值追求，没有一个放之四海而皆准的固定模式，都必须按照唯物辩证法的要求，一切从实际出发，把基本原理和本民族的具体实际相结合，具体问题具体分析，发扬创新精神，选择最适合自己的道路。

第一，中国道路以唯物辩证法的逻辑作为根本方法。马克思主义始终站在时代前沿，具有革命性的理论品格。马克思主义的革命性在于它把唯物辩证法作为根本方法，不把任何现存事物看成是永恒的、神圣的不可侵犯的东西，不对任何迷信和谬误让步。正如马克思所指出的："辩证法对每一种既成的形式都是从不断的运动中，因而也是从它的暂时性方面去理解；辩证法不崇拜任何东西，按其本质来说，它是批判的和革命的。"① 有人认为，西方文明是世界上最好的文明，西方的现代化道路是唯一可行的发展"范式"，西方的民主制度是唯一科学的政治模式。但是，经济持续快速发展、人民生活水平不断提高、综合国力大幅提升的中国道路，充分揭开了这些违背唯物辩证法"独断论"的迷雾。正如习近平在庆祝改革开放40周年大会上的讲话所指出的："在中国这样一个有着5000多年文明史、13亿多人口的大国推进改革发展，没有可以奉为金科玉律的教科书，也没有可以对中国人民颐指气使的教师爷。鲁迅先生说过：'什么是路？就是从没路的地方践踏出来的，从只有荆棘的地方开辟出来的。'"②我们正是因为始终坚持解放思想、实事求是、与时俱进、求真务实，坚持马克思主义指导地位不动摇，坚持科学社会主义基本原则不动摇，勇敢推进理论创新、实践创新、制度创新、文化创新以及各方面创新，才不断赋予中国特色社会主义以鲜明的实践特色、理论特色、民族特色、时代特色，形成了中国特色社会主义道路、理论、制度、文化，以不可辩驳的事实彰显了科学社会主义的鲜活生命力，社会主义的伟大旗帜始终在中国大地上高高飘扬！

第二，中国道路只是提供了中国方案和中国智慧，说明现代化道路不可能定于一尊。每个国家、每个民族由于历史文化传统不同，所处的历史发展

① 《马克思恩格斯文集》第5卷，人民出版社，2009，第22页。

② 习近平：《在庆祝改革开放40周年大会上的讲话》，《人民日报》2018年12月18日。

阶段不同，面临的形势和问题不同，人民群众的需要和要求不同，他们实现发展造福人民的具体道路当然也可以不同，而且必须不同。中国道路的成功也并不是说，我们在某一个历史时期针对一定时代问题的所有具体做法都是正确的、适合于任何国家和民族的、必须照抄照搬的唯一正确的选择，只能说明每个国家和民族根据自己的情况可以具体问题具体分析，选择适合自己的道路，我们只不过是提供了中国智慧和中国方案。即使中国特色社会主义本身的发展道路，也不是一成不变的，而是随着时代变化、主题转移、问题转换而不断呈现新的形态。中国道路的成功启示人们，每个国家、每个民族要避免照抄照搬的教条主义和经验主义，要根据自己的情况选择自己的路。只要坚守追求国家发展和人民幸福的“道”不变，至于具体走什么样的发展道路都要按照唯物辩证法的方法论，具体问题具体分析，适合的才是最好的。这也就是说，现代化道路不可能定于一尊。

第三，中国道路的成功说明了，一个国家实现持续健康发展必须辩证理性看待发展过程中的得与失、大与小、远与近等问题。几十年的发展，中国特色社会主义道路所取得的成就，不仅使我们自己振奋，也让世界瞩目。怎么在一个人口如此众多、贫穷落后的国家实现现代化？世界上没有过，我们没有现成的经验可以借鉴。从发展的资源来看，中国虽说地大物博、人口众多，但是资源按照人口数量一平均，就显得严重匮乏了。我们并没有发展的优势。但是，我们用事实证明确实创造了中国奇迹，这个不能否认，也否认不了。正如习近平总书记所指出的：“中国特色社会主义是不是好，要看事实，要看中国人民的判断，而不是看那些戴着有色眼镜的人的主观臆断。”[①]可能有人会指责我们说，贫富差距拉大了，生态恶化了，精神家园失落了，等等。但是，西方发展过程中没有经历过吗？那各种各样的陷阱，说明了什么？说明成长都是有烦恼的，发展都有代价。我们只是经历了发展的辩证法的过程而已，只不过是由于发展阶段不同，“发展起来的问题”和“发展起来以后的问题”呈现出不同的特征而已。每一个国家和民族在确定自己的发展战略的时候，既不要为一时的繁荣而盲目自大，也不要为一时的挫折而妄

① 习近平：《在庆祝中国共产党成立95周年大会上的讲话》，人民出版社，2016，第14页。

自菲薄，只要经过实践证明自己的道路不是离经叛道的邪路，就要大胆地试验，大胆地闯，要有“咬定青山不放松的精神”和“乱云飞渡仍从容”的定力。中国方案里面就有中国的“道”，即发展的根本价值和信仰。这个“道”具有共性和普遍性，但是每个国家、每个民族由于自己的历史文化传统不同，面临的形势和任务不同，人民的需要和要求不同，也就是说具体的“势”不同，他们可以而且必须根据自己的情况选择不同的“术”，也就是走不同的道路去实现发展的价值。

古人云：“理一分殊。”中国经验证明，马克思主义造福人民的基本价值追求不能丢，唯物辩证法的基本逻辑不能违背，至于每一个国家和民族的具体道路、方略和方法不能定于一尊，必须因时而异、因地制宜、因势而变，才能够充分彰显真理和道义的力量。

四、中国道路蕴含着实干精神，坚持发展的实践性

中国道路的成功是因为以求真务实的实践作为根本路径。马克思主义立足于改造世界，具有实践性的理论品格，要求坚持实践第一，保持不懈奋斗精神。马克思主义哲学不是远离社会生活和脱离社会实践的书斋理论，而是深深地植根于实践、服务于实践又在实践中不断发展的活生生的理论。它在指导无产阶级革命实践的过程中实现自己的历史使命，又在这种实践的过程中使自身不断经受检验，获得丰富和发展。

第一，中国道路是在革故鼎新的改革开放伟大实践中走出来的。正如习近平在庆祝改革开放40周年大会上的讲话所指出的，从实行家庭联产承包、乡镇企业异军突起、取消农业税牧业税和特产税到农村承包地“三权”分置、打赢脱贫攻坚战、实施乡村振兴战略，从兴办深圳等经济特区、沿海沿边沿江沿线和内陆中心城市对外开放到加入世界贸易组织、共建“一带一路”、设立自由贸易试验区、谋划中国特色自由贸易港、成功举办首届中国国际进口博览会，从“引进来”到“走出去”，从搞好国营大中小企业、发展个体私营经济到深化国资国企改革、发展混合所有制经济，从单一公有制到公有制为主体、多种所有制经济共同发展和坚持“两个毫不动摇”，从传

统的计划经济体制到前无古人的社会主义市场经济体制再到使市场在资源配置中起决定性作用和更好发挥政府作用，从以经济体制改革为主到全面深化经济、政治、文化、社会、生态文明体制和党的建设制度改革，党和国家机构改革、行政管理体制改革、依法治国体制改革、司法体制改革、外事体制改革、社会治理体制改革、生态环境督察体制改革、国家安全体制改革、国防和军队改革、党的领导和党的建设制度改革、纪检监察制度改革等一系列重大改革扎实推进，各项便民、惠民、利民举措持续实施，使改革开放成为当代中国最显著的特征、最壮丽的气象。

第二，中国奇迹是在中国人民不懈奋斗的伟大实践中创造出来的。正如习近平在庆祝改革开放40周年大会上的讲话所指出的："40年来取得的成就不是天上掉下来的，更不是别人恩赐施舍的，而是全党全国各族人民用勤劳、智慧、勇气干出来的！我们用几十年时间走完了发达国家几百年走过的工业化历程。在中国人民手中，不可能成为了可能。我们为创造了人间奇迹的中国人民感到无比自豪、无比骄傲！"①40多年来，我国国内生产总值由3679亿元增长到2017年的82.7万亿元，年均实际增长9.5%，远高于同期世界经济2.9%左右的年均增速。我国国内生产总值占世界生产总值的比重由改革开放之初的1.8%上升到15.2%，多年来对世界经济增长贡献率超过30%。我国货物进出口总额从206亿美元增长到超过4万亿美元，累计使用外商直接投资超过2万亿美元，对外投资总额达到1.9万亿美元。我国主要农产品产量跃居世界前列，建立了完整的现代工业体系，科技创新和重大工程捷报频传。我国基础设施建设成就显著，信息畅通，公路成网，铁路密布，高坝矗立，西气东输，南水北调，高铁飞驰，巨轮远航，飞机翱翔，天堑变通途。现在，我国是世界第二大经济体、制造业第一大国、货物贸易第一大国、商品消费第二大国、外资流入第二大国，我国外汇储备连续多年位居世界第一，中国人民在富起来、强起来的征程上迈出了决定性的步伐！

第三，中国道路是在求真务实的伟大实践中行稳致远的。中国共产党人坚持唯物论牢牢把握我国发展的阶段性特征，科学判断我国所处的历史方

---

① 习近平：《在庆祝改革开放40周年大会上的讲话》，《人民日报》2018年12月18日。

位，坚持价值论，牢牢把握人民群众对美好生活的向往，科学判断发展的价值理性，坚持解放思想，实事求是，一切从实际出发，根据中国特色社会主义的总依据，旨向中国特色社会主义的总目标，提出新的思路、战略和举措，绘制实现伟大梦想的宏伟蓝图。“中国特色社会主义进入了新时代”的科学判断指出：“我国社会主要矛盾已经转化为人民日益增长的美好生活需要和不平衡不充分的发展之间的矛盾。”[①]我国社会主要矛盾的变化是关系全局的历史性变化，对党和国家工作提出了许多新要求。我们要在继续推动发展的基础上，着力解决好发展不平衡不充分问题，大力提升发展质量和效益，更好满足人民在经济、政治、文化、社会、生态等方面日益增长的需要，更好推动人的全面发展、社会全面进步。我们党站在新的历史起点上，面对前进道路上的各种艰难险阻，凝聚全国各族人民的智慧和力量，带领和团结全国各族人民以敢于斗争的精神状态，在坚持和发展中国特色社会主义的历史进程中攻坚克难，为建设富强民主文明和谐的社会主义现代化国家，实现中华民族伟大复兴而顽强奋斗、艰苦奋斗、不懈奋斗。正是这种基于科学性和价值性相统一基础上的实践性，我们走出了中国道路，成就伟大的中国奇迹，沿着中国特色社会主义道路不断续写新的篇章。

《周易》有云：“形而上者谓之道，形而下者谓之器”[②]。揭示中国道路的成功密码，就是问“道”中国道路，也就是挖掘中国道路之中蕴含的中国智慧。正如《礼记·中庸》所言：“万物并育而不相害，道并行而不相悖。”这个“道”不是一个具体的手段、固有的方法和不变的方略，而是可以为每个国家和民族选择“行道”之“器”所提供的必须要坚守的基本价值和原则。这个“道”是具有共通性的普遍智慧，可以启发其他国家和民族据此选择适合自己的发展道路，因而它具有世界意义。

① 习近平：《决胜全面建成小康社会 夺取新时代中国特色社会主义伟大胜利——在中国共产党第十九次全国代表大会上的报告》（2017年10月18日），人民出版社，2017，第11页。

② 杨天才、张善文译注《周易·系辞上》，中华书局，2011，第600页。

实践铸就中国道路自信

郭 湛（中国人民大学哲学院教授、博士生导师）

“实践是检验真理的唯一标准”，不仅是一个纯粹的理论问题，更是一个实践问题，开启了中国社会主义现代化建设新时期，为中国道路的选择奠定了坚实的理论基础。改革开放40年实践，中国取得了举世瞩目的成就，表明中国道路的正确性，坚定了我们继续走下去的信心与力量。实践铸就了中国道路自信，道路自信与理论自信、制度自信、文化自信交相融合、相辅相成，不仅推动中国道路走向世界，也延展了中国发展的世界空间，从根本上改变了中国和世界的空间景观。

《光明日报》2018年5月7日

40年前，从“实践是检验真理的唯一标准”讨论开始，解放思想，实事求是，改革开放，开启了中国社会主义现代化建设的新时期。自1949年中华人民共和国成立，中国逐步走上了社会主义现代化发展道路。这是前无古人的历史进程。我们最初主要是学习苏联经验，后来以苏联发展的失误为前车之鉴，立足本国实际探索中国特色社会主义道路。在经历过“大跃进”“文化大革命”等曲折和教训之后，反思和创新中国发展道路，成为当时最迫切需要解决的历史课题。

一、问题实质：中国道路的选择或创新

当年关于“实践是检验真理的唯一标准”的讨论，触及的不是一个纯粹理论问题，而更是一个实践问题。40年后回顾这场大讨论，当时面对问题的实质十分清楚：中国到底应该选择或创造怎样的发展道路？确定这样的发展道路根据何在？我们关于中国道路认识的真理性如何检验？历史反复告诫我们，中国不应该以某种书本教条或权威意志来确定自己的发展道路，而应该在自己的实践中选择或创造符合本国实际的发展道路。正如歌中所言：“敢问路在何方？路在脚下。”确定中国发展道路的现实根据，只能是中国自身发展的实践。我们关于中国道路认识的真理性，必须由中国发展的实践来检验。中国革命道路就是这样走过来的，中国建设道路也应这样走下去。贯穿在这种实践和历史之中的，是马克思主义哲学基本的理论或逻辑：实践是检验真理的唯一标准。

开辟中国现代化发展道路，是一个艰难曲折的历史过程。近200年来，一代又一代中国人始终在实践中探索，付出了巨大代价，有失败也有成功。

在40年前，我们走的是以计划经济为特征的社会主义道路。多年的实践结果表明，单一封闭的计划经济模式不符合现实中国经济发展的条件和规律，导致整体发展缓慢低效。面对市场经济“姓社姓资”的疑问，邓小平明确回答：“社会主义和市场经济之间不存在根本矛盾。”真理标准问题的讨论，给当时的中国带来的影响是广泛和深远的，而最重大的影响，无疑是使我们下决心作出中国走社会主义市场经济发展道路的战略选择。

市场只有在开放中才能存在和发展，要从封闭转向开放，必须进行经济体制改革。改革开放首先体现在经济上，就是改革原有的计划经济模式，发展社会主义市场经济；向世界市场经济开放，在经济全球化中，促进中国特色社会主义经济发展。在融入世界市场经济体系过程中，我国作为发展中国家，首要任务是学习和掌握商品生产、市场交换的方式和方法。市场经济确实是一所没有围墙的大学，我们就是在市场经济实践中学会市场经济的。中国加入世贸组织，勇敢地接受全球市场经济浪潮的考验，发展迅速，已成为推动经济全球化的中坚力量。

中国是后发经济体，需要学习和借鉴先发国家走过的道路，吸取已有的经验和教训。现代经济的运行是一个合乎规律的过程，我国要参与这种经济运动，就必须了解和遵循现代经济运动的客观规律。中国经济发展的成功，说明我们由于认识并符合经济必然性，才取得成功即获得这一领域的自由。但是，经济运动规律不同于自然运动规律，它是通过人的活动体现的社会历史规律，是人类物质生产和交换活动中的必然性。在不同的发展道路面前，我们根据自身的需求、条件和可能，选择适合自己发展的道路。

二、40年实践检验中国道路的正确性

这样的中国道路是否正确？中国40年来发展的实践，前后四个十年，给出了越来越明确的回答。我想结合自己的经历，选取几十年间几个具有标志性的事件，透过历史过程的几个截面，简要印证一下这个判断的可靠性。

1988年，是真理标准问题讨论和改革开放十周年。我应《教学与研究》

杂志一位老编辑之约，命题作文，写作并发表了论文《解放·探索·实践》，《新华文摘》随后转载了全文。我在文中以“实践—解放—探索—实践”的辩证循环，概括这第一个十年呈现出的中国开创发展道路的规律性现象。其内核正是在实践中解放思想，探索适合中国发展的道路，又在实践中检验中国道路的正确性。

中国改革开放第二个十年，1998年，最令人难忘的是长江流域特大洪水。大自然的力量与中国人的力量的较量，既考验了中国经济发展在自然灾害面前的承受能力，又考验了中国政治和社会在艰难环境下的应对能力。这一重大历史事件说明，面对突发的自然灾害，中国的反应迅速、有力且有效，从整体上证明了社会主义性质的中国道路的正确性。中国的发展是全方位的整体发展，中国商品生产、市场经济的基础，与社会主义政治制度和社会文化是相得益彰的。

中国改革开放第三个十年，2008年，遇上席卷西方世界的国际金融危机，整个世界经济一片低迷。这场突如其来的金融风暴，对中国的冲击是巨大的，这对于走向市场经济30年的中国是严峻的考验。事实表明，坚持社会主义市场经济道路的中国已经成熟，在世界经济的风波中应对自如，巍然屹立，始终保持较稳定的增长。这正应了孔子的一句话：“三十而立。”当然，中国经济发展中结构和功能上的问题也开始暴露出来，促使我们通过进一步的改革、调整和创新来改善中国发展道路。

于是，再经历自觉认识和实践的十年，在真理标准问题讨论和改革开放40年，中国进入了一个新时代。我国社会主要矛盾已转化为人民日益增长的美好生活需要和不平衡不充分的发展之间的矛盾。这种关系全局的历史性变化，要求我们继续推动发展，解决发展不平衡不充分问题，提升发展质量和效益，满足人民在经济、政治、文化、社会、生态等方面日益增长的需要，推动人的全面发展、社会全面进步。40年来，我们对于中国发展所开创的道路，坚信不疑。这又应了孔子的一句话：“四十而不惑。”已到改革开放“不惑之年”，我们对于中国特色社会主义道路更有信心。这种道路自信是经过40年实践检验的，是实践铸就的中国道路自信。

三、道路自信与理论、制度和文化自信

40年中国特色社会主义实践，使我们在坚定道路自信的同时，也坚定了理论自信、制度自信和文化自信。

我们的道路自信与理论自信是直接相关的。自信以自觉为前提。没有自觉的理论，就没有自觉的行动，而只能在黑暗中摸索。中国人民历经千辛万苦，尝试过各种各样的理论主张和救国方案。100年前俄国发生的十月革命，帮助我们找到了马克思主义理论，并在实践中将它中国化。正是在中国化马克思主义理论指导下，在中国特色社会主义理论指引下，中国共产党领导中国人民反复探索并成功走出了中国革命和建设的道路。改革开放以来中国特色社会主义建设的实践，检验了道路的正确性，也检验了理论的正确性。我们对于中国特色社会主义理论的自信，是以在其指导下的道路的实践为现实依据的。

中国特色社会主义道路的经济基础有其制度保障。生产力与生产关系、经济基础与上层建筑的矛盾运动，推动中国社会发展。中国特色社会主义道路的成功是整个社会制度系统调整和改革的成功。生产关系要适合生产力，上层建筑要适合经济基础，这是社会发展的必然要求。如果不适合，就需要调整或改革。“故圣人事穷而更为，法弊而改制，非乐变古易常也。将以救败扶衰，黜淫济非，以调天地之气，顺万物之宜也。”中国特色社会主义制度是中国当代持续稳定发展的重要条件。积累了40年的实践经验，我们的制度自信更有底气，这同西方一些政客的制度焦虑形成鲜明对比。

当今世界，社会主义和资本主义两种生产方式是相互竞争而又相互渗透的。共处现代社会条件下，这两种生产方式可以“不同而和”。西周末年，史伯说：“和实生物，同则不继。”孔子则强调“和而不同”。“和”是中华文明、中国文化的核心理念。承认文化多样性，尊重不同即特色，可以和谐相处，共同发展。对于中华民族共同体和人类命运共同体，“和而不同”应当是最基本的原则。在这两大共同体发展中，我们的文化自信会日益增强。

我们所说的道路自信、理论自信、制度自信和文化自信，都是对于中国发展现实和前途的自信。马克思说：“时间是人类发展的空间。”回顾我们经

历的40年时间，不能不由衷地赞叹它为我们带来的巨大发展空间。它使我们不仅完全改变了中国大地广袤的空间，还把我们带向了全世界，甚至蓝天之上的太空。展望未来一个又一个十年，又会发展为怎样广阔空间。我们相信，中华民族伟大复兴和人类命运共同体的构建，一定会从根本上改变中国和世界的空间景观。

中国道路破解发展中国家现代化难题

黄相怀［中央党校（国家行政学院）中国特色社会主义理论体系研究中心专家］
刘云川［中央党校（国家行政学院）国家高端智库学术委员会秘书长］

走什么样的发展道路，是包括中国在内的所有发展中国家面临的一道重大难题。在改革开放的重要关口，中国没有走封闭僵化的老路，也没有走改旗易帜的邪路，而是走出了一条中国特色社会主义道路。中国道路成长于资本主义体系之外，与新自由主义和“华盛顿共识”有着根本性区别，它的成功从根本上打破了发展中国家现代化对西方发展路径的依赖；有效克服了发展中国家现代化的“后发劣势”；成功破解了发展中国家现代化过程中“发展”与“稳定”、“对外开放”与“独立自主”的两难命题。

《求是》2014年第5期

现代化，是广大发展中国家的梦想。在现代化这个追逐梦想的舞台上，在追求发展进步的历程中，从来没有一个国家，能够像中国这样战胜如此众多的艰难险阻，把一个经济文化相对落后的13亿多人口大国带入快速现代化的发展轨道。中国道路是破解发展中国家现代化难题的成功实践。

一、打破了发展中国家现代化对西方的路径依赖

走一条什么样的发展道路，是包括中国在内的所有发展中国家面临的一道难题。二战以后，在以苏联为代表的社会主义国家之外，多数发展中国家的现代化是仿照西方模式进行的。

西方为发展中国家指出的现代化路径，以20世纪20—30年代形成的新自由主义为理论基础，该理论的基本主张，就是“市场化”“自由化”和“私有化”。1989年，在美国政府和西方金融界的推动下，形成了指导拉美国家经济改革的十项政策主张，后来被称为“华盛顿共识”，其核心内容与新自由主义一脉相承。然而，这一所谓“共识”自20世纪90年代在拉美国家推行以来，拉美国家连续发生经济和金融危机，面临严重的经济衰退、两极分化和尖锐的社会矛盾。东欧剧变、苏联解体后，新自由主义的“休克疗法”，一度令东欧陷入严重的经济衰退。可以说，新自由主义在全球泛滥，令广大发展中国家饱尝苦果。

中国道路，是一条成长于资本主义体系之外，从根本上打破对西方路径依赖的现代化道路。当中国向世人展示了完全不同于西方设定的发展路径和辉煌成就时，世界开始注目东方。

中国道路，与新自由主义和“华盛顿共识”有着根本区别。从制度前提

上看，中国特色社会主义制度以人民代表大会为根本政治制度，实行多党合作和政治协商等基本政治制度；以公有制为主体，多种经济成分并存和共同发展。从指导思想上看，中国的社会主义市场经济高度重视宏观调控，强调发挥计划与市场两个手段的长处。从政府在经济活动中的作用来看，包括许多西方学者在内的研究表明，中国道路之所以成功，在于它不仅拥有一个“大政府”，而且拥有一个“好政府”。所有这一切，与新自由主义以资本主义政治制度和推行私有制为基本的政治经济前提、主张政府不干预经济的“小政府”构成了根本区别。此外，中国道路还有一些鲜明的特点，如出口导向型政策、高储蓄率和投资率、重视教育和人力资源开发，等等。这些特征，共同构成了中国道路的主要内涵。

事实证明，恰恰是与西方所推崇的发展模式相区别的中国道路，最有力地推动了本国的发展，中华民族以昂扬的姿态自立于世界民族之林。中国道路向世界昭示，每个国家都应当根据本国的具体国情来选择自己的发展道路。中国道路给世界启示，社会主义制度、强有力的政府、混合经济、宏观调控，同样可以成为现代化的成功元素。在未来，中国道路将进一步打破新自由主义和“华盛顿共识”的迷思。

二、能够有效克服发展中国家现代化的“后发劣势”

人们普遍认为：发展中国家在现代化道路上，有发达国家已经研发出来的先进科学技术可供利用，有现代化的成熟知识和经验可供借鉴，有开放的国际市场，有丰富的人口和资源红利。一些国家根据这些“后发优势”制定了“赶超战略”，在一定范围内取得了成功。但是，总体来看，“后发优势”更多体现在现代化的起步时期，当经济社会发展到一定程度，“优势”就会缩水，反倒是“后发劣势”越来越明显，严重阻碍了其现代化进程。

一是不利于发展中国家的世界政治经济秩序。旧的国际政治经济秩序，是由以美国为首的西方国家主导确立的，带有明显的殖民主义和霸权主义残余。在现代化道路上，西方国家决不会轻易给后来者平起平坐和公平竞争的机会。在政治领域，西方大国推行强权政治，干涉他国内政，插手地区冲突。在经济领域，西方发达国家力图维护国际生产体系中不合理的国际分工、国际贸易体系中的不等价交换和国际金融体系中的不平等地位。这是世界南北差距问题的根源所在，也是制约发展中国家现代化的重要因素。

二是资源、环境、科技、人才等发展要素约束加大。在发达国家现代化历史上，它们从发展中国家掠夺能源和原材料，从未考虑什么环境保护的义务。同时，其科技、人才力量在世界上的绝对优势地位，亦成为其现代化进程的有力推手。而当发展中国家启动现代化时，这些重要的发展要素和西方国家相比则几乎全处于绝对劣势。虽然中东和拉美一些国家有比较丰富的石油资源，但其资源构成比较单一，不可能再像当年的“日不落帝国”那样集天下资源为己用。更多的包括中国在内的发展中国家，则不得不面对能源日益短缺的局面、保护环境和可持续发展的两难局面。在科技领域，西方国家严格限制向发展中国家转让先进技术和关键技术，设置不合理的商业惯例条款，索取高额的技术转让费用。发展中国家在科教方面的普遍落后，使得许多本国的尖端人才为寻求更好的科研环境而向发达国家单向流动，这就使其人才匮乏的情况更加严重。

三是资金缺乏导致发展动力不足。从世界范围来看，发展中国家普遍缺乏发展所必须的资金。一方面，在国际金融危机前，全球资本流动主要是流向发达国家。2008年全球国际直接投资（FDI）的1.77万亿美元中，1.1万亿美元投向了发达国家。国际金融危机后，这种局面有所改观，但2011年，流入发达经济体的投资仍然超过发展中国家。而在流入发展中国家的投资中，分布又极不均衡。另一方面，一些发展中国家取得独立后，国家财力长期不足。受制于资金不足，发展中国家的基础设施与公共设施建设长期滞后，而这又反过来导致其投资环境较差，影响了国际资本的流入。

前述三个方面的“后发劣势”，是发展中国家正在面临，并将长期面对的现代化难题。只有中国道路，才是最有效打破这三大“后发劣势”的现实选择。

首先，中国道路是一条和平发展之路，能够有力推动世界新秩序的构建。在和平共处五项原则的基础上建立国际政治经济新秩序，反对霸权主义，是中国外交政策的重要组成部分。中国一方面合理运用国际规则，另一方面又必须改变那些不合理的国际规则。2013年中国同欧盟关于光伏产品的一系列谈判，充分表明中国有改变不合理的国际贸易体系的愿望和实力。可以说，中国越是发展，发展中国家打破旧的国际政治经济新秩序的机会就越大、筹码就越足。

其次，中国道路能够有效集合全社会的力量，更有力地打破发展瓶颈。在中国，资源节约、环境保护和可持续发展一开始就是国家战略层面的认识，是实践中的“国家行动”，对破除发展要素约束的有效程度要远远大于其他发展中国家。中国在可持续发展方面，是发展中国家的先行者。在科技和人才方面，中国的体制能够集中力量在一些重点和尖端科技上实现攻关、更好地培养国家所需的应用型人才。神舟飞船的上天、改革开放以来教育事业的蓬勃发展，就是这种优势的直接体现。2011年，中国各类高等教育总规模达到3167万人，居世界首位。

最后，中国重视储蓄的民族传统和强大的国家财力，能够有效解决发展中国家资金不足的难题。中国人素有崇尚节俭、重视储蓄的传统，国民储蓄率从20世纪70年代至今一直居世界前列，对缓解发展资金不足、推动经济起飞有着巨大的作用。此外，中国经济的飞速发展、税收的激增，以及中国政府对土地等最重要资源的掌控，使中国拥有雄厚的国家财力，这就使中国有能力进行大规模的基础设施建设，办成其他国家很难办成的国计民生的大事。

中国道路的这些发展优势，使其现代化不仅受惠于眼前，更有利于长远。它为发展中国家解决现代化进程中存在的现实困难，提供了较为清晰和有可操作性的解决方案。

三、成功破解了发展中国家现代化的两难命题

在发展中国家走向现代化的历程中，一直面临着这样的两难命题。

一是“发展”与“稳定”的两难。稳定是发展的前提。但是，对许多发展中国家而言，经济的发展往往伴随政治动荡，政治动荡又反制经济增长。这种“发展”与“稳定”难以兼容的局面，源于现代化所引发的政治、经济

和文化领域的系统性变化对传统社会结构和观念形成的强大冲击。阿拉伯国家在现代化进程中，频频遭遇宗教冲突、社会动荡，严重干扰或打断其现代化进程，就是这种情况的反映。

二是对外开放与独立自主的两难。从发展中国家的实践来看，对外开放是一把双刃剑，开放的代价，往往是丧失独立自主的发展权利。西方国家以巨额投资、经济援助为诱饵，使众多的发展中国家纷纷向西方资本敞开大门，按照西方“游戏规则”行事，政治和经济政策受到西方左右，经济命脉为西方所控制，成为资本主义链条上的被动一环。拉美国家经济长期依赖外资，结果一旦外资撤走，本国经济就面临崩溃。

在那些较大型的经济体中，只有中国共产党领导下的中国，才真正找到了一条同时保持经济快速发展和国内政治稳定的独立自主发展道路。

中国道路坚持共产党的领导，有统一的占主导地位的马克思主义意识形态，这是中国在快速发展的同时能够保持政治稳定的根本原因。与诸多发展中国家党派林立、攻讦不止，以及思想意识形态领域的纷繁芜杂相比，中国始终坚持共产党的领导，坚持马克思主义在意识形态领域的指导地位，为经济社会稳定发展提供了“定海神针”。一党执政、多党参政的政治局面，使中国共产党既能广纳各党派、各群体的智慧，又能保持政策的稳定性与连续性。走中国道路是在全党全民族思想认识高度统一的情况下作出的决定，在改革开放的问题上达成了最广泛的全民共识。

中国强大的国有经济和宏观调控能力，能够有效防止发达国家控制本国经济命脉，保持政治经济发展的独立性和自主性。有些发展中国家经济之所以抗风险能力低，与其本国民族经济薄弱，特别是国家直接掌控的重要经济部门相对弱小有着直接的关系。中国国有经济牢牢掌握着能源、交通、金融等重要工业和服务业，国民经济发展最重要的资源——土地资源一直坚持全民所有。这一方面有利于宏观调控，另一方面，也能够有效防止发达国家利用自身的资本优势控制本国经济的要害部门。因此，中国的独立自主、自力更生有着实实在在的制度支撑。

第五篇

「中国道路与中国话语」

面向现实逻辑和中国问题的中国话语

韩庆祥［中央党校（国家行政学院）校务委员会原委员、一级教授，中央党校专家工作室领衔专家］
王海滨［中央党校（国家行政学院）马克思主义学院副教授］

沿着从“现实逻辑”到“中国问题”再到“中国话语”的研究线索，有助于建构“理论中的中国”并找到创造中华民族的“学术自我”的基本路径。与重视思想传承、文本解读、基础研究和中西对话的逻辑不同，“现实逻辑”是必然、本质和理性通过偶然、现象和感性为自己开辟道路的内在逻辑展开的进程，以及这样的“现实性存在”的演变过程及其历史性联系。基于当代中国发展的现实逻辑研究中国问题，既要注重基于现实逻辑提升和分析中国问题，又要注意把握基于现实逻辑又高于现实逻辑的哲学层次的中国问题，以优化和引领现实逻辑。在此基础上，坚持中华民族的学术主体自觉和思想主体自信的同时，兼收并蓄世界文明智慧，从话语资源、话语特征和话语层次等维度，思考如何构建具有中国特色的当代话语体系。

原题《建构“理论中的中国”与中华民族的“学术自我”——现实逻辑、中国问题和中国话语》，《江海学刊》2017年第3期习近平总书记《在哲学社会科学工作座谈会上的讲话》中明确指出：我们不仅要让世界知道“舌尖上的中国”，还要让世界知道“理论中的中国”。这是向我国哲学社会科学研究提出的具有头等意义的重大命题，也是我们哲学社会科学工作者需要特别加强研究的重大课题。

在国际物质生产分工体系中，发展中国家都在从原材料供应到高端成品供应的链条中寻求转型升级。在国际精神生产分工体系中，当代中国也应该从“原材料供应国”向“成品供应国”的位置提升。这就需要我们转变“西方学者研究自己的问题，我们解读西方学者的著作”，或“用中国的资料、数据和实例来验证西方的论断、命题和理论”，或“用西方的原理与方法来解释中国现实、生活经验及其历史演变”这样单向度的研究理路，基于当代中国发展的现实逻辑，揭示和分析“中国问题”，坚持以马克思主义为指导，积极汲取中华优秀传统文化的思想资源、西方现代文明的要素，建构能够解释和引领当代中国发展及其现实逻辑、中国问题的范畴体系和话语方式，进而创造“理论中的中国”与中华民族的“学术自信”和“思想自我”。一个民族要能够自信地屹立于世界民族之林，经济政治社会发展是其必要的基础，同时，学术自信和思想自立也是不可或缺的重要因素，甚至是关键性的因素。

能否在呈现中华文化包容性之广、融合力之伟、思想生命力之旺、创造力之强的过程中，既延续中华文明血脉，又引领现代化实现方式的新探索？能否协调处理好构成当代中国文化生态的马克思主义文化、中国传统文化和西方文化，凝聚出新型的特色文明？能否建构既全面理解和把握现代西方文明，又面向“中国问题”，延续中国文明基因和符合中国人思维方式的中国话语体系，并在世界文明国家中拥有影响力和辐射力，不断提升自己的话语权？面对作为后发现代化国家和日益觉醒的“使命型文明”的“中国之问”，我们这里将沿着“现实逻辑→中国问题→中国话语”的研究理路进行尝试性地探索。

一、从理论逻辑到现实逻辑：承载时代使命和回归学术本质

当代中国正处于由文明大国向文明强国迈进的关键时期，我们的学者应该肩负起时代的使命，研究当代发展的现实逻辑和中国问题，为实现现代化和民族复兴提供学术和思想上的支撑。然而，我们有的学术研究却存在着“耕了别人地、荒了自己田”的研究短板。1978年我国实行改革开放以后，我们向西方学习先进的管理经验、科学技术和文化，同时，我们一些学者比较关注西方的学术著作、学术概念、研究范式、学术思想。这对开阔我们的研究视野、提升我们的学术研究水平和了解西方思想文化具有一定的积极意义。同时，在有些人身上却出现了某种“西化”倾向，“耕了西方地、荒了中国田”。就是说，一些人对西方的概念、范畴、命题、范式、思想、理论、思维比较了解，较注重研究西方议题，而对1978年以来当代中国发展的现实逻辑与中国问题却缺乏真正深入的研究。在学术研究中，没有真正形成我们中国自己的概念范畴体系，也没有真正形成我们中国自己的学术理论体系，结果是理论创新动力不足，缺乏真正具有原创性的理论和思想。此外，我们有的学术研究存在着学术、政治和大众三者相对脱离的短板。要么有学术无政治、无大众，既不关注政治，也不关注大众需求；要么有政治无学术、无大众，既缺乏学理支撑，也缺乏大众化。这两种现象都仅仅满足于理论逻辑，缺乏现实关切，远离了学术、理论研究的初心。为反映时代和实践发展新要求，我们的学术理论研究应当有所转变和突破，由注重理论逻辑走向更加注重现实逻辑和理论逻辑的统一。多关注当代中国发展的现实逻辑，多研究中国议题，并提升中国理论，以建构“理论中的中国”。

理论和思想是学术研究的成果。为解释世界和引领时代发展提供理论分析框架和研究方法是学者的时代使命。承载时代使命和回归学术本质，离不开对理论逻辑和现实逻辑的综合把握。不同于理论逻辑重视对学术史和思想

史的梳理，也不同于理论逻辑通过解读经典文本以解释重要概念的演变和理论的发展，现实逻辑则注重解读现实生活世界及其发展，并从现实这本“鲜活的书”中总结经验和提升理论。当然，现实逻辑和理论逻辑之间也存在着内在勾联和密切联系，如现实逻辑要提升到理论逻辑的高度进行把握，理论逻辑归根到底也离不开特定的现实逻辑。

现代学术的本质，应该是“现实中的理论”和“理论中的现实”相统一。既不能抛开现实沉迷于“形而上”的理论，也不能满足于解释现实和注解生活，缺乏思维高度和理论水平。古代学者大多重视师承关系和思想渊源，善于从书本中寻求知识、锤炼概念和建立自己的话语符号。与之不同，现代学术更加重视从人类社会历史事实和现实生活世界中寻找学问并建立解释体系。由于先发现代化国家对于现代化具有丰富经验及相应的理论优势，我们的学术研究往往倾向于借助西方的学术概念、理论框架和研究范式来间接地把握和理解我们的现实逻辑。针对“重视理论、轻视现实”的研究现状，尤其是有些学者试图仅仅用西方理论解释和引导当代中国现代化建设实践的倾向，我们应该在理论逻辑和现实逻辑的统一中，更加注重研究当代中国发展的现实逻辑及其中国问题，以肩负起历史赋予当代中国学者的时代使命。实际上，改革开放启动初期发挥重要作用的关于“实践是检验真理的唯一标准”的大讨论，就已经提出了“实践标准”与“理论标准”或“语录标准”的矛盾关系，提出了遵循“实践逻辑”或“现实逻辑”的新时代课题。

应当怎样理解这里所说的“现实”？哲学所理解和把握的“现实”，首先应超越平常看得见、摸得着的“现存”即“现象”或“表象”，进而上升到偶然性背后的“必然性”、现象背后的“本质性”和感性背后的“理性”的高度，并在必然性与偶然性、本质与现象、感性与理性的统一中把握“现实”。那种脱离开必然、本质和理性的偶然、现象和感性不是现实性的“存在”，而那种没有表现在偶然、现象和感性中的必然、本质、理性，只是在逻辑中存在，也不具有现实性。黑格尔曾对“现实”下过一个经典定义，“现实是本质与实存或内与外所直接形成的统一”[①]。他的法哲学思想还有一

① ［德］黑格尔：《小逻辑》，贺麟译，商务印书馆，1980，第295页。

个关于“现实”的著名论断：“凡是合乎理性的东西都是现实的；凡是现实的东西都是合乎理性的。”① 这里，黑格尔的现实观为我们呈现出一个全面立体的、动态的、通过偶然性而为必然性与合理性开辟道路的“现实”。由此，任何建立在割裂偶然性与必然性、现象与本质、感性与理性基础上的对于“现实”的分析与研究，都偏离了“现实”的本质及其整体性存在。

在此基础上，所谓“现实逻辑”，就是指现实中以偶然性、现象性和感性等形式呈现的必然性、本质和理性，是必然、本质和理性通过偶然、现象和感性为自己开辟道路的内在展开的逻辑进程，且其逻辑展开进程具有内在的因果关系。在人类历史长河中，“现实逻辑”蕴含着过去、现在和未来的现象变化及其演进规律，是过去、现在和未来的内在统一及其发展逻辑的相互勾联。

二、从西方范式到中国问题：基于当代中国发展的现实逻辑研究中国问题

先发现代化国家在奠定物质生产领域领先地位的同时，也确立了在精神生产领域的优势地位。在一定时期，后发现代化国家在学习西方发达国家的科学技术和先进管理经验的同时，也逐渐成为精神产品上的“依附国”。不可否认的是，西方率先开启了迈向现代化的大门，并积累了丰富的现代文明经验，其中有值得发展中国家认真学习和积极汲取的成果与智慧。然而，后发现代化国家在现代化的征程中，决不能一味地跟着西方亦步亦趋，而应面对多样性的价值，坚持主体性的自我抉择。尤其是在思想理论和精神文化领域，既要避免对西方现代文明囫囵吞枣或“食洋不化”，也要注意不能让我们的脑袋成为西方思想的“跑马场”，当然同时也要注意克服妄自尊大或唯我独尊的夜郎心态。这就要求我们对于现代西方文明，既要放到历史境遇、时代条件和客观环境中进行客观且合理的解释，也要在思想史和文本语境中对于西方思想文化进行完整准确深入地理解。在此基础上，更要重视对现代西方文明的消化和重构，唯有如此才能真正汲取其文明有益成果为我所用。

① ［德］黑格尔：《法哲学原理》，张企泰译，商务印书馆，1961，第11页。

值得注意的是，当今中国学者在研究中国问题的过程中，一定程度上出现了一些类似的错误倾向：或者把西方国家发展过程中出现的问题移植为中国现代化征程中的问题；或者未经批判地借用西方理论对中国问题作似是而非的判断与分析；或者离开西方学者著作的时代背景，在解读西方文本及其理论成果的过程中，试图洞察中国问题的实质。这样南辕北辙的中国问题研究，恐怕难以真正推进我们的现代化建设实践和民族复兴伟业。

值得进一步指出的是，学术理论研究的本质是平等对话和交流，蕴含的是“主主平等”的哲学思维。对一些在政治上具有根本性的原则问题，我们一定要是非分明，坚守马克思主义政治立场，坚守政治纪律。对一些学术问题的讨论，我们应在坚守马克思主义立场的前提下，平等对话、协商交流。学者之间以“主—客”思维对待学术讨论不可取。研究学术问题，还要坚持历史唯物主义方法论。实践是发生变化的，人们的认识也是发生变化的，因而，人的认识是有一定局限性的。当年马克思的思想认识也发生着变化，青年马克思与晚年马克思在理论、思想上就发生不小变化。所以，我们要把他人的研究成果放在一定的历史发展进程和条件中去看。我们的学者应真正具有现实问题意识和发展目标导向，把经验、智慧和学术能力聚焦到全面深入研究实现现代化和民族复兴等“中国问题”上来，进而述学立论、建言献策。

提出、分析和解决“中国问题”，应在世界视野和世界眼光中重点把握中国的地域特征、资源环境、中国人的生活方式和风俗习惯、经济政治社会运行方式和文化生态。把握当代中国（这里的当代中国，主要指改革开放以来的中国）问题，应基于当代中国发展的现实逻辑。

如何透过改革开放以来从传统农业文明转向现代工业文明、从计划经济转向社会主义市场经济的整体转型中所发生的诸多生动变化及其鲜活经验，来把握中国特色社会主义现代化建设实践所具有的“中国逻辑”？我们曾认为，其内在逻辑与解释、分析框架可概括为：功能思维→政府主导→理论引领→混合结构→人民主体，具体而言，即中国特色社会主义建设要求在坚持马克思主义、社会主义和中国共产党领导的根本原则的前提下首先确立功能思维；自觉建构“一元主导”“二基和谐”“自主创新”的中国发展新格局；

确定中国特色社会主义的发展目标、发展路径和发展思路需要理论引领：中国特色社会主义建设的一个基本图景，就是形成了以公有制为主体的混合结构；中国特色社会主义建设的根本价值取向是注重民众参与、尊重合理诉求和关注民生。基于这种实践创新，中国特色社会主义进一步发展的趋向就是：调整结构→改革体制→转变方式→建构秩序。

如果说“思想解放”是改革开放以来当代中国发展的历史起点，那么“结构转型”既是理解和把握当代中国“现实逻辑”的逻辑起点，也是理解和把握当代中国发展的“现实逻辑”的一把钥匙。为了在现象与本质、偶然与必然、感性与理性的统一中，更加全面和动态地呈现当代中国发展的“现实逻辑”，我们在概括中国特色社会主义现代化建设实践的内生逻辑及其分析框架的基础上，进一步从“结构转型—领域分离—力量转移—利益博弈—多样纷争—思想分化—认同危机—社会无序—整合共识—整体转型—现代治理—建构秩序—民族复兴—党的领导”等立体动态的维度，来把握1978年以来当代中国发展的“现实逻辑”。当然，这些现实逻辑都是在坚持和加强中国共产党领导下逐步进行的。

理解这样的“现实逻辑”，首要是把握作为逻辑起点的“结构转型”。作为当代中国现代化发展进程中诸多结构性变化、重组的体现及其概括，这里的“结构转型”，在内容上既包括经济领域的所有制结构、分配结构、产业结构、经济增长的要素结构、投资结构、资源配置结构的转型，也包括政治领域的权力结构转型，还包括文化领域的文化结构转型。因此，所谓“结构转型”，就是在坚守马克思主义、社会主义、中国共产党领导这一根本原则的前提下，既涵摄经济结构、政治结构、社会结构和文化结构及其相互关系和互动关联的总体性结构变动，也是一种突破了单纯追求经济总量增长的整体性发展。中国传统社会的政治权力相对过大、经济权力和社会权力相对较小的“金字塔式”社会结构，具有重要的历史积极意义，同时也在一定条件下在某些方面成为实现社会主义现代化和中华民族伟大复兴的某种结构性障碍，由此，当今中国就必须实现结构转型，由社会层级结构转向在中国共产党领导下的政治权力主导且与经济权力和社会权力相互制约、相辅相成的新型社会结构。之所以把“结构转型”作为把握当代中国发展“现实逻辑”的逻辑起点，是因为“结构转型”的逻辑展开构成了当代中国现代化进程的主线。中国式现代化发展过程首要是结构转型过程。这种转型，是从1978年真正开始的。推进结构转型，引起了“领域分离”“力量转移”等一系列现实逻辑的依次展开，当然其间存在着相互交叉、相互关联的内在联系。

基于当代中国发展的现实逻辑研究“中国问题”，需要重点把握这样两个方面的内容:

第一，是基于现实逻辑提出和分析中国问题。正如一方水土养一方人，一定的现实逻辑也孕育着特定的现实问题。当代中国发展的现实逻辑就是滋长中国问题和滋养中国学者的“中国水土”。当代“中国问题”植根于当代中国发展的“现实逻辑”之中。但问题不会自在地产生，而是源于实践过程中的主客体相互作用，发起于主体的反思和追问之中，发源于需求与满足的矛盾之中。问题实际上是现实逻辑、客观矛盾与主体追问的统一。没有“现实逻辑”及其中的矛盾，就不会有问题，它是基础和前提；没有主体的追思和发问也就无所谓问题，它是生成和成为。在这种意义上可以说，问题存在于现实逻辑、客观矛盾与主体追问的相互作用之中。

我们需要从当代中国发展的“现实逻辑”中提升出“中国问题”，进而在对“中国问题”的解答中，推进当代中国马克思主义哲学的创新发展。这里的“中国问题”，是具有结构性的中国问题。其中，一是结构问题。从结构转型到民族复兴的现实逻辑，都因结构转型而生，因结构转型而存在。二是实现什么样的现代化和民族复兴、怎样实现现代化和民族复兴的时代性课题。进行结构转型及其结构转型展开的过程是为了实现现代化和民族复兴。三是在结构转型进程且从中国的“现实逻辑”中产生出来的问题。如力量转移和利益博弈引起了什么样的社会结构性变化和整体性变化？这种结构性变化和整体性变化会给社会发展和人的发展带来什么影响？如何整合多样化的社会意识以达成共识？面对社会的结构性变化和整体性变化，如何在多样多元多变的时代进行现代治理，并建构当代中国社会发展新的良性秩序？怎样适应经济发展新常态？如何推进国家治理、社会治理现代化？在文化多元情境下如何进行文化整合？如何转变政府职能？如何消解“资本统治”“物化生存”和“物的依赖”的逻辑，进而实现人的经济解放、政治解放、社会解放和文化解放以及人的全面发展？如何进一步坚持和加强中国共产党的领导？等等。对上述问题的解答，必将为推进当代中国马克思主义哲学的创新发展，提供新的理论生长点。

在从当代中国发展的“现实逻辑”中生长或产生出来的“中国问题”中，最根本的问题是人们所要回答的“时代性课题”，或者说，从当代中国发展的“现实逻辑”中应提升出当今需要我们高度关注并回答的时代性课题。根据以上论述，这一时代性课题，从哲学上来讲，可从目标和手段两个基本维度来把握：一是目标维度，即实现什么样的现代化和民族复兴；二是手段维度，即怎样实现现代化和民族复兴。近代以来，尤其是1978年以来，中国的历史使命和总任务就是实现社会主义现代化和中华民族的伟大复兴，而实现“结构转型”“整体升级”“整合共识”“现代治理”和“建构秩序”等，主要就是解决怎样实现现代化和中华民族伟大复兴的问题。解答这种时代性课题所需要的哲学思维，是“总体性战略辩证法”。这里，战略思维重根本、全局和长远，是对战略问题做出战略性思考和谋划。总体性辩证法注重系统、结构、矛盾和重点，注重联系和发展，注重运用辩证思维化解矛盾、解决问题、把握工作重点。

第二，是研究基于现实逻辑又高于现实逻辑的哲学层次的“中国问题”，以优化和引领现实逻辑。在基于当代中国发展的现实逻辑提升和研究“中国问题”的过程中，哲学思维的反思性、批判性和超越性，推动着我们关注制约中国发展命运和中国人生活方式的根本性问题，关注具有总体性和普遍性的中国问题：如何从规律、机制和法则的高度来把握和阐释改革开放以来中国现代化建设实践及其带来的巨大变迁？如何基于中国道路和中国经验提升中国式现代化理论或“东方现代化”理论？在人口总量超越西方发达国家之和的情况下，如何解决人均现代化水平与资源限制和环境承载力的矛盾？如何看待用几十年时间基本走完西方国家数百年所走过的现代化历程的中国式现代化的时空压缩路径及其发展前景？

在这样的问题域中，有四个具有统领性的根本问题：一是面向“过去”的中国传统文化的创造性转化和创新性发展问题。这是制约从传统农业文明向现代工业文明转型的深层次问题，是关系到中国人的生活方式、行为方式和思维方式，进而渗透到经济、政治、社会、生态等方方面面的问题。二是面向“现在”的结构转型、力量转移和关系协调的问题。这是当代中国最大的现实问题，对于这些问题的思考和解决关涉其他一系列问题。三是面向“未来”的中国向何处去的问题。这是一个关涉根本方向、普遍存在又与时俱进的总问题。四是面向蕴含在过去、现在、未来之中的带有规律性的最“本质”问题，即社会历史发展的动力机制、平衡机制和治理机制及其协调优化并形成合力的问题。当前，人对物的依赖的超越与人的精神世界的重建，是当代中国文化转型过程中面临的突出问题。需要指出的是，这些问题及其探讨方式，不是纯哲学的，而是属于中国问题中的哲学研究，即从“现实逻辑”与具有普遍性和根本性的“中国问题”出发，上升到哲学层面，或以哲学方式进行探讨。当然，还需要注意的是，这里的中国问题是开放性的，即它还可以随着实践与历史的发展而得到不断补充、丰富和完善。通过对哲学思维层次的中国问题的提升和研究，可以在理论与现实、规划与实践、目标远景与历史阶段的互动中，优化和引领现实逻辑。

三、从文明互鉴到中国话语：建构面向当代中国发展的现实逻辑和中国问题的话语体系

在当今全球化时代，文明交流、文明互鉴离不开一定的话语体系。中国特色哲学社会科学话语体系是我国文化软实力的集中体现，也是我国哲学社会科学研究领域的一个重大问题。中西方在理论、思想、文化上的交流交融交锋，往往蕴含话语权之争，其中就涉及话语体系问题。当前，在世界文明交流和文明互鉴中，中国特色哲学社会科学话语权与我国的国家实力和国际地位不相符，这日益成为大家普遍关注的问题。其中，在坚持以马克思主义为指导，以人民为中心的前提下，建构基于当代中国发展的现实逻辑和面向中国问题的话语体系，是尝试改变这种现状的研究理路。黑格尔在1805年5月致沃斯的信中曾说：“路德让圣经说德语，您让荷马说德语，这是对一个民族所作出的最大贡献，因为，一个民族除非用自己的语言来习知那最优秀的东西，那么这东西就不会真正成为它的财富，它还将是野蛮的。如果您认

为这两个例子都已成为过去，现在我想说，我也在力求教给哲学说德语。如果哲学一旦学会了说德语，那么那些平庸的思想就永远也难于在语言上貌似深奥了。”[①]在坚持中华民族的学术主体和思想主体地位的同时，兼收并蓄世界文明智慧，构建我们中国自己的话语体系，无疑是实现现代化和民族复兴事业的重要环节。

如何构建具有中国特色的当代话语体系？这是一个见仁见智的问题，也是一个需要在日益深化的讨论中不断寻求共识的问题。这里从话语特征、话语资源和话语层次等维度进行一些初步思考。

第一，关于话语特征。我们应坚持“不忘本来、吸收外来、面向未来”的原则，着力构建具有民族性与世界性的统一、时代性与人民性的统一、继承性与创新性的统一等特征的中国话语。话语体系来源于时代问题和现实生活。无论是偏重抽象概括和逻辑严谨的书面话语，还是生动灵活的口头话语，往往都是围绕一定的问题与在一定的生活场景中生发的。马克思曾明确指出：“一个时代的迫切问题，有着和任何在内容上有根据的因而也是合理的问题共同的命运：主要的困难不是答案，而是问题。”[②]“每个问题只要已成为现实的问题，就能得到答案。……问题却是公开的、无所顾忌的、支配一切个人的时代之声。问题是时代的格言，是表现时代自己内心状态的最实际的呼声。”[③]基于时代的本质特征及其生发的问题，才能产生传达时代的内在呼声并具有时代影响力的话语体系。然而，在讨论当代中国问题的过程中，从范畴体系、理论范式和话语方式来看，很少产生具有重大影响的中国范畴、中国理论和中国话语，大多还是在使用西方的、中国传统的、经典文本中的、教科书中的概念、范畴、表述、理论和框架。针对这种研究现状，我们应该增强自觉的话语意识和明确的话语特征取向。此外，还需注意的是，话语与生活紧密相连。在这方面，我们应克服“有概念无生活、有生活无概念”的研究短板。1978年以来，我国的学术、理论研究取得重大进展，但也存在不足。表现之一，就是我们的某些学术研究往往是“有概念没生

① 苗力田编译《黑格尔通信百封》，上海人民出版社，1981，第202页。
② 《马克思恩格斯全集》第1卷，人民出版社，1995，第203页。
③ 《马克思恩格斯全集》第1卷，人民出版社，1995，第203页。

活、有生活没概念”，要么从概念到概念，没有揭示所用概念蕴含的生活的内涵，要么对1978年以来我国所发生的广泛而深刻的时代和实践变化缺乏直接面对，没有从中提取出新概念新范畴新表述，也没有提升出新理念新思想新论断。如何让概念有生活，让生活有概念，是我们今后应注意的问题。

第二，关于话语资源。一方面要反对妄自尊大，在话语资源上借鉴现代西方文化的合理因素。当然，首先要从整体上和本原上把握西方文化，并批判性地吸收和消化西方文化的智慧。此外，还要把握西方现代文明的本质是什么，它是怎么从传统西方文明中演化而来的，它对人类世界的贡献究竟在哪里。另一方面也要反对妄自菲薄，积极传承中华优秀传统文化的话语智慧。我们不能仅仅满足于解读西方学者的著作，不能仅仅满足于从概念到概念、从理论到理论，使自己的大脑成为别人思想之“跑马场”。我们主张面向“中国问题”，深刻揭示产生中国问题的现实逻辑，并借助于阅读经典著作时思想碰撞所激发出来的思想力量，同时遵循“中国问题·中国方法·中国理论”的内在逻辑，建构面向“中国问题”、符合中国人思维方式和表达方式、书写当代中国发展的现实逻辑的范畴体系和话语方式。这就需要注意把握三种文化形态的话语资源：作为主流文化形态的马克思主义文化，以党的指导思想和国家层面的意识形态的形式，主导和引领着社会思潮；作为大众文化形态的传统文化，主要存在于居住着中国大多数人口的广大农村地区及一些儒学知识分子中；一些学术精英专注研究的西方文化，主要存在于相对发展起来的一些城市、地区及一些知识分子中间。我们应坚持以马克思主义为指导，坚持以人民为中心的研究路线，在三大文化生态与中国现代性建构的实践互动中，经受历史的考验，积淀出能够凝聚人民力量的中国精神，并在此基础上塑造具有世界话语权的中国话语。

值得注意的是，在中国话语的建构中，不能忘记拾取以往被忽视的我国改革开放以来的实践经验、思想智慧凝成的话语果实。比如，我们可以从当代中国发展的“现实逻辑”和“中国问题”中，形成和提炼出一系列具有标识性、原创性的新概念新范畴新表述新理论，从而为推动当代中国马克思主义哲学创新发展提供新的内容。前文概述的从“结构转型”到“民族复兴”，既蕴含着一系列新的“中国问题”，也是解释、说明当代中国发展的

“现实逻辑”的一系列新概念新范畴新理论。因而，通过对这些新思想的全面深入的分析研究，可以丰富和发展当代中国马克思主义哲学，进而推进当代中国马克思主义哲学的理论创新。

第三，关于话语体系。话语背后的核心是概念、观念和思想，即“道”，其背后的支撑是现实逻辑、现实问题。就是说，关注对象和研究内容决定着话语形式。研究当代中国发展的现实逻辑和中国问题，必然会产生一系列的中国话语。提升话语权，要注意构建完整系统的话语体系，即正确的话语立场，言之有向，即以马克思主义为指导，坚持以人民为中心，就是“相向而说”；坚实的话语基础，言之有物，即国家发展道路与国家硬实力，就是“有底气可说”；凝练的话语核心，言之有道，就是“从话语基础提升出的核心理念”；核心的话语之道，言之有理，即围绕核心理念而加以全面系统阐述的核心理论，就是系统地“讲什么”；有效的话语方式，言之有效，就是“怎么讲得让大家爱听”；坚定的话语自信，言之有信，就是“能充满自信地讲”；快捷的话语传播，言之有声，就是“讲的话能传播出去”；有影响力的话语权，言之有力，就是“讲的话能影响别人，具有掌控话语的权力”。

中国道路与中国话语

陈曙光
［中央党校（国家行政学院）马克思主义学院21世纪马克思主义研究所所长］

中国重返世界之巅，话语不能缺席。当今国际格局的突出特点是中美时空切换，即美国时代与中国时代的切换，依附型世界体系与公正合理的世界新秩序的切换。目前，世界格局整体上仍然属于美国时代，随着时间的推移，中国时刻的出场间距会越来越小，一个一个的中国时刻串起来，由点连成线，由线扩展为面，结果就是中国时代。走向中国时代，硬实力要强大起来，软实力和话语权也要强大起来。21世纪是中国复兴的世纪，也应当是中国话语崛起的世纪。中国话语，作为中国道路的理性表达，归根结底属于现代性的中国版本。在国际话语场，话语崛起从来不是单独发生的，而是多重力量交汇的结果。话语的崛起，前提是物质崛起；话语的贫困，首先源于物质贫困；话语的背后，是硬实力的较量。衡量中国话语的进步标准不是西方化的能力，而是实践，只能拿事实来说话。随着中国时代的决定性开启，中国主导国际话语议题的能力将大幅提升，国际话语的中国时代终将来临。

原题《中国时代与中国话语》，《马克思主义研究》2017年第10期话语，乃国之重器。中国重回世界之巅，话语不能缺席。话语是包含价值的文化符号系统，是一个民族国家的身份标签。话语的自立自强是民族精神独立、文化主权完整的重要标志之一。没有自己的学术话语，等于失去精神家园，等于撤出道德高地，等于放弃文化主权。正是在此意义上，中国话语之建构，乃精神家园之建构，乃文化主权之收复。

一、中国话语的历史语境

1941年，美国《时代》周刊联合创办人亨利·卢斯发表了著名的《美国世纪》："美国的经验是未来的关键，它将成为国际社会的领袖。"这篇文章成为"美国时代"登场的宣言书。

74年后，美国《名利场》杂志发表诺贝尔经济学奖得主约瑟夫·施蒂格利茨撰写的《中国世纪》："中国经济以拔得头筹之势（以购买力评价计算）进入2015年，并很可能长时间执此牛耳，即使不能永久保持。中国已回到它在人类历史上大多数时间里所占据的位置。"这篇文章预示"中国时代"已经展现出现实的可能性，初露曙光。

众所周知，自二战结束以来，国际格局完全进入美国主导的依附型世界体系，在时间维度上表现为美国时代，在空间维度上表现为中心—边缘结构。在这个格局中，核心国家是一言九鼎的"我"（即美国），中心国家是志同道合的"我们"（比如英德法意加日等），边缘国家是处于依附地位或相对独立的"你们"（比如菲律宾、韩国、新加坡以及一些石油国家等），还有大量的尚未融入这个体系的外围国家（比如朝鲜、古巴、伊朗以及相当多的亚非拉国家），属于"他们"。

然而，自2008年以来，美国主导的依附型国际格局呈现出松动的迹象。以国际金融危机为起点，以美国退出TPP、退出《巴黎协定》、奉行“美国优先”的战略为标志，以中国推出“一带一路”倡议、筹组亚洲基础设施投资银行（以下简称亚投行）、英德法意加等国违背美国意志组团加入“亚投行”为佐证，美国在西方世界的代表性正在下降，西方世界的地理板块正在分化，西方世界的统一性正在削弱，西方世界的概念体系正在瓦解，归根结底，美国的统治能力和主导能力正在退化。这是美国时代从巅峰衰落的信号，这是中国时代出场的信号。

当前，国际格局的突出特点是中美时空切换。从时间维度来说，就是纽约时间与北京时间的切换，美国时代与中国时代的切换，霸权时代与共赢时代的切换，资本主义世界化与新型全球化的切换；从空间维度来说，就是中心—边缘结构与网格化扁平结构的切换，依附型世界体系与平等、均衡的世界新秩序的切换，就是中国崛起并重返世界之巅，广泛参与全球治理。中国时代，并不是指中国取代美国成为下一个全球霸主，也不意味着中国要彻底颠覆现行国际秩序，而是指中国将逐渐上升为全球最具活力、最有发展前景、最具国际影响力的国家，意味着中国将在全球经济社会发展和全球治理体系改革中扮演越来越关键的角色。

当然，时空切换绝不像切换电视频道那么简单，这是一个比较长的过程，有一个历史周期。比如，19世纪50年代，美国时代与英国时代进入切换周期，历经半个多世纪最终完成，英国时代彻底让位于美国时代[①]。中美从2008年进入切换周期，最终完成估计在21世纪中叶。这个周期可以分为

---

① 美国崛起并超越英国缘于长达一个世纪的西进运动，西进的标志性事件是铁路。因而有经济学家称19世纪的美国史基本上是一部铁路成功史。美国铁路总里程1850年约1.5万千米，1870年超过10万千米，1890年超过20万千米，1916年超过40万千米。这几个时间点大致也是英美地位切换的几个关键点。具体来说，1870年英美时空切换正式开启，1890年，英美进入相持阶段。第一个转折点出现在第一次世界大战。英国依靠美国的帮助才战胜了德国。战后，英国主动卸下了担子，而美国不情愿地挑起了重任。英国保住了自己的帝国，但英镑的世界货币地位逐渐让位于美元。这时全球进入美国时代，但英国时代并未完全落幕。第二次世界大战成为又一个决定性事件。在战争中受到重创的英国很快就失去了几乎所有殖民地，美国主导重建了世界政治经济秩序，在创建联合国、布雷顿森林体系和北约的过程中发挥了核心作用。二战以后，整个世界的现代化运动、全球化进展几乎完全进入美国时代，美国时代进一步异化和升级为美国霸权时代。

三个阶段。

第一阶段是启动阶段。在这个阶段，整体上仍然属于美国时代，美国的软实力、硬实力依然独占鳌头，美国在多数国际机构中依然占据主要话语权，依然是现行全球治理机制的主导者。但是，中国时刻（China's Moment[①]）会频频绽放，点缀世界图景，展现中国风采，照亮人类未来。比如，2008年，美国金融危机爆发之后中国上升为世界经济主引擎和火车头；2010年，中国反超日本跃升为世界第二大经济体；2015年，英、法、德、意组团加入亚投行，"一带一路"倡议正式落地；2016年，美国和欧洲的逆全球化运动将中国推向全球化舵手的位置，G20杭州峰会关注"中国主张"；2017年，瑞士达沃斯论坛年会聚焦"中国方案"，"一带一路"国际高峰论坛规划人类未来发展，美国退出《巴黎协定》，中国被迫"接掌气候问题领导权"（美国能源部长佩里语），等等，都是这一阶段中绽放的"中国时刻"，是中国重返世界之巅的新阶梯。其中，"一带一路"倡议是中国崛起之路上的标志性事件，也构成中美时空切换的标志性事件，这一倡议将贯穿中美切换的整个历史周期。

第二个阶段是相持阶段。这个阶段大约从中美GDP基本持平开始算起，估计会持续20年左右的时间。这一阶段，美国时代尚不会完全退潮，但已经从顶峰跌落，美国的"超级"地位不复存在，领导全球力不从心；这一阶段，中国将在多个领域或主动或被迫接掌全球性问题的领导权，引领全球性问题的讨论和解决，频频扮演负责任的世界大国形象；这一阶段，中国时刻会越来越多，出场的间距会越来越小，留下的中国足迹会越来越频密，一个一个的中国时刻串起来，由点连成线，由线扩展为面，结果就是通向中国时代。

第三个阶段是反转阶段。大约到21世纪中叶，美国时代将彻底落幕，中国时代决定性开启。这个阶段时间很短，主要通过一两个标志性的重大历史事件来完成。美国时代的终结意味着西方中心的终结，霸权时代的终结，但绝不意味着以东方中心主义取代西方中心主义，以新的世界霸权取代美国霸

① 2009年9月28日的《时代》周刊刊载了美国著名中国问题专家沈大伟的文章《繁荣之路》，周刊封面配有五角星，"中国时刻"一词跃然纸上。

权。中国时代终会出现，不过，历史绝不会是简单的重复，到那时，世界将会大不同。这是一个全新的世纪，完全不同于过去500年来霸权轮替的殖民扩张时代；这是一种全新的秩序，完全不同于过去500年来一直占据统治地位的“中心—边缘”结构。在这里，没有处于依附地带的“你们”，更不存在被遗忘、被孤立、被排斥的“他们”，大家都是朝夕相处、命运与共的“我们”。

今天，全球治理体系已经滞后于时代的发展要求，中国无意推倒重来、另起炉灶，但也不意味着中国会放任不作为，改革完善国际治理体系是中国的责任，也是国际社会的共识。中国主导塑造的未来秩序也不是16世纪以来霸权体系的延续，不是资本主义世界体系的继承，中国也不是旧秩序的新主人，21世纪的新霸主。新加坡前驻联合国大使马凯硕2015年在哈佛大学肯尼迪学院发表了“如果中国成为世界第一强国”的演讲，他说，中国做了第一的世界将会大不同，因为这个老大不会指手画脚搬弄是非，不会热衷于推销自己的意识形态，不会怂恿别人邯郸学步；因为中国文化崇尚讷于言而敏于行；因为中国的历史长河里没有殖民海外的记载。过去，中国强盛时代以千年记，带给世界的是欢声笑语；现在，美国强盛时代以百年记，带给世界的是烽火连天；未来，中国将重返世界之巅，人类将有希望迎来一个没有霸权、没有边缘、没有依附的新时代。

从中国时刻走向中国时代，这将是21世纪最为惊艳的历史大事件，也是最为确定的历史大趋势，同时也构成了中国话语建构的宏大历史语境。

二、中国话语的国际方位

今天的中国，前所未有地靠近世界舞台中心，前所未有地接近实现中华民族伟大复兴的目标，前所未有地具有实现这个目标的能力和信心。亨利·基辛格曾说，“中国发展所产生的巨大变化是超越人类极限的。”但中国的强大绝不止于个头的增长、块头的增大，中国任何时候都不屑于扮演一个四肢发达、头脑简单的巨人角色，任何时候都不能沦为一个外表强悍、外强中空的空心国家。中国物质上要崛起，精神上也不能塌陷；硬实力要强大起来，软实力和话语权也要强大起来；中国既要成为行动的巨人，也应该成为话语的强者。一个话语羸弱的民族，也不可能保持民族精神的独立性，傲立于世界民族之林；一个话语权旁落的国家，不可能突破西方的重重围堵，成为真正意义的现代强国。

现在，随着一个一个的中国时刻陆续绽放，全世界的文化价值秩序在东移，笼罩世界几百年的西方中心论正在被打破，全球话语格局正在重新构造，中国话语正在世界回响。也就是说，随着中国健步走向富强，我们再不能简单地以“西强我弱”来定义中国话语的国际方位。比如，在经济层面，中国的话语权显著地崛起，大有东风压倒西风的趋势。亚投行、“一带一路”倡议等极大地改善了国际话语生态和中国的话语环境，达沃斯论坛、亚太经济合作组织峰会、20国集团峰会越来越关注中国方案，期待来自中国的声音，中国从未推卸。在制度层面，中国的话语权明显提升，基本达到了与国力相匹配的水平。通过联合国、WTO、国际货币基金组织、世界银行、上海合作组织、金砖国家机制以及其他相关国际组织，我们积极参与国际规则制定，参与全球治理体系改革，中国从未缺席。

但是，中国话语也有短板，中国国际话语权的短板在于文化和价值观层面，准确地说，“在于对文化价值观的自觉与自信相对不足方面，在于我们把传统话语进行创造性转换与创新性发展相对滞后方面，在于对打破西方话语垄断准备不足等方面”[①]。尽管我们也有亮点，比如“人类命运共同体”写进了联合国文件，但基本格局还是“西强我弱”，我们“在国际上的声音还比较小，还处于有理说不出、说了传不开的境地”[②]。一句话，软实力未能跟上硬实力的步伐，中西之间的话语间距、话语隔阂、话语落差非常大。

中国是一个文明古国、经济强国、地缘政治大国，但还不是一个话语强国。中国的发展优势在文化和价值观层面尚未得到相称的体现，我们尚未获得与经济地位完全匹配的国际话语权，“话语赤字”“思想赤字”“文化赤字”犹如一把悬在头上的“达摩克利斯之剑”。中国的话语劣势主要表现在：话语议题由西方设定，话语规则由西方制定，话语真伪由西方裁判。回

① 何毅亭：《二十一世纪是中国话语复兴的世纪》，《学习时报》2017年5月29日。
② 习近平：《在哲学社会科学工作座谈会上的讲话》，人民出版社，2016，第24页。

顾近30年来的话语变迁，我们惊讶地发现，西方话语对中国情有独钟，从“中国特色资本主义模式说”到“威权社会主义模式说”，从“历史终结论”到“文明冲突论”，从“大国责任论”到“中国崩溃论”，从“中国威胁论”到“国强必霸论”，从“C型包围圈”到“价值观外交”，从“霸权稳定论”到“民主和平论”，从“航行自由论”到“中国孤立论”，从“普世价值论”到“世界趋同论”，西方凭借强权地位制造了一拨又一拨的话语，要么影射中国，要么剑指中国；要么捧杀中国，要么棒喝中国。此外，西方还在涉藏、涉疆、涉台、涉恐、人权、市场经济地位等问题上制造话语，挑拨离间，混淆是非，试图干扰中国的和平崛起。在西方话语的冲击下，本来清晰的中国图像变得越来越模糊，本来确定的中国模式充满了不确定性。

大国复兴一定伴随着话语的崛起。21世纪是中国复兴的世纪，也应当是中国话语崛起的世纪。今天，华盛顿时间与北京时间的切换周期已经开启，这是一个不可逆的过程；美国霸权时代终将终结，中国引领的多极化时代终会开启，这是世界的大趋势。任何时代，主流的话语总是钟情于成功的故事。中国正在成长为世界经济中心，发生在中国的故事无疑是世界上最为重要的景观，解释这道景观的中国话语无疑是最引人瞩目的全球话语。中国的实践是13亿多人参与的历史性实践，是在960万平方千米的大国中展开的，是在拥有5000年文明的古老国度中进行的，这在人类发展史上都是独一无二的。这与19世纪以英美为代表的盎格鲁—萨克斯模式，以欧洲大陆国家为代表的莱茵模式，20世纪以苏联为代表的传统社会主义模式，20世纪下半叶以日本为代表的东亚模式都是不可同日而语的。中国在改革发展中面临的每一个问题都是世界级的难题，每一个问题的成功破解都具有世界级的样本意义，围绕这些问题而展开的理论创造和话语创新都将是世界级的贡献。

当然，今天我们也要承认，相对于实践创新的惊人进展，我们的理论创新和话语创新尚有差距，我们尚未生产出与其实践成果相匹配的系统理论成果，中国故事尚缺乏系统的话语支撑。基于这一判断，习近平总书记寄语思想界，“这是一个需要理论而且一定能够产生理论的时代，这是一个需要思想而且一定能够产生思想的时代”[①]。当代中国的历史性实践，必将成为滋养中国话语的深厚沃土，中国话语崛起的最大底气莫过于此。

三、中国话语的本质维度

前现代与现代相互缠绕，东方与西方纠缠一体，这是当代中国的特殊国情，也构成了中国话语建构的独特历史语境。中国今天所处的时代背景是无法选择的，对传统与现代、东方与西方的共时性反思都在拷问我们：中国话语的本质内涵，究竟定位于何方？

中国话语不能定位于过去，不能寄希望于前现代话语的当代复活。有人以为，中国传统话语绵历数千年，塑造了独具中国特色的民间信仰，塑造了独具东方风韵的民族性格，塑造了维系国家统一、民族团结、社会和谐的交往理性，塑造了独步世界之巅的东方王朝，以至于今天我们才有资格以历史的高点为坐标，以“民族复兴”作为国家的梦想，前行的动力。今天我们为什么要将这套话语弃之不用？其实，前现代话语不过是封建中国的话语表达，今天的中国早已置身于现代文明发展大道，不可能依靠退回到前现代来寻求话语自强，也不可能依靠伦理的救赎来解决当今世界的复杂利益问题。

中国话语也不能定位于西方，不能寄希望于西方现代性话语的东方再现。有人提出：文艺复兴，特别是启蒙运动以来，西方收获了现代化的巨大成果，西方话语在几百年的历史洗礼中日臻成熟，全球秩序、世界体系都是西方话语塑造的。今天我们为什么不可以与西方惯例接轨？其实，西方话语不过是西方经验的话语表达，是现代性的西方版本。

中国话语的本质究竟定位于何方？我认为，把握中国话语的本质维度，必须穿越“中国经验”“北京共识”的感性直观，穿越流行的日常经验话语，穿越具体学科（经济学、社会学、政治学等）的形下视界，上升到哲学的高度，依循马克思主义历史观的智慧，才可能洞察中国道路的本质性规定以及在世界文明史上的历史方位。依此来判断，中国话语，作为中国道路的理论表达，中国经验的理论提升，中国理论的话语呈现，归根结底属于现代

① 习近平：《在哲学社会科学工作座谈会上的讲话》，人民出版社，2016，第8页。

性的中国版本。

现代化的发展方向是无法绕开的，但走向现代化的道路是可以选择的。如何实现现代化？实现什么样的现代化？中国一开始就有自己的独立判断，从未简单地复制西方的发展模式，从未进入西方设定的历史轨迹，也从未简单地套用西方的发展逻辑。邓小平指出："我们搞的现代化，是中国式的现代化。我们建设的社会主义，是有中国特色的社会主义。"① 中国道路不是脱离世界发展潮流的旁门左道，而是以社会主义为底色、以中国特色为标志、以现代化为目标的发展道路。中国自主开辟的现代化道路，是完全不同于西方模式的伟大创举，是具有自主知识产权的中国创造。它第一次绕开了资本主宰劳动的历史逻辑，第一次摆脱了西方的制度框架、政治模式和文明体系，第一次摆脱了殖民、扩张、掠夺的发展逻辑，第一次摆脱了依附发展、梯度进化的历史宿命，第一次通过"走自己的路"成功崛起，第一次在吸纳西式现代性的精华之后开启了更为壮丽的现代性之路。

中国式现代性貌似"很西方"，实际上却"非常中国"。现代性是一项未竟的事业。西式现代性只是现代性的一个版本，而非唯一版本。西式现代性作为对中世纪前现代性的反叛，以理性的法庭来取代宗教的法庭，以主体性取代基督性，以"合理性"作为衡量一切进步的标准，确实充当了资本主义工业文明的开路先锋，极大地推动了近代思想解放运动和科学技术发展，创造了无可比拟的巨大生产力。

西方收获了现代化的巨大成果，但同时也遭遇了"现代性之殇"。西式现代性，在解放人的感性欲望的同时，导致了物质主义的泛滥、精神世界的贫困、道德信仰的流失；在高扬人的主体性的同时，导致了主体意识的僭越、自我观念的膨胀；在提升人类中心地位的同时，导致了自然的异化、生态的报复；在彰显理性精神的同时，导致了有限的理性上升为无限的理性，经验的理性上升为超验的理性，属人的理性上升为理性的实体；在发掘工具理性的同时，导致了价值理性的缺位、人文精神的退场；在满足消费需求的同时，导致了消费主义的泛滥；在科技昌明的背后，是人们对于技术本来意

① 邓小平：《邓小平文选》第3卷，人民出版社，1993，第29页。

义的遗忘。西式现代性的缺憾导致了人类生存环境和个人生活世界的严重危机，这场危机的实质是人类有史以来最严重的人文精神危机和文化危机，是涉及政治、经济、文化、法律、道德、信仰、生态等各方面的总体性危机。

西式现代性之缺憾，正是我们重写现代性的理由，也是我们超越西式现代性的方向。当代中国正在走向更现代的未来，我们不能放弃现代性，而是要反思现代性，“拯救现代性”，重建具有中国特色的现代性。

中国的崛起实际上代表着一种新型现代性的崛起，中国的成功意味着一种新型现代性的成功。中国特色的“新现代性”，源于马克思主义的价值立场，源于社会主义的价值追求，源于传统文化的优质基因，源于对西式现代性的积极扬弃，归根结底源于中国特色社会主义的独特实践以及前现代、现代、后现代三重叠加的独特历史语境。

中国式现代性，是与中国道路相适应的哲学逻辑和哲学原则，是一套能够解码中国道路、破译中国奇迹的文化密码，是一套有助于破解人类共同难题的中国智慧，是一套完全不同于新教伦理与资本主义精神的文明体系，也是一套对西式现代性观念构成比较优势的思想资源。这套哲学逻辑和哲学原则的萌芽肇始于新文化运动，伴随着中国的现代化进程一同成长，其内涵不是一成不变的，有坚守，更有发展和创新。新中国成立后，这套哲学逻辑和哲学原则打上了中国共产党的鲜明烙印。改革开放以后，这套哲学逻辑和哲学原则逐渐走向成熟，且富有中国色彩。中国特色社会主义道路、理论体系和制度，是中国式现代性的外化；十一届三中全会以来党的基本理论、基本路线、基本纲领、基本经验，十八大以来党中央治国理政新理念新思想新战略，是中国式现代性的具体化。如果没有中国果敢地质疑西方现代性的唯一性和至上性，反思西式现代性的弊端，书写现代性的中国版本，人类可能真的要在“西方中心主义”的强大思维惯性中无意识地沉沦，永远无法冲破西方现代性的“牢笼”，永远失去独立思考、自主走向远方的能力。“除了资本主义别无选择”，“人类历史终结于西式自由民主”，“西方发展模式和价值观念普世于世界”，这是西方承诺的未来世界图景。然而，西式现代性不可能是“唯一成功和正确的发展逻辑”，发展模式西方化、西方价值普世化、人类文明一元化，这绝不是世界之幸，而是包含西方在内的全人类的悲剧。

因此，从世界意义的角度来看，中国话语的成功出场，动摇了西方经验支撑的经典现代性的至尊地位，也动摇了基于经典现代性的发展道路、制度模式和价值观念的普世地位，实现了现代性的救赎，为广大发展中国家重写现代性注入了信心和底气。

四、中国话语的建构逻辑

今天，面对西方话语在全世界的强势扩张和深度殖民，我们究竟该如何保持民族精神的独立性？在国际舞台上该如何提升中国话语的在场地位？在与“他者”的交流中该如何维护自我的纯净？在相似的现代化背景中该如何保持中国图像的清晰度？一言以蔽之，中国，究竟该如何发声？

一是凭实力说话。在国际话语场，话语崛起从来不是单独发生的，而是经济、政治、文化、军事、外交等多重力量交汇的结果，是学术共同体、政界、民间国际交流、华人华侨及国际友人多重主体合力塑造的结果。话语的崛起，前提是物质崛起；话语的贫困，首先源于物质贫困；话语的背后，是硬实力的较量。所谓弱国无外交，所谓真理在炮舰的射程之内，说的都是同一个道理。

法国当代著名哲学家福柯曾一针见血地指出：说什么并不重要，关键是谁在说，话语权的强弱往往是由说话者的地位和身份所决定的。你的位置足够显要，大家才会关注你说什么，怎么说。中国改革开放30多年后6亿多人脱贫，被认为“与民主、人权无关”；西方悍然颠覆萨达姆政权、卡扎菲政权，一手制造欧洲难民危机和人道主义灾难，被看作是“捍卫民主人权”。中国政局稳定，百姓安居乐业，被认为与“民主、人权无关”；印度很多方面都远远落后于中国，被认为是“世界上最大的民主国家”。南海每天成千上万的船只自由通行，被认为“没有航行自由”；美国军舰高调介入南海，被认为“捍卫航行自由”，等等。西方几乎垄断了国际话语的定义权和解释权，究其原因，皆因西方在政治、经济、文化、军事方面的绝对实力。

因此，从这个意义上来说，中国话语能否崛起，首先取决于中国能否成功崛起。虽然经济上落后的国家仍可能在文化和话语上“演奏第一小提琴”[①]，但这绝非常态，在通常情况下，话语强国、文化强国首先是物质生产强国。当前，中国正处在民族复兴的门槛前，必须以发展自己为优先任务，坚持以经济建设为中心不动摇。任何时候，话语权的大小，不取决于音量，而取决于能量；只有腰板硬了，说话才有底气；只有硬实力强大了，才会有无声的话语权。

二是解码“中国样本”。“语言是存在之家”[②]。话语乃是由实践建构起来的，而不是由概念建构起来的。伟大的话语，背后总是有一个伟大的实践样本。中国话语的逻辑起点是“中国问题”，中国话语的言说对象是“中国样本”，中国故事、中国奇迹构成中国话语最深刻的基础、最充足的根据。“中国话语”的诸多概念及话语本身都是历史的产物，正是我们“运用这些概念所分析的那个历史，实际上发明了这些概念”，而不是相反。

解码中国样本，关键是“发现中国”。“发现中国”是一个筛选、提炼的工程，应当“思入时代的深处”，筛选出当代中国的问题，采掘那些深刻影响当代中国历史性实践的思想资源，提炼出相关的理论范畴、核心概念、基本命题和关键词，用当代中国的“智慧”和“眼光”重新发现和阐释中国，讲好中国故事。“发现中国”是对西方中心主义的反动，但目的不是走向东方中心主义；“发现中国”意味着对西方“普世性”思维方式的否定，但不是为了将自身提升到“普世性”的高度；“发现中国”意味着自我的肯定，但不是以否定西方作为逻辑的前提。

三是“为人民代言”。中国话语的任何言说本质上都是“为人民说话”，这有别于资本逻辑主导下的新自由主义话语，也不同于权力逻辑主导下的特权阶层话语。“为人民说话”，这是由马克思主义的立场决定的，由执政党的性质决定的，由社会主义制度的属性决定的。中国道路是中国人民奋力开创的，是历史的选择，是人民的选择，中国话语作为中国道路的理论表达，只能说出人民的心声，为人民代言，替百姓说话，始终代表最广大人民的根本利益。中国道路不是西方模式的克隆，不是东亚模式的变种，也不是苏联模式的翻版，这决定了中国话语体系本质上有别于西方话语体系，有别于东亚

① 《马克思恩格斯文集》第10卷，人民出版社，2009，第599页。
② ［德］海德格尔：《路标》，孙周兴译，商务印书馆，2001，第366页。

话语体系，也有别于苏联的传统话语体系，也决定了中国话语不是同质化的世界精神。

然而，伴随着西方话语的强势殖民，不少国人开口说话的时候，使用的全是西方的语汇。一旦离开了西方概念的中介，离开了西方话语的路径依赖，几乎没有办法说话。试想，这样的话语如何能代表人民的利益？让中国学术说中国话，这是重建中国话语体系的基本要求。

四是关怀人类命运，贡献中国方案。今天，中国已经上升为全球化的舵手，引领全球化的发展方向。2008年以来，随着美欧经济持续低迷，英国脱欧公投成功，法国勒庞崛起，意大利宪法公投失败，西方世界逆全球化深入扩展，全球化运动第一次走到了十字路口，何去何从考验着中国的智慧。关键时刻，中国扛起了全球化的大旗，从跟随全球化转向引领全球化，全球共同发展与世界秩序重建第一次寄希望于中国。这是前所未有之大变局。

时代的变迁决定了中国话语应当与中国的国际方位、国际责任相一致。21世纪的中国话语不能囿于中国问题，而应当心系天下，关怀世界，直面人类面临的共同难题，为世界提供优于西方的中国方案，自信地向世界输出自己的原创话语。中国思想、中国主张、中国方案，作为中国话语的核心内容，不仅仅属于中国、影响中国，在一定意义上说也属于世界、影响世界。今天的现实不正是这样吗？G20杭州峰会，世界关注中国方案；达沃斯论坛，全球倾听中国声音；“一带一路”倡议、亚投行，中国的抉择关乎世界；人类命运共同体意识，中国的理念决定未来。

五、中国话语的进步标准

在西方话语主宰全球的近200年时间里，衡量一种学术进步的标准是其西方化的能力。今天，有少数人一开口说话，言必称西方，话必说欧美，毫无保留地、非批判性照搬西方学术话语，似乎离开了西方学说的置入和中介，就不会说话了；似乎离开了西方理论的担保和裁判，中国话语的合理性和正当性都是值得怀疑的。一言以蔽之，西方俨然成为了中国话语真理性的担保。

其一，西方话语横行世界，首要的不是因为它的真理性，而是因为它背后的硬实力。

今天，西方话语占据国际话语的中心舞台，这是不争的事实。掩藏在这一事实背后的秘密，与其说是真理原则，不如说是实力原则。西方话语比任何一种非西方话语都更具有号召力、统治力和扩张力，不是因为西方话语富有更多的真理性和价值性。西方话语背靠强大的硬实力，通过“温情脉脉”的体面方式，将自己的思维方式、生活方式和价值标准化为唯一合法、合情、合理的东西，化为普遍有效的标准，挤压其他话语的生存空间，占领其他话语的传统地盘，这是霸权主义和殖民主义的当代形式。西方凭什么拥有描述和“解释”另一个民族的文化权力呢？西印度大学学者唐·罗沃萨姆认为，这一答案简而言之就是，西方的“权威源于西方在政治和经济上所处的优势地位——这种优势地位与认识论上的优越性密不可分，而这种优越性又与已经成为西方知识传统之一部分的知识生产方式相一致”①。自20世纪上半叶以来，话语权威进一步集中于美国，具体表现为世界话语美国化、美国话语普世化。过去美国话语的全球崛起归功于硬实力，有朝一日美国话语霸权的动摇也只能归咎于硬实力。

西方话语是西方经验的理论提升，有其自身的适应范围，不具有无条件的真理权。西方话语的傲人成就乃是塑造了“无与伦比”的现代西方，同时也孕育了西方世界“不可一世”的心理优越感和文化优越感。基于这一认知，西方话语一次次地越界，一次次地踏上陌生的土地，以至于忘记了自己原初的孕育成长环境。其实，西方话语不过是西方特殊历史语境下的产物，是对西方特殊情势的反映，“在一定地域和历史文化中具有合理性，但如果硬要把它们套在各国各民族头上、用它们来对人类生活进行格式化，并以此为裁判，就是荒谬的了”②。西方话语的价值，与其说是普世的，不如说是特殊的。我们必须抛弃由占支配地位的西方话语来充当另一种文化的代表这样的虚伪做法，必须努力建立一种非西方的新“认识论”，必须“唤起”非

① ［牙买加］唐·罗沃萨姆：《后殖民性：新现代性的挑战》，黄语生译，《国际社会科学杂志》（中文版）1998年第3期。

② 习近平：《在哲学社会科学工作座谈会上的讲话》，人民出版社，2016，第18页。

西方世界的话语自觉。

西方试图将一种话语代替现存所有的话语，试图将西方特殊的话语变成全球普世的话语，试图将全球变成西方话语的试验场，这就忽视了其他国家文化传统、历史命运和现实国情的特殊性。这种以西方的认识成果来结束思维的做法，意味着西方话语的建构功能变成了对非西方社会的伤害力量。

其二，盲目接受西方的话语逻辑，以西方的话语是非为是非，失去的远不止话语本身。

伴随着西方话语的成功殖民，一些国家被迫放弃自己的文化主权，以西方的话语标准为标准，以西方的话语是非为是非，服膺西方的话语逻辑，所带来的后果常常是灾难性的。20世纪中叶以来，西方话语凭借着虚幻的价值愿景和强大的硬实力支撑，逐渐登上了国际话语舞台的中央，掌控了国际话语议题的设置权、内容的提供权、标准的制定权、议程的主导权和是非的裁判权。西方话语完全凌驾于民族国家的话语主权之上，导致一些国家话语生态的扭曲乃至变态。伴随着西方话语的强势来袭，有的国家扛不住西方的威逼利诱，被迫投降；有的国家缺乏理性的思考和战略谋划，主动缴械。然而，“投降”也好，“缴械”也罢，由于国情迥异、水土不服，“南橘北枳”的效应正在显现。比如，苏联，在西方挖掘的话语陷阱中沉沦，完全找不着北，大党大国早已分崩离析；拉美和俄罗斯，要么掉入陷阱，要么陷入休克，梦醒时刻纷纷弃西方而去；“颜色革命”和“阿拉伯之春”，要么花容失色，要么寒冬来袭，往事早已不堪回首。中国可能是少数几个例外之一。

中国自改革开放之初就选择了不同于西方的现代化之路，赋予了现代性的中国内涵，重写了具有中国特色的现代性篇章。这是中国的故事。如何讲述“中国故事”，西方话语其实无能为力。有人试图通过“西方理论”的置入和“西方话语”的中介来讲述中国，最后呈现的不过是西方又一个“他者”形象，而非中国的真实形象。“西方”不能成为中国话语是否具有真理性的担保。能够讲好中国故事，能够解码中国道路，能够破译中国密码，这样的话语就是好的话语。

其三，衡量中国话语的是非优劣，只能是实践，只能拿事实来说话。

客观地说，中国话语的国际处境不佳，但这不能成为某些人对西方话语顶礼膜拜的理由。衡量中国话语是不是管用，不能以西方为参照，只能以实践为准绳，只能拿事实来说话。铁的事实告诉我们，中国话语其实有理由自信。

中国话语的自信首先源于中国道路的巨大成功。中国连续几十年保持中高速增长，现在是世界第二大经济体，并且没有经历过大的经济危机、社会危机，这不能不说明我们的道路是成功的，我们的理论是正确的，我们的制度是有效的。正如林毅夫先生所说："如果道路不正确，瞎猫碰死耗子只能碰到一次，一年高增长、两年高增长或有可能，而连续30多年都是稳定高速增长，如果这条道路不是正确的道路，我还真不知道什么是正确的道路。"[①] 中国模式相比较于西方模式的巨大成功使我们有资格理直气壮，有信心发声亮剑。

中国话语的自信源于中国共产党人的独特理论创造。中国话语在西方的夹缝中求生存，凭借中国共产党人的独特理论创造为自己赢得了世界的尊重，也给全世界奉献了诸多具有普遍价值的中国智慧和中国方案。习近平总书记系列重要讲话中就包含了一整套既具有中国鲜明特色，又具有普遍指导意义的新概念新话语新表述，像"中国梦""一带一路""亚投行""共同价值""人类命运共同体""合作共赢为核心的新型国际关系"等标识性概念，事实上已经成为国际话语场的核心议题和基本共识。[②]

中国是一个文明古国、文化大国，但还不是一个话语强国。这既有硬实力不够的原因，也有话语建构本身的原因。话语自强，不是一夜间能够解决的问题。我们应该有这样的信心——假以时日，中国的发展优势、社会主义的制度优势、中国共产党的治理优势终将转化为国际舞台上的话语优势。

六、中国话语的未来愿景

在国际舞台上，话语的地位变迁和未来愿景归根结底取决于硬实力。在经济上占据主导地位的国家也是掌控国际话语权的国家，一个国家掌控世界

① 林毅夫：《我为什么力挺"三个自信"》，《社会科学报》2014年3月20日。
② 何毅亭：《二十一世纪是中国话语复兴的世纪》，《学习时报》2017年5月29日。

经济走向的能力越强，主导国际话语议程的能力也越强；一个国家对世界经济发展的贡献越大，对国际话语资源的贡献也越多。国际话语格局的变动趋势与国际经济格局的变动趋势不一定是同步的，但一定是同向的，国际经济格局的变动将或快或慢地导致国际话语格局的同向变动。随着中国重返世界之巅，中国时代的决定性开启，国际话语的中国时代终会来临。21世纪是中国复兴的世纪，也将是中国话语复兴的世纪。

改革开放以来，中国以世所罕见的速度成功崛起，话语体系建设相对滞后也是难以避免的。但时至今日，“话语贫困”的帽子该脱掉了，中国的发展优势在话语权、软实力方面也应该得到相称的体现。在国际话语场，中国话语的成功崛起，中国话语时代的成功开启，有三个重要的参照系。

一是主导“涉中”的议题。在国际话语舞台上，“涉中”的议题很多，比如，台湾问题、香港问题、南海问题、钓鱼岛问题、西藏问题、疆独问题、暴恐问题、人权问题、民主问题以及发展道路、政治模式、经济体制、市场经济地位、普世价值等，西方常常利用这些话题向中国发难。他们大都是戴着有色眼镜来观察中国，以西方的思维方式来思考中国，以西方的话语逻辑来裁剪中国。他们所说的话充斥着西方标准，体现出强烈的西方中心论立场。

一般来说，对于这些“涉中”的议题，中国应当掌握基本概念的定义权，核心内容的解释权，话语标准的制定权，话语议程的主导权，话语争议的裁判权。一句话，中国说了算，这就是话语权，这就是软实力。如果反过来，中国自己的事，西方反客为主、说三道四，中国只能疲于应付、到处灭火，那就失去了话语权。

二是创设世界性的议题。随着中国时代的开启，我们不仅应该主导关乎自身的话语议题，而且应该有意识地创设一些世界性的议题，凝炼一些叫得响的标识性概念，主动引领国际话语场的讨论。这既体现了中国的国际担当，也是大国应当负起的国际责任。

近年来，中国发起的“一带一路”倡议，中国牵头筹建的亚投行，中国在G20杭州峰会开出的“中国方案”，中国提出的命运共同体理念，中国倡导的新型国际关系，中国开启的新型全球化愿景，这些世界性议题吸引了来自全世界的目光。“一带一路”“亚投行”“人类命运共同体”“合作共赢为核心的新型国际关系”等标识性概念已经成为21世纪中国话语走向世界的重要符号。今天，各个国家在世界性问题的讨论中越来越注意倾听来自中国的声音，在解决人类性问题的过程中越来越关注来自中国的建议，在破解全球发展难题的困境中越来越尊重中国给出的方案。

三是重构全球理性和世界精神。每个民族都有本民族的文化，有各具特色的民族精神，它们构成为本民族交往活动的基本遵循。民族历史转变为世界历史以后，国际社会才成为可经验的事实，如何规范国际交往行为成为迫切的问题。建构什么样的国际交往理性，培育什么样的全球文化（全球伦理），成为领导型国家必须考虑的重大问题。

近代以来，国际交往理性与世界精神是西方主导建构起来的，本质上是西方精神的世界化。它未能凝聚各个国家的文化共识，不具有广泛的包容性；未能反映其他国家特别是发展中国家的利益诉求，不具有广泛的代表性；也背离了世界的发展潮流，不具有可持续性。

今天，国际交往经过资本主义世界化、新自由主义全球化阶段的充分发展后，已经跃升到了新型全球化时代。原来处于边缘的中国已经走上世界舞台的中心，扮演着引领全球化的重要角色，原来代表西方发达国家利益的国际交往理性和世界精神已经无法适应全球化的新发展和国际格局的新变化。

在这个新的全球化时代里，资本主义精神和西式现代性将回归为地域性的知识，中国参与塑造的新的国际交往理性和世界精神将会出场。这是一种无中介的、本能的、和谐的、非压迫性的人类新文明，是各个国家能够接受的最大公约数，它将超越线性进化、梯度转移的西方发展逻辑，代之以共同复兴、共享繁荣的发展观；超越“一国独霸”“几方共治”的西方治理逻辑，代之以平等参与、协商共治的治理观；超越历史终结论、世界趋同论，代之以和而不同、自主选择的制度观；超越西方中心论、文明冲突论，代之以多样共存、包容互渐的文明观；超越实力抗衡为基础的丛林法则、霸权秩序，代之以和平共处、合作共赢的交往观；超越依附格局和中心—边缘结构，代之以共商共建、和谐共生的国际秩序观；超越意识形态的边界和政治的门槛，代之以人类的视野和世界的眼光。

面向未来，大国复兴与话语崛起将是同样不可避免的。中国话语的根本特征不仅仅在于中国特色，也在于世界价值。中国话语若能够将中国经验上升为普遍性的概念体系，若能够为人类面临的重大议题给出中国方案，若能够为国际交往理性和世界精神的重构贡献中国智慧，那么，中国话语的世界意义必将彰显，国际话语的中国时代终会来临。

中国道路：建构中国话语的基础和前提

李海青〔中央党校（国家行政学院）马克思主义学院马克思主义中国化研究所所长〕

中国道路是中国话语的载体、基础与依托，中国话语的建构应该着力于寻找、阐发使中国道路到目前为止成功并且也会成为中国道路未来成功重要条件的那些独特因素。只有引领与保证中国成功的独特因素才是中国话语构建的关键。从宏观上讲，这些独特因素可以从三个方面来认识：作为中国现代化领导力量的中国共产党，总体可控渐进式的现代化策略，治理现代化的改革目标。中国道路是开放的，中国话语的建构也是开放的。

《理论视野》2015年第6期

改革开放以来，中国发展取得了举世瞩目的巨大成就，而这一成就的取得从根本而言源于中国开辟了一条基于自身国情、适合自身阶段、具有自身特色的现代化道路。然而，长期以来，对于这一解决中国问题、促进中国成功的人间正道与康庄大道，我们却始终没有找到一套整体而言合适、有效的话语对其特点、逻辑、规律进行归纳、概括、提炼与表述，使之不论是在对内的价值观念引领、社会意识整合、意识形态管理方面，还是在对外的传播当代中国价值观念方面，发挥应有的积极作用。针对于此，以中国的道路实践为基础，构建有效的中国话语，积极推进话语创新是当前及未来一个时期中国理论界的一项重要使命。

一、积极构建合适的中国话语

当前既有的各种话语在阐述中国道路方面都有所局限。一方面，既有的政治话语无法有效承担这一使命。既有的政治话语尽管也在不断发展创新，也在尽可能地时代化与大众化，但整体而言较重的意识形态色彩、较多的文件政策语言使其在话语内容、表述与传播方面有所限制。另一方面，当前的学术话语整体而言也无法有效对中国道路进行归纳概括，使人认同。之所以出现这种情况，一是因为一部分知识分子沉醉于象牙塔中，只视纯粹抽象的研究为学术，对于现实的实践与理论缺乏兴趣，刻意远离现实，疏离政治。既然如此，自然就谈不上对中国道路进行什么话语概括。二是因为另一部分知识分子尽管关注现实，但又没有处理好与政治的间距，对现实问题与党的创新理论的研究很多情况下只是对党和国家大政方针的简单阐释，缺乏深刻性与前瞻性。显而易见，这种研究难以对中国道路进行凝神聚力的客观分析把握，更难以概括出具有解释力、让人认同的中国话语。综合以上，不论是当前的政治话语还是学术话语，在表述中国道路、唱响中国声音方面整体而言都不令人满意。而缺乏这样一套合适的话语，对于我们已有的成就、正在做的事情以及未来的宏伟蓝图不能有效言说，不能有效交流与宣传，不仅无法有效回应一直以来针对中国发展的各种质疑与否定，容易陷入有理说不清的尴尬境地，更谈不上使各个层面的听者充分理解中国道路、中国理论、中国制度形成的必要性与重要意义，增强其认同感。针对于此，积极构建合适的中国话语，进一步推动话语创新，提高国家文化软实力势在必行。正如习近平总书记多次强调指出的："必须把意识形态工作的领导权、管理权、话语权牢牢掌握在手中，任何时候都不能旁落，否则就要犯无可挽回的历史性错误。"①"我国成功走出了一条中国特色社会主义道路，实践证明我们的道路、理论体系、制度是成功的。要加强提炼和阐释，拓展对外传播平台和载体，把当代中国价值观念贯穿于国际交流和传播方方面面。"②"要精心做好对外宣传工作，创新对外宣传方式，着力打造融通中外的新概念新范畴新表述，讲好中国故事，传播好中国声音。"③"提高国家文化软实力，要努力提高国际话语权。要加强国际传播能力建设，精心构建对外话语体系，发挥好新兴媒体作用，增强对外话语的创造力、感召力、公信力，讲好中国故事，传播好中国声音，阐释好中国特色。"④换言之，就是要找到一套真正合适、内容充实、表述合理、传播有效的话语来表达自己，言之有物、言之有据、言之有理，让听者感兴趣、可理解、有共鸣、能认同，而不排斥。这包括基本范畴的确定或者创新、理论框架的逻辑搭建、具体内容的精心阐释等。当然，中国话语的构建与当前的话语创新并非意味着完全弃既有的政治话语与学术话语于不顾，从头再来，而必须要充分吸收、含纳既有政治话语与学术话语的有用成分。

---

① 中共中央文献研究室编《习近平关于全面深化改革论述摘编》，中央文献出版社，2014，第86页。
② 习近平：《习近平谈治国理政》，外文出版社，2014，第161页。
③ 习近平：《习近平谈治国理政》，外文出版社，2014，第156页。
④ 习近平：《习近平谈治国理政》，外文出版社，2014，第162页。

二、中国话语的构建是一个系统工程

话语创新的任务已经提出，但我们要充分清醒地认识到，中国话语的构建是一个系统工程，它既包括各个具体领域，比如经济、政治、文化、社会等诸领域话语的创新建设，也包括整体层面的话语创新。此外，我们也要清醒地认识到，中国话语的构建是一个长期的过程，不能急一时之功。这是因为，中国的发展固然已经取得了巨大成功，中国道路固然已经开辟并且我们还要继续走下去，但中国的现代化还没有最终完成，我们还在实现现代化的路上，现代化进程中面临的问题与挑战还非常多，仅仅这一事实就决定了中国话语本身的建构也将是一个较为长期的过程。换言之，应该用一种历史的、过程的眼光来看待中国话语。等到中国的现代化完成了，中国道路的价值和意义如果能够更加明显地展现出来，中国话语的建构才将会赢得更为有力的客观基础。

当然，对于话语创新也不能消极等待，今天理论界就要着力于中国话语的建构，就要做这样一种探索与尝试。那么，今天建构中国话语应该着力于什么呢？中国道路是中国话语的载体、基础与依托，就此而言，中国话语的建构应该着力于寻找、阐发保证中国道路到目前为止成功并且也会成为中国道路未来成功重要条件的那些独特因素。只有引领与保证中国成功的独特因素才是中国话语构建的关键。我们的发展遵循了现代化的一般规律，但是我们是通过与西方不尽相同的方式实现这一规律的。我们已经走过的和将要走过的道路证明，现代化的一般规律也可以通过中国自己的道路来呈现，而不必人为比附其他道路。西方现代化的具体模式并非现代化的必然模式，只不过由于西方现代化进程在先并且西方国家今天在经济、政治与文化等领域具有话语权，西方相对特殊的现代化之路似乎具有了普遍性。实际上，条条大路通罗马，完全的普遍性只是一种幻象而已。中国的现代化进程代表的是一种既积极学习、借鉴他国经验，但又不完全同于他者的现代化类型。独有的东西才与众不同，一般规律的这种独特体现就是中国话语应着力概括、总结、提炼与阐释的：中国这样一个情况如此复杂的大国是怎么成功的？我们怎么样把现代化一般规律与中国具体国情相结合？中国是怎样基于自己的历史传统、基本国情与发展任务，以与西方现代化进程不尽相同的次序实现现代文明诸价值理念的？中国现代化的特点、规律、逻辑是什么？中国现代化成功的独特性体现在哪些方面？对这些问题的具体分析与完整阐释，实际上就构成了具有中国特色的中国话语。这一话语一旦有效构建并产生影响，不仅可以在理论上有效论证一种相对独特的现代化类型，而且对其他现代化国家也会具有重要启发意义，可以有效引导其他发展中国家与社会主义国家思考自身，参考、借鉴中国经验与做法。在这个意义上，中国相对独特的道路与话语就具有了一般意义，或者世界意义。正如邓小平早就指出的："我们的改革不仅在中国，而且在世界范围内也是一种试验，我们相信会成功。如果成功了，可以对世界上的社会主义事业和不发达国家的发展提供某些经验。"[①] 实际上，相对独特的道路才具有解剖麻雀的参考价值，使他者可以从一般与个别的结合处感悟成功之道。同样，建基于相对独特道路的相对独特的话语才会因不同而备受关注。如果一国的发展道路毫无特点，完全比附其他道路，对他者来说也就没有什么参考价值与意义。与之相应，对这条道路的话语概括也就不可能有什么影响力。

三、作为中国话语载体的中国道路

那么，中国话语应该表述的保证中国道路到目前为止成功并且也会成为中国道路未来成功重要条件的那些独特因素是什么呢？撇开具体领域不论，仅从宏观上而言，个人认为可以从三个方面来认识：现代化的领导力量，也就是中国共产党；现代化的策略，总体可控渐进式；现代化的目标，基于中国特色的治理模式。这三个方面是理解中国道路的关键，是中国话语的内容核心，是当前话语创新需要好好提炼与阐释的。当然，至于话语本身具体怎么概括、归纳、表述，可以再考虑，在此我们仅就作为中国话语载体的中国道路的特点进行分析。不理解中国道路，就无法有效建构中国话语，推进话语创新，提高话语权。

（一）就现代化的领导力量而言，中国共产党对于中国道路的开创之功

① 邓小平：《邓小平文选》第3卷，人民出版社，1993，第135页。

应该是值得大书特书的。与国外对中国一党执政的普遍不理解与不认同相比，中国话语的建构应该旗帜鲜明地突出中国共产党作为中国现代化领导力量的极端重要性与主要特点。离开中国共产党的权威领导，就没有中国道路，也就谈不上构建中国话语的问题。当然，中国共产党的自身建设还面临着很多问题，党的领导还需要进一步改善，但在短短几十年中使中国这样一个国情如此复杂的超大型国家在保持总体稳定的情况下较为顺利地实现转型是极不容易的。中国共产党为什么能？这确实应该作为一个关键性问题来深入思考。在推进现代化的进程中，中国共产党作为执政党必须要遵循政党现代化的一般规律，但中国的政党现代化探索的是一条相对独特的道路并且迄今而言是较为成功的。中国的政党实践将有力证明西方多党制的非唯一性，并且为后发国家的政党现代化问题提供有启发意义的借鉴。中国共产党的领导地位、执政正当性，中国这种相对独特的政党模式一旦能够在话语层面成功建构起来，引人关注，使人理解，让人认同，中国道路在根本点上就具有了话语权。如果忽视了中国共产党这一中国道路的首要、基础与关键性维度，中国话语的建构与创新就是无源之水、无本之木。而现在关于中国话语的讨论与研究恰恰在很大程度上忽视了这一维度。那么，如何认识作为执政党的中国共产党呢？2014年7月刘云山在丹麦哥本哈根商学院召开的“欧洲学者眼中的中国共产党”研讨会上指出，观察和研究中国共产党，可以有这样几个维度，即历史的维度、人民的维度、文化的维度、实践的维度和世界的维度。并且特别强调，研究好中国共产党，实际上就抓住了研究中国的核心，就找到了解答当代中国从哪里来、向哪里去的“钥匙”。

借鉴已有研究成果，笔者认为，中国共产党之所以“能”是因为其具有以下几个鲜明特点。其一，中国共产党作为一个典型的马克思主义使命性政党，具有强烈的历史使命感与长远的价值追求。自共产党诞生之日，马克思主义创始人就赋予其崇高的使命：实现共产主义，实现人的自由全面发展。在我国革命战争年代，这一使命的内容被区分为最低纲领与最高纲领。在当代中国，这一使命的内容又被进一步具体化与丰富化：实现两个一百年的奋斗目标，实现中国的现代化，实现中华民族的伟大复兴。换言之，中国共产党作为执政党它考虑的不仅仅是当下的事情、现实的问题，作为一种使命性政党，它有一个长远的目标规划与思路设计。这种使命感使得执政的中国共产党作为一个整体切实具有一种强烈的国家主体意识与舍我其谁的责任担当情怀，使得其真正将中国的事情、人民的事情作为自己的事情来认真对待与处理，专注于此，不敢懈怠。与之相对应，西方的政党可以称之为现实性政党，其政策设计与目标制定往往局限于一定期限内的选举任务与一定阶段内的现实问题，不具有一种历史的使命意识与长远的发展规划，国家主体意识与责任担当意识不够充分。就此而言，中国话语的建构与创新要把中国共产党的这一特性讲清楚。只有具备这种价值情怀，具有这种长远目标，持续走下去，才能开辟出一条属于自己的道路。当然，肩负使命未必会很好地实现使命，通往目标的道路也可能是曲折的，就此而言，仅仅这一个特性还不够，中国共产党的成功还要具备其他特点。

其二，中国共产党具有极强的实践性思维，注重实践探索、教训反思、经验总结、思想提升、理论创新，在理论和实践之间形成了一种较为有效的互动。用党的语言讲就是形成了一条有效的思想路线：一切从实际出发，理论联系实际，实事求是，在实践中检验真理和发展真理。这样一条思想路线在保证党联系群众、面对不断变化的客观实际、思想不停滞不僵化方面发挥了重要作用。有了目标，基于这种实践性思维以及以之为基础的思想路线，才可能脚踏实地地开辟道路，并尽可能少犯错误、探索前进。

其三，中国共产党具有出色的学习、吸纳能力。改革开放必须要面对新情况、新问题、新挑战，而要熟悉新情况、解决新问题、应对新挑战就必须善于学习，不断提高自身执政能力和领导水平。针对于此，中国共产党明确提出要建立学习型政党并采取有效措施予以推进，而改革开放进程中中国共产党善于学习的特点表现得也非常明显。特别强调的是，充分吸收人类文明的一切优秀成果，借鉴、吸纳其他国家好的理念、经验与做法也是学习的重要内涵，而这也是中国共产党一直强调的。总结是回顾过去，学习是针对将来，吸纳是面向世界。善学习、能吸纳的特点使得中国共产党保持了思维的开放性与时代性。正因为如此，中国的发展才能与时俱进，融入世界，紧跟时代。

其四，中国共产党具有迅速有效的回应能力。与具有实践性思维与善于学习、吸纳的特点相对应，中国共产党在改革进程中整体而言能够从实际出发积极应对各种问题与挑战，较为有效地实现了指导思想、政策与制度的更替与创新。就此而言，共产党作为执政党对于现实问题与民众需求确实体现出了较为迅速有效的回应能力。而这种迅速有效的回应能力恰恰是中国共产党成功的一个重要条件。著名学者郑永年对此做过对比分析："从理论上讲，在多党制国家，政策变迁的阻力应当小于一党制国家，这是因为政策可以在执政党的更替过程中得以变化。当一个新的政党掌握政权后，它可以终止上一任执政党的政策。然而，现实却常常事与愿违。在许多民主国家，无论西方发达国家还是发展中国家，反对党并不发挥其建设性的作用，常常是为了反对而反对。在这样的环境中，真正的政策变迁通常十分困难。在中国，却是另外一种情况。如果说西方民主更多的是一种政权更替，那么中国的政治体系，则更多的是一种政策更迭。尽管在中国社会，人们时常抱怨执政党的政策变化太慢，然而事实上，这些政策在中国的执行速度，已经超过了其他的政治体系，处在一个相对较快的基础之上。在民主国家，政治精英可以将变革政策的责任相互推诿；而在中国，执政党的这种责任，则是无法逃避的。从20世纪的80年代一直到21世纪，中国已经实现了几次重大的政策变革。面对不同的局势，以合理的政策变迁加以回应，如果无视执政党的这一巨大能力，那么我们就无法理解近几十年来中国发生的巨大变迁。"[①] 党的十八届三中全会提出的治理体系现代化，以及四中全会提出的全体推进依法治国都涉及制度的不断变革与创新。

其五，中国共产党具有强大的组织与动员能力，以及自上而下的强大层级支配能力。这一特点体现在改革发展中，就是政策与制度目标一旦确定，就会发挥组织优势，充分利用与调动各种因素与资源，全力以赴。以上这些特点，决定了中国共产党今天为什么能！而用合适的概念、语言表述中国共产党的这些特点，突出执政的中国共产党作为一种政党类型的正当性与有效性，理直气壮地予以传播，应是中国话语创新的一项根本任务。当然，要想保证未来的成功，中国共产党还要在三个方面进一步有所作为：一是进一步

① 郑永年：《新时期的中国共产党：挑战与机遇》，《武汉大学学报（哲学社会科学版）》2013年第3期。

明确自身功能定位，按照政党政治基本原理，把精力更多放在联系群众、加强自身建设方面，避免过度行政化，规范好与人大、政府、公检法机关的关系，规范好与市场、社会的关系；二是在维护中央权威的前提下切实推进党内民主；三是切实推进依法治党。综合来说，就是要处理好党的领导与人民当家作主、党权与政权、党与法的关系问题，更好地实现民主执政、科学执政与依法执政。以上问题能否得到进一步的有效解决关系到中国道路的未来以及中国话语的建构。如其不然，将来在前进道路上一旦出现严重问题，中国话语的建构就必然会陷入窘境。

（二）就现代化的策略而言，总体可控、渐进分解、辩证思维是其重要特点。中国话语的建构与创新必须对这一现代化的实现策略，也就是中国道路具体是怎样走的、走的方式方法进行有效阐释与表达，让听者明白与理解。现代化策略制定的成功对于中国道路的开辟发展而言至关重要。对这个问题一旦找到了合适的话语表达，意味着对一种具有典型意义的、不完全同于西方的现代化实现过程的逻辑剖析。所谓整体可控是指改革者相对有效地把握经济、政治与社会等方面的秩序，对整体局面具有可控性，高度重视稳定。稳定与秩序对于后发国家的现代化而言至关重要，具有前提意义。没有稳定，社会一旦混乱，就很有可能一发不可收拾，长期陷入无序状态。所谓渐进分解是指不采取激进的无把握的改革措施，而是采取总体渐进式、分解式的改革策略，对于宏大的改革任务按照顶层设计在“摸着石头过河”的基础上逐步推进，分阶段、分层次实施，不追求一蹴而就。邓小平著名的“三步走”战略可谓这方面的典型代表。尽管渐进式改革有其自身的问题，但它可以避免过于激进转型所带来的社会无法承受的巨大代价，尽可能减少改革的过大风险，逐渐培育起新的现代社会的各种元素，在旧事物中逐渐推动新事物的生长与壮大。事实证明，在相应的经济社会条件还不具备的条件下整体激进的改革措施往往事与愿违，欲速而不达。所谓辩证思维就是改革的思维方式不僵化、不片面，不单打一，而是统筹考虑各种矛盾因素，善于将现代化进程中各类矛盾的双方基于自身国情相结合。中国作为后发现代化国家，古今中外的因素相互交错，各种似乎矛盾的方面共存于当代中国社会的大系统中。中国现代化道路的一个成功之处就在于比较好地实现了各类矛盾双方的有机统一。比如党的十七大报告中强调的十个结合就多属于此。再比如当前改革进程中提出加强顶层设计和摸着石头过河相结合，整体推进和重点突破相促进，胆子要大但步子要稳等也都是强调矛盾面的结合。看似矛盾却必须实现有机的结合与统一是中国现代化策略的重要方面，对于这种改革策略，中国话语必须予以表述。当然，没有任何改革策略是完满无缺的。其一，渐进式改革总要碰到啃硬骨头的问题；其二，渐进式改革容易停滞在新旧体制的混合体中，新不新，旧不旧。这种改革僵局与停滞状态是既得利益者最希望保持的；其三，诸多矛盾双方的结合也是一个持续的过程，改革越深入，越到核心区，矛盾双方结合的必要性越强，但结合的难度恐怕也会更大。正是针对以上问题，当前中国话语的建构必须把握分寸，既要切实把中国现代化策略有价值的一面充分展示，同时又不能把话说得太满。换言之，要从一种虽有成功但仍需探索的角度去建构中国话语，不能纯粹为了宣传而宣传。平心静气、客观求实地去表达更易于沟通，单纯宣教反而容易激发听者与受众反感。

（三）就现代化的目标而言，中国话语的建构与创新应着眼于表达具有中国特色的治理模式。党的十八届三中全会提出了推进国家治理体系与治理能力现代化的全面深化改革总目标。中国的治理模式当然会体现治理现代化的一般规律，如领域分离、社会自治、多种力量协同共治、法治等，但必然又会具有基于自身国情与发展实际的特色。其一，就治理的主体而言，考虑到强调权威的中国政治文化传统，考虑到中国发展的国家主导色彩，考虑到中国社会力量发育的现状，考虑到当前中国改革对秩序的需求，中国的治理现代化将会更为突出党和政府也就是公共权力的作用。尽管社会组织与公民也将是治理的主体，但各治理主体的地位、能力与重要性并不对称，作用并不平等。因此，中国的治理现代化将会呈现出自己的特点，即党委领导、政府负责、社会协调、公众参与、法治保障。其二，就社会自治的推进而言，中国的治理现代化具有可充分利用的体制内资源。中国共产党一直强调将群众组织起来，并建立了各种各样的群团组织。诸如工会、妇联、作协、青联、共青团等群团组织如果逐渐弱化行政色彩，更大程度地承担与发挥社会成员自主联合体的作用，就可以不必另起炉灶另建新的相关自治组织。中国现有群团组织这方面的改革潜能必须要充分重视与有效挖掘利用。这也就意味着，中国治理现代化进程中社会自治组织的建立可以有两条途径：国家一方面会强调社会成员可依法成立各种经济、社会、文化组织，并加强规范与引导，另一方面也会尽量挖掘原有体制内资源，通过改革让原来的群团组织增强自治性。这种体制内的挖潜有利于国家与社会保持相对有效的衔接，可较为有效地避免由于新生社会组织与国家难以很快有效对接而产生的问题与摩擦。其三，就治理主体的协同共治而言，在中国治理现代化的推进过程中，国家和社会自治组织的组织联系与制度化合作会更为密切。国家会尽可能地寻求与社会自治组织的组织联系与制度联接，这样更易于管控，利益分化更易于整合。比如在两新组织，即新经济组织和新社会组织建立基层党组织等。而社会自治组织在中国的语境下也会寻求与公共权力建立制度化的联系渠道，以更方便地追求与实现自身利益。这样的社会自治组织实际上无论如何都会带有某种体制内的色彩，尤其是原来的群团组织就更是如此。把这种治理模式的特点阐释清楚，提供一种具有自身特色的治理模式理念也是中国话语建构的重要任务：这种治理模式有何特点？如何在体现共同规律的基础上又区别于西方？其对于后发国家来说有何启示意义？其治理的有效性如何？这些方面都是中国话语建构应予阐明的。当然，这种治理模式如何更为有效地实现，怎样达到基于中国实际的最佳效果，还需要未来的进一步探索。比如国家与社会的互动，无论对于国家还是社会都还是较新的事物，彼此之间需要进一步熟悉适应，互动的具体内容与规则都还需要进一步探索解决。在此意义上，中国话语在未来还有很大的构建空间。

综合整个分析，本文的基本观点是：要想建构与创新中国话语，必须把中国道路尽可能研究清楚；中国道路是开放的，中国话语的建构也是开放的；中国道路已经走过几十年，中国话语确实有实质内容可言，但中国道路依然面临问题与挑战，中国话语也不能说得过满；现在当然可以着手建构中国话语，但不能急于求成。中国话语的建构与创新当然要发挥建构者的主动性，但很多事情是需要到一定时候，条件才会更为成熟。

建构面向中国问题的历史唯物主义理论话语体系

张艳涛
（厦门大学马克思主义学院副院长、教授）

当代中国，需要根据中国现实和人类社会发展趋势，从未来的视角来研究“中国问题”。如果要续写历史唯物主义理论体系的新篇章，那么无疑就要全面发展21世纪马克思主义、当代中国马克思主义。当代中国历史唯物主义建构一个重要方面就是建构面向“中国问题”的历史唯物主义理论话语体系。当代中国马克思主义者的历史使命就是：一方面，要立足历史唯物主义来探寻“中国问题”的破解之道和中国崛起的世界历史意义；另一方面，要通过对“中国问题”的思考来发展和深化历史唯物主义，推进马克思主义的中国化，对历史唯物主义给予中国表达，为破解人类问题提供中国方案、贡献中国智慧。

《社会科学》2018年第3期

经过长期努力，如今中国发展站到了新的历史起点上，中国特色社会主义进入了新时代，中华民族迎来了从站起来、富起来到强起来的伟大飞跃，全面建成小康社会进入决胜阶段，我们正在向实现社会主义现代化强国迈进。当代中国共产党人正在团结带领全国人民努力接续完成实现现代化和民族复兴的时代课题。为了更好地完成这一时代课题，需要借助于理论的力量和思想的力量。如果说理论的力量来自对问题的精准把握，那么思想的力量则来自对现实的深入思考和精准阐明。行动的自觉，来自对理论与思想的科学把握。历史唯物主义的生命力不仅应该在理论上表现出来，也应该在实践中表现出来。毕竟，历史唯物主义不仅仅是“解释世界”的一种方法与理论，更主要的是一种“改变世界”的实践活动。当前，历史唯物主义研究再度成为学界研究和讨论的热点，这对于全面发展21世纪马克思主义、当代中国马克思主义具有积极意义，也有助于深化对历史唯物主义性质和主题的理解，还有助于深化对“西方现代性”的反思和“中国现代性建构”的认识。其实，真正的马克思主义者，不仅要把问题凝练为思想，而且还要把思想转化为行动。在新时代新起点，深化对历史唯物主义性质和主题的认识的一个重要方面就是推进历史唯物主义的中国化。笔者认为，在21世纪中国最有可能在国际理论舞台上占据重要地位的，也许是面向“中国问题”的“真正中国化的马克思主义”，这无疑需要在普遍性与特殊性中保持必要的张力。

一、中国特色社会主义与当代中国历史唯物主义建构

历史唯物主义是马克思主义的历史观和世界观，作为一种历史观，它强调人类社会发展的基本规律和人的主体地位与主体作用，作为一种世界观，

它的研究对象是现实的人生存与发展的现实生活世界，关注人的生存境遇及其发展命运，强调自然界的优先性和人与自然的规律、人与社会的规范的辩证统一。在当前，中国社会历史进步的主体作用、中国经济发展的环境约束条件、中国经济社会发展的主体性条件、中国道路的世界历史意义都需要在历史唯物主义视域下重新考量。就此而论，历史唯物主义构成中国特色社会主义的理论底色。然而，我们不能仅仅消极地停留于对历史唯物主义的辩护立场之中，而是要积极推进历史唯物主义的时代化、中国化和大众化。历史唯物主义并没有结束真理，而是开辟了通向真理的道路。实践昭示我们：只有立足当代中国实际，坚持马克思主义基本原理同当代中国具体实际相结合，才能真正彰显历史唯物主义的巨大真理威力和强大生命力，也才能推进中国特色社会主义实践的发展；只有立足当代时代新潮流，把握世界发展大势，充分吸收人类文明一切有益成果，才能更好地运用历史唯物主义观察时代、解读时代、阐明时代、引领时代，才能全面发展21世纪马克思主义、当代中国马克思主义，从而引领中国特色社会主义道路越走越开阔。

首先，应该看到世界的新变化。如今，人类正处在大变革、大调整时期，随着资本主义机制自身演变的复杂性，随着全球化和逆全球化新的博弈，如何进一步深入研究当代世界的新变化尤其是当代资本主义和中国特色社会主义的新变化，回应当代林林总总的西方资本主义批判理论，有必要重新理解和建构历史唯物主义，激活历史唯物主义的创新与当代阐释力。而要激活历史唯物主义的创新与当代阐释力，就需要建构面向“中国问题”的历史唯物主义理论话语体系。众所周知，历史唯物主义是中国道路的理论依据之一。当前人类社会正处于一个历史分水岭和世界历史力量转移加速期，一方面我们曾经熟悉的历史坐标和时空观念正逐渐改变，另一方面新的历史趋势和时空观念正在逐渐显现。此时，中国开始走向强起来的新时代，中华民族显现出伟大复兴的新迹象。从世界历史来看，中国崛起是人类历史上最大范围、最快速的工业化、城镇化过程，其规模与速度都是史无前例的。随着世界历史力量转移，必然出现权力结构以及世界秩序重构的新契机。如今，广大非西方国家和新兴市场国家群体性崛起逐渐撼动西方主导的世界秩序，逐渐打破20世纪的一元现代性历史格局，多元现代性将成为21世纪的基本特征。

其次，经过长期努力，中国特色社会主义进入了新时代，这是我国发展新的历史方位。也应该看到，中国仍处于并长期处于社会主义初级阶段的基本国情没有变，中国作为世界上最大的发展中国家的国际地位没有变，中国经济社会发展每个阶段都呈现出新特征。当前，中国特色社会主义进入新时代。这一重大判断具有重要的理论意义和实践意义。科学认识和精准把握新时代离不开历史唯物主义的理论支撑和思想透视。从中国经济社会发展的维度看，新时代意味着近代以来久经磨难的中华民族迎来了从站起来、富起来到强起来的伟大飞跃，由大国迈向强国成为现实任务；从世界社会主义发展的维度看，新时代意味着科学社会主义在21世纪的中国焕发出强大生机活力，在世界上高高举起了社会主义伟大旗帜，"历史终结论"和"社会主义失败论"不攻自破；从人类文明发展的维度看，新时代意味着中国特色社会主义道路、理论、制度、文化不断发展，拓展了发展中国家走向现代化的途径，给世界上那些既希望加快发展又希望保持自身独立性的国家和民族提供了全新选择，为解决人类问题和世界难题提供了中国方案、贡献了中国智慧[①]。正如习近平总书记所指出的："中国特色社会主义是改革开放以来党的全部理论和实践的主题，全党必须高举中国特色社会主义伟大旗帜，牢固树立中国特色社会主义道路自信、理论自信、制度自信、文化自信，确保党和国家事业始终沿着正确的方向胜利前进。"[②]

最后，还应该看到，实践的发展倒逼理论的创新。新时代有新特征和新要求，实践发展需要理论支撑和思想指引，我们要做好理论准备和理论储备。在新的时代条件下，我们要进行伟大斗争、建设伟大工程、推进伟大事业、实现伟大梦想，仍然需要继续保持和发扬马克思主义政党与时俱进的理论品格，勇于推进实践基础上的理论创新。时代是思想之母，实践是理论之源。中国发展需要理论创新，中国道路需要学理支撑。当代中国人要为中国特色社会主义进入新时代做好理论准备和理论储备。"如果中国要成为一个强国、中国人要成为当代思想的同时代人，就必须重视理论建设和思想创

---

① 张艳涛：《科学判定当代中国发展的历史方位》，《厦门大学学报》2017年10月20日。

② 习近平：《高举中国特色社会主义伟大旗帜 为决胜全面小康社会实现中国梦而奋斗》，《人民日报》2017年7月28日。

造。”[①] 近年来我们用马克思主义中国化的最新成果——习近平新时代中国特色社会主义思想指导中国实践，这使当今中国获得了强大的理论创造力、思想主动性和民族自信心。如今已经到了质的飞跃的关键期，到了全面建成小康社会和实现社会主义现代化“临门一脚”时候，能否成功跨越“中等收入国家陷阱”“塔西坨陷阱”和“修昔底德陷阱”，关键是要确立并践行以人民为中心的发展理念。我们要基于“四个伟大”创新实践，对实现马克思主义中国化的新飞跃给出新理解，这无疑需要推进包括历史唯物主义中国化在内的马克思主义中国化。

总之，科学阐明中国特色社会主义与当代中国历史唯物主义建构之间的关系是当代中国学者的重大课题。当代中国历史唯物主义建构面临双重任务：其一是在理论上自觉对自由主义政治哲学进行理论批判，厘清马克思主义与自由主义的界限，建构“有思想深度的理论”；其二是在实践中对自由、平等、正义、民主、精准扶贫、社会主义市场经济等作出具有马克思主义原则高度的回应，进行“有原则高度的实践”。“历史唯物主义既不是将历史看作是一个自在的生成过程，也不是一个毫无规定性的人的自主性生成，而是两者的‘主客体的辩证法’，这是一个‘建构’的过程”。[②] 这提醒我们，要警惕资本逻辑批判暗含的“同一性”与历史唯物主义“非同一性”之间的差异。与资本逻辑试图用“同一性”规制社会历史进程不同，历史唯物主义十分注重对“非同一性”保持开放态度，无论是马克思把“人类历史发展五阶段”仅限于西欧，还是后来对资本主义典型样态英国的剖析，抑或是晚年对“古代社会”和“东方社会”的理论研究，都表明，历史唯物主义尊重历史和文化的差异性，尊重各国根据具体国情选择和坚持符合自身国情的发展道路的权利。

二、中国问题与当代中国历史唯物主义建构

通常，重大现实问题必然是重大理论问题，而重大理论问题也必然是重

① 韩庆祥、张艳涛：《论“四个伟大”》，《中国特色社会主义研究》2017年第4期。
② 孙亮：《历史唯物主义对“中国问题”的三重建构意义》，《中国社会科学报》2010年9月30日。

大现实问题。当代中国需要的是“切中社会现实”和“中国问题”的历史唯物主义。在当代中国语境中，历史唯物主义与中国道路具有复杂的张力与互动，它不仅“形塑”了当代中国的“历史意识”，而且“判定”了当代中国的“历史方位”，还指明了当代中国的“发展方向”，为中国现代性发展开辟了新道路[①]。当代中国道路探索过程中的重大现实问题的解释和解决，需要研究中国问题、总结中国经验、建构中国理论，进而推进历史唯物主义的中国化。

从思想史来看，对历史唯物主义的研究大体上有两类：一类是解释性的研究，它追求“是什么”，另一类是规范性的研究，它追求“如何成为是”，前者以理论研究为主，后者以现实问题研究为主。笔者认为，在当代中国“以现实问题为导向的学术理论研究”是值得倡导的。原因在于，面对时代、实践和现实生活层出不穷的新问题，我们的理论研究整体上相对滞后，“主义”研究有余而“问题”研究不足，“思辨”研究有余而“实证”研究不足，“他者”（西方）研究有余而“自我”（中国）研究不足。这使得我们要么有理讲不出，要么讲了没人听。而要深入理解“中国问题”的特殊性和复杂性，在理论高度给予令人信服的哲学阐明，就需要推进当代中国历史唯物主义建构，这也是马克思主义中国化的题中应有之意。

如果说坚持马克思主义关键是坚持马克思主义的立场、观点和方法，那么发展和创新马克思主义主要就是坚持发展创新马克思主义的立场、观点和方法。“马克思主义理论对当今社会的重大意义不仅在于其对资本主义制度全面彻底的揭露，还在于其辩证唯物主义和历史唯物主义的研究方法对当今社会同样适用”。[②] 如今，中国特色社会主义与历史唯物主义的中国化，中国现代性与人类新文明形态的开启，这些问题都需要我们在中国问题与当代中国历史唯物主义建构中进行深入研究。在当代，思考和解决“中国问题”也就是在思考和破解世界性难题。尤其是在中国成为世界第二大经济体之后，这一特征更加显著。在中国整体转型升级的关键期，在中国由大国迈向强国

---

① 张艳涛：《历史唯物主义视域下的“中国现代性”建构》，《哲学研究》2015年第6期。

② ［英］特里·伊格尔顿：《马克思为什么是对的》，李杨、任文科、郑义译，新星出版社，2011，出版前言。

途中，站在新的历史起点上，我们要激活历史唯物主义的思想资源，从历史中汲取营养，为中国实践创新与理论创新标注出历史方位。

过去近40多年，中国把握住了发展机遇，中国改革开放取得历史性成就，奠定了中国崛起的物质和观念基础。当前中国日益走近世界舞台中央，正走在由大国迈向强国的关键期。此时，中国要采取积极参与的综合战略，提升中国国际话语权和文化软实力。实际上，从邓小平的“韬光养晦”到习近平的“奋发有为”既有一个客观的历史的传承，又有主体的判断力与决断力的作用。其实，一个国家的战略机遇期由主客观两方面的条件共同促成的，战略机遇期要求在客观上要“等待时机”，而主观上则要“争取创造条件”和“有所作为”。21世纪头一、二十年，对中国而言是必须紧紧抓住并且可以大有作为的重要战略机遇期。所谓战略机遇期，“即在国内外环境得到正确把握的情况下，能够为一个国家的长远经济社会发展提供良好的条件，对其历史命运产生全局性、长远性、决定性的特定历史时期”。[①] 中国共产党团结带领中国人民，用几十年的时间走完发达国家几百年走过的发展历程，中华民族迎来了从站起来、富起来到强起来的伟大飞跃。中国道路，是当代中国历史唯物主义建构的伟大创造。中国道路的成功，关键是把马克思主义中国化，发挥了制度优势。中国的制度优势有利于激发发展活力并保持政策的稳定性和连续性。我们中国共产党是“一届接着一届干”，西方两党轮流执政的国家往往是“一届隔着一届干”，甚至是“一届对着一届干”。

资本逻辑批判与当代历史唯物主义建构具有内在关联。在中国发展的结构性转型升级过程中，资本逻辑与公平正义是必须直面的问题。资本逻辑是指资本自身增值、追求利润最大化、唯利是图和不断扩张的本性。可见，资本逻辑与人的逻辑一定程度上是矛盾的。在当代中国语境中，“资本逻辑批判”与“公平正义维护”是同一问题的不同方面，维护和促进公平正义是历史唯物主义题中应有之义。从理论上说，深入研究资本逻辑批判与当代历史唯物主义建构问题，有助于揭示社会公平正义的“规范性基础”；从实践上讲，深入研究资本逻辑批判与当代历史唯物主义建构问题，有利于用基于公

① 门洪华：《关于中国大战略的理性思考》，《战略与管理》2014年第3期。

平正义的全面改革凝聚社会共识，进而提升国家治理体系和治理能力现代化水平，促进社会主义现代化强国和中华民族伟大复兴的历史进程。

在中国语境中的历史唯物主义研究中，历史唯心主义（黑格尔的）和历史唯物主义（马克思的）的二元历史观框架结构，基本构成了我们研究和探讨历史唯物主义的主要理论背景。顾准先生称本来面目的黑格尔为"唯理主义的唯心主义"，称马克思的辩证唯物主义为"唯理主义的唯物主义"，并明确指出二者在"唯理主义"上的同构性具有启发性。[①] 实际上，"历史唯物主义既包括对历史过程的本质的认识，即我们通常说的历史本体论问题；也包括我们如何认识历史，即历史认识论、历史方法论和历史价值论问题。二者在历史唯物主义中是统一的，不存在对立的问题"[②]。因此，深刻理解历史唯物主义的理论本质，既有助于深化理解中国特色社会主义道路的理论意义与实践价值，也有助于破解"中国问题"。

三、中国现代性与当代中国历史唯物主义建构

历史唯物主义是现代性的产物，因此，要想把握历史唯物主义，必须全面理解现代性。现代性是马克思研究的主题之一，"马克思与现代性之间具有互文性。"[③] 马克思对于启蒙方案所产生的19世纪的现代文明有深刻的洞悉。在马克思看来，现代文明是由资本主义的现代性所建构的。

在当代中国，既然现代化和现代性被设定为中国发展目标，那么就要探寻实现现代化和现代性的具体路径。中国的现代性建构必须正视中国社会现状。从中国社会发展的阶段性特征看，在经过40多年快速发展后，中国经济步入新常态。在经济新常态下，中国经济发展面临的最大问题，其实主要是结构性问题和转型升级问题。如今，在整体上解决温饱问题以后，全面建成小康社会成为新目标。全面建成小康社会是在人民的获得感出现阶段性特征后提出的新目标，也是对人民主体地位的回归，突出强调的是中国共产党执

① 顾准：《顾准文集》，中国市场出版社，2007，第212—214、304页。

② 陈先达：《历史唯物主义的史学功能：论历史事实·历史现象·历史规律》，《中国社会科学》2011年第2期。

③ 黄瑞祺：《马学与现代性》，《允晨丛刊》，2001，第17页。

政的人本理念与人民立场，彰显了依靠人民创造历史伟业的理念。“作为社会主义国家，我国要走出一条社会主义市场经济的道路，题中之义便是始终坚持资本和资本主义的分离，即运用资本，但决不允许资本成为整个经济生活和社会生活的主导性力量”。①

现代性作为现代化的“质的规定性”——其本质规定和基本特征是主体性、理性和个体自由。虽然现代性具有一些基本特征（如主体性、理性和个体自由），但现代性并不是千篇一律的，它在不同的国家会有不同的表现。当代中国的马克思主义者要敢于“直面事情本身”，说清楚讲明白中国特色社会主义的实质何在，社会主义与市场经济怎么结合，劳动与资本关系如何处理，平等与效率关系如何处理，市场经济怎么与中国国有企业相结合，如果在理论上讲不清楚，那么在实践中就会出现种种迷失和偏差。从总体上看，资本主义之所以出现问题不仅在于“强资本弱劳动”的基本格局，而且还在于在那里“资本与劳动是恶性互动的”。如何在21世纪重构一种文明的“资本与劳动的关系”？值得深思。

建构面向“中国问题”的历史唯物主义理论话语体系，一个重要方面是科学揭示“经济的政治性质”和“政治的经济内涵”。至关重要的是当代中国马克思主义者能否用一种发展了的马克思主义即中国化的马克思主义在理论上解释清楚：当代中国为什么要走“中国特色社会主义道路”？（核心是社会主义与中国的结合问题）为什么要建构“社会主义市场经济”？（核心是社会主义与市场经济的结合问题）为什么要“使市场在资源配置中起决定性作用”？（核心是政府和市场的功能定位及其边界划定问题）为什么要建设“中国特色社会主义现代化”？（核心是社会主义制度的比较优势和中国现代性建构问题）同时，当代中国要在实践中不断提升自由、平等、公正、人权的社会主义品质。具体而言，在人和物的关系中，通过“创新、协调、绿色、开放、共享”新发展理念进一步解放和发展社会生产力是关键；在人和人的关系中，进一步做好体现公平正义的利益分配，进而解决思想分化是关键；在人与自身精神世界的关系中，凝心聚力是关键；在国家、市场、社会和公民

① 鲍金：《〈资本论〉的哲学新解读》，中国人民大学出版社，2016，第321页。

个人的关系中，通过协调推进“四个全面”战略布局和“五位一体”总体布局进而建构现代秩序是关键。

从“资本逻辑”走向“人的逻辑”。当代中国特色社会主义，既不完全同于马克思经典的社会主义，也不同于苏联的社会主义，而具有自身特色。就此而论，中国特色社会主义既不是“翻版”，更不是“再版”，而是“新版”。之所以说是新版，就在于中国开辟出了一条有中国特色的社会主义道路。中国道路彰显了中国共产党和中国人民的“主体性”和“首创精神”，引导社会发展从“资本逻辑”走向“人的逻辑”。“现代中国的发展方向，核心是构建一种超越资本主义的‘新现代性’”[①]。这种新现代性可初步概括为“中国现代性”，它是“历史唯物主义中国化”与“中国理论建构”的统一。在中国语境中，历史唯物主义的基本原则如“经济基础决定上层建筑”依然要遵循，但是要有新的表述——“以经济建设为中心”，毕竟在中国经济发展依然在占据主导地位。“我们必须关注世界发展中的经济发展问题。只有如此，历史唯物主义切中当代社会现实的思想魅力才能豁然呈现出来”[②]。

辩证地看待和对待市场的力量和资本的力量。重构公共性离不开市场经济和公民社会，前者通过市场交换体系滋生出公共性，后者通过公共生活滋养着公共性。从经济、政治和文化观念与意识形态上看，现代西方是以“市场经济”“民主政治”和“个人本位”为主导的。不仅如此，当代西方这种“三位一体”的结构依然居于主导地位，因此“中国道路”如何走，以修正或超越西方的“市场经济”“民主政治”和“个人本位”的理论困境与实践困境就成为当代中国发展躲不过、绕不开的重大现实问题。中国建成富强民主文明和谐美丽的社会主义现代化强国和实现社会主义现代化，中国建设现代社会和实现人的现代化，都离不开市场的力量和资本的力量。因此，不能把市场和资本妖魔化。对资本逻辑、市场经济、技术文明的批判性分析与实践驾驭是成功建设中国特色社会主义的关键所在。

建构面向“中国问题”的历史唯物主义理论话语体系的一个重要突破口

① 郗戈：《历史唯物主义中国化与中国现代性建构》，《江海学刊》2012年第1期。

② 陈立新：《面向当代中国问题的历史唯物主义》，《中国社会科学报》2014年5月1日。

则是建构中国特色社会主义政治经济学。科学社会主义不能建立在“哲学论证”基础上，而应建立在“政治经济学批判”基础上。这就需要回归马克思主义政治经济学之路。马克思开辟的政治经济学道路的核心问题是：从工具理性和价值理性相统一的视角，对国民经济学进行批判，对经济问题进行哲学分析，从而提出经济问题政治解决的方案。历史唯物主义揭示了资本逻辑的秘密和现代性的谜底。资本逻辑所支配的经济发展必然导致“环境悖论”——先污染后治理、边污染边治理、污染物外移，“两极悖论”——一极是财富的积累，一极是贫困的积累，“主奴悖论”——一些人成为财富和权力的主人，一些人沦为财富和权力的奴隶，“存在悖论”——一些人身与心相分离，一些人灵与肉相分离，这“四大悖论”是资本主义社会所无法完全克服和解决的。“中国特色的社会主义必须以国家政权支配资本逻辑，通过行政权力和国有资本去调控和引导资本”①，才能最终避免上述悖论。笔者认为，当前应从“新型文明开启”的高度来看待中国现代性与当代中国历史唯物主义建构问题。社会主义要创造一种“高于”和“优于”资本主义文明新的文明形态，就必须在人与自然的关系上全面超越“环境悖论”、在人与人的社会关系上全面超越“两极悖论”、在人与他人的主体间关系上全面超越“主奴悖论”、在人与自我意识关系上全面超越“存在悖论”。只有在上述四个方面进行全面的革命性变革，才可能开启一种新文明形态。中国学者要有理有据地论证“中国现代性”的内在机制。正如一些有识之士所指出的，在论证中国“新文明类型”的过程中要实质性地突破域外所谓“例外主义”的质疑，此种例外主义常常表现为“中国特色”。当代中国学者要恰如其分地阐明“中国道路”的世界历史意义。实际上，“中国道路”所蕴含的中国现代性固然有其一定的普适性和世界性，但如果过分地放大了这种普适性和世界性，即使以“和平主义”和“文明崛起”为标识或核心，仍可能引起世界对“中国崛起”的担心与恐惧。

综上所述，在当代中国建构面向“中国问题”的历史唯物主义理论话语体系，离不开对中国社会现实的深入解剖和解析，如果我们的学者依然囿于

---

① 王庆丰：《历史唯物主义与中国问题》，《天津社会科学》2011年第4期。

学院和书斋，不深入到中国广大农村和工厂，不深入接触中国广大的农民、农民工、工人和市民，那么我们就不可能真正理解和把握“中国问题”，也就不可能“切中中国社会现实”，更不可能真正建构起面向“中国问题”的历史唯物主义理论话语体系。反思中国马克思主义研究一定时期内的“人的逻辑”缺失，一个重要原因是偏离马克思开辟的道路，对占中国人口绝大多数的工人、农民、农民工和市民的生存境遇和发展命运关注和研究得不够，这也是他们被边缘化的重要原因之一。毕竟，“理论在一个国家实现的程度，总是决定于理论满足这个国家的需要的程度。”[①] 中国崛起，绝不仅仅是国力的强盛和民族的复兴，最根本的乃是人民的福祉，即近14亿中国人的尊严、权利、福利、利益和能力能够得到更大的增进和维护，建立起和谐的国民关系，在世界上成为令人尊敬的现代文明国家。一句话，中国不仅要成为“强国”和“富国”，更要成为“令人尊敬”和“令人向往”的国家。

① 《马克思恩格斯选集》第1卷，人民出版社，1995，第11页。

中国特色哲学社会科学话语体系的创新

刘同舫（浙江大学马克思主义学院院长、教授、博士生导师）

学术话语体系建设对于推动我国哲学社会科学发展，构建中国特色哲学社会科学话语权，促进中国话语走向世界、影响世界、改变世界，具有重大的理论意义与现实意义。加强学术话语体系建设，尤其需要在创新上下真功夫。写好创新中国特色哲学社会科学话语体系的“锦绣文章”，需要以马克思主义理论指导为首要原则，以增强思想原创性为核心要务，以融汇理论资源为重要保障，以立足实践为源头活水，以彰显时代精神为必然要求。这也是学术话语体系创新的五个主要维度。

《中国社会科学报》2019年8月22日

习近平总书记在哲学社会科学工作座谈会上强调："发挥我国哲学社会科学作用，要注意加强话语体系建设。"进一步明确了构建中国特色哲学社会科学话语体系在推动中国哲学社会科学走向世界、影响世界、改变世界中的重要作用。马克思主义哲学认为，创新是发挥人的主观能动性与尊重客观规律性的具体统一。加强话语体系建设，尤其需要在创新上花力气、下功夫。写好创新中国特色哲学社会科学话语体系的"锦绣文章"，既需要重视发挥广大哲学社会科学工作者的主观能动性，又需要遵循话语创新实践和哲学社会科学自身发展的客观规律。只有坚持马克思主义的理论指导，以增强思想的原创性为核心要务，不断融汇各种理论资源，在面向生活世界、回应实践变化的基础上凸显中国特色，弘扬时代精神，才能有效实现中国特色哲学社会科学话语体系的创新。

一、坚持马克思主义的理论指导是首要原则

一方面，坚持马克思主义的理论指导是维护与巩固社会主义意识形态的必然要求。话语体系是特定阶级对其立场和利益进行言语表达的一整套言说内容和言说方式的集合，构建话语体系是维护意识形态安全的重要屏障。中国特色哲学社会科学是在马克思主义的理论指导下形成和发展起来的，坚持以马克思主义为指导是其区别于其他哲学社会科学的根本标志。中国哲学社会科学话语体系在本质上聚焦陈述、阐释与评价中国道路和中国实践，是为广大无产阶级立场和利益服务的意愿表达。脱离马克思主义的理论指导，哲学社会科学话语体系的创新就有偏离无产阶级利益和社会主义发展方向的潜在风险。唯有始终高举马克思主义的旗帜，以马克思主义作为照亮前进方向

的灯塔，在坚持中创新，在创新中坚持，才能确保哲学社会科学话语体系的无产阶级属性，确保哲学社会科学话语体系的社会主义方向。另一方面，以马克思主义为指导还立足于马克思主义自身辩证发展的理论品格。马克思主义既是人类认识和解释世界的宏大思辨哲学，也是代表全体无产阶级利益、追求人类整体解放的现实革命理论。创新是马克思主义的内在规定，坚持马克思主义就是要在时代变化中不断实现自我创新。在新时代背景下创新中国特色哲学社会科学话语体系，需要不断推动马克思主义中国化、时代化和大众化，坚持以不断创新的马克思主义为指导，以马克思主义中国化的最新成果——习近平新时代中国特色社会主义思想为指导，并将这一最新理论成果与创新话语体系的现实需求相结合，不断开拓新思想、新理论，提出新概念、新范畴和新表述，从而推动话语体系的全面创新。

二、增强思想的原创性是核心要务

思想的原创性是哲学社会科学话语体系的核心竞争力。缺乏思想的原创性，话语体系极易因同质化、依附性而缺乏核心竞争力，从而难以产生普遍性的影响。话语体系能否体现中国特色，归根到底要看这一体系是否拥有主体性和原创性。中国特色哲学社会科学话语体系对外传播的目的在于，建立起对中国特色社会主义重大概念、范畴的定义权和解释权，但事实上在很长一段时间内，中国哲学社会科学的理论和话语却无法广泛传播，未能激发世界范围内的强烈共鸣。国家硬实力不足固然是导致这一问题出现的重要原因，但思想本身缺乏原创性也是其不容忽视的因素之一。中国哲学社会科学起步较晚，在构建过程中借鉴吸收了大量西方哲学社会科学理论成果，同时也深受西方哲学社会科学思维方式的影响和结构体系的桎梏，对西方话语体系的迷信致使其具有原创性、标志性和世界影响力的思想与理论成果相对不足。凸显哲学社会科学话语体系的中国底色，提升中国特色哲学社会科学话语体系在国际范围的影响力，不能仅仅满足于亦步亦趋、人云亦云，而是要以“人无我有、人有我新、人新我绝”的首创精神，在思想的原创性上写好“锦绣文章”。我们应立足于中国社会主义革命、建设和改革的鲜活实践，打破西方哲学社会科学话语体系的束缚，运用并发展具有深厚历史内涵和文化特色的中国话语体系，大胆提出具有原创性的理论观点；以问题为导向，关注新问题、切准真问题、聚焦大问题，在坚持运用辩证唯物主义和历史唯物主义理论研究、分析和解决问题的过程中，提炼具有主体性、独立性和能动性的理论观点，形成自己的鲜明特色和比较优势，不断充实话语体系的语料库，打造具有鲜明原创性和强大标识性的中国哲学社会科学话语体系。

三、融汇理论资源是重要保障

创新的本质是发展，是对旧事物的辩证性否定和扬弃，是循序渐进、螺旋式的上升过程。创新既不是无本之木，也不是无源之水。创新中国特色哲学社会科学话语体系，需要在尊重古今中外人类文明优秀成果的基础上，以“泰山不让土壤”“江海不择细流”的气度和胸襟，撷取百家之众长、融汇各种资源，实现文明成果之古为今用、洋为中用的目标诉求。我们应坚持不忘本来、吸收外来、面向未来，为创新哲学社会科学话语体系提供广阔的来源和借鉴。不忘本来，就是要从马克思主义的理论宝库和中华优秀传统文化中汲取创新的理论资源，在“守正”中不断创新。马克思主义与中华优秀传统文化作为中国特色哲学社会科学话语体系主体内容的两大来源，为话语体系的构建提供了丰富的理论滋养。创新哲学社会科学话语体系，需要在坚持和发展中不断挖掘马克思主义和中华优秀传统文化的理论宝库，从深邃的哲思和浩瀚的智慧中找寻启迪当下的思想火花。吸收外来，就是要取他山之石，琢己身之玉。要辩证地看待国外哲学社会科学的已有成果，充分吸收其优秀思想和理论为我所用，在不断学习和比较中反思不足、弥补差距，找准创新的切入点和发力点，为加快创新中国特色哲学社会科学话语体系提供有益的思想借鉴。面向未来，就是要保持思想和理论的前瞻性。要把握哲学社会科学话语体系的发展规律，聚焦学科发展前沿，通过打破学科壁垒推动学科交叉融合，促进不同学科之间学术资源的汇聚，让多元思想交流碰撞出智慧的火花，从而生成更具前瞻性、引领性的原创思想和崭新话语。

四、立足实践是源头活水

实践是思想之母，是构建和创新话语体系的源泉。当代中国正经历着我国历史上最为广泛而深刻的社会变革，也正进行着人类历史上最为宏大而独特的实践创新。习近平总书记指出："在解读中国实践、构建中国理论上，我们应该最有发言权，但实际上我国哲学社会科学在国际上的声音还比较小，还处于有理说不出、说了传不开的境地。"这深刻揭示了话语创新滞后于实践创新的矛盾和现状。要讲好中国故事，解读和宣传好中国社会正在进行的独一无二、震古烁今的伟大实践，就必须主动适应不断变化的客观实践，跳出固有的话语窠臼。创新中国哲学社会科学话语体系，需要始终坚持马克思主义实践观，把握实践之于话语体系的基础性和决定性作用，扎根于新时代中国特色社会主义建设的现实土壤，从中国特色社会主义的伟大实践中汲取源头活水；深入基层和一线掌握第一手材料，了解群众的所思所想，从实践中提炼出既有中国特色，又有世界意义的新概念、新范畴和新表述。只有在具体实践中凝炼出的概念、范畴和理论，才能真实、全面地言说中国实践，才能使自身的话语体系具备更充分的解释力和亲和力，使话语体系不仅仅为中国人民所喜闻乐见，也同样为国际社会所理解认同。在新时代伟大实践中生成的新概念、新范畴和新表述，应当进一步回归实践，接受实践的再检验，从而在实践—认识—再实践的过程中完成新一轮创造。用中国理论阐释中国实践，用中国实践升华中国理论，在实践与理论之间架起互促的桥梁，从而为中国特色哲学社会科学话语体系注入源源不断的生机活力。

五、彰显时代精神是必然要求

马克思曾指出："任何真正的哲学都是自己时代精神的精华。"在构建中国特色哲学社会科学话语体系的历程中，无论是"改革开放""社会主义市场经济"，还是"中国梦""人类命运共同体"，都是彰显时代精神的话语体系创新典范。创新哲学社会科学话语体系，需要秉持与时俱进的精神，与时代同频共振，为时代立言明德，以自身的话语表达反思时代的发展现状，推动话语体系成为概括和陈述时代精神的精华，从而为经济社会的发展增添活力。随着国内外形势的深刻变化和我国各项事业的快速发展，中国特色社会主义由“新时期”跨入“新时代”，进入了一个崭新的历史发展阶段。创新中国特色哲学社会科学话语体系，要求广大哲学社会科学工作者切准时代脉搏、把握时代律动，深刻认识和把握社会主义新时代独有的精神气质，在各个学科领域中结合现实发展需求提炼出更多能够展现时代精神、解答时代问题的新思想、新理论，系统回答在新时代坚持和发展什么样的中国特色社会主义、怎样坚持和发展中国特色社会主义等宏大课题，解答和研判我国社会主要矛盾的转化、阶段性发展任务的变化等一系列现实难题和未来走向，从而实现构建中国特色哲学社会科学话语体系的目标，并推动中国特色哲学社会科学话语体系真正成为当代中国的“代言人”。

附录　问道中国道路

中国道路的成功密码

周文彰　[中央党校（国家行政学院）原副院长]

2019年是新中国成立70周年。70年弹指一挥，70年沧桑巨变，70年我们走出了一条中国特色社会主义道路。从1949年新中国成立开辟社会主义道路，到1978年党的十一届三中全会开启改革开放的崭新篇章，我们走上了建设有中国特色的社会主义道路。党的十八大以来，以习近平同志为核心的党中央引领中国特色社会主义进入新时代，使我们更加坚定道路自信、理论自信、制度自信、文化自信。70年实践铸就中国道路，70年奋斗成就中国方案。为解读中国道路、中国方案的成功密码，《中国领导科学》记者程冠军（编者注）专访了周文彰教授。

从社会主义到中国特色社会主义

记者：1949年10月1日，毛泽东站在天安门城楼上庄严宣告："中华人民共和国、中央人民政府今天成立了！"并亲手升起第一面五星红旗。请您谈谈新中国成立的伟大意义。

周文彰：庆祝新中国成立70周年必然要想到开国领袖毛泽东。习近平说过，建立中国共产党、成立中华人民共和国、推进改革开放和中国特色社会主义事业，是五四运动以来我国发生的三大历史性事件，是近代以来实现中华民族伟大复兴的三大里程碑。毛泽东既是党的创始人之一，又带领我们建立了新中国。

毛泽东领导我们党团结带领人民浴血奋斗，推翻了“三座大山”，建立了中华人民共和国，确立了社会主义基本制度，为当代中国一切发展进步奠定了根本政治前提和制度基础。在探索过程中，虽然经历了严重曲折，但党在社会主义革命和建设中取得的独创性理论成果和巨大成就，为在新的历史时期开创中国特色社会主义提供了宝贵经验、理论准备、物质基础。

记者：在改革开放的伟大实践中，我们走上了一条中国特色社会主义道路。从邓小平提出“有中国特色社会主义”到党的十六大提出“中国特色社会主义”，中国特色社会主义逐步走向成熟。请您谈谈中国特色社会主义道路的理论和实践逻辑。

周文彰：1982年9月1日，邓小平在《中国共产党第十二次全国代表大会开幕词》中提出：“把马克思主义的普遍真理同我国的具体实际结合起来，走自己的道路，建设有中国特色的社会主义，这就是我们总结长期历史经验得出的基本结论。”在整个20世纪80—90年代，我们党的提法都是“有中国特色社会主义”。2002年11月8日，江泽民同志在党的十六大报告上改称“中国特色社会主义”。

回顾改革开放的伟大历程，我们党高举中国特色社会主义的旗帜始终如一。党的历次代表大会政治报告的标题清楚地显示了这一点。这些报告也印证了习近平总书记所作的判断：中国特色社会主义是改革开放以来党的全部理论和实践的主题。

我们党不仅坚持了这个主题，而且一步步地丰富和发展这个主题。简要说来，党的十三大阐述了社会主义初级阶段的理论，制定了党的基本路线；这条基本路线后来被习近平总书记誉为我们党的生命线，人民的幸福线。党的十四大系统阐述了建设有中国特色社会主义理论的主要内容，并且确立了建设社会主义市场经济体制的改革目标。党的十五大阐述了邓小平理论及其地位，强调邓小平理论就是建设有中国特色社会主义理论，提出学习马克思列宁主义、毛泽东思想，中心内容就是学习建设有中国特色社会主义理论。

党的十六大阐述了“三个代表”重要思想，为我们党的建设提出了目标、任务、要求和指导思想。党的十七大报告使用了“中国特色社会主义理论体系”这样一个特别重要的新概念，把我们党在改革开放以来持续推进马克思主义中国化的最新理论成果——邓小平理论、“三个代表”重要思想和科学发展观，统称为中国特色社会主义理论体系。

党的十八大对中国特色社会主义的重要发展，除了系统阐述科学发展观外，还在于把中国特色社会主义的内涵，阐释为中国特色社会主义道路、中国特色社会主义理论体系、中国特色社会主义制度。三者的关系是：中国特色社会主义道路是实现途径，中国特色社会主义理论体系是行动指南，中国特色社会主义制度是根本保障，三者统一于中国特色社会主义伟大实践。这是党领导人民在建设社会主义长期实践中形成的最鲜明特色。习近平在建党95周年讲话中把“三个自信”发展成为道路自信、理论自信、制度自信、文化自信“四个自信”。

十八届六中全会进一步丰富了中国特色社会主义的内涵，提出坚持四项基本原则，根本是坚持党的领导，坚持中国特色社会主义道路、中国特色社会主义理论体系、中国特色社会主义制度、中国特色社会主义文化，从而把中国特色社会主义拓展为四个组成部分。

中国特色社会主义“特”在何处

记者：我们看到，无论是“有中国特色社会主义”还是“中国特色社会主义”，都离不开“特色”二字。您认为这个“特色”都有哪些深刻内涵？

周文彰：中国特色社会主义，为什么要加“特色”二字，“特色”又作何理解？在我看来，第一，它是相对于经典作家构想的社会主义而言的；第二，它也是相对于苏联社会主义模式和我们曾经所实践的社会主义而言的。“特色”体现在以下几个方面：

第一，“特”在起点。马克思设想的社会主义是资本主义社会之后的一个社会形态，就是说，是在像欧美这样的资本主义阶段之后产生的一个更高层次的社会。但是我们却是在半殖民地、半封建的废墟上建立了社会主义。

邓小平同志说，严格地说来我们不够格，我们处在社会主义初级阶段。这个初级阶段也就是社会主义的不发达阶段。这样我们就处在两个“初级阶段”，一个是社会主义是共产主义的初级阶段，第二个是我们中国又是处在社会主义的初级阶段。所以我们的社会主义跟马克思设想的社会主义的起点不一样。我们是在生产力极其落后的基础上开始社会主义建设进程的。党的十三大在阐发社会主义初级阶段理论的时候特别指出，这并不是每一个国家进入社会主义都必然经过的阶段，而是专门特指中国的特殊国情所决定的一个初级阶段。这就是“中国特色”的第一个“特”：“特”在社会主义的起点不同。

第二，“特”在体制。现在我们可以把马克思设想的社会主义看作是社会主义的成熟阶段，而我们处在社会主义初级阶段。那么很显然，初级阶段不能套用成熟阶段的制度设计，就像幼儿不能套用成人的药方一样，必须从中国的实际出发，从初级阶段这个最大的国情出发，来进行我们的制度设计。党的十一届三中全会以前，我们出现失误的根本原因，就在于我们提出的目标和任务、制定的体制和政策，超越了初级阶段这个基本国情。于是，在邓小平理论的指引下，我们制定了党在整个社会主义初级阶段的基本路线，制定了以公有制为主体、多种所有制经济共同发展的基本经济制度，制定了让一部分地区、一部分个人先行发展，然后走向共同富裕的发展道路，制定了按劳分配为主体、多种分配方式并存的分配制度，制定了一系列适合国情的经济、政治、文化、社会、生态文明建设和党的建设体制。

第三，“特”在发展模式。我们的目标是共同富裕，但是共同富裕绝不能理解为肩并肩、手拉手、齐步走，那样做的结果只能导致共同贫穷。因为当我们捆绑在一起的时候，就只能向发展速度最慢的地方看齐，结果大家都走不快。所以邓小平同志为我们找到了一条正确的发展道路，那就是让一部分有条件的地区和个人先行发展、先行富裕，通过先富带动后富最后走向共同富裕。时间证明这是一个正确的发展模式。我们正是靠着这个模式才有今天的成就的。当然，这样做拉开了差距，但是为了走向共同富裕，必须先要拉开差距；不拉开差距，只能导致共同贫穷。这就是发展的辩证法。邓小平同志设计这种模式的时候想得非常清楚。他说到20世纪末，我们再来着手解决差距问题。我们党重视缩小差距的时候，正是邓小平同志设定的那个时间。因此，我们现在正在努力缩小差距，今后还要继续坚持这么做。党的十九大通过的《党章》对此作出了明确的宣示。

第四，“特”在理论指南。马克思主义是我们党始终坚持的指导思想，也就是这里所说的理论指南。在我们党看来，马克思主义是一个不断发展着的理论体系，需要持续不断地中国化、时代化，形成与时俱进的中国马克思主义。所以，在进入改革开放新时期，为适应我国社会主义初级阶段的发展要求和发展步伐，中国马克思主义在毛泽东思想的基础上，相继产生了邓小平理论、“三个代表”重要思想、科学发展观、习近平新时代中国特色社会主义思想，统称中国特色社会主义理论体系。正是这一整套理论体系，指引着我国改革开放和现代化建设阔步前进。在这个理论体系当中，我们不再把计划和市场看作是社会制度区分的标志。因为社会主义也需要市场，所以我们果断确立了以建设社会主义市场经济体制为目标的改革方案。在分配上，我们不再把按要素分配看作是某个社会制度特有的经济现象，而看成在我们社会主义社会也是可以采用的。同样，股份公司、股票市场、聘用制度等就都不带有阶级性、社会性，既可以为其他社会服务，同样也可以为我们社会服务。

第五，“特”在中国共产党的领导。二战后世界出现了一批社会主义国家。但我们知道，这些国家要么放弃了社会主义，要么发展得不尽人意，而中国在经过一段艰辛的探索以后，找到了中国特色社会主义，大步走上发展的快车道，让社会主义在国际舞台上大放异彩，显示出勃勃生机。过去我们常说社会主义救中国，今天我们可以说中国拯救了社会主义。差别的原因就在于，我们中国是因为有中国共产党领导。中国共产党领导是中国特色社会主义最本质的特征，是中国特色社会主义制度的最大优势。

中国道路是民族复兴的必由之路

记者：我们注意到，习近平总书记十分重视道路问题。他强调道路问题是关系党的事业兴衰成败第一位的问题，道路就是党的生命。习近平总书记为什么这样重视道路问题？

周文彰：习近平总书记反复强调中国特色社会主义道路，归纳起来我觉得主要有三个原因。

第一，这是一条让我们走向成功的道路，要坚定不移走下去。方向决定前途，道路决定命运。短短40余年，我们成为世界第二大经济体，第一大贸易国家，并在很多领域走在世界的前列，比如高铁、航天、通信、计算机、建筑、金融等，就是因为我们走上了中国特色社会主义道路。

第二，找到这样一条正确道路不容易，我们应该好好珍惜。1911年辛亥革命推翻封建帝制以后，中国往何处去，我们试过了很多道路，比如君主立宪制、民主共和制等，但都走不通，在中国共产党领导下，我们走上了社会主义的道路。这条道路我们既有成功，也有教训，最后在邓小平同志的领导下，我们找到了中国特色社会主义道路。有人对我们这条道路说三道四，但习近平说过，鞋子合不合脚，自己穿了才知道。我们亲身感受到中国独特的国情、独特的文化传统、独特的精神，就注定了我们只能走中国特色社会主义道路而不能走别的路。

第三，对这条道路的说三道四，甚至攻击，绝对不能容忍。党的十八届六中全会通过的《关于党内政治生活的若干准则》进一步明确：对党的基本路线的态度，对中国特色社会主义的态度，是衡量一个领导干部特别是高级领导干部是不是合格可靠的一个重要指标。考察干部，特别是考察党的高级干部首先要考察他对党的基本路线的态度，也包括对中国特色社会主义道路的态度。而且全会要求我们在政治问题上，在这些大是大非问题上，绝不能沉默不言，要敢于担当并给予反击。我们看到，以习近平同志为核心的党中央对中国特色社会主义道路认识非常深刻，决心极其坚定，对任何怀疑、动摇、攻击中国特色社会主义道路的人绝不含糊，也绝不容忍，我们也应该把思想统一到这里来。

中国特色社会主义道路，是在总结新中国成立以后正反两个方面经验教训中形成的，是凝结了几代中国共产党人带领全国人民接力探索、艰苦奋斗的智慧和心血开创和发展的。实践证明，中国特色社会主义道路，是一条适合中国国情、引导中国发展进步的光明道路。

中国道路引领我们走向新时代

记者： 党的十九大作出一个重大的政治判断，中国特色社会主义进入了新时代，是不是可以说中国道路引领我们走进了新时代?

周文彰： 这主要是党的十八大以来，我们党坚持统筹推进“五位一体”总体布局、协调推进“四个全面”战略布局，采取了一系列的重大举措，作出了一系列的重大决策，办成了许多我们过去想做而做不成或者不敢做的事情，从而推动党和国家事业发生历史性变革、取得历史性成就。与此同时，我们看到社会主要矛盾发生了重大变化；经济建设站到了新的起点上；以简政放权为代表的行政体制改革、以民主政治推进为代表的政治体制改革都到了一个新的起点；文化建设、社会建设以及生态文明建设，特别是党的建设，也都到了一个新的起点上。所有这些都标志着中国特色社会主义进入了新时代。无论从哪方面来看，我们的的确确处在中国特色社会主义发展的新阶段，这是一个重大的判断。

中国特色社会主义进入新时代意义重大。第一，意味着久经磨难的中华民族终于迎来了从站起来、富起来到强起来的伟大飞跃，迎来了实现中华民族伟大复兴的光明前景。第二，意味着社会主义具有强大的生命力，而且具有广阔的发展前景。社会主义从空想走向科学，从理论走向实践，从国外走向我们中国，在我们这里展现了一派勃勃生机，再一次证明经典作家所预见的社会发展的必然趋势是非常正确的，社会主义有强大的生命力。第三，意味着中国特色社会主义为发展中国家如何摆脱贫穷落后面貌走向现代化提供了一条中国道路，贡献了中国智慧和中国方案，具有很高的启发意义和借鉴价值。

中国特色社会主义进入新时代这个重大判断，不仅仅是对我们当前社会主义发展方位的判断，更重要的是对我们各级领导提出了新的要求。处在新的发展阶段，我们一定会面临新的问题和新的挑战。我们首先要研究新情况、分析新问题、拿出新对策。其次就是要求我们在继续推动发展的基础上，着力解决好发展不平衡不充分问题，大力提升发展质量和效益，更好推动人的全面发展、社会全面进步。最后要求我们以更大的干劲和决心来夺取全面建成小康社会的胜利，把我国建设成为制造强国、科技强国、教育强国、质量强国、航天强国、网络强国、交通强国、美丽中国、数字中国、智慧社会，实现第二个百年目标，实现中国梦。

中国共产党人的初心和使命，也是改革开放的初心和使命，就是为中国人民谋幸福，为中华民族谋复兴。因此，推进改革开放新发展，我们必须坚持以人民为中心，始终坚持在发展中保障和改善民生。人民是党的执政之基，是历史的创造者，是决定党和国家前途命运的根本力量。我们正是以最广大人民根本利益为我们一切工作的根本出发点和落脚点，把党的群众路线贯彻到治国理政全部活动之中，把老百姓生活中曾经离不开的各种票证全部送进历史博物馆。我们党就是这样紧紧抓住人民最关心最直接最现实的利益问题，一件事情接着一件事情办，一年接着一年干，促使人民获得感、幸福感、安全感更加充实、更有保障、更可持续，向实现中华民族伟大复兴继续前进。

改革开放的生命在于创新，也贵在创新。因此，我们推进改革开放新发展，必须坚持马克思主义指导地位，始终坚持解放思想、实事求是、与时俱进、求真务实，不断推进实践基础上的理论创新。时代是思想之母，实践是理论之源。实践发展永无止境，解放思想永无止境。改革开放以来，从开创中国特色社会主义到进入新时代中国特色社会主义，迎来了从站起来、富起来到强起来的伟大飞跃，从被动接受到日益走近世界舞台中央，都昭示着我们党始终强化问题意识、时代意识、战略意识，用深邃的历史眼光、宽广的国际视野把握事物发展的本质和内在联系，创建中国特色社会主义道路、理论、制度和文化，以不可辩驳的事实彰显了21世纪中国的马克思主义的强大真理力量和鲜活生命力。

改革开放是我们党的一次伟大觉醒，是党和人民大踏步赶上时代的重要法宝，是坚持和发展中国特色社会主义的必由之路，是决定当代中国命运的关键一招，也是决定实现“两个一百年”奋斗目标、实现中华民族伟大复兴的关键一招。因此，在新时代的航程中，我们只有坚持党的领导，用伟大梦想精神、变革和开放精神、艰苦奋斗精神推进改革开放这艘航船沿着正确航向破浪前行，避免在根本性问题上出现颠覆性错误，才能创造中华民族新的更大奇迹，创造让世界刮目相看的新的更大奇迹。

记者：中国进入强起来的新时代，也可以说我们离实现中华民族伟大复兴的中国梦越来越近了。您认为当下应该如何更好地坚持和走好中国道路?

周文彰：历史发展是有其规律的，但人在其中并不是完全消极被动的。我们只有把握历史发展的大势，抓住历史变革时机，奋发有为，锐意进取，人类社会才能更好前进。因此，我们要想更好地坚持和走好中国道路，就要做到以下三个方面。

一要顺应潮流。顺应潮流是大概念，深入讲就是要顺应时代潮流、顺应历史逻辑，顺应人心民意。而这三个“顺应”，正是我们党让改革开放成为当代中国最显著的特征、最壮丽的气象的深层逻辑。五四运动以来，我们建立中国共产党、成立中华人民共和国、推进改革开放和中国特色社会主义事业。这三大里程碑都是中华民族顺应历史潮流、顺应时代发展、顺应人心民意的结果。

二要保持定力。习近平指出，实现我们确立的奋斗目标，既要有“乱云飞渡仍从容”的战略定力，又要有“不到长城非好汉”的进取精神。他多次讲到的“定力”，首先指雄心壮志、伟大梦想、奋斗目标。其次是指信仰、信心、信念，只要有信仰、有信念、有信心，就会越挫越奋、越战越勇，否则就不战自败、不打自垮。他在庆祝改革开放40周年大会上指出，无论过去、现在还是将来，对马克思主义的信仰，对中国特色社会主义的信念，对实现中华民族伟大复兴中国梦的信心，都是指引和支撑中国人民站起来、富起来、强起来的强大精神力量。

三要做好接力。“行百里者半九十。中华民族伟大复兴，绝不是轻轻松松、敲锣打鼓就能实现的。全党必须准备付出更为艰巨、更为艰苦的努力。”我们建设社会主义伟大强国，实现社会主义伟大复兴，是一项接力跑，我们要一棒接着一棒跑下去，每一代人都要为下一代人跑出一个好成绩。

《中国领导科学》2019年第3期

中国道路挑战历史终结论

欧阳康　（华中科技大学哲学研究所所长、博士生导师）

2019年第7期《求是》杂志发表了习近平总书记的重要文章《关于坚持和发展中国特色社会主义的几个问题》，这是习近平总书记2013年1月5日在新进中央委员会的委员、候补委员学习贯彻党的十八大精神研讨班上讲话的一部分。

习近平总书记强调，中国特色社会主义是根植于中国大地、反映中国人民意愿、适应中国和时代发展进步要求的科学社会主义，是全面建成小康社会、加快推进社会主义现代化、实现中华民族伟大复兴的必由之路。改革开放特别是党的十八大以来的实践证明，中国特色社会主义道路是康庄大道，中国特色社会主义制度符合中国国情、高效管用。

中国特色社会主义为什么管用？为什么说中国道路是不一样的现代化道路？《长江日报》记者华智超（编者注）就相关问题采访了华中科技大学哲学研究所所长欧阳康教授。

社会主义没有固定模式，应该立足国情来探索

记者：近年来，国内外一些舆论质疑中国现在搞的究竟是不是社会主义，我们该如何回应这些质疑？为什么说中国特色社会主义是社会主义，而不是其他什么主义？

欧阳康：中国特色社会主义，当然不同于资本主义，同时也区别于传统的社会主义。

传统的社会主义有多种形态，比如马克思、恩格斯设想的社会主义，是在发达的资本主义国家中，无产阶级夺取政权之后，消灭私有制，实行计划经济、按劳分配。他们关注和支持当时的巴黎公社，但是公社革命以失败告终，马克思、恩格斯设想的社会主义最终没有真正成为一种国家制度。所以我们继承他们的思想，继承的是社会主义的基本原则，但不能照抄照搬。

第二种社会主义形态是苏联的社会主义。1917年，俄国率先成功地进行了革命，建立了苏维埃政权，开始了社会主义建设。但苏俄社会主义不是在发达的物质基础之上建立的，没有成熟的无产阶级，所以苏俄社会主义实际上一开始就面临在落后的国家建立和发展社会主义的问题。苏联做了巨大的努力，也获得了相当的成功，不仅建立和巩固了苏维埃政权，还把苏联变成了世界上一个强大的国家，而且参与到反法西斯战争，形成了一度蔚为壮观的社会主义阵营，展示了社会主义的力量、马克思主义的力量和共产党的力量。这使得20世纪文明进程获得了非常大的改变。然而，这种形态有它的优势，也有它的问题。

第三种社会主义形态，在某种意义上，是戈尔巴乔夫实行的所谓的“民主的人道的社会主义”，它导致了苏联的解体、苏联共产党的解散和苏联社会主义的失败。在这个过程中还产生了古巴的、越南的、朝鲜的社会主义等。

记者：中国特色社会主义“特色”在哪?

欧阳康：中国特色社会主义是在以上这些多种参照系中产生的，但它有自己的特点，那就是坚持了社会主义的基本原则，然后根据中国的国情探索社会主义在中国的特殊发展道路，所以它既是社会主义的，又是中国特色的。在坚持社会主义基本原则的前提下，中国特色社会主义当然也不排斥向西方发达国家学习当代问题的解决方案。

中国特色社会主义在基本原则上不动摇，最核心的就是坚持中国共产党领导，坚持马克思主义的指导，坚持公有制经济的主体地位，最终实现共同富裕。但在一定阶段，中国特色社会主义也会融入社会发展所需要的各种东西，比如以公有制经济为主体，允许多种所有制经济并存，从计划经济转向市场经济，同时强调更好发挥政府的作用，等等。所以中国特色社会主义可以也应当放在多种参照系中去看，既坚持了最根本的原则，又有所变革与创新，并获得了成功。

保持开放、互鉴、学习，马克思主义在中国获得宽广视野

记者：苏联解体、东欧剧变对马克思主义带来什么样的挑战？

欧阳康：随着苏联解体、东欧剧变，马克思主义遭到了很多质疑与责难。我们有必要进行深入的研究，探究到底哪一些属于马克思主义的真实内涵，哪一些是对马克思主义的误解。

马克思主义在过去获得了巨大的成功，也遇到了不小挑战。马克思主义走进俄国，带来俄国革命，随之而来的是社会主义波澜壮阔的发展，在20世纪最后10年突然土崩瓦解。苏联解体、东欧剧变其实是因为对马克思主义有误解，譬如搞公有制搞到了单一，搞计划经济搞到了绝对、过于集中，没有了社会的活力，尤其是人民不能很好享受社会发展的成果，在民族与宗教问题的处置上也产生了各种各样的问题，最终导致价值观念的分化与社会的分裂，导致了悲剧。从这个角度来看马克思主义面临的挑战，更有积极意义。

记者：东欧剧变，为什么中国安然无恙？

欧阳康：这要归功于几个方面。第一，我们坚持了马克思主义的一些根本原则，例如马克思墓志铭中所说的，“哲学家们只是以各种方式解释世界，而问题在于改变世界”，也就是要激发全体人民的主动性、创造性和主人翁意识，积极参与社会的变革与发展。第二，中国化的马克思主义以一种开放的心态，向西方发达国家学习，积极吸收人类文明的有益成果，不断地解放思想，实事求是，这本身也符合马克思主义的基本原则。向西方学习，进行现代化，融入全球化，让中国马克思主义获得了更加广阔的视野和更加坚实的基础。第三，马克思主义与中国传统文化相结合，把中国传统文化注

入中国当代精神生活、文化建设中，这也使马克思主义在中国找到了自己的根据，能够更好展示自己的魅力，帮助我们实现中华民族的伟大复兴。

所以马克思主义在当代中国有一个突出的特征，就是不断根据中国社会的发展，开展实践创新和理论创新，一方面拓展了中国发展的空间、路径等，另一方面也不断推动中国共产党的理论创新。从毛泽东思想、邓小平理论、“三个代表”重要思想、科学发展观一直到习近平新时代中国特色社会主义思想，中国共产党的理论内容不断丰富、变革与创新，都是在解决当代中国面临的最重大的理论和实践问题，对中国发展起到了非常积极的作用。

改革开放前后的社会主义探索，是一场接续的奋斗

记者：中国特色社会主义在改革开放的实践中形成和发展，那么如何看待改革开放前后中国的社会主义探索?

欧阳康：首先，新中国的成立，是民族复兴的里程碑；新中国成立之后，建立起了社会主义的基本制度，包括中国共产党的领导、人民代表大会制度、政治协商制度等，都是在前30年建立起来的，这一点在后来没有发生根本性的变化。

在经济上，社会主义建设时期取得了很大的成就。根据统计数据，1949年中国经济总量在世界上大约占比4.6%，到1977年依然占比4.6%，也就是说在面临很多困难、经历自然灾害也犯了一些错误的情况下，我们没有比世界跑得更慢，而且还取得许多关键性成就，比如“两弹一星”保障了国家安全，也让中国在一些领域站到人类文明的前沿。

改革开放以来，我们经济发展取得了巨大成就，当然也客观存在一些问题，比如道德滑坡、权力腐败等，但是我们不能因此就否定改革开放的成就。事物不可能是十全十美的，社会发展是一个极为复杂的历史进程，社会价值具有多重性并存的特点，我们不能说只要好事，完全不能有丁点负面效应。

所以，看待改革开放前后中国的社会主义探索，要用历史的辩证的眼光来看待。

中国特色社会主义现代化，在人类文明史上是第一次出现

记者：长期以来，西方国家的发展实践，一度定义了“现代化”标准。“现代化”等于“西方化”吗？

欧阳康：现代化是人类文明的进步，是西方发达国家率先走出来的，有利于实现社会进步和人的全面发展，这一点是要肯定的。西方式现代化包含着非常丰富的内容，例如理性化、工业化、市场化、都市化、民主化、法制化等，为现代化提供了思想基础、文化基础、经济基础和政治基础。

但是我们也要看到，现代化具有价值二重性，这六化也有各自背反的方面，比如强调理性化，非理性可能就被忽略了；强调工业化当然好，但可能会带来单一化，甚至使人们离开资本主义生产体系就无法生存；市场化一不留神就滋生拜金主义、贪图享乐；伴随都市化而来的是都市病，会造成新的社会问题；只谈民主没有法制，就会变成无政府主义；没有民主光讲法制可能会变成专制，更重要的是，程序正义与实质正义、实质公平与形式公平的矛盾也会成为问题。

我们说，现代化首先是西方发达国家创立的，但走到今天，我们发现这些年来世界现代化道路实际上已经分化了，形成了多种主导模式：一种是西欧模式，一种是北美模式，一种是苏联和东欧模式，一种是拉美模式，还有一种是东亚模式。这五种模式各自包含着世界现代文明的不同要素，并组合成了不同的现代化模式，产生了不同的效果，形成了不同发展程度的国家和地区。各种模式创造了各自所在地区或者国家的繁荣，但是各自也都有自己的问题。

记者：二战后，许多发展中国家照搬西方现代化经验，但鲜见成功案例。中国现代化为什么走得这么快？

欧阳康：二战以来，西方发达国家的发展经验，为后发国家的发展提供了借鉴。然而，因为现代化的复杂性，无论照抄照搬哪个国家的经验，都解决不了所有问题。在这样的背景下，出现了一些尝试，也产生了一些新的困惑。

中国现代化一开始也是向西方学习，后来我们逐步发现，这些现代化要素与模式中，一些已经衰败了，一些正在发生着改变，要求我们不断探索与

大胆创新，于是逐渐形成了中国特色社会主义现代化，这在人类文明历史上还是第一次出现。

中国特色社会主义现代化是充满魅力的，其最大特点就是把许多看起来背反的要素内在地融合在一起，比如，在所有制上坚持以公有制为主体，又允许多种所有制形式并存；谈到分配方式，坚持按劳分配原则的同时，也允许资本、技术等各种要素参与分配；在经济体制上，由计划经济转向市场经济体系，同时允许政府合理发挥必要作用，等等。所以说，中国现代化能走得这么快，是因为我们以前所未有的开放心态，向其他各种模式学习，把各种可能要素都吸引进来，让其发挥红利并用到极致。

记者：中国的现代化经验具有世界历史意义吗，是否打破了“历史终结论”？

欧阳康：1992年，日裔美籍学者福山在《历史的终结与最后的人》一书中“宣布”，共产主义和社会主义已经没有前途，人类的社会形式都将终结在“自由”“民主”的形态。但经过这么多年的发展，西方发达国家出现了很多严重的问题，而中国的经济社会发展却一片向好，当然不光是中国，印度、越南、南非等不同类型和不同制度的国家也发展得不错，打破了不同社会制度一律好或一律坏的价值判断。

中国特色社会主义现代化道路不断发展，取得巨大成就，拓展了发展中国家走向现代化的途径，给世界上那些既希望加快发展又希望保持自身独立性的国家和民族提供了全新借鉴。中国特色社会主义现代化，让我们看到社会主义和资本主义不是截然对立的，社会主义可以向资本主义学习，资本主义也可以向社会主义学习，最终的价值取向是哪个国家能更好走在人类发展的大道上，能获得更好的发展。

所以中国向来保持开放的心态，不仅仅做好自己的事情，还通过“一带一路”倡议关注世界的发展。尤其是习近平总书记提出构建人类命运共同体，对于很多国家尤其是落后国家来说，无疑是一种福音。

原题《中国道路终结“历史终结论”》

《长江日报》2019年4月30日